FATF
국제기준 해설
THE FATF RECOMMENDATIONS

이귀웅

박영사

저작권

1. FATF 권고사항과 평가방법론에 대한 권한

2. FATF 권고사항과 평가방법론의 번역 및 해설에 대한 권한

Copyright © FATF/OECD. All rights reserved

추천의 글

　인류 문명의 눈부신 발전에도 불구하고 반 문명의 또 다른 세계들이 우리 인류의 안녕과 발전을 위협하고 있습니다. 그것들은 바로 마약과 조직범죄로 대표되는 범죄의 세계, 사회의 발전과 인류의 평화를 위협하는 테러의 세계, 그리고 핵무기와 전쟁의 위협을 통해 인류의 삶을 송두리째 위협하는 대량살상무기와 공포의 세계입니다. 이러한 세 개의 반 문명 세계는 모두 자금과 연결되어 있습니다. 마약이나 조직폭력 등 범죄의 목적은 불법자산을 조성하는 것이며, 테러조직들이 그들의 활동을 지속할 수 있는 것도 자금을 조달할 수 있기 때문입니다. 핵무기나 대량살상무기를 개발하는 것도 자금의 뒷받침 없이는 불가능합니다.

　국제사회는 이러한 위협에 대응하기 위해 1989년 불법자금에 대한 금융조치 기구로서 FATF, 즉 자금세탁방지 국제기구를 창설하였고, FATF 40개 권고사항을 국제기준으로 제정하여 각국이 이행토록 하고 있습니다.

　각국으로 하여금 FATF 국제기준을 이행토록 하는 것은 국제기준의 이행을 통해 범죄자금을 차단하고 수익을 몰수하며 이를 통해 범죄발생을 억제할 수 있다고 믿기 때문입니다. 또한 테러리스트들은 테러를 자행하기 위해 자금을 필요로 하므로 테러리스트들을 자금과 금융시스템으로부터 차단함으로써 그들의 공격을 효과적으로 억제할 수 있기 때문입니다. 핵과 대량살상무기도 이를 억제하기 위해서는 관련 자금을 차단하는 것이 가장 효과적이라는 것이 국제적으로 공인된 인식입니다.

국제사회의 자금세탁/테러자금조달 대응은 2016년 현재 크게 세 가지 점에서 중요한 전환기를 맞이하고 있습니다. 먼저 '이슬람국가(Islamic State)'를 자처하는 이라크−시리아 지역의 ISIL(the Islamic State in Iraq and the Levant) 테러리스트 그룹의 등장 이후 테러자금조달에 대해 보다 새로운 포괄적인 대응이 요구된다는 점입니다. 더욱 대규모로 새롭게 진화된 형태의 테러리스트 그룹에 대해 보다 포괄적이고 실질적인 대응방안을 마련함으로써 보다 효과적으로 대응해 나갈 필요성이 제기되고 있습니다. 이에 FATF는 이미 2016년 2월 총회에서 테러자금조달에 대응하기 위한 포괄 대응전략을 수립한 데 이어, 6월 FATF 부산총회에서는 이의 세부 실천방안을 마련하였습니다.

두 번째는 법인과 신탁등 법률관계의 실소유자에 관한 투명성 확보장치를 마련하는 것입니다. 특히 최근 발생한 파나마 페이퍼(파나마 페이퍼 컴퍼니에 고액자산을 숨긴 사건)를 계기로 법인과 법률관계의 실소유자를 확인하고 관리하는 시스템에 대한 요구는 더욱 거세지고 있습니다. 그동안 서구에서 발생한 대형 자금세탁/테러자금조달은 거의 예외 없이 법인 또는 신탁등 법률관계를 활용하고 있어 불법자금 차단을 위해 매우 중요한 제도로 인식되고 있고, 이 제도를 확립하지 않을 경우 사회 전체의 투명성이 낮고 의지도 없는 것으로 간주된다는 점에 주의할 필요가 있다고 하겠습니다.

세 번째는 자금세탁방지/테러자금조달금지 제도의 실질적이고 효과적인 이행에 대한 요구입니다. 이것은 2014년에 개시된 각국의 국제기준 이행평가에서 효과성 평가가 새롭게 도입되었기 때문이기도 하지만, 새롭게 제기되는 국제사회의 도전에 대응하기 위해서는 각국이 처한 위협과 위험을 이해하고 이에 맞춰 대응하지 않고는 제한된 자원으로 효율적인 대응체계를 수립할 수 없기 때문입니다.

지난해 금융위원장을 끝으로 30여 년간 공직생활을 마친 저는 2015∼16 FATF 의장을 맡게 되었습니다. 개인적으로나 국가적으로 큰 도전이었습니다. 자금세탁방지/테러자금조달 방지 업무에 이렇다 할 경험이나 전문가가 없는 상태에서 단순한 의전이나 형식적인 회의가 아닌 치열한 논쟁을 통해 국가간, 지역간 이해관계를 정리하고 결론지어야 하는 회의체인 FATF를 이끌어 가는 것은 결코 쉬운 일이 아니었습니다. 더구나 FATF 의장으로 있는 동안 파리 테러, 브뤼셀 테러 등 테러가 연속 발생하였고, 부정부패 등에 관련된 자금세탁이 의심되는 파나마 문건이 유출되면서 FATF가 국제적 관심을 갖게 되었습니다. 이에 따라 9.11 테러 이후 처음으로 FATF 특별총회가 개최되었고 UN 안전보장 이사회와 G7 재무장관회의에 초청받아 특별연설과 토의시간을 갖기도 했습니다.

이러한 시기에 우리나라가 FATF 의장국을 맡은 것은 행운이고 좋은 기회입니다. 우리나라가 FATF 교육연구원(TREIN)의 설립 필요성을 제기하고 이를 우리나라에 유치할 수 있었던 것도 의장국 업무를 수임하였기 때문이기도 합니다. 우리나라가 테러자금조달 대응전략 마련 등 FATF의 논의를 주도하고, 앞으로도 이 분야의 논의를 주도해 갈 기틀을 마련한 것입니다.

FATF 의장 업무를 성공적으로 수행하는 데는 우리나라의 금융정보분석원 내 의제팀의 지원에 힘입은 바가 큽니다. FATF 정회원에 가입한지 5년밖에 되지 않은 회원국으로서 광범한 의제를 주도해 나갈 수 있었던 것은 바로 의제팀의 지원 덕분이었습니다. FATF 사무국과 각국 대표단은 놀라움과 칭찬을 아끼지 않았습니다. 그리고 이 의제팀의 실무 중심에는 이귀웅 팀장이 있었습니다.

이 팀장이 오랜 동안 FATF 총회에 출석하면서, 또한 국제기준 개정 논의에 참가하면서 쌓아온 FATF 국제기준에 대한 풍부한 경험과 이해를 바탕으로 해설서를 발간하게 된 것을 기쁘게 생각합니다. 이 책은 2012년 개정 FATF 40개 권고사항과 주석 및 2013년 개정 FATF 평가방법론에 대해 마땅한 번역이나 해설서가 없어 궁금해 하던 국내 자금세탁방지 관계자들에게 좋은 지침서가 될 것입니다. 이 책이 자금세탁방지 업무에 종사하시는 관계자 여러분들과 FATF 국제기준에 대해 보다 심화된 이해를 원하시는 분들에게 많은 도움이 되기를 바랍니다.

2016년 6월

FATF 의장   신 제 윤

머리말

"자금세탁방지/테러자금조달금지에 관한 FATF 국제기준"이라고 하면 「FATF 40 권고사항과 주석」과 「평가방법론」을 말한다. 이 책의 목적은 독자들이 FATF 국제기준을 이해하는데 도움을 주기 위한 것이다. FATF 국제기준을 바르게 이해하는 것은 몇 가지 점에서 매우 중요하다.

먼저, FATF 국제기준을 정확히 이해하는 것이 FATF가 실시하는 '상호평가'(mutual evaluation)를 성공적으로 수검 받는 지름길이기 때문이다. FATF 국제기준에 대한 정확한 이해 없이는 평가자의 요구에 대응하기 어렵고 좋은 평가를 기대하기 어렵다.

둘째, FATF 국제기준에 대한 바른 이해는 우리나라가 가장 적은 시간·비용·자원을 투입하여 가장 효율적으로 국제기준을 이행할 수 있도록 하는 기반이 되기 때문이다. 국제기준은 언젠가는 이행해야 하지만 가급적 적은 비용과 자원으로 이행하는 것이 최선이다. 이것은 국제기준을 바르게 이해함으로써 가능하며, 국제기준에 대한 정확한 이해 없이 이행함으로써 이행이 제대로 평가 받지 못하는 그런 사태(각국의 상호평가에서 흔히 발생한다)는 결코 발생하지 않도록 하여야 한다.

셋째는 국제기준 이행방안을 활발하게 논의하고 있는 선진 금융권과 어깨를 나란히 하기 위함이다. 선진 금융권은 글로벌 은행들을 중심으로 FATF 국제기준의 효율적 이행방안에 대해 활발하게 논의하고 있다. 특히 최근에는 "권고사항 13 환거래은행"(BNP 파리바 은행의 대형벌금 사유가 된 권고사항) 관련 지침서 제정 방안을 논의하고 있는데, 우리 금융권도 이러한 선진국 금융기관들과 어깨를 나란히 하여 이러한 논의에 적극 참가하여야 할 것이다. 이를 위해서는 FATF 국제기준에 대한 정확히 이해가 선행되어야 한다.

　끝으로 국제기준에 대한 바른 이해는 우리나라가 자금세탁방지/테러자금조달금지 분야의 선도국으로서 역할을 하는 토대가 되기 때문이다. 우리나라는 이미 '파트너십 강화 프로그램'과 APG 서울 워크숍을 통하여 국제사회에서 자금세탁방지 분야의 선도국으로 자리매김 해 가고 있다. 이 프로그램을 통해 매년 13~15개국을 초청하여 우리 시스템을 소개하고 있고, 국제적으로 100여명 이상이 참가하는 APG 워크숍을 2013년부터 매년 진행해 오고 있다. 또한 우리나라 자금세탁방지시스템, 특히 금융정보분석원의 정보처리시스템은 세계적 수준으로 알려져 동남아 등 많은 국가들의 벤치마킹 대상이 되고 있다. 갓 출범한 FATF 교육연구원(TREIN)과 더불어 우리나라의 자금세탁방지시스템에 대한 세계 각지에서의 다양한 요구와 기대가 예상된다. 그러므로 앞으로 이러한 선도국 역할을 확대하고 세계적 자금세탁방지 노력에 적극 참여해 가기 위해서도 국제기준에 대한 정확한 이해가 필요할 것이다.

　이 책은 8개의 장으로 구성되어 있다. 7개 모듈로 구성된 상호평가보고서의 체계를 따라, 제2장부터 제8장까지 7개 모듈을 각 장으로 배치하고, 국제기준의 '서문과 용어해설'을 제1장으로 두어 8개 장으로 구성하였다. 40개 권고사항과 11개 효과성 평가를 위한 즉시성과의 순서를 따르지 않았는데, 이는 모듈을 따라 살펴보는 것이 국제기준을 체계적으로 이해하는 데는 보다 적절하다고 보았기 때문이다. 그 대신 각 권고사항과 즉시성과의 내용을 목차에서 쉽게 찾아볼 수 있도록 '권고사항별 목차'와 '즉시성과별 목차'를 별도로 마련하였다.

　「FATF 40 권고사항과 주석」과 「평가방법론」의 서문과 용어해설을 제1장에 배치한 것은 이들이 FATF 국제기준 이해의 기초가 되기 때문이다. FATF 국제기준의 서문은 국제기준의 제정과 개정의 배경, 핵심 이행사항, 국제기준의 상호평가 적용 원리, 국제기준의 활용방안, 상호평가의 목적과 이행방안, 효과성 평가를 위한 방법론 적용 원칙 등을 설명하고 있다. FATF 국제기준은 40개 권고사항과 평가방법론으로 구성되어 있지만 하나의 체계이다. 그러므로 서문을 통해 전체 체계와 적용 원칙을 이해하는 FATF 국제기준의 체계적 이해를 위해 매우 중요하다. 또한 '금융기관과 DNFBPs에 대한 요구사항의 법적 근거'와 '용어해설'도 전체에 적용되는 것이므로 제1장에 포함시켰다.

제2장부터 제8장까지 7개 모듈의 각 장은 4개의 절로 구성되는데 제1절과 제2절은 FATF 40 권고사항의 본문과 주석, 평가방법론, 각주 등 FATF 국제기준의 번역이다. 효과성 평가방법론, 즉 11개 즉시성과를 제1절에 배치하고, 제2절에는 권고사항과 주석, 권고사항별 기술적 평가방법론을 권고사항별로 묶어 차례로 배열하였다.

제1장 제7절과 제2장부터 제8장까지의 제3절은 국제기준에 대한 필자의 간단한 해설이다. 필자의 지식과 능력이 부족하여 국제기준의 모든 내용을 상세하게 해설하지는 못하였다. 다만 아는 범위 내에서 권고사항과 주석, 즉시성과 등의 그 동안의 주요 연혁과 발전과정, 국제기준이 추구하는 주요 이행요구 내용, 상호평가에서의 평가중점, 상호평가 토의 과정에서 제기된 관련 논의내용 등을 실었다. 해설 부분은 필자의 의견이므로 정확하지 않을 수 있고 발전되어야 할 영역도 많음을 밝혀둔다. 앞으로 지식의 축적과 함께 더욱 발전되어 가기를 기대해 본다.

제2장부터 제8장까지의 제4절은 FATF 6개 회원국의 국가별 이행에 관한 상호평가 결과를 설명한 것이다. 상호평가 결과와 FATF 총회 상호평가 토의에서 논의되었던 사항들을 살펴봄으로써 각 권고사항과 즉시성과의 유의사항과 특성을 보다 잘 이해할 수 있을 것이다. FATF 국제기준의 궁극적 목적은 각국이 국제기준을 이행토록 하는 것이고 이러한 목적의 달성 여부는 상호평가를 통해 점검된다. 상호평가 결과는 2014년 10월 FATF 총회부터 2015년 10월 총회까지 토의된 6개 FATF 회원국의 결과를 중심으로 하고, 국가 간 상호 비교를 위해 FATF 국제기준에 의거하여 상호평가를 받은 FSRBs*(지역기구) 회원국

* FSRBs (FATF-style regional bodies: FATF 형태의 지역기구): **APG** (Asia/Pacific Group on Money Laundering), **CFATF** (Caribbean Financial Action Task Force), **EAG** (Eurasian Group on combating money laundering and financing of terrorism), **ESAAMLG** (Eastern and Southern Africa Anti-Money Laundering Group), **MONEYVAL** (Council of Europe Committee of Experts on the Evaluation of Anti-Money Laundering Measures and the Financing of Terrorism), **GAFILAT** (Financial Action Task Force on Money Laundering in Latin America), **GIABA** (Inter Governmental Action Group against Money Laundering in West Africa), **MENAFATF** (Middle East and North Africa Financial Action Task Force), **GABAC** (Task Force against Money Laundering in Central Africa). 지역기구는 전 세계에 9개가 있다. 약 200개국이 FATF 40개 권고사항을 국내 법률로 수용하고 이행을 약속하였는데, 이들에 대한 상호평가는 FATF와 9개 FSRBs이 분담하고 있다. FATF는 36개 회원국 등 약 42개국의 상호평가를 담당하고 나머지 158개국에 대한 상호평가는 9개 FSRBs들이 담당하고 있다.

중 6개국의 상호평가 결과도 부록에 함께 실었다. 앞으로 2022년까지 현행 FATF 국제기준에 의한 상호평가는 계속 진행될 것이다. 그러므로 앞으로 상호평가 논의가 진행됨에 따라 각 장의 제3절과 제4절의 내용은 더욱 풍부해질 수 있을 것이다. 각국의 상호평가 결과에 대한 상세한 내용을 원하신다면 FATF 홈페이지에 게시된 상호평가보고서(영문)를 참조할 수 있다.

　　방대한 내용을 포괄하는 FATF 국제기준의 전체 내용을 한 권의 책으로 설명하기에는 부족하다. 그러나 국제기준의 우리말 번역을 갖는 것만으로도 우리가 국제기준을 바르게 이해하는 출발점이 될 수 있다. 아무쪼록 이 책이 우리나라에서 자금세탁방지업무와 테러자금조달금지 업무에 종사하는 분들의 FATF 국제기준 이해에 조금이라도 기여한다면 더 없는 기쁨일 것이다.

2016년 5월
저자 이 귀 웅 씀

차 례

제 1 장 서문과 용어설명

개 관 ··· 3

제 1 절 「FATF 권고사항」 서문 ······························· 5
제 2 절 「평가방법론」 서문 ································· 9
제 3 절 「기술적 이행평가를 위한 평가방법론」 서문 ············ 19
제 4 절 「효과성 평가를 위한 평가방법론」 서문 ············· 22
제 5 절 금융기관과 DNFBPs에 대한 요구사항의 법적 근거 ········ 34
제 6 절 용어설명(GENERAL GLOSSARY) ···················· 36
제 7 절 서문에 관한 해설 ······························· 50

제 2 장 국가적 자금세탁방지/테러자금조달금지 정책과 조정

개 관 ··· 61

제 1 절 즉시성과 1 ····································· 62
제 2 절 권고사항 1, 2, 33과 그 주석, 평가방법론 ············ 65
제 3 절 해 설 ··· 74
제 4 절 국가적 정책과 조정에 관한 상호평가 결과 ············ 77

제3장 　법률제도와 운영과제

개 관 ·· 81

제1절 즉시성과 6, 7, 8 ·· 82

제2절 권고사항 3, 4, 29, 30, 31, 32와 그 주석, 평가방법론 ········ 91

제3절 해　　설 ··· 113

제4절 법률제도와 운영과제에 관한 상호평가 결과 ···················· 122

제4장 　테러자금조달과 확산금융

개 관 ·· 127

제1절 즉시성과 9, 10, 11 ·· 129

제2절 권고사항 5, 6, 7, 8과 그 주석, 평가방법론 ···················· 139

제3절 해　　설 ··· 179

제4절 테러자금조달과 확산금융에 관한 상호평가 결과 ·············· 188

제5장 　예방조치

개 관 ·· 193

제1절 즉시성과 4 ·· 195

제2절 권고사항 9~23과 그 주석, 평가방법론 ························· 199

제3절 해　　설 ··· 245

제4절 예방조치에 관한 상호평가 결과 ···································· 257

제6장 감 독

개 관 ·· 261

제1절 즉시성과 3 ······························· 263
제2절 권고사항 26, 27, 28, 34, 35와 그 주석, 평가방법론 ········· 267
제3절 해 설 ·································· 277
제4절 감독에 관한 상호평가 결과 ·················· 281

제7장 법인과 신탁등 법률관계

개 관 ·· 285

제1절 즉시성과 5 ······························· 287
제2절 권고사항 24, 25와 그 주석, 평가방법론 ············· 290
제3절 해 설 ·································· 304
제4절 법인 및 신탁등 법률관계에 관한 상호평가 결과 ········· 307

제8장 국제협력

개 관 ·· 311

제1절 즉시성과 2 ······························· 313
제2절 권고사항 36, 37, 38, 39, 40과 그 주석, 평가방법론 ········· 317
제3절 해 설 ·································· 334
제4절 국제협력에 관한 상호평가 결과 ················ 337

(참고) 2014년~2015년 수검 국가의 상호평가 결과 ························· 339

참고문헌 ·· 353

찾아보기 ·· 354

11개 즉시성과별 차례

번호		제 목	쪽
즉시성과	1	위험, 정책과 공조 (Risk, Policy and Coordination)	62
즉시성과	2	국제협력 (International Cooperation)	313
즉시성과	3	감독 (Supervision)	263
즉시성과	4	예방조치 (Preventive Measures)	195
즉시성과	5	법인과 신탁등 법률관계 (Legal Persons and Arrangement)	287
즉시성과	6	금융정보 (Financial Intelligence)	82
즉시성과	7	자금세탁에 대한 수사와 기소 (ML Investigation and Prosecution)	113
즉시성과	8	몰수 (Confiscation)	88
즉시성과	9	테러자금조달에 대한 수사와 기소 (TF Investigation and Prosecution)	129
즉시성과	10	테러자금조달 예방조치와 금융제재 (TF Preventive Measures and Financial Sanctions)	132
즉시성과	11	확산금융에 대한 금융제재 (PF Financial Sanctions)	136

FATF 40 권고사항별 차례

번호	구 번호1)	제 목	쪽
		A - AML/CFT 정책과 조정	
1*	(신설)	위험평가와 위험기반 접근법의 적용	65
2	R.31	국가적 협력과 조정	71
		B - 자금세탁과 몰수	
3*	R.1, R.2	자금세탁범죄	91
4*	R.3	몰수와 잠정조치	94
		C - 테러자금조달과 확산금융	
5*	SR. II	테러자금조달 범죄	139
6*	SR. III	테러와 테러자금조달 관련 정밀금융제재	143
7*	(신설)	확산금융 관련 정밀금융제재	157
8*	SR. VIII	비영리조직	167
		D - 예방조치	
9	R.4	금융기관의 비밀 유지 법률	199
		고객확인과 기록보관	
10*	R.5	고객확인제도	199
11	R.10	기록보관	214
		특정 고객과 행위에 대한 추가적인 조치	
12*	R.6	정치적 주요인물	215
13*	R.7	환거래은행	217
14*	SR. VI	자금 또는 가치의 이전 서비스	219
15	R.8	새로운 기법	220
16*	SR. VII	전신송금	221

---

1) 구 번호는 「2003년 FATF 권고사항(40개 권고 + 9개 특별권고)」의 번호이다.

의존, 통제와 금융그룹

17*	R.9	제3자 의존	230
18*	R.15,R.22	내부통제, 해외지점과 자회사	233
19*	R.21	고위험 국가	235

의심거래보고

| 20* | R.13,SR.IV | 의심거래보고 | 237 |
| 21 | R.14 | 정보누설과 비밀유지 | 238 |

지정 비금융사업자와 전문직

| 22* | R.12 | 지정 비금융사업자·전문직: 고객확인제도 | 239 |
| 23* | R.16 | 지정 비금융사업자·전문직: 기타 수단 | 242 |

E - 법인과 신탁등 법률관계의 투명성과 실소유자

| 24* | R.33 | 법인의 투명성과 실소유자 | 290 |
| 25* | R.34 | 신탁등 법률관계의 투명성과 실소유자 | 299 |

F - 권한당국의 권한과 책임, 다른 제도적 조치들

규제와 감독

26*	R.23	금융기관에 대한 규제와 감독	267
27	R.29	감독기관의 권한	271
28	R.24	지정 비금융사업자·전문직에 대한 규제와 감독	272

운영적 및 법률적 집행기관

29*	R.26	금융정보분석원	96
30*	R.27	법집행기관과 조사당국의 책임	101
31	R.28	법집행기관과 조사당국의 권한	104
32*	SR.IX	현금휴대반출입	106

일반적 의무사항

| 33 | R.32 | 통계 | 72 |
| 34 | R.25 | 지침과 피드백 | 275 |

제재

| 35 | R.17 | 제재 | 275 |

G - 국제협력

36	R.35,SR.Ⅰ	국제 협정서	317
37	R.36,SR.Ⅴ	국제사법공조	318
38*	R.38	국제사법공조: 동결과 몰수	321
39	R.39	범죄인 송환	323
40*	R.40	기타 국제협력	325

* (별표)는 주석을 가진 권고사항을 표시한 것이다. 주석은 권고사항과 함께 읽혀야 한다.
※ (역자주) 2012년 2월 15일 채택된 「FATF 40 권고사항」은 「2003년 FATF 40+9 권고사항」에서 6개를 폐지(구 번호 11, 18, 19, 20, 30, 37), 5개를 통합(구 번호 1+2, 15+22, 13+SR.Ⅵ, 34+SR.Ⅰ, 36+SR.Ⅴ), 2개는 신설(새 번호 1, 7)하여 번호와 체계를 재구성한 것이다.

F/A/T/F/국/제/기/준/해/설

제 1 장

서문과 용어설명

서문과 용어설명

개 관

FATF 국제기준은 25년에 걸쳐 발전되어 온 국제규범이다. 자금세탁과 테러자금을 효과적으로 차단하는 것이 목적이며, 금융과 사법, 국제협력을 포괄하고 있다. FATF 국제기준을 바르게 이해하기 위해서는 이 규범의 제정 및 개정 배경과 취지를 살펴보는 것이 바람직하다. 이는 또한 FATF 국제기준의 전반을 조망함으로써 국제기준을 보다 쉽게 이해할 수 있도록 할 것이다.

이를 위해서는 먼저 「FATF 권고사항」[1]과 「평가방법론」[2]의 서문을 살펴볼 필요가 있다. 서문은 FATF 국제기준이 제정되고 개정되어 온 배경과 각국의 국제기준 적정 이행 여부를 평가하는 접근방법, 유의할 점 등을 상세하게 설명하고 있기 때문이다.

FATF 제4차 라운드 상호평가를 위한 권고사항 개정은 2012년 2월에 있었고, 관련 평가방법론은 이로부터 1년 후인 2013년 2월에 마련되었다. FATF는 상호평가자 교육 등 1년 여 준비를 거쳐 2014년 3월부터 노르웨이와 스페인에 대한 현지실사를 실시함으로써 제4차 라운드 상호평가를 본격 개시하였다.

제4차 라운드 상호평가는 자금세탁방지와 테러자금조달금지를 위한 법규

---

1) FATF가 2012년 2월 출간한 「The FATF Recommendations」 (부제: 자금세탁, 테러자금조달과 확산금융에 맞서 싸우기 위한 국제기준)를 말하며, 앞으로 「FATF 권고사항」이라고 부른다.
2) FATF가 2013년 2월 출간한 「Methodology for Assessing Technical Compliance with the FATF Recommendations and the Effectiveness of AML/CFT System (FATF 권고사항의 기술적 이행과 AML/CFT 이행체제의 효과성을 평가하기 위한 방법론)」을 말하며, 앞으로 「평가방법론」이라고 부른다.

적 이행뿐만 아니라 국가적 이행체제 전반의 효과성을 평가하는데 중점을 두고 있다. 효과성 평가는 국가가 실제 직면하고 있는 자금세탁 및 테러자금조달 위험에 국가의 자금세탁방지와 테러자금조달금지 이행체제가 얼마나 효과적으로 대응하고 있는가를 평가하고자 하는 것이며, 40개 각 권고사항별 또는 11개 즉시성과별 이행보다는 국가적 이행체제(system)가 실제 이룩한 성과(outcome)를 평가하는데 초점을 둔다.

여기서 특히 주목해야 할 점은 평가를 통해 보고자 하는 중점이 국가적 이행체제가 만들어낸 산출물(output)이 아니라 성과(outcome)라는 점이다. 제4차 라운드 상호평가의 이러한 취지는 「FATF 권고사항」과 「평가방법론」의 서문에 잘 나타나 있다.

제 1 절 「FATF 권고사항」 서문

FATF(the Financial Action Task Force, 국제 자금세탁방지기구 또는 금융조치기구)는 회원국 장관들에 의해 1989년 설립된 정부 간 기구(an inter-governmental body)이다. FATF의 임무는 국제기준을 정립하고, 자금세탁, 테러자금조달, 확산금융, 그리고 국제금융시스템의 순수성을 위협하는 다른 관련 위협들과 맞서 싸우기 위한 법률적·규제적·운영적 조치의 효과적인 실행을 촉진하는 것이다.

FATF는 또한 각국이 자금세탁, 테러자금조달, 대량살상무기 확산금융에 대응하기 위해 이행해야 할 종합적이고도 일관된 조치사항의 체계를 마련하였다. 각국은 다양한 법률적, 행정적, 운영상의 체계와 다른 금융 시스템을 갖고 있어 이러한 위협들에 대응하여 모두가 동일한 조치를 취할 수 있는 것은 아니다. 그러므로 FATF는 국제기준으로 권고사항을 마련하고 각국은 그들의 특수한 상황에 맞게 적절한 조치들을 채택하여 이행토록 한 것이다. FATF 권고사항에 따라 각국이 이행해야 할 핵심적인 조치 사항들은 다음과 같다:

- 위험의 확인, 정책과 국내적 조정의 발전
- 자금세탁, 테러자금조달, 확산금융을 추적
- 금융 부문과 다른 지정된 분야를 위한 예방조치를 적용
- 권한당국(예, 수사·법집행·감독 당국)과 조치기구들의 권한과 책임을 정립
- 법인과 신탁등 법률관계의 투명성과 정보 활용성을 강화
- 국제협력을 촉진

FATF 40개 권고사항은 마약 관련 자금세탁자들이 금융시스템을 악용하는 것을 방지하기 위한 발의로서 1990년 최초로 도입되었고, 1996년 최초로 개정되었다. 이 개정은 자금세탁의 기술과 동향을 반영하고, 마약 관련 자금세탁을 넘어서 영역을 더욱 확장하는 것이 주요 목적이었다. 2001년 10월에는

FATF의 업무영역 범위가 테러리스트 행위와 테러조직을 다루는 과제로까지 확대되었는데, 테러자금조달에 관한 8개의 특별권고(이후 9개로 확대됨)를 창출하는 중요한 진전을 이루었다. FATF 권고사항은 2003년에 두 번째로 개정되었다. 이 권고사항은 특별 권고사항과 함께 180개국 이상에서 승인(endorsed)되었으며, 전 세계적으로 자금세탁방지/테러자금조달금지(AML/CFT)를 위한 국제기준으로 인정되었다.

　　FATF는 회원국들에 대한 제3차 라운드 상호평가를 마무리함에 따라, FATF 권고사항을 FATF 형태의 지역기구들(FSRBs), IMF, 세계은행, UN 등의 옵서버 기구들과 긴밀히 협력하여 새롭게 검토하고 갱신하였다. 이 개정은 새롭게 떠오르는 위협에 대응하고 기존의 많은 의무사항들을 보다 명확히 하거나 강화하는 내용을 담고 있지만, 권고사항이 가진 필수적인 안정성과 엄정함은 그대로 유지되도록 하였다.

　　FATF 개정 국제기준은 위험이 보다 높은 경우에는 보다 강화된 조치를 요구하도록 하였다. 높은 위험이 잔존하는 영역이나 보다 강화된 이행이 요구되는 분야에 대해서는 각국이 보다 초점을 맞춘 접근을 하는 것을 허용하고 있는 것이다. 각국은 먼저 직면하고 있는 자금세탁과 테러자금조달의 위험을 확인하고, 평가하고, 이해하여야 하며, 그리고 그 위험을 완화하기 위한 적절한 조치를 채택하여야 한다. 위험기반접근법(the risk-based approach)은 각국이, FATF 요구사항의 틀 내에서, 조치사항을 보다 유연하게 채택하는 것을 허용함으로써 그들이 자원을 목표에 보다 효과적으로 집중시킬 수 있도록 하며, 위험의 특성에 상응한 예방조치의 적용을 통하여 그들의 노력을 가장 효과적인 방식으로 초점에 맞출 수 있도록 한다.

　　테러자금조달과 싸우는 것은 매우 엄중한 도전이다. 일반적으로 효과적인 AML/CFT 이행체제를 갖추는 것은 테러자금조달에 대응하기 위해 중요하다. 테러자금조달에 대응하기 위해 종전에 도입된 대부분의 조치들이 개정 권고사항으로 통합됨에 따라 특별 권고사항을 별도로 둘 필요가 없어졌다. 그러나 일부 권고사항은 테러자금조달에만 적용된다. 그래서 이들을 FATF 권고사항 중 'C' 절에 배치했는데, 그들은 권고사항 5 (테러자금조달의 범죄화); 권고사항 6 (테러 또는 테러자금조달과 관련한 정밀금융제재); 권고사항 8 (비영리조직을 악용하는 것을 방지하는 조치)이다. 대량살상무기 확산도 역시 안전에 대한 중요한 위협 요인이다. 이에 따라 FATF는 2008년 사명서에서 대량살상무기 확산금융을 규율대상으로 포함하도록 업무 영역을 확대하였다. 이 위협에 대응하기 위해 FATF는 새로운 권고사항(권고 7)을 채택하였다. 이 권고사항의 목표는 UN 안전보장이사회가 요구하는 정밀금융제재를 일관성 있게 효과적으로 실행하는 것이다.

FATF 국제기준은 권고사항들과 그 주석, 용어설명(glossary)의 정의들 (definitions)로 구성된다. FATF와 FSRBs(FATF－형태 지역기구)의 모든 회원국들은 FATF 국제기준에서 규정한 조치들을 이행해야 한다. 그들의 이행은 상호평가 과정을 통해서 또한 FATF와 공통의 평가방법론을 적용한 IMF와 세계은행의 평가과정을 통해서 엄정하게 평가된다. 일부 주석과 용어설명의 정의는 국제기준의 요구사항이 적용되는 방법을 명확히 보여주기 위한 예시들을 포함하고 있다. 이러한 예시들은 FATF 국제기준의 의무사항이 아니며, 이행의 방향을 제시하는 지침(guidance)으로만 포함된 것이다. 그리고 예시들은 도움을 주는 지표(indicators)이긴 하지만 모든 상황에 적합한 것이 아닐 수도 있으며, 전체를 포괄하려는 것도 아니다.

FATF는 또한 각국의 FATF 국제기준 이행을 지원하기 위하여 지침서 (Guidance)와 모범규준(Best Practice Papers), 그리고 다른 조언(advice)을 제공한다. 이 가외 자료들은 국제기준 이행 평가에 적용되는 의무적 이행사항은 아니나, 각국이 FATF 국제기준의 모범적인 이행 방안을 검토할 때 매우 유용하게 고려될 것이다. FATF 지침서와 모범규준의 목록은 이 권고사항의 부록에 있고, 상세한 내용은 FATF 웹사이트에 있다.

FATF는 민간부문, 시민사회, 그리고 다른 관계자들을 금융시스템의 순수성을 지키는 중요한 동반자로 생각하며, 그들과 긴밀하고 건설적인 대화를 지속할 것을 약속한다. 권고사항의 개정 과정에서도 심도 있는 협의를 하였고, 이들 이해관계자들의 코멘트와 제안으로부터 도움을 받았다. FATF는 앞으로도 세계 금융시스템의 떠오르는 위협과 취약성에 관한 새로운 정보에 비추어 적절하다고 판단하는 경우 국제기준을 지속적으로 수정하는 등 사명서(mandate)에 따라 지속적으로 전진할 것이다.

FATF는 모든 국가들이 개정된 FATF 권고사항에 따라 자금세탁, 테러자 금조달 그리고 확산금융에 맞서는 국가적 이행체제를 확립하기 위한 효과적인 조치들을 이행할 것을 촉구한다.

제 2 절 「평가방법론」 서문

1. 본 평가방법론은 2012년 2월 채택된 FATF 개정 권고사항의 기술적 이행을 평가하고, 각국의 자금세탁방지/테러자금조달금지(Anti−Money Laundering/Countering the Financing of Terrorism; AML/CFT) 이행체제의 효과성 수준을 정밀검토하기 위한 것이다. 이것은 세 부분으로 구성되어 있다. 첫 번째 부분은 서문인데, 상호평가[3)]방법론의 개요와 그 배경, 상호평가에서 그것이 어떻게 사용되어야 하는가를 설명한다. 두 번째 부분은 각 FATF 권고사항의 기술적 이행을 평가하기 위한 기준이다. 세 번째 부분은 FATF 권고사항 이행의 효과성을 평가하기 위하여 사용되는 즉시성과(the outcomes), 지표들(indicators), 자료와 다른 요소들(data and other factors)을 설명한다.

2. FATF는 제4차 라운드 상호평가에서는 각 권고사항의 기술적 이행을 평가하는 동시에 AML/CFT 이행체제의 효과성 여부(whether)와 그 정도(how)를 평가하는 상호 보충적 접근방법을 채택하였다. 그러므로 평가방법론은 두 요소로 구성된다.

- 기술적 이행 평가(technical compliance assessment)는 FATF 권고사항의 세부 요구사항들을 다루는데, 주로 국가의 관계 법률과 제도적 틀, 권한당국자들의 권한(powers)과 절차들(procedures)과 관련된다.
- 효과성 평가(effectiveness assessment)는 기술적 이행 평가와는 근본적으로 다르다. 그것은 FATF 권고사항 이행(implementation)의 적절성(adequacy) 평가를 추구하고, 굳건한 AML/CFT 이행체제의 핵심인 정의된 성과(outcomes)의 성취 정도를 확인한다. 그러므로 효과성 평가는 법률과 제도적 틀을 통해 예정된 성과(the expected results)를 달성하는 정도에 초점을 맞추고 있다.

---

3) 이 자료 전체에서 사용되는 용어 "사정(査定)/평가(assessment)", "평가(evaluation)", 그리고 그들의 파생어들은 FATF 및 FSRBs의 상호평가와 제3자의 상호평가(예를 들면 IMF와 세계은행의 상호평가) 모두를 말한다.

3. 기술적 이행과 효과성에 관한 평가는 함께 결합하여, FATF 권고사항이 요구하는 국가의 FATF 국제기준 이행과 강력한 AML/CFT 이행체제의 성공적인 유지의 정도에 대하여 통합적인 분석을 보여 줄 것이다.

4. 이 평가방법론은 상호평가자가 국가의 AML/CFT 국제기준의 이행을 평가하는 것을 지원하기 위해 설계되었다. 이것은 자금세탁과 테러자금조달 및 확산금융에 맞서기 위한 국제기준인 FATF 권고사항과 주석서에서 열거하는 요구사항들을 반영하고 있다. 그러나 그것들을 수정하거나 우선하지는 않는다. 평가방법론은 다양한 법률적, 규제적, 금융적 체제를 가진 국가들이 효과적인 AML/CFT 이행체제를 구축하기 위해 어떠한 이행체제(system)와 운영체계(mechanism)를 개발하였는가를 평가자들이 확인하는데 도움을 줄 것이다. 그리고 또한 각국이, 기술지원 필요성 여부를 포함하여, 그들 자신의 이행체제를 검토하는데 유용할 것이다. 이 방법론은 아울러 종전 FATF 권고사항의 상호평가에 참가한 바 있는 FATF, FSRBs, IMF와 세계은행 등의 상호평가 경험들도 반영하고 있다.

위험과 맥락(RISK AND CONTEXT)

5. 모든 상호평가의 출발점은 평가자들이 국가의 위험과 맥락을 가장 넓은 관점에서 이해하고, 그것들에 영향을 미치는 요인들을 파악하는 것이다. 여기에는 다음 사항들이 포함된다:

- 자금세탁과 테러자금조달 위험의 본질(nature)과 정도(extent);
- 국가의 환경(예: 그 국가 경제의 구성, 금융 분야), 이것은 권고사항들 간의 상대적 *중요도(materiality)*에 영향을 미침;
- 자금세탁방지/테러자금조달금지(AML/CFT) 이행체제를 뒷받침하는 *구조적 요인들*; 그리고
- AML/CFT 조치들의 이행방식과 효과성에 영향을 미칠 수 있는 *다른 상황적 요인들*.

6. 자금세탁/테러자금조달 위험은 권고사항 1의 기술적 이행 평가와 다른

권고사항들의 위험기반 요소들 평가에, 그리고 효과성 평가에 중요하게 관련된다. 평가자들은 평가의 시작부터, 그리고 그 전 과정을 통하여 그 국가에 대한 자금세탁과 테러자금조달 위험 요소들의 본질과 정도를 고려하여야 한다. 관련된 위험 요소들은 그 국가의 범죄수익창출 범죄(proceeds-generating crime)의 종류와 수준; 그 국가에서 자금을 조달하거나 활동적인 테러리스트 그룹들; 국경 간 범죄 또는 불법 자산의 흐름에 대한 노출 등이 포함될 수 있다.

7. 평가자들은 그 국가의 위험에 대한 이해의 출발점으로 그 국가가 자체적으로 실시한 위험평가를 활용하여야 한다. 그러나 그 국가의 위험평가를 정확한 것으로 보아 무비판적으로 수용해서는 안 되며, 그 평가의 결론을 모두 따를 필요도 없다. 평가자들은 또한 권고사항 1과 즉시성과 1의 맥락에서 위험평가 결과를 어떻게 평가할 것인가와 관련하여 단락 15와 그 이하의 지침을 잘 숙지하여야 한다. 평가자들이 그 국가의 위험평가가 합리적인지 결론을 내리지 못하거나, 또는 국가의 위험평가가 아예 없거나 불충분한 경우도 있을 수 있다. 이런 때에는 평가자들은 그 국가에서 무엇이 주요한 위험들인가에 관하여 국가의 당국과 긴밀히 협의하여 공통의 이해에 도달하도록 노력하여야 한다. 만약 서로 간에 동의가 없다면, 또한 그 국가의 평가가 합리적이라는 결론을 내릴 수 없다면, 평가자들은 이해에 있어서 어떤 차이가 있는지, 이에 대한 그들의 이유를 상호평가보고서(MER)에 명확하게 설명하여야 한다. 그리고 위험들에 대한 그들의 이해를 다른 위험 기반 요소들(예: 위험 기반 감독)을 평가하는 기초로 활용하여야 한다.

8. 평가자들은 또한 중요도(materiality) 문제도 고려하여야 한다. 예를 들면, 금융 부문의 다양한 부분들과 다른 지정 비금융사업자 및 전문직(DNFBPs)들의 상대적 중요도; 금융 부문의 크기, 통합정도와 구성; 다른 형태의 금융상품들 또는 기관들의 상대적 중요도; 국내 또는 국경 간 사업의 규모; 현금기반 경제의 정도; 비공식 부문 또는 지하경제의 규모 평가 등을 포함한다. 아울러 평가자들은 인구 규모, 국가의 발전 단계, 지리적 요인들, 무역 또는 문화적 연결 등도 알고 있어야 한다. 평가자들은 기술적 이행 평가와 효과성 평가 모두에서 다른 분야들과 이슈들의 상대적 중요도를 고려하여야 한다. 그 국가에게 가장 중요하고 관련성이 큰 이슈에 대해서는 기술 평가의 등급 결정 시

보다 큰 가중치를 주어야 한다. 효과성 평가에서는 아래에 열거된 바와 같이 가장 중요한 영역에 대해 더 큰 주의를 기울여야 한다.

9. 일반적으로 어떤 구조적 요소들(structural elements)을 갖추고 있을 때 효과적인 AML/CFT 이행체제가 가능하다. 예를 들면 정치적 안정; AML/CFT 문제에 대처하려는 높은 수준의 헌신(a high-level commitment); 책임감, 도덕성, 투명성을 가진 안정된 기관들; 법의 지배; 그리고 능력 있고, 독립적이며, 효율적인 사법 시스템 등이다. 일반적으로 구조적 요소들이 부족하거나 중대한 취약성 또는 결함이 있는 경우에는 효과적인 AML/CFT 이행체제의 실행을 중대하게 방해할 수도 있다. 그리고 평가자들이 국제기준 이행과 효과성의 결함을 확인할 때 이러한 구조적 요소의 부족(missing)이 그 이유가 될 수 있다. 이 경우 평가보고서의 적절한 곳에 이러한 점들이 기술되어야 한다.

10. 다른 상황적 요인들(other contextual factors)도 국가의 AML/CFT 조치들의 효과성에 중대한 영향을 미칠 수 있다. 예를 들면 국가의 규제와 감독 체제의 성숙도와 정교함(sophistication); 부패의 정도와 반부패 조치의 효과 정도; 또는 금융소외(financial exclusion)의 정도 등이다. 이러한 요소들은 ML/TF 위험에 영향을 미칠 수 있으며, AML/CFT 조치의 효과성을 증가시키거나 감소시킬 수 있다.

11. 평가자들은 국가의 AML/CFT 이행체제가 작동하는 상황에 대한 일반적인 이해(a general understanding of the context)에 도달하기 위해서는 위에서 언급한 위험, 중요도 문제, 구조적 요소, 다른 상황적 요인들 등 상황적 요인들을 고려하여야 한다. 이러한 요인들은 평가자들이 어떤 과제(issues)를 중요하게 또는 더 높은 위험으로 생각하는가에 영향을 줄 수 있고, 결과적으로 평가자들이 평가 과정에서 어디에 그들의 주의를 집중해야 하는가를 결정하는데 도움을 줄 것이다. 일부 특별한 상황적 요인들은 이 평가방법론의 효과성 요소들을 다루는 개별 즉시성과들의 상황으로도 언급될 수 있다. 평가자들은 이러한 위험과 상황적 요인들이 국가의 평가에 어떻게 영향을 미치는가를 고려할 때에는, 특히 그들이 결론에 중대하게 영향을 미치는 경우에는, 사용된 정보에 대하여 유의하여야 한다. 평가자들은 평가받은 국가의 관점도 고려하여야 한다. 그러나 그 관점들을 비판적으로(critically) 검토하여야 하며, 또한 다른 설득

력 있고 신뢰할 만한 정보의 원천(예를 들면 국제기구 또는 주요 권위 있는 출판물 등으로부터)을 참조하여, 가급적 여러 정보의 원천을 활용하여 검토하여야 한다. 이러한 요소들을 토대로 평가자들은 국가의 AML/CFT 이행체제가 작동하는 상황에 대해 그들의 자체적 판단(their own judgement)을 해야 하며, 이 분석과 판단은 평가보고서에 분명하게 명시적으로 기재되어야 한다.

12. 어떤 경우에는 위험, 중요도, 구조적 또는 상황적 요인들이 특정 국가가 왜 이행 또는 미이행인가를, 또는 국가의 기술적 이행 수준을 토대로 보아 기대되었던 것보다 효과성 이행 수준이 왜 더 높거나 낮은가를 설명해 줄 것이다. 이들 요인들은 그 국가가 왜 우수하게 또는 빈약하게 이행하고 있는가를 설명하는 부분일 수 있고, 어떻게 효과성을 향상시킬 수 있는가에 대하여 평가자가 제시하는 권고들의 중요한 요소가 될 수 있다. 기술적 이행과 효과성에 관한 평점은 모든 국가에게 적용되는 보편적 기준(a universal standard)에 의해 판정(judged)되어야 한다. 어떤 우호적이지 않은 상황은 (예를 들면 구조적 요소들이 결여되어 있는 경우) 기술적 이행과 효과성을 깎아내릴 수 있다. 그러나 위험, 중요도, 구조적 또는 상황적 요인들이 FATF 국제기준의 빈약한 또는 불균형한 이행의 변명이 되어서는 안 된다. 평가자들은 평가보고서에 어떤 요인들이 고려되었으며, 왜 그리고 어떻게 그렇게 했는가를, 또한 이 때 활용된 정보의 원천이 무엇인가를 명확히 기술해야 한다.

일반적인 해석과 지침(GENERAL INTERPRETATION AND GUIDANCE)

13. FATF 권고사항 관련 용어 정의는 권고사항에 부속된 용어설명(the Glossary)에 포함되어 있다. 평가자들은 또한 다른 요소들의 일반적인 해석에 관한 아래의 지침들을 고려하여야 하는데, 이들은 접근의 일관성을 위해 중요하다.

14. 금융기관들(Financial Institutions) ─ 평가자들은 금융기관들에 관한 용어설명의 정의에서 언급된 금융활동(the financial activities)에 종사하는 기관(회사)들의 유형을 철저하게 이해하여야 한다. 그러한 활동이 서로 다른 나라에서는 다른 일반적 이름(예를 들면 '은행')을 가진 기관들에 의해 수행될 수 있

으며, 평가자들이 초점을 맞춰야 할 곳은 회사들의 이름이 아니라 그 활동임을 명심하여야 한다.

15. 국가가 수행한 위험평가를 평가하기 - 권고사항 1과 즉시성과 1을 평가할 때 평가자가 그들 자신의 독립적인 위험평가를 수행할 것을 기대하는 것은 아니다. 그러나 다른 한편으로는 그 국가가 수행한 위험평가를 정확한 것으로 받아들일 필요는 없다. 평가자가 국가의 위험평가를 검토할 때에는 사용된 과정 및 절차의 엄밀성(rigor); 그리고 평가의 내부적인 일관성(예를 들면 사용된 정보와 분석에 비춰 결론이 합리적인지 등)을 고려하여야 한다. 평가자는 구체적인 세부 사항들이 아닌, 상위의 과제들(high-level issues)에 초점을 맞춰야 하며, 결과가 합리적인지 여부에 관해 상식적인 접근(a common sense approach)을 해야 한다. 평가자들은 또한 적절한 경우 더 탐구해야 할 어떤 중요한 차이점들이 있는지 여부를 확인하기 위하여, 국가의 위험에 관한 다른 설득력 있고 신뢰할 만한 정보의 원천을 고려하여야 한다. 평가팀이 그 국가의 위험평가가 합리적이라고 판단한 경우 평가방법론의 위험기반 요소들이 위험평가의 논거로 고려될 수 있다.

16. 권고사항 1 평가에서 평가자는 아래 요소에 관한 분석에 집중하여야 한다: (1) 위험평가를 생산하고 조정하기 위해 도입한 절차와 운영체계들(mechanisms); (2) 위험평가의 합리성; 그리고 (3) 확인된 위험에 대한 조치들의 위험도에 기초한 배열(alignment) (예를 들면 면제, 고위험 또는 저위험 상황 등).

17. 즉시성과 1 평가에서 평가자는 위험평가에 관한 그들의 합리적 관점에 기초하되, 권한 당국들이 위험을 감소시키기 위하여 정책 개발과 활동들을 알리고 실행하는데 있어서 그들의 위험에 대한 이해를 얼마나 잘 활용하는가에 초점을 두어야 한다.

18. 위험 기반 접근법의 요구사항 - 금융기관들과 '지정 비금융사업자 및 전문직들(DNFBPs: Designated Non-Financial Businesses or Professions)'에게 어떤 조치를 요구하는 각 권고사항의 평가와 관련하여, 평가자들은 일반적으로는 모든 금융기관과 '지정된 비금융사업자 및 전문직들'이 구체적인 요구사항 모두를 충족할 때 이행으로 평가해야 한다. 그러나 FATF 권고사항은 특정 형태의 금융기관, 업종 또는 전문직, 또는 특정 고객들, 산출물, 거래, 또는 국가들

이 처한 자금세탁 또는 테러자금조달 위험의 정도를 중요하게 고려할 것을 요구하고 있다. 그러므로 국가에 따라서는 권고사항들을 적용할 때 (예를 들면 단순화된 조치의 적용 등) 위험을 고려할 수도 있다. 이 때 평가자는 그 국가의 예방조치에 결함이 있는지를 결정할 때 위험 정도와 위험기반접근법에 의해 허용된 유연성과 중요도 정도를 고려할 필요가 있다. 강화된 또는 특정의 조치들이 요구되는 고위험인 경우에는, 그러한 조치들이 모두 적용되어야 한다. 그러나 특정 조치의 정도는 위험의 정도에 따라 상이할 수 있다.

19. 저 위험 상황에서의 면제 – 자금세탁/테러자금조달 위험이 낮은 경우, 국가들은 금융기관들과 DNFBPs이 이행해야 할 일부 권고사항들에 대해 이행하지 않아도 되는 면제 결정을 내릴 수도 있다. 이 경우 국가들은 평가자들에게 해당 권고사항을 적용하지 않도록 하는 결정을 내리기 위한 토대로서 그 증빙과 분석결과를 제공하여야 한다.

20. 금융기관, DNFBPs와 국가들을 위한 요구사항 – FATF 권고사항들은 금융기관들 또는 DNFBPs가 어떤 행위를 "하여야 한다" 또는는 "할 것이 요구되어져야 한다"로 기술하거나, 또는 금융기관, DNFBPs 또는 다른 기관 또는 개인들이 어떤 행위를 하도록 하는 것을 국가가 "확실히 해야 한다"고 기술하고 있다. 평가방법론에서는 통일된 문구를 사용하기 위하여 "금융기관들(또는 DNFBPs)은 요구되어져야 한다"라는 문구로 통일하여 사용하였다.

21. 법률 또는 강제수단들 – '*금융기관들과 DNFBPs에게 요구되는 사항의 법적 근거*'(FATF 권고사항 주석서 뒤에 있음. 이 책에서는 제1장 제5절)에서는 관련된 요구사항의 이행을 위해 요구되는 법률적 기초에 대해 서술하고 있다. 평가자들은 국가들이 요구사항을 이행하기 위해 사용한 제도들(mechanisms)이 그 주석에서 서술한 '강제 수단들'로 적합한지 여부를 검토하여야 한다. 평가자들은 권고사항 10, 11, 20은 반드시 법률로 이행해야 할 요구사항을 포함하고 있는 반면, 다른 요구사항들은 법률 또는 강제수단들로 이행할 수 있다는 점을 인식하고 있어야 한다. 일련의 자료 또는 조치들을 '강제수단들'로 볼 수 없을 경우 기술적 이행을 위한 요구사항을 충족한 것으로는 포함되지 않지만, 효과성 분석의 맥락에서 효과성에는 기여하는 것으로는 고려될 수 있다(예를 들면, 민간기구에 의해 발행된 자발적 행동 규준(voluntary codes of conduct) 또는 감독당국

에 의한 구속력이 없는 지침(non-binding guidance) 등).

22. DNFBPs에 대한 평가 - 권고사항 22, 23, 28(권고사항 6과 7의 특정 요소들 포함)은 DNFBPs와 관련 감독기관들(또는 자율기구)이 조치할 사항들을 기술하고 있다. 이러한 요구사항들과 관련한 기술적 이행은 오직 이들 특정 권고사항들에 한해 평가되어야 하며, 금융기관에 관련되는 다른 권고사항들의 이행에 영향을 미치는 것으로 평가되어서는 안 된다. 그러나 효과성 평가에서는 관련된 성과들을 검토할 때 금융기관들과 DNFBPs 모두를 고려하여야 한다.

23. 확산금융 - 확산금융 관련 FATF 국제기준의 요구사항들은 권고사항 7("정밀금융제재")과 권고사항 2("국가적 협력과 조정")에 국한된다. 효과성 평가 측면에서 확산금융에 관련된 모든 요구사항들은 즉시성과 11에서 평가된다. 다만 확산금융과 관련된 국가적 협력과 조정은 예외적으로 즉시성과 1에 포함되어 평가된다.[4] 확산금융에 관련된 쟁점들이 평가의 다른 부분에 영향을 주지 않고, 확산금융에만 국한되어 고려되어야 한다.

24. 국가적, 초국가적, 하위-국가적(sub-national) 조치들 - 일부 국가에서는 AML/CFT 과제들을 국가 정부 수준에서 뿐만 아니라 주(州)/성(省), 지방 차원에서 이행하는 경우도 있다. 평가를 할 때에는 주/성 차원에서 취해진 AML/CFT 조치사항들에 대해서도 적절성 여부를 검토하여야 한다. 평가자들은 한 국가에게 적용된 초국가적 법률 또는 규정도 동등하게 고려하고 참조하여야 한다. 부속서 1은 초국가적으로 평가될 수 있는 특정 권고사항들에 대해 설명한다.

25. 금융 감독 - 은행, 보험, 증권 분야에 적용되는 예방적 조치 관련 법률과 강제수단들은 감독 과정을 통해 이행되고 강제되어야 한다. 이들 분야에서는 바젤위원회, IAIS, IOSCO에 의해 발행된 관련 핵심 감독 원칙들에도 역시 충실해야 한다. 일부 특정 과제에 있어서는 이들 감독 원칙들이 FATF 국제기

---

4) (역자 주) 평가자가 즉시성과 11을 평가할 때 '국가적 협력과 조정'을 즉시성과 11의 이행요소로 고려할 것인가와 관련하여 논란이 있다. 2015년 2월 FATF 총회의 벨기에와 호주 상호평가 결과 토의에서 벨기에 상호평가팀은 이 규정을 근거로 확산금융 관련 '국가적 협력과 조정'을 IO.1과 R.2의 평가에만 고려한 반면, 호주 상호평가팀은 이 요소를 IO.11 평가의 중요한 이행요소로 포함시켜 평가하였다. 총회는 양국 상호평가 모두를 인정하였지만 IO.11의 "b) *핵심 쟁점의 결론을 뒷받침하는 특정 요소의 예시*" 9번과 IO.1의 *평가자 참조* 2)를 고려할 때 IO.11 평가에 포함시키는 것이 타당한 것으로 보인다.

준의 요구사항들과 중복되거나 상호 보완될 수 있을 것이다. 평가자들은 핵심 원칙들, 또는 다른 감독기준 제정 기구들에 의해 발행된 관련 원칙들이나 기준들에 관련되어 수행된 어떤 평가나 발견사항을 알아내고 이를 고려하여야 한다. 다른 유형의 금융기관들의 경우는 법률과 의무사항들이 규제 또는 감독 체계를 통하거나 또는 다른 수단들에 의해 이행되거나 강제되는지에 관해서는 국가별로 상이할 것이다.

26. 제재 – 몇몇 권고사항들은 국가들이 AML/CFT 요구사항들을 준수하지 못한 경우에 대해 *"효과적이고, 비례적이며, 억제적인 재재"*를 할 것을 요구하고 있다. 이 때 기술적 이행과 효과성 이행은 이들 요구사항들의 서로 다른 요소들을 평가한다. 기술적 이행 평가에서는, 평가자는 국가의 법률과 강제수단 체계가 요구사항들의 중하거나 경한 위반 정도5)에 *비례적으로* 적용될 수 있는 충분한 범위의 제재를 포함하고 있는지를 검토하여야 한다. 효과성 평가에서는, 평가자는 실제 적용된 제재들이 제재를 받은 기관들이 향후에는 확실하게 이행할 정도로 *효과적인지*; 그리고 다른 기관/회사들이 미준수하는 일이 없도록 할 정도로 *억제적인지* 여부를 검토하여야 한다.

27. 국제협력 – 국제협력은 이 평가방법론의 특정 권고사항과 즉시성과 (기본적으로 권고사항 36~40과 즉시성과 2)에서 평가된다. 평가자들은 국제협력에 대한 국가의 능력과 의지가 다른 권고사항들과 즉시성과들(예를 들면 국경간 범죄조사 요소 또는 국제그룹들에 대한 감독)에도 영향을 미칠 수 있다는 점을 인식하여야 한다. 그리고 국제기준의 이행 또는 효과성이 국제협력에 의해 긍정적으로든 부정적으로든 영향을 받는 경우는 어떤 경우라도 명확하게 서술하여야 한다.

28. 입법 초안과 제안 – 평가자들은 평가 수검국에 대한 현지실사 종료 때까지 시행되고 효력이 발생한 법률, 규정 또는 다른 AML/CFT 조치들만 적합한 것으로 인정하여야 한다. 이행체제를 수정하는 법률이나 다른 특별 제안들이 평가자들에게 제출될 수 있고 보고서에 언급될 수는 있으나, 이들이 평가의

---

5) 제재의 종류는 예를 들면 다음과 같다: 서면 경고; 특정 지시 준수 명령(준수하지 않을 경우 일일 단위 벌금 부과도 가능); 기관이 취한 조치의 정기보고 명령; 미 준수에 대한 벌금; 해당 개인들의 해당 분야 취업 금지; 경영자, 이사, 지배 소유주 권한의 대체 또는 제한; 허가의 관리 또는 정지 또는 철회; 또는 형벌.

결론이나 평점 목적으로 고려되어서는 안 된다.

29. FATF 지침서(Guidance) - 평가자들은 또한 FATF 지침서(Guidance)를 국가들이 구체적인 요구사항들을 어떻게 이행하는가에 관한 배경 정보로 고려할 수 있다. 그러한 지침서는 평가자들이 FATF 권고사항들의 실제 이행을 이해하도록 도움을 줄 수 있다. 그러나 지침서의 적용 여부가 평가의 일부를 구성해서는 안 된다.

제3절 「기술적 이행평가를 위한 평가방법론」 서문

30. 평가방법론의 기술적 이행 요소는 FATF 권고사항들의 구체적 요구사항들의 이행조치들, 즉 법률과 강제수단의 체계, 권한당국의 존재, 권한과 그 행사 절차 등을 말한다. 기본적으로 효과성에 관련되는 기준인 경우 그 기준의 구체적인 요구사항들은 대부분의 경우 포함되지 않는다. 이들은 효과성 요소를 통해 별도로 평가된다.

31. FATF 권고사항은 인정된 국제기준으로서 모든 나라에 적용된다. 그러나 평가자들은 AML/CFT를 위한 법률, 기구, 감독상의 체계가 국가마다 다를 수 있음을 명심해야 한다. FATF 권고사항을 이행하고자 한다면, 각국은 비록 이행을 성취하는 방식이 다르다고 하더라도 자국의 법률적, 기구적 이행체제와 일관된 방식으로 FATF 국제기준[6]을 이행할 수 있는 권리가 있다. 이런 점에서 평가자들은 그 국가의 위험과 구조적 또는 상황적 요소들을 잘 인식하여야 한다.

32. 평가방법론의 기술적 이행요소들은 각 권고사항의 구체적인 요구사항들을 기준들의 목록(a list)으로 나타낸다. 그 기준들은 권고사항들의 의무요소들을 완전하게 이행함을 나타내기 위해서는 반드시 갖춰야 하는 요소들이다. 각 권고사항별로 평가되어야 하는 기준들은 순서대로 번호가 매겨져 있다. 그러나 그 평가기준의 순서는 어떤 우선순위나 중요도를 나타내는 것은 아니다. 경우에 따라서는 해당 기준의 평가에서 중요한 측면을 확인하는 것을 돕기 위하여 세부 항목들(기준 아래 안쪽으로 들어가서)이 제공되기도 한다. 평가자는 이러한 세부항목을 가진 기준을 평가할 때에는 그 기준이 전체적으로 충족되었는지 여부를 판단하기 위하여 각각의 요소들이 존재하고 있는지 여부를 점검하여야 한다.

---

6) FATF 국제기준은 FATF 권고사항과 그 주석으로 구성되어 있다.

이행 평점들

33. 평가자들은 각 권고사항에 대하여 국가가 기준을 어느 정도로 이행 또는 미이행하였는지에 대하여 결론을 내려야 한다. 여기에는 네 가지 이행등 급이 있다: 이행(compliant), 대부분 이행(largely compliant), 부분 이행(partially compliant), 그리고 미이행(non-compliant). 예외적인 경우에는 어떤 권고사항 은 적용되지 않는 것(not applicable)으로 평가될 수도 있다. 이러한 이행등급들 은 기술적 이행 평가에 특정된 기준들에만 기초하고 있고 세부적으로는 다음 과 같다.

기술적 이행 등급들 (Technical compliance ratings)		
이행(Compliant)	C	결함들이 없다.
대부분 이행(Largely compliant)	LC	단지 사소한 결함들이 있다.
부분 이행(Partially compliant)	PC	적절한 결함들이 있다.
미이행(Non-compliant)	NC	주요한 결함들이 있다.
미적용(Not applicable)	NA	국가의 구조적, 법률적 또는 제도적 특성 때문에 특정 요구사항이 적용되지 않는다.

평가자는 어떤 권고사항의 결함 수준을 결정할 때, 그 나라의 상황적 요인을 참작하면서, 충족 또는 미충족한 기준의 숫자, 상대적 중요도 등을 고려하여야 한다.

34. 반드시 명심해야 할 점은 국가의 AML/CFT 이행체제가 권고사항을 준 수하고 있음을 나타낼 책임은 평가를 받는 국가에 있다는 사실이다. 평가자들 은 각 권고사항의 이행 수준을 결정함에 있어서 단지 법률과 강제수단을 갖춘 것만으로 FATF 권고사항을 이행했다고 평가해서는 안 되며, 제도적 체계(the institutional framework)를 갖추었는지 여부도 평가해야 한다.

35. 비중(Weighting) - 각 권고사항을 평가하기 위해 사용된 개별 기준이 모두 똑같은 중요성을 갖는 것은 아니며, 충족한 기준의 숫자가 항상 각 권고 사항의 전체 이행 수준에 대한 지표인 것은 아니다. 평가자는 각 권고사항의 이행등급을 결정할 때 국가의 상황에서 해당 기준의 상대적 중요성을 고려하

여야 한다. 평가자는 어떤 결함들이 그 국가의 위험도 기록과 다른 구조적/상황적 정보(예를 들면 고위험 영역이나 금융 부문의 대부분에 적용되는지 여부 등)로 판단할 때 얼마나 중요한지를 고려해야 한다. 어떤 경우에는, 다른 기준들을 충족했더라도, 단 하나의 결함이 너무나 중요해서 미이행(NC) 등급 결정의 근거가 될 수도 있다. 반대로 위험이 매우 낮거나 거의 사용되지 않는 종류의 금융활동에 관련된 결함인 경우 권고사항의 전반적 등급 결정에 미미한 영향만 미치는 것으로 될 수 있다.

36. 권고사항들 사이의 중복(Overlaps) – 많은 경우에 같은 기초적인 결함이 여러 개의 다른 권고사항들의 평가에도 연속적인 영향을 미친다. 예를 들면: 위험평가에서의 결함은 AML/CFT 이행체제 전반에 걸쳐 있는 위험기반 조치들을 저해하는 것으로 영향을 미칠 수 있고; 특정 유형의 금융기관 또는 DNFBPs에 대한 AML/CFT 규정 적용 실패가 금융기관과 DNFBPs에게 적용되는 모든 권고사항들의 평가에 부정적 영향을 미칠 수도 있다. 이러한 경우 평가자들은 평점을 고려할 때 적용 가능한 각 권고사항들의 평점을 뒷받침하고 있는 요소들의 결함을 반영하여야 하고 적절한 경우 각각의 등급도 표시하여야 한다. 그들은 또한 뒷받침하는 동일한 원인이 다른 모든 관련 권고사항들과 관련되어 있다는 점을 평가보고서(MER)에 분명하게 적시하여야 한다.

37. 종전 등급과의 비교 – 2012년에 FATF 권고사항과 특별 권고사항을 통합하고 전면 개편한 점과 기술적 평가와 효과성 평가를 각각 분리하여 도입한 점 등 때문에 이번 평가방법론에 의한 평가 등급들을 2004년 권고사항 아래 받은 등급들과 직접 비교할 수는 없다.

제 4 절 「효과성 평가를 위한 평가방법론」 서문

38. 국가 AML/CFT 이행체제의 효과성 평가는 FATF 국제기준의 기술적 이행평가와 동등한 비중으로 중요하다. 효과성을 평가하는 목적은 세 가지인데: (a) FATF가 성과(outcomes)에 초점을 두도록 하는 것, (b) 국가적 AML/CFT 이행체제에서 FATF 국제기준이 목표한 바를 성취한 정도를 확인하고, 이행체제 상의 약점이 무엇인지를 확인하는 것, (c) 각국이 그들의 이행체제를 개선하는 조치들의 우선순위를 정할 수 있도록 하는 것 등이다. 효과성은 이 평가방법론의 목적에 맞도록 "정의된 성과들이 성취된 정도"로 정의된다.

39. AML/CFT 맥락에서 효과성은 금융시스템들과 경제시스템들이 자금세탁, 테러자금과 확산금융의 위험과 위협을 완화시키는 정도이다. 이것은 어떤 주어진 (a) 정책, 법률, 또는 강제수단들; (b) 법집행, 감독, 또는 정보활동의 프로그램; 또는 (c) 자금세탁과 테러자금조달 위험을 완화시키고, 확산금융과 싸우기 위하여 마련된 특정 조치들의 이행 등을 통해 이루고자 한 의도된 결과와 비교한 것일 수 있다.

40. 효과성 평가의 목표(goal)는 국가 AML/CFT 이행체제 전체에 대한 평가를 제공하고 그것이 얼마나 잘 작동하는가를 보여주는 것이다. 평가의 접근방법 측면에서 효과성 평가는 권고사항의 기술적 이행평가의 접근방식과는 근본적으로 다르다. 그것은 특정 요구사항들이 충족되었는가를, 또는 주어진 권고사항의 모든 요소들이 이행되고 있는지를 체크하는 방식이 아니다. 그 대신에, 그것은 정의된 성과들의 성취 여부 또는 어느 정도 성취되었는지에 관해 판단한다. 즉 예를 들면 어떤 AML/CFT 이행체제의 핵심 목적들이 FATF 국제기준에 맞게 효과적으로 실행되고 있는지에 관한 판단을 요구한다. 이 평가 과정은 평가자들의 판단에 달려 있고, 그들은 평가대상국과 협의를 통해 평가업무를 수행할 것이다.

41. 반드시 명심해야 할 사항은 국가의 AML/CFT 이행체제가 효과적임을 입증할 책임은 평가를 받은 국가에 있다는 점이다. 만약 증거가 제공되지 않는

다면 평가자는 이행체제가 효과적이지 않다고 결론내릴 수밖에 없다.

효과성을 평가하기 위한 체계

42. FATF는 효과성 평가를 위해 정의된 성과의 계층 체계에 초점을 맞춘 접근법을 채택한다. 최상위 수준으로 AML/CFT 조치들을 이행하는 목적은 "*금융시스템과 경제 전반이 자금세탁, 테러자금조달, 확산금융의 위협으로부터 보호되며, 그 결과 금융부문의 순수성이 강화되고 안전과 안정에도 기여한다*" 이다. 국가 AML/CFT 이행체제의 효과성의 전반적 이해와 그 이행체제의 구성 요소들이 얼마나 잘 작동하는가에 관한 세부적인 인식 사이에서 올바른 균형을 추구하기 위하여 FATF는 우선적으로 *11개의 즉시성과들*에 기초하여 효과성을 평가한다. 이들 즉시성과들의 각각은 효과적인 AML/CFT 이행체제가 성취해야 할 핵심 목표들 중 하나를 대표하며, AML/CFT 조치들의 주요한 주제적인 목적을 대표하는 세 개의 중기성과들(three Intermediate Outcomes)에 정보를 제공한다. 이 접근방식은 국가가 개별 권고사항의 이행이나 특정 조직이나 기구들의 이행을 통해 효과성을 직접 평가하는 방식을 추구하지 않는다. 평가자들은 고위 목표나 중기성과들을 직접 평가하지 않는다. 다만 이것들은 상호평가 보고서를 준비할 때와 국가의 전반적 효과성을 서술할 때 적절하게 활용될 수 있다.

43. 고위목표와 중기성과 및 즉시성과들의 관계는 다음 표와 같다.

고위목표(High-Level Objectives):
금융시스템과 경제 전반이 자금세탁, 테러자금조달, 확산금융의 위협으로부터 보호되며, 그 결과 금융부문의 순수성이 강화되고 안전과 안정에도 기여한다.

중기성과	즉시성과(Immediate Outcomes)
정책, 조정과 협력이 자금세탁, 테러자금조달 위험을 완화시킨다.	**1** 자금세탁과 테러자금조달의 위험이 이해되고, 적절한 경우, 자금세탁 · 테러자금조달 · 확산금융에 대응하기 위한 국내 정책들이 공조를 통해 추진된다. **2** 국제협력을 통해 적절한 정보, 금융정보, 증거 등이 전달되고, 범죄자와 불법재산에 대한 조치가 촉진된다.
범죄수익과 테러지원 자금이 금융 및 다른 분야에 진입하는 것이 방지되고, 해당 분야에 의해 적발되며, 보고된다.	**3** 감독자들이 금융기관과 DNFBPs등의 AML/CFT 조치사항의 준수 여부에 대해 위험에 상응하여 적절하게 감독하고, 점검하며, 규제한다. **4** 금융기관과 DNFBPs가 그들의 위험에 상응하여 적절하게 AML/CFT 조치사항을 적용하고 의심거래를 보고한다. **5** 법인과 신탁등 법률관계가 자금세탁/테러자금조달에 악용되는 것이 방지되며, 관련 실소유자 정보가 권한당국에 의해 방해 없이 활용된다.
자금세탁 위협이 적발되어 차단되고, 범죄자는 처벌되며, 불법수익은 박탈된다. 테러자금조달 위협이 적발되어 차단되고, 테러리스트들은 자원이 박탈되며, 테러자금조달을 하는 자는 처벌된다. 그 결과 이 조치들은 테러리스트 행위를 방지하는데 기여한다.	**6** 금융정보와 다른 적절한 정보가 권한당국의 자금세탁 및 테러자금 수사를 위해 적절하게 활용된다. **7** 자금세탁범죄와 행위가 수사되고, 위반자는 기소되며, 효과적/비례적/억제적으로 처벌된다. **8** 범죄수익과 수단이 몰수된다. **9** 테러자금조달 범죄와 행위가 수사되고, 테러자금조달자는 기소되며, 효과적/비례적/억제적으로 처벌된다. **10** 테러리스트, 테러조직, 테러자금 조달자들이 자금을 조성 · 이동 · 사용하는 것과 NPO를 악용하는 것이 금지된다. **11** 대량살상무기 확산금융에 관련된 개인과 단체가 자금을 조성 · 이동 · 사용하는 것이 관련 유엔안보리결의에 맞게 금지된다.

범위(SCOPING)

44. 평가자들은 11개의 즉시성과들 전부를 평가해야 한다. 그러나 평가자는 현지실사에 앞서 평가받는 국가와 협의하여 위 단락 5부터 10까지에서 설명한 위험과 다른 요소들을 고려한 평가대상 영역을 정해야 한다. 평가자는 평가받는 국가와 협의하여 고위험 쟁점들(the higher risk issues)을 확인해야 하며, 확인된 쟁점은 평가 과정에서 보다 상세하게 심사되고 그 결과는 평가보고서에도 반영되어야 한다. 그들은 또한 더 낮거나 낮은 위험의 영역들을 확인하기 위한 노력도 해야 하며, 그 영역들은 같은 정도로 상세하게 점검될 필요는 없다. 평가가 계속될 때에도 평가자들은 평가 수검국을 지속적으로 관여시켜야 하며, 효과성에 대한 그들의 최초의 발견들에 기초한 영역들을 지속적으로 검토해야 한다. 이렇게 하는 것은 그들의 관심영역과 주의의 초점을 주요한 ML/TF 위험들에 대응하여 효과성을 향상시키는데 초점을 맞추도록 하려는 것이다.

기술적 이행과의 연관성

45. 국가의 기술적 이행의 수준은 효과성 평가에 기여한다. 평가자들은 기술적 이행의 수준을 그들 평가대상 영역 설정(their scoping exercise)의 일부로 고려하여야 한다. 기술적 이행 평가는 효과적 AML/CFT 이행체제의 법률적 그리고 기구적 토대가 존재하는지를 검토할 수 있게 해 준다. 어떤 국가가 FATF 권고사항의 기술적 측면에서의 이행이 낮은 것으로 평가받았는데 효과적인 AML/CFT 이행체제를 갖출 가능성은 낮다(기술적 이행이 높다고 당연히 효과적인 이행체제를 갖췄다고 생각되는 것도 아니지만). 많은 경우에 효과성이 낮은 주요 이유는 권고사항의 기술적 요소들을 이행하는데 있어서의 심각한 결함 때문일 것이다.

46. 효과성을 평가하는 과정에서 평가자들은 또한 그 국가가 왜 효과적인가 또는 왜 효과적이지 못한가를 설명할 때, 그리고 효과성 향상을 위해 권고할 때 관련된 권고사항의 기술적 이행의 영향을 고려하여야 한다. 기술적 이행이 낮은 수준임에도 불구하고 평가자들이 일정 수준의 효과성을 가졌다고 평

가할 수 있는 예외적인 경우가 있을 수도 있다(예를 들면, 낮은 위험 또는 다른 구조적, 물질적 또는 상황적 요인들을 포함하여 국가의 특별한 상황의 결과로서; 국가의 법률과 기구들의 특수성 때문에; 또는 FATF 권고사항의 요구는 아니지만 AML/CFT 이행체제에 보상조치를 도입한 것 때문에). 이러한 경우 평가자는 평가보고서에서 그 부분에 특별한 주의를 기울여야 하며, 낮은 기술적 이행 수준에도 불구하고 효과성에서 그러한 결론을 도출한 근거와 특별한 이유에 대해 상세히 설명하는 등 그 결정의 정당성을 충분히 설명하여야 한다.

효과성 평가방법론의 활용

47. 효과성 평가는 11개의 즉시성과들의 각각을 개별적으로 고려하여야 하며, 중기 또는 고위급 성과에 바로 집중하지 않는다. 각각의 즉시성과를 위해 평가자들이 답을 제시하기 위해 노력해야 할 두 가지의 포괄적인 질문(two overarching questions)이 있다.

- 성과가 어느 정도 성취되었는가?(To what extent is the outcome being achieved?) 평가자는 국가가 해당 즉시성과와 관련하여 효과적인가(예를 들면, 그 국가가 잘 작동하는 AML/CFT 이행체제에서 기대되는 결과를 성취하고 있는가)를 평가해야 한다. 그들은 주로 *핵심 쟁점 (the Core Issues)*에 관한 결론에 근거해야 하며, *정보의 예시(the examples of information)*와 *특정 요소의 예시(the examples of specific factors)*는 지원 요소로 고려되어야 하고, 기술적 이행 수준과 상황적 요인들도 고려되어야 한다.

- 효과성 향상을 위해 무엇을 해야 하는가?(What can be done to improve effectiveness?) 평가자들은 국가가 왜 높은 수준의 효과성에 이르지 못하는지에 대한 이유를 이해하고, 구체적인 성과를 이룰 수 있도록 능력 개선에 관한 권고를 가능한 범위 내에서 해야 한다. 그들의 분석과 권고는 *핵심 쟁점(the core issues)*과, 활동·과정·자원·기반 등을 포함한 *핵심 쟁점의 결론을 뒷받침 하는 특정 요소들의 예시(the examples of specific factors that could support the conclusions* *on core issues)*에 대한 그들의 고려에 근거한 것이어야 한다. 그들은 또한 효과성에 대한 기술적 결함의 효과와 상황적 요인들의 적절성도 고려하여야 한다. 만약 높은 수준의 성과가 성취된 것으로 평가자들이 만족하였다면 *효과성 향상을 위해 무엇을 해야 하는가*에 대해 세부적으로 고려할 필요는 없다(좋은 이행방안이나 잠재적인 추가 개선요소들을 확인하거나, 높은 수준의 효과성을 유지하기 위해 필요한 노력을 계속하는 것 등은 여전히 가치 있는 일이지만).

효과적 이행체제의 특성(Characteristics of an Effective System)

48. 각 즉시성과 맨 위에 있는 네모상자의 내용은 효과적 이행체제의 주요한 특성과 성과를 설명한다. 이것은 국가가 성과를 성취하여 효과적이라고 할 수 있는 상황을 서술하는 한편, 평가를 위한 기준점(benchmark)을 제공한다.

성과의 달성 여부 판단을 위해 고려되어야 할 핵심 쟁점(Core Issues to be considered in determining whether the Outcome is being achieved)

49. 각 즉시성과 두 번째 단락은 평가자들이 성과의 달성 여부와 어느 정도 성취되었는지 여부를 판단하는 기초를 설명한다. 핵심 쟁점들은 평가자들이 각 성과에 대해 각국이 얼마나 효과적인지에 관한 전반적 관점을 갖기 위해 반드시 답을 추구해야 하는 의무 질문사항(the mandatory questions)이다. 각국이 얼마나 효과적인지에 관한 평가자들의 결론은 *핵심 쟁점*들의 평가에 의해 제공된 각 즉시성과의 전체판단(an overview of each outcome)에 근거해야 한다.

50. 평가자들은 각 즉시성과의 모든 핵심 쟁점들을 검토해야 한다. 그러나 각 쟁점에 대한 상세 검토의 정도는 그 국가의 해당 쟁점에 관련된 위험의 정도와 중요도를 고려하여 다르게 할 수 있다. 평가자들은 예외적인 경우로 특별한 상황에서 효과적 성과를 위해 중요하다고 생각되는 추가적인 쟁점을 검토할 수도 있다(예를 들면 *핵심 쟁점*이나 추가적인 *정보* 또는 *특정 요소*들에는 포함되지 않는, 국가 AML/CFT 이행체제의 특수성을 반영한 대안적 조치들). 평가자들은 이 경우 어떤 것들이 언제, 왜 중요하다고 생각되어 추가적인 쟁점으로 사용하였는지를 명확하게 설명하여야 한다.

핵심 쟁점의 결론을 뒷받침하는 정보의 예시
(Example of Information that could support the conclusions on Core Issues)

51. *정보의 예시(the Examples of Information)*는 각 즉시성과가 달성된 정도를 이해하는데 가장 적절한 정보의 종류와 원천을 제시한다. 그 정보는 핵심 쟁점을 평가할 때 평가자들이 찾을 수 있는 특정 자료들(particular data points)을 포함한다. 뒷받침하는 정보와 다른 자료들은 핵심 쟁점에 대한 평가자들의 이해를 점검 또는 확인시켜 줄 수 있고, 즉시성과가 얼마나 잘 달성되었는가에 관하여 평가자들이 그림을 완성할 수 있도록 정량적 요소를 제공할 수도 있다.

52. 열거된 뒷받침하는 정보와 자료는 전체를 포괄하는 것도 아니고 강제적이지도 않다(not exhaustive and not mandatory). 자료, 통계, 그리고 다른 가용한 재료는 국가에 따라 크게 다를 수 있으며, 평가자들은 그들의 판단을 돕기 위해 국가가 제공하는 정보가 어떤 것이든 활용하여야 한다.

53. 효과성 평가는 통계적 연습(a statistical exercise)이 아니다. 평가자는 즉시성과가 얼마나 잘 달성되었는가에 관하여 정보에 근거한 판단을 할 때 자료, 통계뿐만 아니라 다른 정성적 정보도 활용하여야 한다. 그러나 이것들은 국가의 상황 맥락에 기초하여 비판적으로 해석되어야 한다. (다양한 방식으로 그리고 심지어 상반되는 결론으로 해석될 수도 있는) 정제되지 않은 자료에 초점을 맞춰서는 안 된다. 오히려 평가 받는 국가의 맥락에서 목적이 달성되었는지 여부를 나타내는 정보와 그 분석에 초점을 맞춰야 한다. 평가자들은 다른 나라에 관련된 자료를 사용할 때에는, 국가가 처한 상황, AM/CFT 이행체제, 자료수집 방식 등이 국가에 따라 크게 다를 수 있다는 점을 고려하여 특히 주의해야 한다. 평가자들은 또한 높은 수준의 산출(outputs)이 바람직한 성과를 달성하는데 반드시 긍정적으로 기여하는 것이 아니라는 점을 명심해야 한다.

핵심 쟁점의 결론을 뒷받침하는 특정 요소의 예시
(Example of specific factors that could support the conclusions on Core Issues)

54. 평가방법론의 *요소들(factors)* 부분은 각 즉시성과의 달성에 일반적으

로 관련된 요소들의 사례를 설명한다. 이들은 가능한 요소들의 전체를 포괄한 것(an exhaustive list)이 아니며, 평가자가 어떤 국가는 왜 특정의 성과를 달성했는지 (또는 달성하지 못했는지) 그 이유를 (예를 들면 요소들 중 하나의 분해를 통해서) 고려할 수 있도록 지원한다. 대부분의 경우에 평가자들은 특정 즉시성과가 달성된 정도에 대하여 명확한 결론을 내리기 위하여 특정 요소들을 참조할 필요가 있을 것이다. 이 부분에서 열거된 활동들과 과정들이 AML/CFT 기능들을 조직하는 단일의 강제 모델을 의미하는 것은 아니며, 단지 가장 흔하게 이행된 행정적 장치들(arrangements)일뿐이라는 점과 어떤 국가가 효과적이지 않은 이유가 여기 열거된 요소들에 국한되지 않는다는 점에 유의해야 한다. 평가자들은 단순히 내재하는 과정이나 절차가 아니라 이들 요소들의 질적 측면에 초점을 맞출 필요가 있다는 점도 잘 알아야 한다.

55. 평가자들은 모든 경우에 모든 요소들을 검토할 필요는 없다. 어떤 국가가 어떤 영역에서 효과적이라고 나타날 때 평가자는 왜 그런가를 간결하게 설명하되 특별히 훌륭한 실행 영역을 강조하여 설명하여야 한다. 그러나 평가 방법론의 이 부분에 있는 모든 개별 요소들을 점검할 필요는 없다. 어떤 국가가 어떤 영역에서 효과적이지 못한 것으로 나타날 때에도 그 이유가 근본적으로 어디에 있는지(예를 들면 주요한 기술적 결함에 있을 수도 있는)를 설명해야 한다. 이때에도 성과가 달성되지 못한 이유를 설명하기 위해 평가자가 더욱 상세한 점검을 수행할 필요는 없다.

56. 평가자들은 성과를 달성하기 위해 일련의 단계를 거치거나 가치연쇄(value-chain) 과정을 따르는 즉시성과들(예를 들면 수사, 기소, 처벌을 순서대로 포함하는 IO.7)이 있다는 점을 명심해야 한다. 이 경우에는 다른 단계들은 그 자체로 효과적이더라도 그 과정 중 한 단계의 실패 때문에 즉시성과 전체를 달성하지 못하는 것도 가능하다.

57. 평가자들은 또한 평가자가 중요하거나 고위험이라고 생각하는 쟁점에 영향을 미치며, 결과적으로 그들의 주의를 기울여야 하는 상황적 요소들도 고려하여야 한다. 이 요소들은 해당 국가의 이행이 왜 우수하거나 빈약한가를 설명하는 중요한 부분이 될 수 있고, 어떻게 효과성을 향상시켜야 하는가에 대한 평가자들의 권고의 중요한 요소가 될 수 있다. 그러나 이것들이 FATF 국제기

준의 빈약한 또는 고르지 않은 이행에 대한 변명이 될 수는 없다.

여러 권고사항 공통적용 과제들(CROSS CUTTING ISSUES)

58. 즉시성과들은 서로 독립된 것이 아니다. 하나의 즉시성과에서 특별하게 검토된 하나의 쟁점이 많은 경우에 다른 즉시성과들의 달성에도 기여할 수 있다. 즉시성과 1과 2에서 평가된 요소들이 특히 그러하다. 그것들은 (a) 국가의 위험을 평가하는 것이고 위험 기반 접근법에 의한 실행이며; (b) 국제협력에서의 이행은 다른 즉시성과에 광범하게 영향을 미칠 수 있기 때문이다(예를들면 국가적 위험평가는 IO.4의 위험기반 조치의 적용과 모든 즉시성과에 대한 권한 당국의 상대적 자원배분에 영향을 미치며; 국제협력이 즉시성과 7과 즉시성과 8에서 국내 자금세탁 수사와 범죄수익 환수를 지원하는 협력요소로 추구되는 것 등). 그러므로 평가자들은 즉시성과 1과 2에서 발견한 것들이 다른 즉시성과들의 효과성 수준에 어떠한 긍정적 또는 부정적 영향을 미칠 수 있다는 점을 고려하여야 한다. 이러한 여러 권고사항 공통적용 과제들은 각각의 즉시성과 내용 중 *평가자 참조(the notes to assessors)*에 반영되어 있다.

효과성에 대한 결론

59. 평가자들은 각각의 개별 즉시성과들에 대해 국가가 어느 정도 효과적인지 또는 어느 정도 효과적이지 않은지에 대한 결론을 내려야 한다. 높은 수준의 효과성을 가졌다고 평가하지 않는 한 평가자는 또한 왜 그러한지 그 이유와, 성과를 달성하는 능력을 향상시키기 위해 국가가 어떤 조치를 해야 하는가에 관한 권고를 작성해야 한다.

60. *효과성은 기술적 이행과는 근본적으로 다른 방식으로 평가된다.* 국가가 어느 정도로 더 또는 덜 효과적인가에 대한 평가자들의 결론은 그 국가가 성과를 달성한 정도에 대한 전반적인 이해에 기초하여야 한다. *핵심 쟁점들이 기준의 체크리스트로 간주되어서는 안 된다.* 그것들은 평가자가 각 즉시성과에 대한 국가의 효과성에 대해 적절하게 이해할 수 있도록 돕는 일련의 질문

들일뿐이다. 핵심 쟁점들은 똑같이 중요한 것이 아니며, 그들의 중요도는 ML/TF 위험들과 관련된 구조적 요인들 등을 고려한 각국의 특수한 상황에 따라 다르다. 그러므로 평가자들은 결론에 이를 때 유연할 필요가 있고 그들의 판단과 경험을 활용할 필요가 있다.

61. 평가자들은 오로지 성과가 달성되었는지 여부를 반영하여 결론을 내려야 한다. 평가자들은 효과성을 달성하는 최선의 방식에 대한 그들의 선호를 개입시키지 말아야 하고, 그들 자신의 국가적 접근법에 의해 부당하게 영향을 받도록 해서는 안 된다. 그들은 또한 문제점 또는 확인된 결함의 개수에 근거하여 결론을 내리는 것을 피해야 한다. 어떤 국가는 몇몇 약점들을 가지고 있으나 그것들이 기본적으로 중요하지 않거나 또는 다른 영역에서의 강점에 의해 상쇄되어, 전반적으로는 높은 수준의 효과성을 달성한 것으로 결론 내릴 수 있는 가능성도 있기 때문이다.

62. *효과성 수준에 대한 평가자들의 결론은 기본적으로 서술적이어야 한다.* 평가자들은 성과가 전반적으로 달성되었다고 생각하는 정도에 대해 명확하게 서술하여야 한다. 이 때 효과성이 높거나 낮다고 생각되는 특정 영역의 편차에 대해서도 명시해야 한다. 그들은 또한 평가자로서의 판단 기반에 대해서도 명확하게 서술해야 하는데, 예를 들면 효과성 부족의 원인이 된다고 믿는 문제점 또는 취약점; 그들이 가장 중요하다고 생각한 핵심 쟁점과 정보; 자료와 다른 지표들을 이해한 방식; 그리고 평가의 다른 측면에 대해 부여한 비중 등이 이에 해당한다. 평가자들은 또한 특별히 강점인 분야 또는 좋은 이행 사례들도 확인해야 한다.

63. 명확하고 비교 가능한 결정이 되도록 하기 위해 평가자는 또한 그들의 결정을 하나의 등급으로 요약하여야 한다. 각각의 즉시성과는 *핵심 쟁점과 특성들*이 충족된 정도를 토대로 네 가지의 효과성 등급으로 구성된다: *높은 수준의 효과성; 상당한 수준의 효과성; 보통 수준의 효과성; 그리고 낮은 수준의 효과성.* 이들 등급은 아래 기준을 토대로 결정되어야 한다.

효과성 등급들 (Effectiveness ratings)	
높은 수준의 효과성 (High level of effectiveness)	즉시성과가 매우 큰 정도로 달성되었다. 사소한 개선이 요구된다.
상당한 수준의 효과성 (Substantial level of effectiveness)	즉시성과가 큰 정도로 달성되었다. 중간 수준의 개선이 요구된다.
보통 수준의 효과성 (Moderate level of effectiveness)	즉시성과가 어느 정도로 달성되었다. 주요한 개선이 요구된다.
낮은 수준의 효과성 (Low level of effectiveness)	즉시성과가 달성되지 않았거나 무시할 수 있을 정도로 달성되었다. 근본적인 개선이 요구된다.

AML/CFT 이행체제 향상방안에 관한 권고

64. 국가에 대한 평가자들의 권고는 평가에서 절대적으로 중요한 부분이다. 평가자들은 그들의 결론에 근거하여 국가가 효과성 수준과 기술적 이행 수준을 포함하여 국가의 AML/CFT 이행체제를 개선하기 위하여 취해야 할 조치사항들을 권고해야 한다. 보고서는 치유를 위한 조치사항으로서 이들 권고들을 국가의 상황과 능력, 효과성 수준, 확인된 취약점과 문제점 등을 고려하여 우선순위를 부여하여야 한다. 평가자들의 권고는 단순히 확인된 결함과 취약점들을 다루는 것이어서는 안 된다. 오히려 국가가 직면하는 위험들을 가장 효과적으로 완화시킬 수 있는 구체적인 조치들을 확인하고 우선순위를 부여함으로써 가치를 더하는 것이어야 한다. 이렇게 되기 위해서는 권고들이 가장 크고 가장 신속하면서도 실질적인 개선을 가져오는 것들이어야 하며, 달성하기 어렵지 않으면서도 가장 광범하게 효과를 미치는 것들이어야 한다.

65. 평가자들이 권고사항을 작성할 때에는, 효과적인 AML/CFT 이행체제를 구축하는 여러 가지 다른 방식이 있다는 점과 평가받는 국가가 선호하는 모델이 그 국가의 상황에서 적절하지 않을 수 있다는 점을 주목하면서, 그 국가의 상황과 맥락, 법률적 및 기구적 이행체제 등을 주의 깊게 고려하여야 한다.

66. 평가수검국의 이행계획 작성을 돕기 위하여, 평가자들은 구체적인 조

치가 어디에 필요하며, 주어진 우선순위의 목표를 성취하는데 있어 약간의 유연성을 발휘할 수 있는 부분이 어디인가 등에 대하여 권고사항에서 분명하게 표시하여야 한다. 평가자들은 불필요할 정도로 엄격한 (예를 들면 특정 조치의 일정계획 제시 등) 권고사항을 만드는 것을 피해야 하는데, 이는 지역적 상황에 맞게 권고사항을 온전히 적합하게 적용하려는 국가들의 노력을 방해하기 때문이다.

67. 어떤 국가가 높은 수준의 효과성을 가졌다고 하더라도 이것이 더 이상 개선할 부분이 전혀 없음을 의미하는 것은 아니다. 진화하는 위험에 대응하여 높은 수준의 효과성을 지속적으로 유지하기 위해 어떤 조치가 필요할 수 있다. 평가자들은 높은 수준의 효과성을 가진 분야임에도 추가적인 조치의 필요성을 확인한다면 이것도 역시 권고사항에 포함시켜야 한다.

문의처(POINT OF REFERENCE)

68. 평가자들이 이 평가방법론의 적용 또는 FATF 국제기준의 해석에 대하여 의문이 있는 경우에는 FATF 사무국 또는 그들의 FSRB 사무국과 협의하여야 한다.

제 5 절 금융기관과 DNFBPs에 대한 요구사항의 법적 근거

1. 금융기관 또는 DNFBPs에 대한 모든 요구사항은 (a) 법률로 (이 점은 권고사항 10, 11, 20의 구체적인 요구사항들을 참조), 또는 (b) 다른 모든 경우는, 법률 또는 강제수단(각국의 재량) 중 하나로 도입되어야 한다.

2. 권고사항 10, 11, 20에서 *"법률(law)"*은 국회 절차 또는 국가의 헌법 체계 아래 마련된 상응하는 다른 장치를 통하여 발행되거나 승인된 어떤 입법을 말하는데, 이들은 미이행할 경우 제재를 함으로써 요구사항을 강제적으로 부과한다. 미이행에 대한 제재는 효과적이고, 비례적이며, 억제적이어야 한다(권고사항 35 참조). '법률'에는 또한 국가의 모든 부분에 대해 명령 권한을 갖고 기속하면서, 관련 요구사항을 부과하는 사법적 결정도 포함된다.

3. 용어 *"강제적 수단(enforceable means)"*이란 권한당국에 의해 발행되거나 승인된, 미이행할 경우 제재를 하는 강제적인 AML/CFT 요구사항들을 강제적 언어로 나열하는 규정, 지침, 지시 또는 다른 문서나 운영체계(mechanisms)를 말한다.

4. 어떤 문서나 운영체계(mechanisms)가 *강제적 수단*에 상응하는 요구사항을 가졌는지 아닌지를 검토함에 있어, 아래 요소들이 고려되어야 한다:

(a) FATF 권고사항의 과제에 대응하기 위한 요구사항들을 설명하거나 뒷받침하면서 다음과 같이 이해되는 요구사항들을 분명하게 서술하는 문서 또는 운영체계여야 한다. 예를 들면:

(i) 만약 특정 조치에서 *해야 한다(shall)* 또는 *강제된다(must)*라는 용어를 사용하였다면 이것은 강제수단으로 간주되어야 한다;

(ii) 만약 특정 조치에서 *해야 한다(should)*를 사용한다면 규제자와 규제받는 기관이 모두 조치가 직접적으로 또는 간접적으로 요구되고 이행된다는 것을 입증하는 경우 강제적 수단으로 간주될 수 있다; 조치들이 *권장된다(are encouraged)*, *권고된다(recommended)* 또는 기관들은 *고려하여야 한다(should consider)*와 같은 용어는 강

제적 수단으로 간주되지 않는다. 어떤 경우든 보다 약한 용어가 사용되었을 경우 (국가가 별도로 입증하지 않는 한) 그 용어는 강제적 수단이 아닌 것으로 추정한다.

(b) 문서나 운영체계(mechanisms)는 권한당국에 의해 발행되거나 승인되어야 한다.

(c) 미이행에 대해서는 효과적이고 비례적이며 억제적인 제재가 부과되어야 한다. (제재사항이 요구사항을 부과하거나 뒷받침하는 문서에 같이 있을 필요는 없다. 요구사항과 사용가능한 제재 사이에 분명한 연결이 있다면 서로 다른 문서에 있을 수 있다.) 이 점은 다음 사항을 고려하는 것을 포함한다:

(ⅰ) 만약 개인/법인이 그들의 의무사항을 준수하는데 실패한다면 적절한 범위의 효과적이고, 비례적이며, 억제적인 제재가 있어야 한다;

(ⅱ) 제재는 어떤 AML/CFT 요구사항 준수 실패에 대해 직접적으로 또는 간접적으로 적용할 수 있어야 한다. 만약 AML/CFT 요구사항 미준수가 직접적으로 연결되는 제재를 갖지 않는다면, 적절한 이행체제나 통제를 갖지 않았거나 안전하고 건전한 방식으로 작동하지 않는 것과 같은 문제에 대해 보다 광범한 요구사항(broader requirements)의 위반을 이유로 한 제재를 사용한 경우에도, AML/CFT와 무관한 다른 건전성 부문 실패를 입증할 필요가 없이, 최소한 하나 또는 그 이상의 AML/CFT 요구사항의 준수 실패로 적절하게 (적절한 것으로 되도록) 제재될 수 있다면 족하다; 그리고

(ⅲ) 효과적이고, 비례적이며, 억제적인 제재가 실제로 적용되었다는 만족스런 증거가 제시되어야 한다.

5. 모든 경우에 금융기관들과 DNFBPs가 준수하지 않을 경우 제재가 부과될 것이라는 사실과 이들 제재가 어떤 종류일 수 있다는 점을 잘 이해하고 있다는 점이 명백해야 한다.

제 6 절 용어설명(GENERAL GLOSSARY)

용 어	정 의
계좌(Accounts)	"계좌"는 금융기관과 고객 간의 다른 유사한 사업관계를 포함하는 것으로 해석되어야 한다.
정확한(Accurate)	권고사항 16의 주석 참조
대리인(Agent)	권고사항 14와 16에서 말하는 *대리인*은 자금 또는 가치 이전 서비스 (MVTS)업자를 대신하여, 그들과의 계약에 의하여 또는 그들의 지시로, MVTS를 공급하는 자연인이나 법인을 의미한다.
해당 당국 (Appropriate authorities)	권고사항 8의 주석 참조
협력 NPOs (Associate NPOs)	권고사항 8의 주석 참조
일괄 이체 (Batch transfer)	권고사항 16의 주석 참조
무기명지급수단 (Bearer negotiable instruments)	*무기명지급수단*(Bearer negotiable instruments, BNIs)은 무기명의 다음 화폐적 수단을 포함한다: 여행자수표; 무기명·지정 없이/가명으로 배서되었거나 양도로 바로 이전되는 (수표, 약속어음, 우편환 등) 지급수단; 서명은 되었으나 수취인의 이름이 생략되어 미완성인 (수표, 약속어음, 우편환 등) 수단들을 말한다.
무기명주 (Bearer shares)	*무기명주*(Bearer shares)란 무기명 주권을 가진 자에게 법인의 소유권지분을 주는 양도증서를 말한다.
실소유자 (Beneficial owner)	*실소유자*(Beneficial owner)란 고객[1]을 궁극적으로[2] 소유하거나 통제하는 자연인(들) 그리고/또는 대신하여 거래가 행해지는 그 대상으로서의 자연인을 말한다. 또한 법인 또는 법률관계에 대해 궁극적으로 효과적인 통제를 하는 자연인을 포함한다.
수익자 (Beneficiary)	FATF 권고사항에서 *'수익자'*라는 용어의 의미는 상황에 따라 다르다: ■ 신탁법(trust law)에서, 수익자란 신탁계약의 수익에 대한 권리가 있는 자 또는 자들이다. 수익자는 자연인이거나 법인일 수 있다. (공익신탁 또는 비공익 법정신탁을 제외한) 모든 신탁은 확인할 수 있는 수익자를 갖고 있어야 한다. 신탁은 항상 궁극적으로 확인할

용 어	정 의
	수 있는 수익자를 가져야 하지만, 정의된 수익자 없이 권리의 대상물 (객체)만 있고 적립기간(the accumulated period)으로 알려진 일정 기간이 종료될 때에야 비로소 어떤 자가 수입 또는 원본에 대한 수익자로서 자격을 갖게 되는 신탁도 있을 수 있다. 이 기간은 보통 신탁 존속기간과 동일한데, 그 존속기간은 일반적으로 신탁증 서에 신탁기간으로 명시되어 있다. ■ 생명보험 또는 다른 투자 관련 보험계약의 맥락에서 수익자는 보험계약에 의해 보상을 받는 보험에 가입된 사건이 발생하였을 때/발생하면 계약된 수익을 지급받는 자연인 또는 법인, 법률관계 또는 개인/법인의 범주에 속하는 것들이다. 또한 권고사항 8과 16의 주석도 참조.
수취 금융기관 (Beneficiary Financial Institutions)	권고사항 16의 주석 참조
권한당국 (Competent authorities)	**권한당국**이란 자금세탁 또는 테러자금조달과 싸우는 책임을 부여받은 모든 공공당국3)을 말한다. 특히 이것은 금융정보분석기구(FIU); 자금세탁, 관련 전제범죄와 테러자금조달을 조사하거나 기소하는, 그리고 범죄자산을 압류/동결하거나 몰수하는 기능을 가진 당국; 현금과 무기명지급수단(BNIs)의 국경간 수송에 관한 보고를 받는 당국; 금융기관들과 DNFBPs이 AML/CFT 의무사항을 준수토록 하기 위해 AML/CFT 감독 또는 점검 책임을 가지는 당국을 포함한다. 자율규제기구(SRBs)는 권한당국으로 간주되지 않는다.
몰수 (Confiscation)	**'몰수(confiscation)'**란, '불법자산의 몰수(forfeiture)'를 포함하여, 권한당국 또는 법원의 명령에 의하여 자금 또는 다른 자산을 영원히 박탈하는 것을 의미한다. 몰수(confiscation or forfeiture)는 사법적 또는 행정적 절차를 통하여 특정 자금이나 자산에 대한 소유권을 국가로 이전시킨다. 이 경우 몰수 당시 그 특정 자금 또는 자산에 대해 권리를 가지고 있는 개인(들) 또는 법인(들)(entity(ies))은 원칙적으로 몰수된 자금 또는 자산에 대해 가졌던 모든 권한을 상실한다. 몰수 명령은 일반적으로 형사상 유죄판결 또는 몰수된 재산에 관한 법원의 결정에 연계되며, 몰수되는 재산은 법률위반 행위로부터 발생했거나 그러한 행위에 사용될 의도가 있었던 것들이다.
핵심원칙 (Core Principles)	**핵심원칙**이란 바젤 은행감독위원회에서 발행한 '효과적인 은행감독을 위한 핵심원칙', 국제증권관리위원회에서 발행한 '증권규제의 목적과 원칙', 국제보험감독협회에서 발행한 '보험감독원칙'을 말한다.
환거래은행 (Correspondent	**환거래은행**은 한 은행("환거래은행")이 다른 은행("요청은행")에게 은행거래 서비스를 제공하는 것이다. 국제적 대형 은행들은 전형적으

용 어	정 의
Banking)	로 전 세계에 걸쳐 수천 개 은행들을 위한 환거래은행 역할을 한다. 요청은행들은 현금관리(예: 다양한 화폐로 이자를 지급하는 계좌의 관리), 해외 전신송금, 수표지급, 대리지불계좌(payable-through accounts)의 관리, 외국환 서비스 등을 포함하는 다양한 종류의 서비스를 제공받을 수 있다.
국가 (Country)	FATF 권고사항에서 *국가(country)* 또는 *국가들(countries)*에 대해 언급되는 모든 것은 영토(territories) 또는 관할권(jurisdictions)에도 동등하게 적용된다.
보호 지급 (Cover Payment)	권고사항 16의 주석 참조
범죄행위 (Criminal activity)	*범죄행위*란: (a) 국가에서 자금세탁의 전제범죄를 구성하는 모든 범죄행위; 또는 (b) 최소한으로는 권고사항 3에 의하여 전제범죄를 구성하도록 규정된 범죄들을 말한다.
국경간 전신송금 (Cross-border Wire Transfer)	권고사항 16의 주석 참조
현금통화 (Currency)	*현금*이란 교환의 매개로서 유통되는 은행권과 동전들을 말한다.
지정된 범주의 범죄 (Designated categories of offences)	*지정된 범주의 범죄들*이란 다음을 의미한다: ■ 조직범죄단체 및 폭력행위 가담; ■ 테러자금조달을 포함한 테러행위; ■ 인신매매와 밀입국 알선거래; ■ 아동 성 착취를 포함한 성 착취; ■ 마약 및 향정신성 물질의 불법매매; ■ 불법무기매매; ■ 부패와 뇌물수수; ■ 사기; ■ 화폐위조; ■ 상품위조와 상표도용; ■ 환경범죄; ■ 살인, 중대한 신체 상해; ■ 납치, 불법감금, 인질잡기; ■ 강도 또는 절도; ■ 밀수(관세와 소비세 관련을 포함); ■ 조세범죄(직접세와 간접세에 관련된); ■ 강요; ■ 문서위조; ■ 해적; 그리고

용　　어	정　　의
	■ 내부자거래 및 시장조작 위에 열거된 범주의 범죄 각각에 대해 전제범죄로 포함시켜야 할 범죄의 범위를 결정할 때에는, 특정 범죄들이 중대범죄를 구성하게 되는 특별한 요소들의 특성과 그러한 범죄들을 어떻게 정의할 것인지를 각국이 자국법률에 따라 결정할 수 있다.
지정 비금융사업자 및 전문직 (Designated non-financial businesses and professions)	***지정 비금융사업자 및 전문직***이란 다음을 말한다 : a) 카지노[4] b) 부동산 중개업자 c) 귀금속 판매업자 d) 보석 판매업자 e) 변호사, 공증인, 기타 독립적 법률 전문가, 회계사 　－ 이들은 독립 사업자, 파트너 또는 전문직 회사에 고용된 전문직이 해당된다. 다른 종류의 사업을 하는 업종에 고용된 '사내(社內)' 전문직이나 정부기관을 위해 일하는 전문직은 해당되지 않는다. 그 중 일부는 이미 자금세탁방지/테러자금조달금지 조치의 적용대상일 수도 있다. f) 신탁과 회사 설립 서비스 제공자 － 제3자에게 아래에 열거된 서비스를 사업으로서 제공하되 권고사항들의 다른 곳에서 규제되지 않는 모든 개인 또는 사업자를 말한다. ■ 법인설립 대행자로 활동하는 경우 ; ■ 회사의 이사 또는 서기, 합명회사의 조합원, 또는 다른 법인에서 유사한 지위로 활동하는 경우(다른 사람이 그렇게 활동하도록 알선하는 경우를 포함) ; ■ 등록된 사무소를 제공하거나 ; 어떤 회사, 합명회사, 또는 다른 법인이나 법률관계를 위해 사업자의 주소 또는 숙박지, 통신원 또는 행정 주소를 제공하는 경우 ; ■ 명시신탁의 수탁자 또는 다른 형태의 법률관계의 유사한 역할을 수행하는 자로서 활동하는 경우(다른 사람이 그렇게 활동하도록 알선하는 경우를 포함) ; ■ 다른 사람을 위한 명목주주로 활동하는 경우(다른 사람이 그렇게 활동하도록 알선하는 경우를 포함)
지정된 개인 또는 단체(Designated person or entity)	***지정 개인 또는 단체***란 다음을 말한다 : (i) 알카에다와 협력하는 개인(individual), 실체(entities), 다른 단체(groups), 또는 사업(undertakings)으로서, 결의 1267호(1999)에 따라 설립된 UN안보리 위원회(1267 위원회)에 의하여 지정된 개인, 단체, 사업, 실체 ; (ii) 아프가니스탄의 평화와 안정과 안전에 위협이 되는 탈레반과 협력하는, 또는 탈레반과 협력하는 실체(entities), 다른 단체(groups), 또는 사업(undertakings)으로서, 결의 1988호(2011)에 따라 설립된 UN안보리 위원회(1988 위원회)에 의하여 지정된

용 어	정 의
	개인, 단체, 사업, 실체; (iii) UN안보리결의 1373호(2001)에 따라 국가 또는 초국가 관할권에 의하여 지정된 자연인, 법인, 또는 실체(entities); (iv) UN안보리결의 1718호(2006)와 관련 결의의 부속문서로서 안보리에 의한 그 후속 결의들에 따라 정밀금융제재를 적용하기 위해 지정된, 또는 결의 1718호(2006)에 따른 *"결의 1718호 (2006)에 따라 설립된 안보리 위원회"*에 의하여 지정된 자연인, 법인, 또는 실체(entities); 그리고 (v) UN안보리결의 1737호(2006)와 관련 결의의 부속문서로서 안보리에 의한 그 후속 결의들에 따라 정밀금융제재를 적용하기 위해 지정된, 또는 결의 1718호(2006)와 그 후속 결의들에 따른 *"결의 1737호(2006)의 제18장에 따라 설립된 안보리 위원회"*에 의하여 지정된 자연인, 법인, 또는 실체(entities).
지정(Designation)	*지정*이란 다음에 따라 정밀금융제재의 대상이 되는 자[5] 또는 실체(entity)를 확인하는 것(identification)을 말한다. ■ UN안보리결의 1267호(1999)와 그 후속 결의들; ■ 안보리결의 1373호(2001), 관련된 제재가 개인이나 실체에게 적용될 것이라는 결정과 그 결정에 관한 공공의 정보교환을 포함; ■ 안보리결의 1718호(2006)와 그 후속 결의들; ■ 안보리결의 1737호(2006)와 그 후속 결의들; 그리고 ■ 대량살상무기 확산금융의 맥락에서 정밀금융제재를 부과하는 장래의 어떤 안보리 결의들
국내 전신송금 (Domestic Wire Transfer)	권고사항 16의 주석 참조
강제수단들 (Enforceable means)	금융기관들과 DNFBPs에 부과되는 법률적 기초에 관한 주석(the Note on the Legal Basis) 참조
일방적으로 (Ex Parte)	*'일방적으로'*는 선행하는 고지(notification)나 영향을 받는 자의 참여 없이 처리(진행)되는 것(proceedings)을 말한다.
명시신탁 (Express trust)	*명시신탁*이란 위탁자에 의해 명백히 위탁된, 예를 들면 신탁증서를 서면으로 작성하는 등의 통상 문서의 형태로 이뤄지는 신탁을 말한다. 이들은 법률의 운영 과정에서 발생하는 신탁들, 또는 위탁자가 신탁이나 유사한 법률관계(예를 들면 추정 신탁 constructive trust)를 맺으려는 분명한 의도나 결정으로부터 결과하지 않은 신탁들과 대비된다.
거짓 신고 (False declaration)	권고사항 32의 주석 참조

용 어	정 의
거짓 공개 (False disclosure)	권고사항 32의 주석 참조
금융그룹 (Financial group)	***금융그룹***이란 핵심원칙에 의한 그룹 감독을 적용하기 위해 그룹의 나머지를, 그룹 차원에서 자금세탁방지/테러자금조달금지 정책과 절차가 적용되는 지점 또는 자회사를 포함하여, 통제하고 조정하는 역할을 하는 모회사 또는 다른 형태의 법인을 구성하는 어떤 그룹을 말한다.
금융기관 (Financial institutions)	***금융기관***이란 고객을 위하여 또는 고객을 대신하여 아래의 행위 또는 업무를 하나 또는 그 이상을 사업으로서 수행하는 어떤 자연인 또는 법인을 말한다: 공공으로부터 예금 또는 다른 상환할 자금을 받는 것6) 여신7) 금융리스8) 자금 또는 가치 이전 서비스9) 지불수단(예, 신용카드, 직불카드, 수표, 여행자수표, 우편환, 은행어음, 전자화폐 등)의 발행과 관리 금융보증과 약정 다음의 거래수행: (a) 단기금융시장 수단들(수표, 지폐, 예금증서, 파생상품 등); (b) 외환; (c) 환, 이자율, 지수 상품; (d) 양도성 증권; (e) 상품선물거래. 증권발행에의 참여 및 그러한 발행에 관련된 금융서비스의 제공 개별 및 집합 포트폴리오 관리 타인을 대신하여 현금 또는 유동증권의 보관 및 운용 타인을 대신하여 펀드 또는 자금을 투자, 운용 또는 관리 생명보험 또는 기타 투자 관련 보험의 인수 또는 체결 화폐, 현금의 교환
외국 대응기관 (Foreign counterparts)	외국 대응기관이란 협력을 추구하는 것과 관련하여 유사한 책임과 기능을 행사하는 외국의 권한당국을 말한다. 그러한 외국의 권한당국이 다른 특성과 지위를 갖고 있다고 하더라도 그러하다.(예를 들면, 국가에 따라서는, 금융 분야의 자금세탁방지/테러자금조달금지 감독을 건전성 감독책임을 가진 감독자가 수행할 수도 있고 금융정보분석원의 감독담당 부서가 수행할 수도 있다.)
동결(Freeze)	몰수와 잠정조치의 맥락(예, 권고사항 4, 32, 38)에서, 동결은 법원의 동결체제나 권한당국에 의해 제기된 조치에 따라, 권한당국이 실권 또는 몰수 결정을 할 때까지, 일정 유효기간 동안 재산, 시설 또는 수단의 이전, 변환, 처분, 이동을 금지하는 것을 의미한다.

용 어	정 의
	정밀금융제재 이행에 관한 권고사항 6과 7의 목적을 위해서, 동결은 UN안보리가 제기한 조치 또는 안보리결의를 적용한 권한당국 또는 법원의 조치에 따라, 지정된 개인 또는 실체(단체)에 의해 소유되거나 통제되는 자금 또는 자산의 이전, 변환, 처분, 이동을 일정 유효기간 동안, 금지하는 것을 의미한다. 모든 경우에, 동결된 재산, 시설, 수단, 자금 또는 다른 재산은 동결 당시 소유권을 보유한 개인 또는 법인의 재산으로 남는다. 그리고 그 자산은 제3자에 의해, 또는 동결 운영체제의 조치 개시 이전에 자연인 또는 법인에 의해 설정된 다른 법률관계를 통해, 또는 국가의 다른 법률에 따라 관리되는 것이 계속될 수 있다. 각국은, 동결 조치의 일부를 이행하는 것 중 하나로, 도피를 방지하기 위한 보호조치로서 재산, 시설, 수단, 자금 또는 다른 재산에 대해 통제를 하는 것을 결정할 수도 있다.
국내법의 기본원칙 (Fundamental principle of domestic law)	국내법의 기본원칙이란 국가 법률체계가 기초하고 있는 기본적 법률 원칙들을 말한다. 또한, 이 기본적 법률 원칙들은 국내 법률이 만들어 지고 권력이 행사되는 기본 틀을 제공한다. 이러한 근본 원칙들은 일반적으로 국가의 헌법 또는 유사한 문서에 포함되거나, 또는 국가 법률의 해석 또는 결정을 내리는 권한을 가진 최고 수준의 법원의 결정을 통하여 표현된다. 국가별로 차이는 있으나, 그러한 근본 원칙들 의 예로는 적법 절차의 권리, 무죄추정의 원칙, 개인이 법정에 의한 효과적 보호를 받을 권리 등을 포함한다.
자금(Funds)	*자금*이란 어떻게 획득되었든 유형 또는 무형의, 실체적인 또는 비실체 적인, 동산 또는 부동산 등 모든 종류의 자산, 또는 그러한 자산에 대한 권한이나 권리를 증빙하는, 전자적 또는 디지털을 포함하여, 어떤 형태의 법률 문서나 증서를 말한다.
자금 또는 기타 자 산(Funds or other assets)	자금 또는 기타 자산 이란 금융자산, 경제적 자원, 어떻게 획득되었든 유형 또는 무형의, 동산 또는 부동산 등을 포함하는, 여기에 국한하지 않는, 모든 종류의 자산, 그리고 은행신용(보증대부), 여행자 수표, 은행수표, 우편환, 지분, 증권, 채권, 어음, 신용장, 그러한 자금 또는 다른 자산으로부터 발생하거나 유래된 가치 또는 이자, 배당금, 또는 수입 등에 대한 권한이나 권리를 증빙하는, 전자적 또는 디지털을 포함하여, 어떤 형태의 법률 문서나 증서뿐만 아니라 석유 또는 다른 자연자원과 관련 물질 및 자금은 아니더라도 잠재적으로 자금, 상품 또는 서비스를 획득하는데 사용될 수 있는 어떤 다른 자산을 말한다.
신원 자료 (Identification data)	*신원 자료*란 믿을 수 있고, 독립적 원천의 문서에 의한 자료 또는 정보를 말한다.
중계 금융기관 (Intermediary financial institutions)	권고사항 16의 주석 참조

용 어	정 의
국제기구 (International organisations)	국제기구란 회원국에게 국제조약의 지위를 갖는 공식 정치 협정에 의해 설립된; 그들의 존재가 회원국가의 법률에 의해 인정된; 그들이 소재하는 국가의 고유의 기구로 취급되지 않는 실체를 말한다. 국제기구의 예로는 UN과 국제해양기구와 같은 계열 국제기구; 유럽 회의, 유럽연합의 기구들, 유럽의 안전과 협력을 위한 기구, 미국 국가들의 기구; NATO와 같은 군사적 국제기구, WTO나 ASEAN과 같은 경제기구 등을 포함한다.
법률(Law)	금융기관들과 DNFBPs의 의무사항의 법률적 기초에 관한 주석 참조
신탁등 법률관계 (Legal arrangements)	*신탁등 법률관계*란 명시신탁 또는 다른 유사한 법률적 관계를 말한다. (자금세탁방지/테러자금조달금지 목적을 위한) 다른 유사한 법률적 관계는 신탁적 양도(fiducie), 신탁(treuhand)과 신탁유증(fideicomiso)을 포함한다.
법인 (Legal persons)	*법인*이란 금융기관과 영구적인 고객관계를 맺을 수 있거나 재산을 소유할 수 있는 자연인 이외의 어떤 실체를 말한다. 이것은 회사, 법인체, 재단, 기관(anstalt), 파트너십, 또는 협회와 다른 관련 유사한 실체를 포함한다.
자금세탁범죄 (Money laundering offence)	*자금세탁범죄*라고 하면(권고사항 제3항에서를 제외하고) 제1차 범죄나 범죄들에 대해서뿐만 아니라 부속범죄에도 또한 적용되는 것으로 정의된다.
자금 또는 가치 이전 서비스(Money or value transfer service)	*자금 또는 가치 이전 서비스(MVTS)*는 현금, 수표, 다른 통화수단이나 가치저장수단을 접수하여, 통신, 메시지, 이전, 또는 MVTS 공급자에 소속된 결제망을 통하여 수령자에게 상응하는 금액의 현금 또는 다른 형태로 지급하는 금융서비스를 말한다. 그러한 서비스에 의해 수행되는 거래는 하나 또는 그 이상의 중개자들(intermediaries)과 제3자에 대한 최종지급, 그리고 어떤 새로운 지급수단을 포함할 수 있다. 때때로 이러한 서비스는 지리적으로 특정 지역과 결합된 경우가 많으며, 이들은 하왈라(hawala), 훈디(hundi), 페이첸(fei-chen) 등 다양한 특정의 용어로 기술된다.
유죄판결 없는 몰수제도(Non-conviction based confiscation)	*유죄판결 없는 몰수제도(독립 몰수제도)*란 범죄에 대한 유죄판결을 요하지 않고 범죄에 관련된 사법적 절차를 통한 몰수를 말한다.
비영리조직 (Non-profit organisations)	권고사항 8의 주석 참조
송금인(Originator)	권고사항 16의 주석 참조

용 어	정 의
지시 금융기관 (Ordering financial institution)	권고사항 16의 주석 참조
대리지불계좌 (Payable-through accounts)	권고사항 13의 주석 참조
국경간 물리적 수송 (Physical cross-border transportation)	권고사항 32의 주석 참조
정치적 주요인물 (Politically Exposed Persons (PEPs))	***외국의 정치적 주요인물***은 외국에서 고위 공직을 수행 중이거나 수행해 온 개인들, 예를 들면 국가 또는 정부의 수반, 고위 정치인, 정부와 사법 또는 군의 고위 관료, 국영기업체의 고위 임원, 정당의 중요 관료 등을 말한다. ***국내의 정치적 주요인물***은 국내적으로 고위 공직을 수행 중이거나 수행해 온 개인들, 예를 들면 국가 또는 정부의 수반, 고위 정치인, 정부와 사법 또는 군의 고위 관료, 국영기업체의 고위 임원, 정당의 중요 관료 등을 말한다. ***국제기구에서 고위 공직을 수행 중이거나 수행해 온 자들***이란 고위 경영진의 구성원, 예를 들면 이사, 부 이사, 이사회 또는 유사한 기능을 수행하는 회의체의 구성원을 말한다.
범죄수익(Proceeds)	***범죄수익***이란 범죄행위를 통해, 직접적이든 간접적이든, 취득하였거나 유래한 모든 재산을 말한다.
재산(Property)	***재산***이란 유형이든 무형이든, 동산이든 부동산이든, 실체적이든 비실체적이든, 그러한 자산에 대한 권리 또는 지분을 증빙해 주는 법률적 문서이든 또는 지급수단이든 모든 종류의 재산을 의미한다.
자격을 요하는 전신송금(Qualifying wire transfers)	권고사항 16의 주석 참조
합리적 조치 (Reasonable measures)	***합리적 조치***란 다음을 의미한다: 자금세탁 또는 테러자금조달 위험들에 상응하는 적절한 조치들
테러자금 또는 자금세탁 관련(Related to terrorist financing or money laundering)	권고사항 32의 주석 참조

용 어	정 의
요구된(Required)	권고사항 16의 주석 참조
위험(Risk)	*위험*이라고 하면 모두 자금세탁 그리고/또는 테러자금조달 위험을 말한다. 이 용어는 권고사항 1의 주석과 연결하여 읽혀야 한다.
만족스런(Satisfied)	어떤 문제와 관련하여 금융기관이 '*만족스럽다*'고 평가되고자 할 때에는 해당 금융기관이 권한당국에게 그 문제에 관한 평가를 정당화 할 수 있어야 한다.
압류(Seize)	*압류*란 동결 운영체계에서 권한당국이나 법원에 의한 조치에 근거하여 재산의 이전, 변환, 처분 또는 이동을 금지하는 것을 말한다. 그러나 동결조치와 달리, 압류는 권한당국이나 법원이 특정 자산을 통제하는 것이 허용되는 운영체계이다. 비록 권한당국이나 법원이 압류된 재산의 소유, 운영 또는 관리를 종종 통제한다고 하다라도, 압류된 재산은 여전히 압류 당시 그 재산에 대한 소유권을 가지고 있던 자연인 또는 법인의 재산으로 남는다.
자율규제기구(Self-regulatory body(SRB))	자율규제기구(SRB)란 어떤 전문직(예, 변호사, 공증인, 기타 독립적 법률전문가와 회계사)을 대표하는 기구이다. 그것은 그 전문직의 회원으로 구성되며, 그 전문직에 진입하는 자들과 그 전문직을 수행하는 자들을 규제하는 역할을 하고, 특정한 감독 또는 감시 기능을 수행한다. 그러한 기구는 전문직들이 높은 윤리적 도덕적 수준을 유지할 것을 명확히 하는 규칙을 이행토록 하여야 한다.
연속 지급(Serial Payment)	권고사항 16의 주석 참조
위탁자(Settlor)	*위탁자*란 어떤 신탁증서 또는 유사한 약정(arrangement)에 의하여 수탁자에게 그들 자산의 소유권을 이전하는 자연인 또는 법인을 말한다.
위장은행(Shell bank)	*위장은행*이란 그 은행이 법인으로 조직하고 허가 받은 국가에 물리적으로 존재하지 않고, 효과적인 통합 감독의 대상으로 규제를 받는 금융그룹에 소속되지 않는 은행을 말한다. *물리적으로 존재하는 것*이란 의미 있는 의지(meaningful mind)와 경영진이 국가 내에 소재하는 것을 뜻한다. 단순하게 지역의 대리인이나 낮은 단계의 직원이 존재하는 것으로는 물리적으로 존재하는 것을 구성하지는 못한다.
해야 한다(Should)	FATF 권고사항의 준수여부를 평가하는 목적을 위해서는, '*…하여야 한다*(should)'는 '*꼭 …하여야 한다*(must)'와 같은 의미를 갖는다.
전자적 송금 처리(Straight-through processing)	권고사항 16의 주석 참조

용 어	정 의
감독자(Supervisors)	*감독자들*이란 금융기관들 그리고/또는 DNFBPs이 자금세탁방지/테러자금조달금지 의무를 준수하는 것을 명확히 하도록 하는 목적의 책임을 가진 지정된 권한당국 또는 비공적기구들(non-public bodies)("*금융감독자들*"10))을 말한다. 비공적기구들(일정한 형태의 자율규제기구들(SRBs)을 포함하여)은 AML/CFT 준수사항과 관련하여 금융기관들 또는 DNFBPs을 감독하고 제재하는 권한을 가지고 있어야 한다. 이들 비공적기구들은 또한 그들의 역할을 수행할 수 있도록 법률에 의하여 권한이 부여되어야 하며, 그러한 역할과 관련되는 권한당국의 감독을 받아야 한다.
정밀금융제재 (Targeted Financial Sanctions)	*정밀금융제재*란 지정된 개인 또는 단체들의 이익을 위해서, 직접적으로든 간접적으로든, 자금이나 자산이 활용되는 것을 방지하기 위해 자산을 동결하고 거래를 금지하는 것을 말한다.
테러리스트 (Terrorist)	*테러리스트*란 다음 각 행위를 하는 자연인을 말한다: (ⅰ) 직접적이든 간접적이든, 불법적으로, 의도를 갖고 어떤 수단에 의한 테러 행위를 행하거나 행하려고 시도하는 사람; (ⅱ) 테러행위에 공범으로 참여하는 사람; (ⅲ) 다른 사람들이 테러행위를 행하도록 조직하거나 지시하는 사람; 또는 (ⅳ) 공동의 목적을 가지고 행동하는 집단의 테러행위 수행에 기여하는 사람, 그러한 기여는 의도적인 것이며, 그러한 테러행위를 촉진할 목적을 가지고 또는 테러행위를 수행하는 집단의 의도를 알면서 한 경우이다.
테러행위 (Terrorist Act)	*테러행위*는 다음을 포함한다: (a) 테러범죄를 구성하는 것으로, 반테러에 관한 국제적 법적 수단11) 중 하나에서 정의된 것으로서, 그 영역에서 범죄를 구성하는 행위 중 하나. (b) 시민이나 무력분쟁 상황에서 적대세력에 적극 가담하지 않는 자에게 죽음이나 심각한 신체 상해를 초래할 의도의 어떤 행위, 그러한 행위가, 그 속성이나 정황 상, 공중을 협박하는 것이거나, 정부나 국제기구에게 어떤 행위를 강요할 목적으로 또는 행하지 않도록 할 목적으로 행해질 때.
테러자금조달 (Terrorist financing, TF)	*테러자금조달(TF)*이란 테러행위, 테러리스트, 테러조직을 위한 자금조달을 포함한다.
테러자금조달범죄 (Terrorist financing offence)	*테러자금조달범죄*라 하면(권고사항 제4항에서를 제외하고) 제1차 범죄나 범죄들에 대해서뿐만 아니라 부속범죄에도 또한 적용되는 것을 말한다.
테러조직(Terrorist organisation)	*테러조직*은 다음 각 행위를 하는 테러리스트 집단을 말한다: (ⅰ) 직접적이든 간접적이든, 불법적으로, 의도를 갖고 어떤 수단에 의한 테러 행위를 행하거나 행하려고 시도하는 집단; (ⅱ) 테러행위에

용 어	정 의
	공범으로 참여하는 집단; (iii) 다른 사람들이 테러행위를 행하도록 조직하거나 지시하는 집단; 또는 (iv) 공동의 목적을 가지고 행동하는 집단의 테러행위 수행에 기여하는 집단, 그러한 기여는 의도적이면서, 그러한 테러행위를 촉진할 목적을 가지고 또는 테러행위를 수행하는 집단의 의도를 알면서 한 경우이다.
제3자(Third Parties)	권고사항 6과 7의 목적과 관련하여 *제3자*라고 하면 금융기관들이나 DNFBPs를 포함하며, 여기에 국한되지 않는다. 권고사항 17의 주석 참조.
수탁자(Trustee)	*신탁*과 *수탁자*라는 용어는 「*신탁들과 그것들의 인식에 적용할 수 있는 법률에 관한 헤이그 협약[2]*」 제2조 아래, 이와 일관되게 기술되는 것으로 이해되어야 한다. 수탁자는 그들의 사업 과정에서 수탁자로서 행동하고 보상을 받는 전문직(예, 법률가 또는 신탁회사)일 수도 있고, 비전문직(예, 가족을 대신하여 보상 없이 행동하는 어떤 사람)일 수도 있다.
고유 거래번호 (Unique transaction reference number)	권고사항 16 주석 참조
지체 없이 (Without delay)	*'지체 없이'*는 이상적으로는 UN 안전보장이사회나 관련 제재위원회 (예를 들면, 1267 위원회, 1988 위원회, 1718 위원회, 또는 1737 위원회)에서 지정한지 수 시간 이내를 의미한다. UN 안보리결의 1373호(2001)의 목적을 위해서는, *'지체 없이'*는 특정인 또는 단체가 테러리스트이거나, 테러자금을 조달하는 자이거나, 또는 테러조직임을 의심하거나 믿는 합리적 근거 또는 합리적 기초를 갖는 때를 의미한다. 이 두 경우 모두에서 *'지체 없이'*는 테러리스트나 테러조직, 테러자금을 조달하는 자들과 대량살상무기 확산금융에 관련된(limked) 자금 또는 자산의 도피 또는 소실 방지가 필요하다는, 그리고 이러한 자금의 흐름을 즉시 금지하고 차단하기 위한 국제적 일치된 행동이 필요하다는 맥락에서 해석되어야 한다.

---

1) 이 정의는 생명보험 또는 다른 투자 관련 보험계약 아래 수익자의 실소유자에게도 적용되어야 한다.
2) "궁극적으로 소유하거나 통제하는"과 "궁극적 효과적 통제"는 소유권/통제가 일련의 소유관계를 통해서 또는 직접적인 통제 이외의 통제에 의하여 행사되는 상황을 의미한다.
3) 공공당국은 법률에 따라 독립적인 비정부당국으로 설립된 금융 감독자들을 포함한다.
4) FATF 국제기준에서 '카지노'라고 할 때에는 인터넷 카지노와 선박 카지노를 포함한다.
5) 자연인 또는 법인.
6) 이것은 프라이빗뱅킹을 포함한다.
7) 이것은 특히 다음을 포함한다: 소비자 신용(월부 구매자 신용); 주택 신용; 상환청구권 있는/

없는 팩토링; 상거래에 대한 금융 (권리상실을 포함).

8) 이것은 소비자 물품과 관련된 금융리스계약에까지 확장되지 않는다.

9) 금융기관들의 송금을 위해 메시지 또는 다른 지원체계만을 제공하는 자연인 또는 법인에게는 적용되지 않는다. 권고사항 16 주석 참조.

10) FATF 권고사항의 이행에 관련되는 감독 기능을 수행하는 핵심원칙 감독자들(Core Principles supervisors)을 포함한다.

11) 권고사항 발행 당시 이들은 다음과 같다: (ⅰ) 항공기에서 자행된 범죄와 다른 행위에 관한 협약(1963); (ⅱ) 항공기의 불법납치 억제를 위한 협약(1970); (ⅲ) 민간항공의 안전에 대한 불법행위 억제를 위한 협약(1971); (ⅳ) 민간항공의 안전에 대한 불법행위 억제를 위한 협약의 부속 규약으로 국제 민간항공 취항 공항에 대한 불법 폭력행위 억제를 위한 규약(1988); (ⅴ) 국제민간항공에 관련된 불법행위 억제에 관한 협약(2010); (ⅵ) 항공기의 불법납치 억제를 위한 협약에 대한 부속 규약(2010); (ⅶ) 항공기에서 자행된 범죄와 다른 행위에 관한 협약을 개정하는 규약(2014); (ⅷ) 외교적 대리인을 포함하여, 국제적으로 보호되는 자들에 대한 범죄의 금지 및 처벌에 관한 협약(1973); (ⅸ) 인질방지를 위한 국제협약(1979); (ⅹ) 핵물질의 물리적 보호에 관한 협약(1980); (ⅺ) 핵물질의 물리적 보호에 관한 협약의 개정(2005); (ⅻ) 해상운항의 안전에 대한 불법행위 억제를 위한 협약(1988); (ⅹⅲ) 해상운항의 안전에 대한 불법행위 억제를 위한 협약의 이행규약(2005); (ⅹⅳ) 대륙붕 고정식 플랫폼의 안전에 대한 불법행위의 억제를 위한 규약(1988); (ⅹⅴ) 대륙붕 고정식 플랫폼의 안전에 대한 불법행위의 억제를 위한 규약에 대한 규약(2005); (ⅹⅵ) 탐색 목적을 위한 플라스틱 폭발물질의 표시에 관한 협약(1991); (ⅹⅶ) 폭탄테러 행위의 억제를 위한 국제협약(1997); (ⅹⅷ) 테러자금조달 억제를 위한 국제협약(1999); (ⅹⅸ) 핵 테러 행위의 억제를 위한 국제협약(2005).

12) 헤이그 협약 제2조는 다음과 같다:

이 협약의 목적을 위해서 "신탁"은 어떤 사람, 위탁자에 의하여 자산이 - 생존 중 또는 사후에 효력이 있는 - 수익자의 이익을 위해서 또는 특별한 목적을 위해서 수탁자의 통제 아래 놓이는 법률관계로 창출된 것을 말한다.

신탁은 아래의 특성을 갖는다.

a) 자산은 별도의 자금(a separate fund)을 구성하며 수탁자 자신의 자산의 일부가 아니다;

b) 신탁자산의 명의는 수탁자의 이름으로 설정되거나 수탁자를 대신하여 다른 사람의 이름으로 설정된다;

c) 수탁자는 신탁의 조건에 따라 그리고 법률에 의해 그에게 부과된 특별 의무에 따라, 그가 책임을 지는 것에 관하여, 그 자산을 운영하고, 사용하고, 처분할 권한과 의무를 갖는다.

위탁자에 의해 특정 권리와 권능이 유보되는 것과 수탁자 자신이 수익자 중 하나로서 권리를 갖는다는 사실이 신탁의 존재와 반드시 불일치하는(inconsistent) 것은 아니다.

머리글 표(TABLE OF ACRONYMS)

AML/CFT	Anti-Money Laundering / Countering(Combating) the Financing of Terrorism 자금세탁방지/테러자금조달금지
BNI	Bearer-Negotiable Instrument 무기명지급수단
CDD	Customer Due Diligence 고객확인
DNFBP	Designated Non-Financial Business or Profession 지정된 비금융사업자 또는 전문직
FATF	Financial Action Task Force 금융조치기구(국제 자금세탁방지기구)
FIU	Financial Intelligence Unit 금융정보분석기구(금융정보분석원)
IN	Interpretive Note 주석
ML	Money Laundering 자금세탁
MVTS	Money or Value Transfer Service(s) 자금 또는 가치 이전서비스
NPO	Non-Profit Organisation 비영리조직
Palermo Convention	The United Nations Convention against Transnational Organized Crime 2000 초국가 조직범죄 방지에 관한 UN 협약
PEP	Politically Exposed Person 정치적 주요인물
R.	Recommendation 권고사항
RBA	Risk-Based Approach 위험기반(중심)접근법
SR.	Special Recommendation 특별 권고사항
SRB	Self-Regulatory Bodies 자율규제기구
STR	Suspicious Transaction Report 의심거래보고
TCSP	Trust and Company Service Provider 신탁과 회사 설립서비스 공급자
Terrorist Financing Convention	The International Convention for the Suppression of the Financing of Terrorism 1999 테러자금조달 억제를 위한 국제협약
UN	United Nations 국제연합
Vienna Convention	The United Nations Convention against Illicit Traffic in Narcotic Drugs and Psychotropic Substances 1988 마약과 향정신성물질 방지에 관한 UN 협약

제 7 절 서문에 관한 해설

1. 「FATF 40 권고사항과 주석서」 서문

「FATF 40 권고사항과 주석서」 서문은 FATF 국제기구의 설립근거와 임무, 국제기준의 제정 취지 등을 설명하고, 국제기준의 그 동안의 역사와 개정 주요내용, 개정 과정, 참여자 설명 등을 포함하고 있다.

서문은 먼저 FATF의 설립연원과 주요 임무를 설명한다. FATF는 회원국 장관들의 합의로 1989년 설립된 정부 간 기구(an inter-governmental body)이며, 금융조치 대책기구(Task Force)로 설립되었다. 설립 이후 8년 또는 10년 단위로 활동기간을 연장하면서 조직의 형태는 그대로 유지하고 있다. 그 이유는 끊임없이 진화하고 변화하는 자금세탁과 테러자금조달에 보다 효과적으로 대응하기 위한 것이다. 앞으로도 이러한 대책기구로서의 기구 형태는 지속될 것으로 보인다.

이어서 FATF가 국제기준을 마련하게 된 사유를 설명한다. FATF 국제기준은 다양한 법률적, 행정적, 운영상의 체계와 금융 시스템을 갖고 있는 각국이 자금세탁, 테러자금조달, 대량살상무기 확산금융에 효과적으로 대응할 수 있도록 종합적이고도 일관된 조치사항의 체계를 마련한 것이다. 금융, 사법, 국제협력에 걸쳐 있는 금융조치 이행사항들을 하나의 국제기준으로 묶지 않고는 실효성 있는 이행을 담보할 수 없다고 보았기 때문이다. 같은 단락에서 FATF 권고사항에 따라 각국이 이행해야 할 6개의 핵심적인 조치 사항을 제시하고 있다. 여기서 제시한 6가지(자금세탁과 테러자금조달/확산금융을 분리하면 7가지)는 상호평가보고서와 본 해설서의 체계를 구성하는 7개의 모듈이다.

FATF 40개 권고사항은 1988년 UN에서 채택한 비엔나협약(마약 및 향정신성 물질의 불법거래 방지를 위한 UN협약)을 각국이 이행토록 하기 위해 1990년 제정되었다. 권고사항은 1996년 1차 개정되고 2003년 2차로 개정되었는데, 2차 개정 이후 2012년까지 운영된 권고사항은 테러자금조달 관련 9개의 특별 권고사항을 포함하며, 이 권고사항은 전세계 180국에서 승인되고 국내 법률로 채택키로 함에 따라 사실상 자금세탁방지/테러자금조달금지를 위한 국제기준으로 확고하게 정립되었다.

FATF 권고사항의 3차 개정 검토는 2009년 6월부터 시작되어 약 2년 8개월 여 논의 끝에 2012년 2월 최종 확정하였다. 서문에서는 권고사항의 개정과 관련하여 주요 참여자들, 위험기반접근법의 전면 도입, 테러자금조달 관련 특별 권고사항을 40개 권고사항으로 통합, 대량살상무기 확산금융을 FATF 규율대상으로 포함한 것 등을 설명하고 있다.

FATF 국제기준은 권고사항과 주석, 용어설명의 정의(definitions)로 구성되며, 이 세 가지는 우열이 없이 동등하다. 반면 평가방법론은 하위의 규정이다. 이것은 각국에 대한 상호평가자의 FATF 국제기준 이행 평가를 지원하기 위해 설계된 것으로 FATF 권고사항이나 주석을 수정하거나 우선할 수 없다. 한편 용어설명에 포함된 예시들은 FATF 국제기준의 의무사항이 아니다. 이 예시들은 이행의 방향을 제시하고 도움을 주는 지침(guidance) 또는 지표(indicator)일뿐이다.

FATF는 민간부문, 시민사회 등 다른 관계자들과 동반자적 입장에서 건설적인 대화를 지속할 것을 약속한다. FATF는 2000년대부터 민간부문과 협의할 사항이 있는 경우 "FATF 민간협력포럼(the FATF's Private Sector Consultative Forum)"을 개최하여 왔다. 제3차 FATF 권고사항 개정과 관련하여는 2009년 6월 권고사항 개정 논의를 개시한 이후 두 차례(2010.10월, 2011.6월) "공공협의문서(public consultation papers)"를 발행하고, 두 차례(2010.11월, 2011.12월)의 "FATF 민간협력포럼(the FATF's Private Sector Consultative Forum)"을 개최하였다. FATF는 민간부문과 시민사회 등은 금융시스템의 순수성을 지키는 중요한 동반자라는 사실과 앞으로도 대화를 지속할 예정임을 분명히 하였다.

끝으로 FATF는 세계 금융시스템의 떠오르는 위협과 취약성에 관한 새로운 정보에 비추어 적절하다고 판단하는 경우 국제기준을 지속적으로 수정하는 등 사명서(Mandate)에 따라 지속적으로 전진할 것임을 밝히고 있다. 이는 FATF 제4차 사명서 기간인 2012년~2020년 중에도 필요성이 제기되는 경우 FATF 권고사항 등 국제기준을 FATF 사명서를 토대로 수정할 수 있음을 밝힌 것이다.

2. 「평가방법론」 서문

평가방법론은 상호평가자의 국제기준 이행 평가를 지원하기 위해 설계된 규정이다. 평가방법론은 FATF 국제기준의 일부이기는 하나 권고사항보다는 하위규정으로서 권고사항이나 주석의 내용을 수정할 수는 없다. 그 자체가 권고사항과 주석의 이행 평가를 지원하는 규정이기 때문이다.

평가방법론 서문은 먼저 평가방법론의 목적과 그 구성에 대해, 그리고 제4차 라운드에서 최초로 채택한 상호평가의 체계 즉, 기술적 이행 평가와 효과성 평가에 대해 설명한다. 우리는 여기서 제4차 라운드 상호평가의 가장 큰 특징이라고 할 수 있는 '효과성 평가'를 도입한 배경에 대해 살펴볼 필요가 있다.

제4차 라운드 상호평가가 어떠해야 하는가에 관한 논의는 2009년 2월 총회부터 본격화 되었다. 회원국들은 제3차 라운드 상호평가 전체 과정에 대한 반성으로 제3차 라운드 상호평가가 너무 기술적이고, 상세하며, 복잡하였고, 이 때문에 평가보고서도 너무 길었다는 것이다. 그러므로 제4차 라운드는 국가의 AML/CFT 체제 전체와 그것의 효과성을 평가하는 것이어야 하며, 보고서는 보다 짧고, 총회 토의는 국제기준의 이행과 관련된 특정 이슈에 초점을 맞춘 것이어야 한다는 점을 제기하였다.

그리하여 제4차 라운드 상호평가의 기본방향에 대한 대체적인 합의가 이루어졌다. 그 합의내용을 정리하면, ⅰ) 국가 AML/CFT 체제 전체의 효과성을 평가하는 과정이어야 하고, ⅱ) 그 체제 고유의 취약점과 특정 이슈에 초점을 맞춘 토의를 통해 개선점을 도출하는 과정이어야 하며, ⅲ) 전 세계 모든 국가가 동일한 기준과 절차에 따라 동일하게 평가받는 과정이어야 한다는 것이었다.

특히 국가의 AML/CFT 체제의 효과성을 어떻게 평가할 것인가와 관련하여 많은 논의가 있었다. 이미 제3차 라운드 상호평가에서도 개별 권고사항의 효과성을 중요한 요소로 논의하였으나 결국 국가적 체제의 효과성을 바르게 평가하기 위해서는 효과성에 관한 별도의 평가방법론이 마련되어야 한다는 점을 합의하였다. 그리하여 효과성 평가를 위해 11개의 즉시성과와 3개의 중기성과, 1개의 고위목표가 만들어졌고, 상호평가에서는 11개의 즉시성과를 평가하기로 결정하였다.

평가방법론 서문은 '위험과 맥락(Risk and Context)'에 대해 상세하게 설명하고 있다. 위험과 맥락은 상호평가를 준비하는 평가팀이나 평가 수검국이나 모두에게 매우 중요하다. 위험과 맥락에 대한 이해 없이 정확한 평가를 할 수가 없고, 평가받는 국가의 입장에서도 관계기관이 취한 어떤 조치나 대책이 그 타당성을 인정받기 위해서는 위험과 맥락에 기초하여 설명되어야 하기 때문이다. 2015년 실시된 제4차 라운드 FATF 초기 상호평가에 대한 문제점 분석 토의에서 '위험과 맥락'은 그 중요성이 다시 강조되었고, 이러한 토의결과를 반영하여 '위험과 맥락' 부분을 보강하는 것으로 상호평가보고서의 서식을 일부 개정하였다.

3.「기술적 이행평가를 위한 평가방법론」서문

기술적 이행평가 서문은 상호평가자들이 기술적 평가를 위해 평가방법론을 적용할 때 고려하여야 할 몇 가지 원칙을 제시하고 있다.

먼저 기술적 이행평가는 각 이행 요소들을 갖추고 있는지 여부를 평가하지만, 구체적인 법률, 기구, 감독상의 체계는 국가마다 다를 수 있다는 점이다. 즉 평가자는 그 국가의 위험과 구조적 또는 상황적 요소들을 잘 인식하고 평가하여야 하는 것이다.

둘째는 기술적 평가를 할 때에는 평가방법론에 제시된 평가요소들은 실제로 갖추고 있는지 여부를 평가하여야 한다는 점이다. 이 평가요소들의 순서는 우선순위나 중요도를 나타내는 것이 아니라는 점이다.

셋째는 각 권고사항 별로 네 가지 평가등급에 대해 설명한다. 이 평가등급은 제3차 라운드 상호평가에서와 동일하다.

넷째, 각 권고사항을 평가하기 위해 사용된 개별 기준들이 똑 같은 중요성을 갖는 것이 아니라는 점이다. 평가하는 국가의 위험 목록과 구조적/상황적 정보를 고려하여야 한다는 점을 명시하고 있다.

다섯째, 어떤 기초적 결함은 여러 권고사항에 걸쳐 영향을 미친다는 점이다. 이 경우 동일한 원인이 여러 다른 권고사항에도 관련된다는 점을 평가보고서에 분명하게 기술할 것을 요구하고 있다.

끝으로 40개 권고사항이 대부분 제3차 라운드 상호평가에서 사용한 권고사항들과 동일하지만, 9개의 특별 권고사항들을 통합하고 효과성 평가를 분리한 점 등을 고려하여 제4차 라운드 평가결과를 제3차 라운드 평가결과와 비교할 수 없다는 점을 분명히 하였다. 제4차 라운드 상호평가에서 일부 국가는 제3차 라운드에서 이행등급으로 평가받았던 동일한 권고사항에서 미이행 등급으로 평가받는 사례도 발생[13]하였다.

4. 「효과성 평가를 위한 평가방법론」 서문

효과성 평가는 그 평가방법이 기술적 이행평가와 근본적으로 다르다. 이 점을 인식하는 것은 효과성 평가 수검이나 평가를 바르게 수행하기 위해서는 매우 중요하며, 서문에서 이에 대해 상세하게 설명하고 있다.

먼저 효과성 평가의 목적은 FATF가 성과에 초점을 두도록 하고, 각국이 국제기준이 목표하는 바를 성취한 정도와 그들 이행체제의 약점을 확인하며, 각국이 그들의 이행체제를 개선하는 조치의 우선순위를 정할 수 있도록 하는 것이다. 따라서 효과성 평가의 목표는 국가 전체의 AML/CFT 이행체제 전체에 대한 평가를 제공하고 이행체제가 얼마나 잘 작동하는가를 보여주는 것이다. 그러므로 효과성 평가는 권고사항의 기술적 이행을 평가하는 방식(점검 리스트를 하나하나 점검하는 방식)과는 근본적으로 다르다. 또한 이행체제의 효과성을 입증할 책임은 상호평가를 수

---

13) 노르웨이와 벨기에는 권고사항 제33항(통계, 제3차 라운드는 제32항) 기술평가에서 제3차 라운드에서는 이행등급(LC)을 받았으나, 제4차 라운드 상호평가에서는 모두 미 이행등급(PC)을 받았다. 양국 모두 효과성 평가에 필요한 충분한 통계를 제공하지 못하였기 때문이다.

검 받는 국가에게 있다는 점을 명심할 필요가 있다.

효과성 평가는 11개의 즉시성과의 평가를 통해 이뤄진다. 중기성과와 고위목표는 평가자가 평가하지 않는다. 이들은 국가 이행체제의 전반적 효과성을 살펴볼 때 활용된다. 평가할 때 11개 즉시성과 전부를 평가하되, 국가의 상황과 맥락을 고려하여 고위험과 저위험 영역을 구분하고 고위험 영역은 보다 상세하게 검토하여야 한다. 이 과정에서 평가 수검국가와 지속적으로 협의함으로써 수검국가가 주요한 위험에 관심을 집중하고 이 분야의 효과성을 향상시키는데 노력을 집중할 수 있도록 한다.

기술적 이행은 효과적 이행체제의 법률적, 기구적 토대가 된다. 그러나 기술적 이행평가를 높게 받았다고 효과성이 반드시 높게 나타나는 것은 아니다. 법규를 제정하여 시행하였다고 이행체제가 저절로 완비되는 것은 아니기 때문이다. 극히 예외적인 경우를 제외하고는 기술적 이행에 심각한 결함을 갖고 높은 효과성을 나타내기는 어렵다. 심각한 기술적 결함을 가진 채 효과적 이행체제를 갖는 것은 거의 불가능에 가깝기 때문이다. FATF 6개국 상호평가에서 대체로 기술적 이행이 우수한 국가가 효과성 평가에서도 높은 평가를 받았다. 그러나 국가에 따라서는 법규적 이행에 중점을 둔 국가는 기술적 이행평가에서 평가가 좋았고, 이행체제에 중점을 둔 국가에서는 상대적으로 효과성 평가가 우수하였다.[14]

서문은 이어서 효과성 평가방법론 활용방법을 안내하고 있는데 이 부분에서 효과성 평가를 도입한 목적이 잘 나타난다. 평가자는 각각의 즉시성과를 평가하면서 두 가지의 포괄적 질문(① 목표한 성과가 어느 정도 성취되었는가? ② 효과성 향상을 위해 무엇을 해야 하는가?)에 분명한 답을 제시해야 한다. 이 포괄적 질문은 효과성 평가를 도입한 목적이 평가 자체에 있는 것이 아니라 평가를 통해 취약점을 확인하고 이를 향상시키기 위한 방안을 제시하는데 있음을 잘 나타낸다.

각각의 즉시성과는 △ 효과적 이행체제의 특성, △ 평가자 참조, △

---

[14] 말레이시아는 40개 권고사항 중 미이행 등급이 단 3개로 기술적 이행평가가 매우 우수한 반면 효과성 평가에서는 미이행 등급이 7개로 강화된 후속조치 대상이 되었다. 호주는 효과성 평가에서 미이행 등급이 6개로 우수한 반면 기술적 이행평가에서는 미이행 등급이 16개로 역시 이 결과 때문에 강화된 후속조치로 분류되었다.

성과의 달성여부 판단을 위해 고려해야 할 쟁점, △ a) 핵심 쟁점의 결론을 뒷받침하는 정보의 예시, △ b) 핵심 쟁점의 결론을 뒷받침하는 특정 요소의 예시로 구성된다. 효과적 이행체제의 특성은 효과적 이행체제의 주요 모습과 특징, 효과적 이행체제의 성과 등을 서술한다. 이것은 평가의 기준(the benchmark for the assessment)을 제공하며 평가자는 이 특성과 비교하여 효과성 정도를 판단한다. 평가자는 효과성 평가에서 핵심 쟁점의 각 질문은 반드시 검토해야 한다. 그러나 a) 핵심 쟁점의 결론을 뒷받침하는 정보의 예시, b) 핵심 쟁점의 결론을 뒷받침하는 특정 요소의 예시는 모두를 의무적으로 검토해야 하는 것은 아니며, 또한 검토해야 할 모든 요소를 포괄하는 것도 아니다.

11개의 즉시성과들은 서로 독립된 것은 아니며 때로는 긴밀하게 연결되어 평가와 이행에 상호 영향을 미친다. 또는 어떤 쟁점의 경우 다른 즉시성과의 평가에 직접 영향을 미치기도 한다. 효과성 평가의 결과는 기술적 이행평가와 마찬가지로 4가지 등급 중 하나로 구분된다. 평가 수검국가는 상호평가 결과에 따른 이행체제 향상 방안을 마련해야 한다.

평가방법론에 대한 해석 권한은 FATF 사무국 또는 FSRB 사무국에게 있다.

5. 금융기관과 DNFBPs에 대한 요구사항의 법적 근거

이 장은 FATF 권고사항과 주석서의 부록이며, FATF 국제기준의 일부이다. 이것은 또한 FATF 제3차 라운드 국제기준을 운영하고 제4차 라운드 국제기준 개정안을 마련하는 과정의 토의 결과물이기도 하다.

제3차 라운드 상호평가를 위한 FATF 40개 권고사항 주석에서는 자금세탁방지 이행체제의 가장 기본적 의무사항(3개 권고사항: 권고 5. 고객확인, 권고 10. 기록보관, 권고 13. 의심거래보고)의 요구내용은 법률(law)로 규정되어야 함을 명시하고, 기타 상세한 사항이나 다른 권고사항들은 법률, 규정 또는 다른 강제수단(other enforceable means)으로 이행할 수 있다고 규정하였다.

또한 '다른 강제수단(OEM)'을 무엇으로 정의할 것인가에 대해 제3차 라운드 상호평가 기간 동안 많은 논란이 있었다.[15] 따라서 제4차 라운드 상호평가를 위한 FATF 국제기준 개정 논의에서도 이 문제가 중요한 과제로 제기되었다.[16] 이에 2009년 6월 당시 제4차 라운드 상호평가를 위한 국제기준 개정을 담당하던 실무그룹[17]은 2개의 전문가그룹을 구성하고 그 중 하나에 이 과제를 맡겼다.

이 장은 동 전문가그룹의 검토와 건의를 바탕으로 작성된 것이다. 그 내용은 법률로 이행해야 할 사항을 명시하되 이를 주석으로 하지 않고 해당 권고사항에 별도로 표시하는 것으로 하였다. 이에 따라 현행 권고사항 10, 11, 20에는 본문 내용 중에 법률로 이행되어야 함을 규정하고 있다. 그리고 '다른 강제수단'의 정의를 권고사항의 부록에 내용에 포함시켜 제목을 '금융기관과 DNFBPs에 대한 요구사항의 법적 근거'라고 하였다.

6. 용어설명

용어설명은 FATF 권고사항과 주석서의 부록이며, FATF 국제기준의 일부이다. 또한 FATF 40개 권고사항의 본문과 동등한 중요성을 갖는다. 여기서는 국제기준을 해석하고 이행하는데 의문이 되는 주요 용어를 정의하였다. 그러나 용어설명 중 사례(examples)는 FATF 국제기준에서 제외되며 FATF 국제기준을 이행하는 방법 중 하나를 제시하는 예시에 불과하다.

---

15) 2009년 우리나라의 FATF 정회원 가입을 위한 상호평가에서도 당시 법률에 따라 시행 중이던 '자금세탁방지 업무지침 작성 가이드라인'이 다른 강제수단에 해당하는가에 관해 치열한 논쟁이 있었고, 평가자가 '다른 강제수단'에 해당하지 않는다고 판정함으로써 그 규정에 의존하여 이행하려 하였던 많은 권고사항들이 미이행 등급을 받는 결과를 초래한 바 있다.
16) 당시 제기된 과제는 두 가지였다: 1) 제3차 라운드 국제기준과 같이 '법률 또는 규정'으로 이행해야 할 사항과 '다른 강제수단'으로 이행할 수 있는 사항을 구분할 것인가? 2) '다른 강제수단'을 어떻게 정의할 것인가에 대해 논의를 재개할 것인가?
17) WGEI(Working Group on Evaluation and Implementation, 평가이행 실무그룹), 오늘날의 실무그룹 ECG(Evaluation and Compliance Group)에 해당한다.

제 2 장

국가적 자금세탁방지/ 테러자금조달금지 정책과 조정

국가적 자금세탁방지/
테러자금조달금지 정책과 조정

개 관

FATF 제4차 라운드 상호평가의 가장 큰 특징은 효과성 평가를 도입한 것이며, 이를 위한 토대를 제공한 것은 '국가적 AML/CFT 정책과 조정'이다. 국가의 AML/CFT 이행체제가 효과적인지 여부에 대한 평가는 그 국가의 위험과 상황에 대한 이해를 바탕으로 가능하기 때문이다. 각국이 처한 위험에 대한 이해와 이에 대한 대응을 강조함으로써 국제기준의 이행과 그 평가에 완전히 새로운 개념이 도입된 것이다. 그러므로 이 장은 제4차 라운드 상호평가 도입으로 가장 크게 변화한 부분이라고 할 수 있다.

권고사항 1(위험 평가와 위험기반접근법의 적용)은 신설 권고사항이다. 권고사항 2(국가적 협력과 조정)와 33(통계)은 기존의 권고사항을 일부 개정·발전시킨 것이다. 이들은 권고사항 1과 결합하여 '국가적 자금세탁방지/테러자금조달금지 정책과 조정'이라는 모듈을 형성하면서 전혀 새로운 의미를 갖게 되었다. 국가적 협력과 조정이 FATF 국제기준의 효과적 이행을 위한 필수요소로 인식되면서 권고사항 2가 매우 중요한 권고사항으로 등장한 것이다.

권고사항 33은 효과성 평가에서 그 중요성이 새롭게 부각되었다. 효과성 평가에서 '통계'의 중요성이 새롭게 강조되면서 FATF는 각국의 효과성 평가 준비를 돕기 위해 자료와 통계에 관한 새로운 지침서[1]를 마련하였다.

---

1) 「AML/CFT 관련 자료와 통계에 관한 지침서(Guidance on AML/CFT-related data and statistics)」(2015. 11. 27. FATF 발행)는 제4차 라운드 첫 상호평가 대상국이었던 스페인과 노르웨이에 대한 현지실사(2014년 3~4월) 이후 작성 필요성이 제기되었고, 2014년 6월부터 작성을 개시하여 약 1년 6개월 만에 완성하였다.

제 1 절 즉시성과 1

즉시성과 1	자금세탁과 테러자금조달의 위험이 이해되고, 적절한 경우, 자금세탁·테러자금조달·확산금융에 대응하기 위한 국내 정책들이 공조를 통해 추진된다.

효과적 이행제제의 특성

국가가 자국의 자금세탁과 테러자금조달 위험을 적절하게 확인하고, 평가하며, 이해한다. 그리고 이러한 위험을 완화하기 위한 조치사항들을 실행하기 위하여 국내적으로 조정한다. 이것은 권한당국과 다른 관계당국이 참여하고; 광범한 범위의 신뢰할 만한 정보의 원천을 활용하며; AML/CFT 정책과 조치사항들을 개발하고 우선순위를 정하기 위한 토대로 위험평가를 활용하며; 이러한 정책과 조치들을 적절한 채널을 통해 협조적인 방식으로(in a co-ordinated way) 소통하고 실행하는 것을 포함한다. 적절한 권한당국들은 또한 확산금융에 대응하기 위해서도 정책과 조치들을 협력하고 조정한다. 시간이 경과함에 따라 이러한 조치들이 자금세탁과 테러자금조달의 위험을 상당한 정도로 완화시키는 결과를 가져온다.

이 즉시성과는 주로 권고사항 1, 2, 33, 34와 관련된다.

평가자 참조:

1) 평가자들은 국가가 실시한 위험평가를 상세하게 검토하거나 평가할 필요는 없다. 평가자는 위험평가의 합리성에 관한 그들의 관점을 토대로, 권한당국들이 정책개발을 알리는 실행과 위험 완화를 위한 조치들을 하는데 있어서 그들이 위험에 대한 이해를 얼마나 잘 활용하였는지에 초점을 맞춰야 한다.

2) 평가자들은 다른 IO들을 평가할 때 IO.1에서 발견한 결과들을 고려해

야 한다. 그러나 평가자들은 확산금융에 대응하기 위한 조치들의 협력과 조정에 관련된 발견사항들은 IO.11의 평가에만 영향을 미치도록 해야 하며, 자금세탁과 테러자금조달 방지를 다루는 다른 IO들(즉, IO.2에서 IO.10)의 평가에 영향을 미치도록 해서는 안 된다.

효과성 달성여부 판단을 위해 고려되어야 할 핵심 쟁점

1.1. 자국의 ML/TF 위험을 얼마나 잘 이해하는가?

1.2. 국내 AML/CFT 정책 및 활동이 확인된 ML/TF 위험에 얼마나 잘 대응하고 있는가?

1.3. 위험평가 결과는 면제에 대한 근거 제시 및 높은 수준의 위험 시나리오에 대한 강화된 조치 또는 낮은 수준의 위험 시나리오에 대한 간소화 조치를 뒷받침하는 일에 얼마나 잘 사용되고 있는가?

1.4. 권한당국과 자율규제기구의 목적과 활동이 진화하는 국가적 AML/CFT 정책 및 확인된 ML/TF 위험에 대응하도록 일관성을 갖는가?

1.5. 권한당국과 자율규제기구가 ML/TF와, 적절한 경우, 대량살상무기 확산방지정책의 수립 및 이행에 얼마나 협조하는가?

1.6. 국가는 FATF 국제기준의 적용으로 영향을 받는 관련 금융기관, DNFBPs 및 다른 분야들이 국가적 ML/TF 위험평가 결과를 인식하는 것을 어느 정도까지 명확히 하고 있는가?

a) 핵심 쟁점의 결론을 뒷받침하는 정보의 예시

1. 국가적 ML/TF 위험평가(예, 작성된 평가의 유형; 출간/전달된 평가들의 유형).

2. AML/CFT 정책과 전략(예, 전달/출간된 AML/CFT 정책, 전략 및 발표문; 고위공직자와 정치적 고위직의 언질과 약속).

3. 민간부문과 관계당국에 대한 지원활동(예, 위험평가로부터 도출된 관련 결론의 브리핑과 안내; 정책과 입법, 위험평가를 발전시키기 위한 자료 투입과 다른 정책 산물에 관한 협의의 빈도와 적절성).

b) 핵심 쟁점의 결론을 뒷받침하는 특정 요소(specific factors)의 예시

4. 위험평가의 결론을 개발/검토/평가하기 위해 사용된 방식, 도구 및 정보는 무엇인가? 그 정보와 자료가 얼마나 포괄적인가?

5. 전략적 금융정보, 분석, 유형론 및 지침서는 얼마나 유용한가?

6. 위험평가 시 관여하는 권한당국과 관련 이해당사자들(금융기관, DNFBPs 등)은 누구인가? 이들 기관이 국가 수준의 ML/TF 위험 평가에 관한 자료(inputs)를 어느 단계에서, 어떻게 제공하는가?

7. 위험평가가 최신상태로 유지되고, 정기적으로 검토되며, (새로운 위협과 동향을 포함하여) 중요한 사건이나 변화에 대응하는가?

8. 위험평가가 국가가 직면한 ML/TF 위협, 취약점, 특수성에 비춰 합리적이며 일관성이 있는가? 다른 믿을만한 원천에 의해 확인된 위험을 적절하게 고려하는가?

9. 권한당국의 정책이 변화하는 ML/TF 위험을 반영하는가?

10. 당국이 ML/TF에 대응(적절한 경우, 대량살상무기 확산금융도 포함하여)하는 정책 형성과 운영 단계 모두에서 국가적 체계와 정책의 개발 및 집행을 적절하게 정기적으로 협력/조율하는 것을 명확히 하기 위해 어떤 운영체계나 기구를 활용하는가? 이러한 운영체계와 기구는 모든 관계당국을 포함하는가?

11. 위험평가를 수행하고 국내적 협력과 조정을 하는 적절한 자원과 전문가들이 있는가?

제 2 절   권고사항 1, 2, 33과 그 주석, 평가방법론

권고사항 1. 위험 평가와 위험기반접근법의 적용*

가. 권고사항 1 본문

각국은 자국의 자금세탁 및 테러자금조달 위험을 확인하고, 평가하고, 이해하여야 하며, 위험평가를 조정(coordinate)하고 위험을 효과적으로 경감시킬 수 있도록 재원을 사용할 당국 또는 운영체계 지정 등을 포함하는 조치(action)를 하여야 한다. 각국은 그 위험평가 결과에 기초하여, 자금세탁 및 테러자금조달 방지 또는 감소를 위한 조치들이 확인된 위험에 상응하도록 하는 위험기반접근법을 적용하여야 한다. 이 접근법은 AML/CFT 체제 전반에 걸쳐 자원을 효율적으로 배분하고 FATF 권고사항을 위험수준에 따라 이행하기 위한 주요 기틀이 되어야 한다. 보다 높은 위험이 확인된 경우, 각국은 자국의 AML/CFT 체제가 해당 위험에 적절하게 대응할 수 있도록 하여야 한다. 보다 낮은 위험이 확인된 경우, 각국은 특정 조건 하에서 FATF 권고사항의 일부에 대하여 간소화된 조치를 이행하기로 결정할 수 있다.

각국은 금융기관과 지정 비금융사업자·전문직(DNFBPs)이 자신의 자금세탁 및 테러자금조달 위험을 확인·평가하고 이를 경감시킬 수 있는 조치를 취하도록 의무화하여야 한다.

나. 권고사항 1 주석

1.   위험기반접근법(RBA)은 자금세탁 및 테러자금조달(ML/TF)을 방지하는 효과적인 방법이다. 부문별 위험기반접근법 이행을 결정할 때 각국은 해당 부문의 역량 및 AML/CFT 경험을 고려하여야 한다. 각국은 AML/CFT 역량과 경험이 더 많은 금융기관 및 지정 비금융사업자·전문직(DNFBPs) 분문에 대해서는 위험기반접근법에 입각하여 더 많은 재량권과 책임을 부

여하는 것이 보다 적절하다는 점을 이해해야 한다. 그러나 이것은 고위험 상황이 확인되었을 때 금융기관 및 DNFBPs가 강화된 조치 이행의무를 면제하는 것으로 사용되어서는 안 된다. 위험기반접근법을 채택함으로써 권한당국, 금융기관 및 DNFBPs는 자금세탁 및 테러자금조달을 방지 또는 그 위험을 경감시키는 조치가 확인된 위험에 상응하도록 하여야 하며 가장 효과적인 방법으로 재원을 분배할 수 있도록 하여야 한다.

2. 위험기반접근법 실행 시 금융기관 및 DNFBPs는 ML/TF 위험을 확인, 평가, 점검 및 관리하고 경감시키는 절차를 갖추어야 한다. 위험기반접근법의 일반 원칙은 이러하다: 보다 높은 위험이 있을 경우, 각국은 금융기관 및 DNFBPs에 강화된 조치를 요구하여 그러한 위험을 관리하고 경감시켜야하며, 마찬가지로 위험이 보다 낮을 경우에는 간소화된 조치가 허용될 수 있도록 하는 것이다. 자금세탁 또는 테러자금조달이 의심될 때에는 간소화된 조치를 허용하여서는 안 된다. 이러한 일반원칙이 특정 의무사항에 어떻게 적용되는지는 각 권고사항에서 좀 더 자세하게 소개되고 있다. 각국은 또한 매우 제한된 상황이면서 자금세탁/테러자금조달 위험이 낮은 것으로 증명된 경우에는 특정 유형의 금융기관, 금융활동, 또는 DNFBPs(아래 참조)에 대해 일부 권고사항을 적용하지 않기로 결정할 수 있다. 마찬가지로, 각국은 자국의 위험평가를 통해 ML/TF로부터 남용될 소지가 있고 금융기관 또는 DNFBPs의 정의에 포함되지 않는 유형의 금융기관, 금융활동, 사업체 또는 직업군이 있다고 판단할 경우, 그러한 부문에 대한 AML/CFT 의무 부과를 고려하여야 한다.

A. 각국의 의무 및 결정

3. 위험 평가 – 각국은 자국의 ML/TF 위험을 확인하고 평가하기 위한 적절한 조치를 지속적으로 하여야 한다. 또한 (ⅰ) 법, 규정 및 기타 법체제 개정을 포함하여 자국의 AML/CFT 체제에 잠재적인 변경이 필요함을 알릴 수 있도록 하기 위하여, (ⅱ) 권한당국에 의한 AML/CFT 자원배분과 우선순위 조정을 지원하기 위하여, 그리고 (ⅲ) 금융기관 및 DNFBPs가 실시하는 AML/CFT 위험 평가를 위한 정보를 제공하기 위하여 적절한

조치를 하여야 한다. 각국은 평가내용을 최신 상태로 유지해야 하며, 해당 결과에 대한 적절한 정보를 모든 관련 당국 및 자율규제기구(SRB), 금융기관, DNFBPs에 제공하는 운영체계를 갖추어야 한다.

4. 고위험 — 고위험을 확인한 경우, 각국은 위험을 적절히 관리하고 완화하기 위하여, (1) 자국의 AML/CFT 시스템이 이러한 고위험을 적절히 다루도록 하는 것을 확실히 하고, (2) 자국이 이러한 위험을 완화하기 위하여 취한 조치를 침해함이 없이, 금융기관 및 DNFBPs로 하여금 위험을 관리하고 완화하는 강화된 조치를 하도록 지시하거나, 금융기관 및 DNFBPs가 실시하는 위험평가에 이러한 위험 내용이 포함하도록 해야 한다. FATF 권고사항이 강화된 조치 또는 특별한 조치를 요구하는 고위험 활동을 확인하는 경우, 특정 위험도에 따라 조치의 정도가 다르더라도, 이러한 조치들을 모두 적용해야 한다.

5. 저위험 — 각국은, 저위험이 확인되고 이것이 위 '3.'에서 언급된 자국의 ML/TF 위험평가와 일치하는 경우, 금융기관 또는 DNFBPs에 대해 일정한 행동을 요구하는 일부 권고사항에 대해 간소화된 조치를 허용할 수 있다.

    각국은 또한 위 문단에 따른 특정 저위험 유형에 대한 결정과는 별도로, 아래 "B. 금융기관 및 DNFBPs의 의무 및 결정"과 '7.'의 요건이 충족되는 경우, 금융기관 및 DNFBPs가 간소화된 고객확인의 적용을 허용할 수 있다.

6. 면제사항 — 다음의 경우는 각국이 금융기관 또는 DNFBPs으로 하여금 일정한 조치를 하도록 하는 일부 권고사항을 적용하지 않도록 할 수 있다.

    (a) ML/TF의 저위험이 입증된 경우; 엄격히 제한되고 정당화된 상황에서 발생한 경우; 그리고 특정 유형의 금융기관, 금융활동 또는 DNFBPs와 관련이 있는 경우; 또는

    (b) (자금 또는 가치의 이전을 제외한) 금융활동이 일회성 또는 극히 제한된 상황에서 개인 또는 법인에 의해 행해져, ML/TF 위험도가 낮을 경우.

    수집된 정보가 위험도에 따라 다르더라도 권고사항 11의 기록보관 요건

은 수집된 정보 전체에 적용되어야 한다.

7.   위험의 감독 및 점검 – 감독기관(또는 관련 DNFBPs 부문의 자율규제기구들)
      은 금융기관 및 DNFBPs가 아래 명시된 의무를 효과적으로 이행하도록
      하여야 한다. 이 기능을 수행할 때, 감독기관 및 자율규제기구(SRB)는,
      권고사항 26 및 28의 주석이 요구하는 바대로, 금융기관 및 DNFBPs가
      준비한 ML/TF 위험도 기록(risk profiles) 및 위험평가를 검토하고 그 결과
      를 고려하여야 한다.

B. 금융기관 및 DNFBPs의 의무 및 결정

8.   위험 평가 – 금융기관 및 DNFBPs는 ML/TF 위험(고객별, 국가 및 지역별;
      상품/서비스/거래/전달채널별)을 확인하고 평가하기 위한 적절한 조치를
      해야 한다. 근거 입증, 평가 업데이트를 위해 그러한 평가를 문서화하고
      권한당국 및 자율규제기구에 위험평가정보를 제공하는 적절한 운영체계
      를 마련하여야 한다. ML/TF 위험평가의 성격 및 범위는 사업의 성격과
      규모에 상응해야 한다. 금융기관 및 DNFBPs는 항상 자신의 ML/TF 위험
      을 이해해야 하나, 권한당국 또는 자율규제기구가 해당 부문에 내재하는
      특정 위험을 분명히 확인하였고 이해한 경우에는 개별 위험평가 문서가
      불필요하다는 결정을 할 수 있다.

9.   위험 관리 및 완화 – 금융기관 및 DNFBPs는 (국가, 금융기관, 또는
      DNFBPs가 확인한) 위험의 효과적인 관리 및 완화를 위한 정책, 통제 및
      절차를 마련하여야 한다. 필요시 그러한 통제를 점검하고 강화하여야 한
      다. 정책, 통제 및 절차는 고위경영진의 승인을 받아야 하며, 위험 관리
      및 완화를 위해 (위험의 높낮음과 관계없이) 시행된 조치는 자국의 의무사
      항과 권한당국 및 자율규제기구의 지침과 일치하여야 한다.

10.   고위험 – 고위험이 확인된 경우, 금융기관 및 DNFBPs는 해당 위험의
      관리 및 완화를 위해 강화된 조치를 시행하여야 한다.

11.   저위험 – 저위험이 확인된 경우, 각국은 금융기관 및 DNFBPs에게 해당
      위험의 관리 및 완화를 위한 간소화된 조치의 시행을 허용할 수 있다.

12.   위험평가 시, 금융기관 및 DNFBPs는 전체 위험도 및 적용할 완화조치의

적절한 수위를 결정하기 전에 모든 관련 위험 요소를 고려하여야 한다. 금융기관 및 DNFBPs는 다양한 위험요소의 위험 유형 및 수위에 따라 조치의 범위를 차별화할 수 있다. (예를 들어, 상황에 따라, 고객수용조치에는 일반적인 고객확인을, 상시 점검에는 강화된 고객확인 조치를 할 수 있으며, 역으로도 가능하다.)

다. 권고사항 1 평가방법론[2]

각국의 의무 및 결정 사항

위험평가

1.1 각국[3]은 자국의 자금세탁/테러자금조달 위험을 확인하고, 평가한다.

1.2 각국은 위험평가를 위한 정책 등을 조정할 기구·운영체계를 지정한다.

1.3 각국은 위험평가 결과를 최신 상태로 유지한다.

1.4 각국은 위험평가 결과 관련 정보를 모든 권한당국, 관계 자율규제기구, 금융기관 및 DNFBPs에 제공하기 위한 운영체계를 운영한다.

위험경감

1.5 각국은 위험에 대한 이해에 기반한 위험기반접근법(RBA)을 적용하여, 자원을 배분하고 자금세탁/테러자금조달 위험을 완화·예방하기 위한 조치를 시행한다.

1.6 금융기관 및 DNFBPs에 일부 FATF 권고사항을 적용하지 않는 대신 특정 조치를 취할 것을 요구하기로 결정한 국가는 다음 사항을 증명한다:

(a) 자금세탁/테러자금조달 위험이 낮다는 것을 증명한다. 다만, 의무 면제는 엄격하게 제한적이고 정당한 상황이며, 특정 유형의 금융기관

---

2) 이 권고사항의 요구사항들은 다른 권고사항들에서의 보다 더 구체적인 위험기반 요구사항들을 고려하여 평가되어야 한다. 평가자들은 권고사항 1에서는 국가와 금융기관들/DNFBPs가 다른 권고사항들에서 요구되는 바에 따라 위험을 평가하고 감소시키는 것에 관한 전반을 보아야 하며, 다른 권고사항들이 요구하는 구체적인 위험기반 조치들을 중복해서 평가하는 방식이 되어서는 안 된다. 평가자가 국가가 실시한 위험평가를 상세하게 검토할 필요는 없다. 평가자는 국가가 채택한 절차, 운영체계, 정보원천뿐만 아니라 상황적 요인들에 초점을 맞춰야 하며, 국가가 실시한 위험평가 결론의 합리성을 검토하여야 한다.

3) 이 의무사항의 충족 여부를 검토할 때 필요한 경우 초국가적 수준에서의 자금세탁/테러자금조달 위험평가들도 고려되어야 한다.

또는 영업행위, DNFBPs와 관련된 경우에만 가능;

(b) 자금 또는 가치의 이전(MVT)을 제외한 자연인·법인의 금융활동이 일회적이거나 매우 제한적(수량과 절대적 기준에서)으로 이뤄지는 등, 자금세탁/테러자금조달 위험이 낮은 경우.

1.7 각국은 더 높은 위험을 확인한 경우, 다음과 같은 조치 등을 통해 AML/CFT 체제가 반드시 그 위험에 대응할 수 있도록 해야 한다: (a) 금융기관과 DNFBPs가 위험을 관리하고 경감하기 위한 강화된 조치를 취할 것을 의무화; (b) 금융기관과 DNFBPs가 자체적인 위험평가를 수행할 때, 당국이 파악한 위험 관련 정보를 반영할 것을 의무화.

1.8 각국은 금융기관과 DNFBPs가 특정 조치를 취할 것을 의무화하면서, 일부 FATF 권고사항의 이행을 위한 간소화된 조치의 시행을 허용할 수 있다. 다만, 해당 분야의 자금세탁/테러자금조달 위험이 낮다는 것이 확인되어야 하며, 이러한 조치가 국가 전체의 위험평가와 일관성이 있어야 한다.[4]

1.9 감독기관과 자율규제기구(SRB)는 금융기관과 DNFBPs가 권고사항 1의 의무를 반드시 이행하도록 해야 한다.[5]

금융기관과 DNFBPs의 의무와 조치사항
위험평가

1.10 금융기관과 DNFBPs는 자신의 자금세탁/테러자금조달 위험[6](고객위험, 국가 또는 지역 위험, 상품 위험, 서비스 위험, 거래 위험 또는 전달경로 위험 등)을 확인·평가·이해하기 위한 적절한 조치를 의무적으로 취해야 한다. 이는 다음의 조치들을 포함한다:

(a) 위험평가 결과를 문서화;

---

4) FATF 권고사항에서 강화된 또는 특정의 조치들을 요구하는 고위험 행위를 확인한 경우에는 각국은 그러한 강화된 조치들이 반드시 적용되도록 하되, 그러한 조치의 정도는 구체적인 위험 수준에 따라 다를 수 있다.

5) 이 기준의 요구사항들은 권고사항 26과 28에서의 발견사항들을 고려하여 평가되어야 한다.

6) 자금세탁/테러자금조달 위험 평가의 본질과 정도는 업무(business)의 본질과 크기에 맞춰 적절해야 한다. 권한당국 또는 자율규제기구는 특정 분야에 내재하는 구체적인 위험이 분명하게 확인/이해되고, 개별 금융기관들과 DNFBPs이 그 자금세탁/테러자금조달 위험을 이해하고 있다면 개별적으로 문서화된 위험평가를 요구하지 않는다는 결정할 수 있다.

(b) 전반적 위험의 수준과 위험의 완화를 위해 적용되어야 할 적절한 조치
의 수준과 종류를 결정하기에 앞서 관련된 모든 위험요소들을 고려;

(c) 이러한 위험평가를 지속적으로 최신으로 유지;

(d) 위험평가 정보를 권한당국 및 자율규제기구에 제공하기 위한 적절한
운영체계 구축

위험경감

1.11 금융기관과 DNFBPs는 다음 조치들을 취할 의무가 있다:

(a) 확인된 위험(국가가 확인한 위험, 금융기관과 DNFBPs가 자체적으로 확인
한 위험 모두를 포함)을 경감·관리하기 위한 정책·통제·절차를 구비.
단, 이러한 정책·통제·절차는 경영진의 승인을 거칠 것;

(b) 통제 등의 시행 여부를 감시하고, 필요할 경우 통제 등을 강화할 것;

(c) 높은 자금세탁/테러자금조달 위험이 확인된 분야에 대한 위험을 관
리·경감하기 위한 강화된 조치를 취할 것

1.12 각국은 자금세탁/테러자금조달 위험이 낮다는 것이 확인되고, 1.9~1.11
의 요건이 충족되는 경우에 한해, 금융기관과 DNFBPs에게 간소화된 조
치를 허용할 수 있다. 자금세탁/테러자금조달의 의심이 있는 경우에는
간소화된 조치가 허용될 수 없다.

권고사항 2. 국가적 협력과 조정

가. 권고사항 2 본문

각국은 확인된 위험을 참고하여 만든 국가적 AML/CFT 정책을 가져야 하
고, 그 정책은 정기적으로 검토되어야 하며, 그러한 정책을 책임지는 당국(an
authority)을 지정하거나 이를 위한 조정체계(a coordination) 또는 다른 운영체
계(other mechanism)를 가져야 한다.

각국은 정책입안자, FIU, 법집행기관, 감독자 및 기타 권한당국이 정책 입
안과 운영 단계에서 상호 협력할 수 있도록 하고, 필요한 경우, 자금세탁, 테러
자금조달 및 대량살상무기 확산금융을 방지하기 위한 정책과 활동을 개발하고

실행하는 것을 국내적으로 조정(coordinate)할 수 있도록 하는, 효과적인 운영 체계를 갖추는 것을 명확히 해야 한다.

나. 권고사항 2 평가방법론

2.1 각국은 국가적 자금세탁방지/테러자금조달금지 정책을 수립할 때, 위험 평가 결과 확인된 자금세탁/테러자금조달 위험을 반영하고, 이를 정기적 으로 점검해야 한다.

2.2 각국은 국가적 자금세탁방지/테러자금조달금지 정책을 책임지는 권한당 국을 지정하거나, 업무조정(co-ordinate) 체제를 구축해야 한다.

2.3 각국은 정책 입안자, FIU, 법집행기관, 감독자 및 기타 관계 권한당국이 협업하고, 적절한 경우 자금세탁방지/테러자금조달금지 정책·활동의 발 전·이행을 위한 국내적인 조정 기능을 수행할 수 있는 운영체계를 구축 해야 한다.

2.4 권한당국은 대량살상무기(WMD) 확산금융 방지 분야에도 자금세탁방지/ 테러자금조달금지 분야와 유사한 협업 체제를 구축해야 하고, 적절한 경 우 업무조정 체제도 구축해야 한다.

33. 통 계

가. 권고사항 33 본문

각국은 자국의 AML/CFT 시스템의 효과성 및 효율성에 대한 종합적인 통 계를 작성하여야 한다. 여기에는 수집·제공된 STR, 자금세탁 및 테러자금조달 관련 수사·기소·유죄판결, 동결·압류·몰수된 재산, 사법공조 및 기타 국제협 력 요청에 관한 통계가 포함되어야 한다.

나. 권고사항 33 평가방법론

33.1 각국은 자금세탁방지/테러자금조달금지 시스템의 효과성 및 효율성을 보여줄 수 있는 종합적인 통계를 집계해야 한다. 이 통계에는 다음의 통

계들이 포함·유지되어야 한다:

(a) STR의 접수와 제공;

(b) 자금세탁/테러자금조달 관련 수사, 기소, 유죄판결;

(c) 동결된 자산; 압류와 몰수된 자산;

(d) 국제사법공조 또는 기타 국제협력 요청과 요청에 대한 대응.

제 3 절 해 설

즉시성과(IO) 1. 위험, 정책, 공조

즉시성과 1(IO.1)은 제4차 라운드 상호평가 토의(노르웨이, 스페인, 벨기에, 호주의 상호평가 결과에 대한 FATF 총회의 토의)에서 가장 첨예한 논란이 되었던 즉시성과이다. IO.1은 효과성 평가의 출발이기도 하지만, 제4차 라운드에서 새롭게 도입된 영역이어서 평가기준이 아직 명확하게 정립되어 있지 않았기 때문이다. 또한 이 IO는 그 특성상 다른 IO들의 평가에 영향을 미치는 공통적용(Cross-cutting) IO로서, 이 평가가 나머지 즉시성과들의 평가에 직접 영향을 미치기 때문이다.

결국 토의를 통해 즉시성과 1을 평가하는 원칙에 대해 대체적인 합의를 이루었는데 그 내용은 다음과 같다: 1) 상호평가 결과로써 국가의 위험 이해도를 평가해서는 안 된다는 점이다. 상호평가를 스포츠경기에 비유하면 위험에 대한 이해 정도는 그 경기의 승패로 판단할 것이 아니라, 그 경기에 대한 준비가 합리적인지 여부로 평가하여야 한다는 점이다. 2) 위험에 대한 이해와 대응을 국가 전체적 관점에서 보아야 한다는 점이다. 예를 들면 특정 국가의 평가에서 DNFBPs 등의 위험 이해가 부족하다는 이유로 전체 업계의 위험 이해를 부정적으로 평가해서는 안 되는 것이다. 3) 국가적 자금세탁/테러자금조달 위험에 대한 단일 보고서의 부재 등 절차적 하자를 이유로 '국가의 자금세탁/테러자금 위험에 대한 이해' 전체를 낮게 평가하는 것은 적절하지 못하다는 점이다. 4) EU 등 초국가 위험도 평가의 책임을 개별 국가에게 물을 수 없다는 점이다.

FATF 총회는 이러한 인식을 반영하여 상호평가자가 IO.1의 이행에 대해 '미이행'으로 평가한 2개국(벨기에, 호주)에 대해 상호평가 토의에서 등급을 상향조정하여 이행등급(Substantial Level of Effectiveness)을 부여하였다. 이러한 등급 조정은 IO.1의 이행수준 평가에 대해 회원국들이 새로운 인식을 갖는 계기가 되었다.

권고사항(R.) 1. 위험평가와 위험기반접근법(RBA) 적용

권고사항 1은 제4차 라운드 상호평가를 위한 국제기준 개정에서 신설된 2개[7] 권고사항 중 하나이다. R.1이 부과하고 있는 이행사항을 요약하면 다음과 같다.

1) 각국은 자국의 자금세탁/테러자금조달 위험을 확인, 평가, 이해
2) 총괄 당국 또는 운영체계 지정 등을 포함한 위험경감 조치
3) 위험경감 조치에서 위험기반접근법의 적용과 효율적 자원 배분
4) 금융기관과 DNFBPs에 대한 위험평가 의무 부과
5) 금융기관과 DNFBPs 국가적 위험평가 과정 참여 및 결과의 공유 등

국가적 자금세탁/테러자금조달 위험도 평가를 위해 금융기관과 DNFBPs 등 민간의 참여는 필수적이지만 위험평가의 내용 그 자체는 상당한 수준의 비밀을 요하는 정보를 포함할 수 있으므로 모든 정보를 민간과 공유할 필요는 없다. 다만 민간 부문의 참여 없이는 국가적 위험평가가 완성되었다고 보지 않는다. FATF 등 국제기구들은 최근 들어 민간의 참여를 강조하고 있고, 국가적 위험평가 결과도 일정 부분 민간과 공유하고 함께 대응할 것을 요구하고 있기 때문이다.

권고사항(R.) 2. 국가적 협력과 조정

권고사항 2는 제3차 라운드에서는 권고 31로 단순히 협력과 조정을 강조하는 권고사항이었다. 그러나 제4차 라운드에서는 권고사항 1과 결합하여 새로운 의미를 갖는 권고사항으로 거듭났다.

R.2가 부과하는 이행사항을 요약하면 다음과 같다.

---

7) 나머지 신설 권고사항은 '권고 7. 확산금융 관련 정밀금융제재'이다.

1) 확인된 위험을 고려하여 작성한 국가적 정책을 갖고 이를 정기적으로 검토.
2) 그러한 정책을 책임지는 당국을 지정하거나 운영체계를 갖는 것.
3) 자금세탁/테러자금/확산금융의 차단을 위해 정책 입안자, FIU, 법집행기관, 감독자, 기타 관계당국이 정책 입안과 운영 단계에서부터 상호 협력하고 조정할 수 있도록 하는 이행체제를 갖추는 것.

권고사항 33. 통계

자금세탁방지 이행체제의 효과성과 효율성은 통계를 통해 잘 나타난다. 제3차 라운드 상호평가에서도 권고사항별 효과성을 주로 통계를 통해 평가하였다. 이 권고에서는 자금세탁방지제도에서 가장 기본적인 4가지 영역의 통계, 즉 의심거래보고의 접수 및 제공, 기소와 몰수, 자산 동결·압류·몰수, 국제형사사법공조 및 기타 국제협력에 관한 통계를 유지할 것을 규정하고 있다.

국가적 AML/CFT에 관한 통계와 자료는 제4차 라운드에서 효과성 평가를 도입하면서 그 중요성이 새롭게 부각되었다. 적절한 통계와 자료 없이는 효과성을 입증하는 것이 거의 불가능하기 때문이다. 효과성 평가를 위해서는 권고사항에서 규정한 4가지 통계만으로는 부족하므로 효과성 평가를 준비하는 각국이 참고할 수 있도록 별도의 지침서[8](Guidance)를 마련하였다. 특히 여기서 말하는 통계와 자료는 정량적 자료만을 의미하는 것은 아니며, 경험 등을 반영하는 정성 자료도 효과성 평가를 지원하는 통계와 자료로서 매우 중요한 의미를 갖는다. 다만 이 지침서는 효과성 평가에만 적용되는 것으로 한정하였다. 이 지침서가 권고사항 33의 기술적 이행 평가에도 사용될 경우 권고사항의 범위를 지나치게 확장하여 각국에게 너무 큰 부담을 주는 결과가 되기 때문이다.

---

8) FATF는 2014년 6월 총회에서 각국이 효과성 평가를 준비하는데 도움을 주기 위한 지침서 발행이 필요하다고 결정하고 1년 여 준비 끝에 2015년 10월 "Guidance on AML/CFT—related data and statistics"라는 제목의 지침서를 발간하였다.

제4절 국가적 정책과 조정에 관한 상호평가 결과

1. 상호평가 결과표

	주요내용	스페인	노르웨이	벨기에	호주	말레이시아	이탈리아	평균
	(상호평가 토의 시기)	(14.10.)	(14.10.)	(15.2.)	(15.2.)	(15.6.)	(15.10.)	
IO. 1	위험, 정책, 공조	4	2	4	4	4	4	3.6
R. 1	위험평가와 RBA 적용	5	2	4	2	4	4	3.4
R. 2	국가적 협력과 조정	4	2	4	4	5	4	3.8
R.33	통계	5	2	2	4	5	4	3.6

※ 상호평가 평점의 점수화

FATF 국제기준에 대한 각국의 상호평가 평점은 각 즉시성과와 권고사항에 대해 4단계 등급 중 하나를 부여한다. 효과성 평가는 "높은 수준의 효과성(High level of effectiveness), 상당한 수준의 효과성(Substantial level of effectiveness), 보통 수준의 효과성(Moderate level of effectiveness), 낮은 수준의 효과성(Low level of effectiveness)" 중 하나로 평점되고, 기술적 이행 평가는 "이행(compliant), 대부분 이행(largely compliant), 부분 이행(partially compliant), 미이행(non-compliant)" 중 하나로 평점된다.

상호평가 결과표에서는 국가간 비교를 위해 평점을 점수로 변환하여 계량화하였는데. '높은 수준의 효과성'과 '이행'을 5점, '상당한 수준의 효과성'과 '대부분 이행'을 4점, '보통 수준의 효과성'과 '부분 이행'을 2점, '낮은 수준의 효과성'과 '미이행'을 1점으로 표시하였다.

2. 시사점

FATF 회원국들은 국가적 정책과 조정에 관한 상호평가에서 양호한 결과를 얻었다. 노르웨이를 제외하면 즉시성과 1의 효과성 평가에서 모든 수검 회원국이 합격 등급을 받았고, 자국의 자금세탁과 테러자금조달 위험에 대한 이해와 국가적 협력과 조정도 대체로 양호한 것으로 나타났다. 이는 각종 자금세탁방지제도들이 원활하게 작동하고 있음을 의미한다. FATF 회원국들은 나름대로 AML/CFT 정책을 추진해 오고 있으므로 자국의 자금세탁/테러자금조달 위험을 잘 이해하고 있고, 위험에 대응한 정책이나 관계부처 간 조정을 무난하게 수행하고 있는 것으로 나타난 것이다.

노르웨이의 상호평가 결과에 대해서는 FATF 회원국들은 매우 이례적으로 받아들였다. 국제투명성기구가 발표하는 부패인식지수 세계 1~2위를 다투는 청정국가인 노르웨이는 상대적으로 좋지 않은 평가를 받은 반면, 부패인식지수 35~40위에 불과한 스페인은 좋은 평가를 받았는데 이를 어떻게 해석해야 것인가? 이에 대해 회원국들은 노르웨이가 상호평가를 진지하게 준비하지 않았던 것으로 결론지었다. 이 사례는 아무리 청정도가 높은 국가라고 하더라도 각종 자금세탁방지/테러자금조달금지 이행체제가 제대로 작동하고 있음을 입증하지 못할 경우 좋은 평가를 받을 수 없다는 점을 잘 보여준다. 평가보고서에 의하면 노르웨이는 상호평가팀의 제4차 라운드 상호평가 현지실사 직전에 국가적 ML/TF 위험평가를 마쳤다고는 했지만 실제 이에 관한 인식이나 내용에서 미흡한 점이 매우 많았다는 것이다. 위험평가를 총괄할 기구나 이행체제를 지정하지도 않은 사실로 미뤄볼 때 상호평가 준비에 다소 안일했다고 볼 수밖에 없다. 또한 제출한 통계 등에서도 효과성을 입증하기에는 매우 부족하였다.

제3장

법률제도와 운영과제

법률제도와 운영과제

개 관

　'법률제도와 운영과제'는 자금세탁방지의 기본 이행과제를 제시한다. 이 장은 효과성 평가의 도입 효과를 가장 잘 보여주는 부분이기도 하다. 6개 권고사항과 3개의 즉시성과로 구성되며, 금융기관으로부터 금융정보가 수집되어 수사, 기소, 처벌 등에 활용되고 궁극적으로 범죄수익의 몰수에 이르는 흐름을 발전단계별로 보여주고 있다. 즉, 40개 권고사항 중 6개 권고사항은 서로 흩어져 있어 특별한 의미를 갖지 못하였으나, 가치연쇄접근법(value-chain approach)에 따라 3개의 발전단계별 즉시성과와 하나의 모듈로 묶임으로써 자금세탁방지제도가 지향해야 할 방향을 보여주는 역할을 하고 있다. 즉, 자금세탁방지제도가 지향하는 목표가 무엇인지를 단계적으로 잘 나타내고 있는 것이다.

　많은 국가들이 이 분야의 권고사항별 평가에서는 양호한 성과를 받았으나, 효과성 평가를 위한 즉시성과 평가에서는 즉시성과 6(금융정보의 ML/TF 수사 활용)을 제외하고는 양호한 평가를 받지 못하였다. 이 점은 국제사회에 다소 충격을 주었고 새로운 인식을 갖게 했는데, 자금세탁방지제도 전반에 대해 중요한 시사점을 갖는다. 20년 이상 자금세탁방지제도를 운영해 왔으면서도 '자금세탁범죄의 수사/기소/유죄판결', '관련 범죄수익의 몰수'라는 자금세탁방지제도의 핵심적 이행 분야에서는 충분한 성과를 입증하지 못하고 있는 것이다. 이러한 점은 다른 한편으로는 각종 법규의 실질적 이행을 통해 제도의 효과성을 인정받기가 얼마나 어려운가를 잘 나타내는 것이기도 하다.

제 1 절 즉시성과 6, 7, 8

즉시성과 6	금융정보와 다른 적절한 정보가 권한당국의 자금세탁 및 테러자금 수사를 위해 적절하게 활용된다.

효과적 이행제제의 특성

권한당국이 자금세탁과 관련 전제범죄 및 테러자금조달을 수사하는데 금융정보와 다른 정보가 광범위하게 수집되어 활용된다. 이 정보는 신뢰할 만하고, 정확하며, 최신이다; 그리고 권한당국은 그 정보를 분석(analysis)하고 금융수사를 수행하거나, 범죄자산을 확인하고 추적하거나, 운영 분석을 발전시키는데 활용할 수 있는 자원과 기술(resources and skills)을 가지고 있다.

이 즉시성과는 주로 권고사항 29 내지 32에 관련되며, 또한 권고사항 1, 2, 4, 8, 9, 34, 40의 요소들도 관련된다.

평가자 참조:

1) 이 즉시성과는 FIU가 의심거래정보(STRs)와 다른 정보를 분석하기 위해 하는 일; 권한당국이 FIU의 산출물, 다른 유형의 금융정보 및 다른 관련 정보를 활용하는 것을 포함한다.[1]

2) 평가자들은 또한 이 즉시성과를 평가할 때 권한당국들이 참여하고 있는 국제협력의 수준에 관한 적절한 발견들을 고려하여야 한다. 이것

---

1) 여기서 말하는 정보는 의심거래정보(STRs), 현금과 무기명지급수단의 국경간 이동에 관한 보고들, 법집행 정보; 범죄기록; 감독과 규제에 관한 정보; 기업등기소 등에서의 정보 등을 포함한다. 활용 가능하다면 공개된 원천의 정보뿐만 아니라 현금거래보고, 외환 현금거래, 전신 송금 기록, 안보기관 등 다른 정부기관의 정보; 조세 당국, 자산 등기소, 수혜 급여청(benefits agencies), NPOs 당국; 강제적 조치를 통해 금융기관과 DNFBPs로부터 획득할 수 있는 CDD 정보와 거래기록 등도 포함한다.

은 FIU와 법집행기관들이 외국으로부터의 적절한 금융 및 법집행 정보와 다른 정보를 구할 수 있고 또 구하는 정도에 대해서 고려하는 것을 포함한다.

효과성 달성여부 판단을 위해 고려되어야 할 핵심 쟁점

6.1. 금융정보와 다른 관련 정보가 자금세탁, 관련된 전제범죄 및 테러자금조달에 관련된 증거를 개발하고 범죄수익을 추적하기 위한 수사를 위해 어느 정도로 접근되고 활용되는가?

6.2. 권한당국들이 그들의 의무수행을 지원하는 적절하고 정확한 정보를 담은 보고서(예, 의심거래보고, 현금과 무기명지급수단 보고서 등)를 어느 정도로 제공받거나, 또는 요구하고 있는가?

6.3. FIU 분석과 제공은 권한당국의 운영상의 필요를 어느 정도로 지원하는가?

6.4. FIU와 다른 권한당국들은 얼마나 협조하고 정보와 금융정보를 교환하는가? FIU와 권한당국들은 교환·사용되는 정보의 비밀을 얼마나 안전하게 보호하는가?

a) 핵심 쟁점의 결론을 뒷받침하는 정보의 예시

1. 법집행기관과 다른 권한당국들의 경험들*(예, 활용 가능한 금융정보와 다른 정보의 유형; 그 정보를 수사의 수단으로 사용한 빈도).*

2. FIU와 다른 관계당국들이 협력하고 금융정보를 사용한 사례*(예, 금융정보를 제공/교환한 통계; 금융정보가 ML/TF 및 관련 전제범죄의 수사와 기소, 또는 자산의 확인과 추적에 사용된 사례들).*

3. STRs에 관한 정보*(예, 분석된 STRs/사건들의 숫자; STRs이 제공하는 정보의 품질에 대한 인식; 권한당국들이 보고되지 않은 의심거래 사례를 마주치는 빈도; 정보누설(tipping-off) 사례; 또한 즉시성과 4의 STR 보고에 대한 정보 참조).*

4. 다른 금융정보에 관한 정보*(예, 접수되고 분석된 현금 및 무기명지급수단 보고서의 숫자; 법집행기관과 다른 권한당국들이 다른 기관, 금융기관, DNFBPs로*

부터 받거나 취득하거나 접근한 정보의 유형들).

5. 다른 자료들*(예, STRs와 다른 금융정보의 이용 및 보고에 관한 지침서(guidance);
   금융정보를 사용하여 생산된 유형들).*

   b) 핵심 쟁점의 결론을 뒷받침하는 특정 요소(specific factors)**의 예시**

6. FIU가 STRs를 분석하고 가치를 부가하기 위해 얼마나 잘 추가적인 정보
   에 접근하고 활용하는가?

7. 권한당국들이 운영 분석을 위해 STRs와 다른 금융정보에 포함된 정보를
   얼마나 잘 활용하는가?

8. FIU가 권한당국으로부터의 피드백, 자금세탁, 유형들, 운영경험 등을 어
   느 정도로 그 자신의 기능으로 조직하는가?

9. 적절한 정보를 제공할 목적으로, 권한당국들 사이에, 그리고 금융기관들
   과 DNFBPs 및 다른 보고기관들로부터, 완전하고 적시의 협력을 이끌어
   내기 위해 도입한 운영체계는 무엇인가?

10. 보고된 STRs이 의심스러운 거래에 관하여 어느 정도로 완전하고, 정확하
    며, 적절한 정보를 포함하고 있는가?

11. 관련된 권한당국들이 금융정보 보고를 강화하기 위해 보고기관들을 (FIU
    에 의한 교육 등을 포함하여) 어느 정도로 점검하고 관여(engage)시키는가?

12. 관계당국들이 그들의 기능을 수행하기 위한 적절한 자원(금융정보의 자료
    검색과 분석을 위한, 그리고 정보의 비밀보호를 위한 정보화 장치를 포함하여)
    을 갖추고 있는가?

13. FIU가 AML/CFT 과제 수행과 관련하여 부당한 영향력 아래 놓이지 않도
    록 운영상의 독립성을 보장하기 위해 도입된 장치는 무엇인가?

즉시성과 7	자금세탁범죄와 행위가 수사되고, 위반자는 기소되며, 효과적/비례적/억제적으로 처벌된다.

효과적 이행제제의 특성

자금세탁 행위들, 특히 주요한 범죄수익을 창출하는 범죄들이 수사 되고; 위반자는 성공적으로 기소되며; 법정은 죄가 있는 자에게 효과적이고, 비례적이며, 억제적인 제재를 적용한다. 이것은 병행 금융수사, 해외에서 발생한 전제범죄 사건 수사, 자금세탁을 독립적인 범죄로 수사하고 기소하는 것을 포함한다. 이 이행체제의 구성요소들(수사, 기소, 유죄판결, 제재 등)은 일관되게 자금세탁 위험을 완화시키는 역할을 한다. 궁극적으로 범죄 색출, 유죄판결, 처벌 등의 전망 때문에 잠재적 범죄자들이 수익창출 범죄와 자금세탁 실행을 포기(dissuaded)한다.

이 즉시성과는 주로 권고사항 3, 30, 31에 관련되며, 또한 권고사항 1, 2, 32, 37, 39, 40의 요소들도 관련된다.

평가자 참조:

평가자들은 이 즉시성과를 평가할 때 권한당국들이 참여하고 있는 국제협력의 수준에 관한 적절한 발견들을 고려하여야 한다. 이것은 FIU와 법집행기관들이 국경 간 자금세탁 사례에 대하여 외국 대응기관으로부터 적절한 지원을 추구하는 정도에 대해서 고려하는 것을 포함한다.

효과성 달성여부 판단을 위해 고려되어야 할 핵심 쟁점

7.1. 잠재적 자금세탁(ML) 사례들이 얼마나 잘 그리고 어떤 상황에서 (병행금융수사 기법 활용을 포함하여) 확인되고 수사되는가?

7.2. 다양한 유형의 자금세탁(ML) 행위들이 어느 정도로 국가의 위협과 위험

기록 및 국가적 AML/CFT 정책들과 일관되게 수사되고 기소되는가?

7.3. 어느 정도로 다양한 유형의 ML 사례들(예, 해외 발생 전제범죄, 제3자 자금 세탁, 독립적 자금세탁범죄 등)이 기소되며 위반자들은 유죄판결을 받는가?

7.4. 자금세탁 위반으로 유죄판결을 받는 개인과 법인에 대해 적용된 처벌이 어느 정도로 효과적이고, 비례적이며, 억제적인가?

7.5. ML 수사를 하였으나 정당한 이유로 ML 유죄판결을 확보할 수 없는 경우, 각국은 어느 정도로 다른 형사 사법 조치(other criminal justice measures)를 적용하는가? 이러한 대체 조치들은 자금세탁범죄의 기소와 유죄판결과 관련하여 그 중요성을 감소시키거나, 이를 대체하는 수단이 되지 말아야 한다.

a) 핵심 쟁점의 결론을 뒷받침하는 정보의 예시

1. 수사, 기소, 유죄판결의 경험과 사례들(예, 불충분한 수사 증거 때문에 거부된 사건의 사례; 국가가 수사하고 기소한 중요하고 복잡한 자금세탁 사건들은 무엇인가; 국내 및 국경을 초월한 조직범죄를 성공적으로 적발한 사례; 자금세탁 유죄판결 대신에 다른 범죄처벌 또는 조치가 추구된 사례).

2. 자금세탁 수사, 기소, 유죄판결에 관한 정보(예, 자금세탁 행위에 대한 수사 및 기소 숫자; 기소 또는 법정재판으로 연결된 사건의 크기; 제3자 자금세탁, 독립적 범죄, 자기 자금세탁, 해외 발생 전제범죄에 관련된 자금세탁 유죄판결의 숫자 또는 크기; 관련된 전제범죄들의 유형; 자금세탁범죄에 부과된 제재의 수준; 다른 전제범죄에 대한 제재와 비교하여 자금세탁에 부과된 제재).

b) 핵심 쟁점의 결론을 뒷받침하는 특정 요소(specific factors)의 예시

3. 수사에 있어서 ML 사건(적어도 주요한 수익-창출 범죄들은 모두)을 확인하고, 개시하며, 중요도를 부여하기 위해 채택한 조치(예, 소형과 대형 또는 복잡한 사건 간, 국내 발생과 외국 발생 전제범죄 간 초점)는 무엇인가?

4. 권한당국들이 ML 수사를 위해 요구되는 관련 금융정보와 다른 정보를 어느 정도로, 그리고 얼마나 신속하게 얻거나 접근할 수 있는가?

5. 주요 수익창출 범죄에 대해서 합동 또는 협조 수사(여러 전문 분야에 걸친 수사단의 활용을 포함하여)와 다른 수사 기법들(예, 관련된 사람을 확인할 목

적으로 체포 또는 자금의 압류를 연기하거나 면제하는 것 등)이 어느 정도로 활용되는가?

6.   ML 사건의 즉시 기소와 재판회부를 위해 어떻게 준비되는가?

7.   ML 범죄라는 암시적 증거가 있음에도 어떤 상황에서 기소로 진행되지 않는 결정이 만들어지는가?

8.   ML 기소 중 어느 정도가: (i) (해외 전제범죄를 포함하여) 전제범죄의 기소로 연결되는가, 또는 (ii) 독립적인 범죄로서 기소되는가?

9.   관계당국들이, 법률적 이행체제를 고려하여, ML 사건의 생존 기간을 통틀어, 수사의 개시로부터 증거의 수집, 검찰 송치와 재판 회부 결정까지, 얼마나 서로 교류(작용)하는가?

10.   ML 기소와 처벌을 지체시키거나 방해하는 수사, 기소 또는 사법적 과정의 다른 측면이 있는가?

11.   권한당국들이 그들의 업무를 운영하거나 ML 위험에 적절하게 대응하기 위한 적절한 자원(금융수사 장치를 포함하여)을 갖추고 있는가?

12.   직원/팀들(units)이 ML을 수사하는데 전념하는가? 제한적 자원 때문에 다른 업무를 함께 하는 경우, ML 수사는 얼마나 우선시 되는가?

| 즉시성과 8 | 범죄수익과 수단(instrumentalities)이 몰수된다. |

효과적 이행제제의 특성

범죄자들의 범죄(국내와 해외 범죄 모두) 수익과 수단 또는 이에 동등한 가치의 재산이 (적시에 사용된 몰수보전과 몰수조치를 통해) 그들로부터 박탈된다. 몰수는 범죄 관련 소송, 민사 소송 또는 행정 소송 과정에서 회복되거나 유래한 자산; 국경간 거짓 정보 공개 또는 신고로부터 유래한 몰수; (법정 절차를 통한) 피해자 변상 등을 포함한다. 국가는 압류 또는 몰수된 재산을 관리하고, 본국으로 반환하거나 다른 나라와 공유한다. 궁극적으로 이러한 시스템이 전제범죄와 자금세탁 모두를 수지맞지 않게 하거나 감소시킨다.

이 즉시성과는 주로 권고사항 1, 4, 32에 관련되며, 권고사항 30, 31, 37, 38, 40의 요소들도 관련된다.

평가자 참조:

평가자들은 이 즉시성과를 평가할 때 권한당국들이 참여하고 있는 국제 협력의 수준에 관한 적절한 발견들을 고려하여야 한다. 이것은 법집행기 관과 기소당국들이 국경에 걸친 범죄 수익 및 범죄수단과 관련하여 외국 대응기관으로부터 적절한 지원을 추구하는 정도에 대해서 고려하는 것 을 포함한다.

효과성 달성여부 판단을 위해 고려되어야 할 핵심 쟁점

8.1. 범죄 수익, 범죄수단 및 동등가치 재산을 몰수하는 것이 어느 정도의 정책 목표로 추구되는가?

8.2. 권한당국이 국내 및 해외 발생 전제범죄와 외국으로 이전된 범죄수익을

포함하여 범죄의 수익과 수단 및 상응하는 가치를 얼마나 잘 몰수[2](본국 반환, 공유 및 회복을 포함하여) 하는가?

8.3. 거짓으로 신고·공개된/미 신고·공개된 국경 간 이동 현금 및 무기명지급수단이 어느 정도로 몰수되며, 국경/세관 또는 다른 관계당국에 의해 효과적이고, 비례적이며, 억제적인 제재가 적용되는가?

8.4. 몰수 결과가 ML/TF 위험 평가(들)와 국가적 AML/CFT 정책과 우선순위를 어느 정도로 잘 반영하는가?

a) 핵심 쟁점의 결론을 뒷받침하는 정보의 예시

1. 몰수 소송절차의 경험과 사례들*(예, 과거의 가장 중요한 사례; 국가가 획득한 몰수 명령의 유형; 범죄수익이 세탁되는 방식에서 변화를 나타내는 추세)*.

2. 몰수에 관한 정보*(예, 몰수를 추구한 범죄 사건의 숫자; 몰수가 관여된 사건의 유형; 몰수된 범죄 수익, 수단 또는 동등가치 재산의 가치를 해외 또는 국내 범죄 관련인지, 형사소송 또는 민사소송(유죄판결 없는 몰수를 포함하여)을 통한 것인지 등으로 구분한 것; 거짓으로 신고·공개된/신고·공개가 안 된 국경 간 현금 및 무기명지급수단의 몰수 금액(가치, value); 몰수 대상의 압류 또는 동결된 수익의 가치 또는 크기; 몰수 명령으로 실현된 가치 또는 크기)*.

3. 다른 관련 정보*(예, 압류/동결된 범죄 자산의 가치; 피해자에게 회복시켜 준, 공유된 또는 본국에 반환된 범죄 수익 금액)*.

b) 핵심 쟁점의 결론을 뒷받침하는 특정 요소(specific factors)의 예시

4. 범죄 수익과 수단을 목표로 하기 위해 권한당국이 채택한 조치와 접근방법(주요한 범죄 수익 창출 범죄들과 국내적으로 기원하지 않은 범죄 또는 해외에서 발생한 범죄들을 포함하여)은 무엇인가?

5. 범죄수사 착수 단계에서 당국들이 몰수의 관점에서 금융수사를 개시할 것을 어떻게 결정하는가?

6. 권한당국이 얼마나 잘 범죄 수익, 수단 또는 동등가치 재산을 확인하고

---

2) 조세제도의 적절한 활용을 통하여 이루어진 몰수, 즉 세무조사 등의 과정을 통하여 이루어진 범죄수익과 범죄수단에 관련된 몰수금액은 즉시성과(IO) 8의 효과성 평가에서 전액 몰수로 인정되어야 한다. 평가수검국은 몰수 실적으로 제출된 세금추징 금액이 범죄 관련 수익 또는 수단으로 한정되었거나 그러한 조건에 부합하는 금액임을 명확히 하여야 한다.

추적하는가? 재산의 도피 또는 소실을 방지하기 위해 잠정조치들(예, 동결 또는 압류)이 얼마나 잘 활용되는가?

7. ML/TF와 관련 전제범죄로 의심되거나 또는 거짓으로 신고·공개된/신고·공개가 되지 않은 국경 간 현금 및 무기명지급수단을 찾아내고 몰수하기 위해 국가가 채택한 접근방식은 무엇인가?

8. 압류/몰수된 재산의 가치를 보존하고 관리하기 위하여 채택한 조치는 무엇인가?

9. 범죄 수익, 수단 또는 동등가치 재산의 확인, 추적, 몰수를 촉진하거나 방해하는 수사, 기소 또는 사법적 과정의 다른 측면이 있는가?

10. 권한당국들이 그들의 역할을 적절하게 수행하기 위한 적절한 자원을 갖추고 있는가?

제 2 절 │ **권고사항 3, 4, 29, 30, 31, 32와 그 주석, 평가방법론**

권고사항 3. 자금세탁범죄*

가. 권고사항 3 본문

각국은 비엔나협약과 팔레르모협약에 기초하여 자금세탁행위를 범죄화 하여야 한다. 각국은 전제범죄의 범위를 최대한 확대한다는 관점에서, 모든 중대범죄에 자금세탁범죄를 적용하여야 한다.

나. 권고사항 3 주석

1. 각국은 1988년 "마약 및 향정신성물질의 불법거래 방지에 관한 국제연합협약"(비엔나 협약) 및 2000년 "국제 조직범죄 방지에 관한 국제연합협약"(팔레르모 협약)에 기초하여 자금세탁행위를 범죄화 하여야 한다.

2. 각국은 전제범죄의 범위를 최대한 확대한다는 관점에서 모든 중대범죄에 자금세탁범죄를 적용하여야 한다. 각국은 전제범죄를 모든 범죄로 하거나; 중대범죄의 범주 또는 적용 가능한 형량을 기준으로 정하거나(기준식 접근법); 또는 전제범죄 목록을 정하거나(나열식 접근법); 또는 위 접근법들의 조합으로 정할 수 있다.

3. 기준식 접근법을 적용하는 경우, 전제범죄는 최소한 국내법상 중대범죄에 속하는 모든 범죄를 포함하거나, 최고 1년 이상의 징역형에 처해질 수 있는 범죄를 포함, 또는 형량 하한제를 적용하는 법체계 국가의 경우 전제범죄는 최소 6개월 이상의 징역형에 처해지는 모든 범죄를 포함해야 한다.

4. 어느 접근법을 채택하든, 각국은, 최소한, 지정된 범죄 범주 내에 다양한 범죄를 포함해야 한다. 자금세탁범죄는 가치에 관계없이 직간접적으로 범죄수익에 해당하는 모든 종류의 재산으로 확대되어야 한다. 재산이 범

죄수익이라는 것을 입증할 때에는, 어떤 자가 전제범죄로 반드시 유죄선고를 받아야 할 필요는 없다.

5. 자금세탁에 대한 전제범죄는 국외에서 발생하여 해당 국가에서 범죄로 성립되고, 만약 국내에서 발생했더라도 범죄가 성립되는 행위로 확대되어야한다. 각국은 유일한 전제조건으로 '행위가 만약 국내에서 발생하였다면 전제범죄로 성립했을 경우'로 규정할 수 있다.

6. 각국은, 자국법의 근본규범에 의해 요구되는 경우, 자금세탁범죄가 전제범죄를 저지른 자에게 적용되지 않도록 규정할 수 있다.

7. 각국은
    (a) 자금세탁범죄를 입증하기 위한 고의와 인식을 객관적 사실관계로부터 추론할 수 있도록 해야 한다.
    (b) 자금세탁으로 유죄를 선고받은 개인에게 효과적, 비례적, 억제적 형사 제재가 적용되도록 해야 한다.
    (c) 법인에게 형사책임과 제재가, 또는 이것이 (자국법의 근본규범으로 인해) 불가능할 경우 민사상 또는 행정법상 책임과 제재가 적용되도록 해야 한다. 복수의 책임부여가 가능한 국가인 경우 법인에 대한 형사, 민사 또는 행정적 소송을 병행하는 것을 배제하여서는 아니 된다. 그러한 조치는 자연인의 범죄처벌을 배제하지 않아야 하고, 모든 제재는 효과적이고, 비례적이며, 억제적이어야 한다.
    (d) 자국법의 근본규범에 의해 불허되지 않는 한, 기수·미수·방조·교사·원조·자문제공의 참여·연루·음모를 포함하는 자금세탁범죄에 대한 적절한 부속범죄가 운용되도록 해야 한다.

다. 권고사항 3 평가방법론

3.1 자금세탁 행위는 1988년 UN 마약 및 향정신성물질 불법거래방지협약(비엔나협약)과 2000년 UN 조직범죄방지협약(팔레르모협약)에 기초하여 처벌되어야 한다(비엔나협약 §3①(b)와(c), 팔레르모협약 §6① 참조).[3]

3.2 각국은 전제범죄의 범위를 최대한 확대한다는 관점에서, 모든 중대범죄

---

3) 범죄의 물리적/물질적 요소들에 특히 유의하라.

에 자금세탁범죄를 적용하여야 한다. 전제범죄는 최소한 필수지정범죄군(designated categories of offences)에 해당하는 범죄를 포함해야 한다.[4]

3.3 기준식접근법(threshold approach) 또는 혼합식접근법(combined approach, 기준식접근법과 나열식접근법 결합)을 적용하는 국가의 경우[5], 최소한 다음의 범죄행위를 전제범죄로 지정해야 한다:

(a) 국내법 상 중대범죄 범주에 해당되는 모든 범죄행위; 또는

(b) 최고 1년 이상의 징역형에 해당되는 범죄행위; 또는

(c) 최소 6개월 이상의 징역형에 해당되는 범죄행위(법률 이행체제 상 범죄의 최소 기준을 설정한 국가의 경우).

3.4 자금세탁범죄는 범죄수익에서 직·간접적으로 발생한 모든 유형의 재산에 적용되어야 한다. 이러한 자금세탁범죄의 적용은 해당 재산 가치의 경중과 무관하다.

3.5 특정 재산이 범죄수익인지 여부를 증명하는 데 있어, 개인이 반드시 전제범죄와 관련하여 유죄판결을 받을 필요는 없다.

3.6 자금세탁 전제범죄의 범위는 외국에서 발생한 행위에도 적용되어야 한다. 단, 이 때, 해당 행위가 외국에서 범죄를 구성하고, 국내에서 발생했더라도 전제범죄를 구성하는 경우이다.

3.7 자금세탁범죄는 해당 전제범죄를 저지른 개인에게 적용되어야 한다. 단, 이러한 적용이 자국법에 배치되는 경우, 전제범죄를 저지른 자에 대하여는 자금세탁범죄를 적용하지 않을 수도 있다.

3.8 자금세탁범죄 입증을 위해 필요한 인식과 의사의 존재 여부 등을 객관적인 외부 정황을 통해 추론하는 것이 가능해야 한다.

3.9 자금세탁 유죄판결을 받은 자연인에게 비례적·효과적인 형사 제재를 부과해야 한다.

---

4) 권고사항 3은 각국이 "조직화된 범죄단체 참가와 갈취"를 별도의 범죄로 신설할 것을 요구하지 않는다. 이 "지정된 범죄"의 범위를 충족하기 위해서는, 각국이 팔레르모협약에서 언급된 두 가지 선택들, 예를 들면 별도의 범죄 또는 음모(공모)에 기초한 어떤 범죄, 중 하나를 충족한다면 그것으로 충분하다.

5) 각국은 다음을 참조하여 자금세탁의 근저가 되는 전제범죄를 정할 수 있다: (a) 모든 범죄; 또는 (b) 중대범죄의 범주 또는 전제범죄를 적용할 징역형량 중 하나에 관련된 기준(기준식접근법); 또는 (c) 전제범죄의 목록; 또는 (d) 이들 접근법의 혼합

3.10 법인에게도 형사책임이 부과되어야 하며, 국내법이 이를 허용하지 않는 등의 이유로 인해 형사책임 부과가 불가능할 경우, 민사 혹은 행정 책임 및 제재를 부과해야 한다. 또한 책임 병과가 가능한 국가의 경우, 법인의 자금세탁에 대한 형사책임을 부과할 때, 형사·민사·행정 책임을 병과하는 것도 가능해야 한다. 법인에 대한 제재는 개인에 대한 형사책임과 별도로 고려되어야 하며, 법인 역시 효과적이고 비례적인 형사·민사·행정 제재의 대상이 되어야 한다

3.11 국내법의 근본원칙이 허용하지 않는 것이 아니라면, 자금세탁의 참여 (participation in), 공모(association with or conspiracy to commit), 미수 (attempt), 방조(aiding and abetting), 장려(facilitating), 그리고 자문제공 (counselling the commission) 등을 자금세탁범죄 관련 부속범죄로 규정하여야 한다.

권고사항 4. 몰수와 잠정조치*

가. 권고사항 4 본문

각국은 비엔나협약(Vienna Convention), 팔레르모협약(Palermo Convention) 및 테러자금조달금지 협약(Terrorist Financing Convention)에 명시된 조치와 유사한 법적조치 등의 채택을 통하여 자국의 권한당국이 선의의 제3자의 권한을 침해하지 않으면서 다음에 명시된 사항을 동결이나 압류 및 몰수할 수 있도록 하여야 한다: (a) 세탁된 재산, (b) 자금세탁 혹은 전제범죄의 범죄수익, 또는 해당 범죄에 사용되었거나 사용될 의도인 수단, (c) 테러리즘, 테러행위 혹은 테러조직의 범죄수익 또는 이들의 자금조달에 사용되었거나 사용될 의도인, 또는 사용을 위해 할당된 재산 또는 (d) 상응하는 가치의 재산.

해당 조치사항은 다음과 같은 권한을 포함하여야 한다: (a) 몰수 대상 재산을 확인, 추적, 평가할 권한, (b) 해당 재산의 거래, 이전 또는 처분을 방지하기 위하여 동결 및 압류 등의 잠정조치를 취할 권한, (c) 몰수대상

재산에 대한 국가의 동결, 압류 혹은 권리 회복을 방해하는 행위를 저지
하거나 무효화시키기 위한 대책을 취할 권한과 (d) 적절한 수사권한.
각국은 자국법이 허용하는 범위에서, 범죄수익, 범죄수단 등을 유죄판결
없이 몰수할 수 있도록 하는 조치(독립몰수제도)나, 범죄자에게 몰수 대상
재산의 정당한 원천을 밝히도록 요구하는 조치의 적용을 고려하여야
한다.

나. 권고사항 4 주석(권고 4 및 38에 대한 주석)

각국은 권한당국이 동결되거나 압류, 몰수된 재산을 효과적으로 관리하
고 필요시에는 처분할 수 있도록 하는 운영체계를 수립해야 한다. 이러
한 운영체계는 국내 소송절차에서나 외국의 요청에 따른 경우 모두 적용
되어야 한다.

다. 권고사항 4 평가방법론

4.1 각국은 아래의 재산(그것을 범죄인이 보유하고 있든 제3자가 보유하고 있든
관계없이)을 몰수할 수 있는 조치(입법적 조치를 포함하여)를 갖춰야 한다:

(a) 세탁된 자금;

(b) 자금세탁행위, 기타 전제범죄로부터 발생한 범죄수익(범죄수익으로부
터 발생한 소득, 수익, 혹은 기타 이익 등 직·간접적으로 범죄수익으로부터
발생한 재산포함)과 동 범죄행위에 사용되었거나 사용될 수단;

(c) 테러자금조달 행위로 발생한 범죄수익(범죄수익으로부터 발생한 소득,
수익, 혹은 기타 이익 등 직·간접적으로 범죄수익으로부터 발생한 재산 포
함)과 동 범죄행위에 사용되었거나 사용될 수단; 또는

(d) 이에 상응하는 가치의 재산

4.2 각국은 권한당국이 다음 사항들을 행할 수 있도록 하는 조치(입법적 조치
를 포함하여)를 마련하여야 한다:

(a) 몰수 대상 재산을 확인, 추적, 평가할 권한;

(b) 몰수 대상이 될 해당 재산의 거래, 이전 또는 처분을 방지하기 위하
여 동결 및 압류 등의 잠정조치6)를 취할 권한;

(c) 몰수대상 재산을 국가가 동결, 압류 혹은 회복할 권리를 방해하는 행위를 저지 혹은 무효화시키기 위한 대책을 취할 권한; 그리고

(d) 적절한 수사권한

4.3 법과 기타 조치들을 통해 선의의 제3자의 권리를 보호하기 위한 조치들을 마련하여야 한다.

4.4 각국은 권한당국이 동결되거나 압류, 몰수된 재산을 효과적으로 관리하고 필요시에는 처분할 수 있도록 하는 운영체계를 수립해야 한다.

권고사항 29. 금융정보분석원*

가. 권고사항 29 본문

각국은 (a) 의심스러운 거래보고와 (b) 자금세탁, 연관된(associated) 전제범죄와 테러자금조달과 관련된 기타 정보의 수집과 분석 그리고 분석된 정보의 제공을 담당하는 중앙행정기관(national centre)으로 FIU를 설립하여야 한다. FIU는 보고기관(reporting entities)으로부터 추가정보를 취득할 수 있어야 하고 제반 기능을 제대로 수행하기 위하여 필요한 금융, 행정 및 법집행 정보에 시의 적절하게 접근할 수 있어야 한다.

나. 권고사항 29 주석

A. 개 요

1. 본 주석은 금융정보분석원(이하 FIU)의 핵심 권한과 역할을 설명하며 국제기준에 포함된 의무를 한층 분명하게 한다. FIU는 한 국가의 AML/CFT 관리망의 일부이자 중심적 역할을 담당하며, 다른 권한 당국의 업무를 지원한다. 다양한 FIU 모형이 있음을 감안하여, 권고사항 29는 한 국가의 특정 모형 선택을 속단하지 않고 모든 모형에 동등하게 적용된다.

---

6) 국내 법률의 기본 원칙과 일관되지 않는 한, 몰수의 대상이 될 자산의 동결 또는 압류 조치의 최초 적용은 사전 고지 없이 또는 일방적으로 (ex-parte) 할 수 있어야 한다.

B. 역 할

(a) 접 수

2.   FIU는 보고기관으로부터 보고(disclosures)를 받는 중앙기관 역할을 맡는다. 이러한 정보는 최소한 권고사항 20과 권고사항 23에 규정된 의심거래보고와 국내법에 규정된 기타 정보(예, 고액현금거래보고, 전신송금 보고와 금액한도를 근거로 한 기타 신고/공개)를 포함하여야 한다.

(b) 분 석

3.   FIU 분석은 FIU가 수령하고 보유한 정보에 가치를 더해야 한다. 이러한 분석은 모든 정보를 고려하면서도, 보고받은 정보의 유형·분량과 제공 후 예상되는 이용법에 따라, 각각의 보고된 정보 또는 적절히 선정된 정보에 초점을 맞출 수 있다. FIU가 정보를 더욱 효율적으로 처리하고 적절히 연결 짓기 위해 분석 소프트웨어를 사용하는 것이 장려되어야 한다. 하지만, 이런 도구는 사람의 판단을 필요로 하는 분석의 요소를 전부 대신할 수는 없다. FIU는 다음 유형의 분석을 실시하여야 한다:

   ■ 운영 분석은 이용(입수) 가능하고 취득 가능한 정보를 이용하여 특정 대상을 식별하고(예, 사람, 자산, 범죄 네트워크 및 조직), 특별한 활동 또는 거래를 추적하며, 대상과 범죄, 자금세탁, 전제범죄 또는 테러자금조달 범죄수익 간의 연결고리를 확인(determine)한다.

   ■ 전략 분석은 다른 권한당국이 제공한 자료를 포함하여 이용(입수) 가능하고 취득 가능한 정보를 이용하여 자금세탁 및 테러자금조달과 관련된 동향 및 패턴을 식별한다. 동 정보는 FIU나 다른 국가 단체가 자금세탁 및 테러자금조달의 위협 및 취약성을 확인하는 데에 사용된다. 전략 분석은 FIU, 또는 AML/CFT제도 내의 기타 단체의 정책과 목표를 설정하는 데에 도움이 될 수 있다.

(c) 제 공

4.   FIU는 권한당국에게 정보 및 분석의 결과를, 자발적으로 혹은 요청 시, 제공할 수 있어야 한다. 이러한 제공은 안전하고 보안된 전용 채널을 통해 이루어져야 한다.

   ■ 자발적 제공: FIU는 자금세탁 또는 전제범죄, 테러자금조달을 의심

할 만한 근거가 있는 경우에 권한당국에게 정보 및 분석결과를 제
공할 수 있어야 한다. 제공되는 정보는 FIU의 분석을 토대로 엄
선된 것이어야 하며 정보를 수령하는 당국이 관련된 사건/정보에
집중할 수 있도록 해야 한다.

- 요청에 의한 제공: FIU는 권고사항 31에 따라 권한 당국의 정보 요
청에 응할 수 있어야 한다. FIU가 권한당국으로부터 이러한 요청을
받을 시, 분석을 실행할 것인지 그리고/또는 요청 당국에 정보를
제공할 것인지 여부는 각 FIU가 결정한다.

C. 정보 접근

(a) 보고기관으로부터 추가 정보 취득

5. FIU는 필요에 따라 보고기관들이 FIU에 보고하는 정보 외에도 보고기관
으로부터 추가적인 정보를 획득하고 사용할 수 있어야 한다. FIU가 취득
할 수 있어야 하는 정보는 보고기관이 FATF 권고사항(10, 11 및 22)에 따
라 유지할 의무가 있는 정보를 포함한다.

(b) 기타 출처 정보에 대한 접근

6. FIU는 분석 기능을 제대로 수행하기 위해서 최대한 폭넓은 금융, 행정
및 법집행 관련 정보에 접근할 수 있어야 한다. 이러한 정보는 공개된/공
공의 정보, 기타 당국이 또는 당국을 대신하여 수집하거나 유지한 정보,
적절한 경우 상업용 자료 등을 포함한다.

D. 정보 보안 및 비밀

7. FIU가 수령, 처리, 보유, 제공하는 정보는 안전하게 보호되어야 하며, 합
의된 절차·정책·적용되는 법률 및 규정에 따라서만 교환·이용될 수 있
어야 한다. 따라서, FIU는 이러한 정보들에 대한 접근은 물론, 처리·보
관·제공·보호 절차를 포함하여 정보의 보안 및 비밀에 대한 규정을 구
비하여야 한다. FIU는 직원들이 필요한 등급의 기밀취급 허가를 취득하
고 민감정보·기밀정보의 처리·제공에 따른 책임을 이해하도록 해야 한
다. FIU는 IT시스템을 포함하여 시설 및 정보에 대한 제한적 접근을 책임
져야 한다.

E. 운영 독립성

8.   FIU는 운영상 독립적이고 자율적이어야 한다. 즉, FIU는 특정 정보의 분석, 요청 또는 제공 결정에 대한 재량권을 포함한 FIU의 기능을 자유롭게 수행할 수 있는 권한과 능력을 갖춰야 한다. 모든 경우에 있어 FIU는 권한 당국에 정보를 전달하거나 제공할 수 있는 독립적인 권한을 갖는 것을 의미한다.

9.   FIU는 현존하는 정부기관의 일부로 설립되어도 된다. FIU가 현존하는 기관 내에 설립된 경우, FIU의 핵심 기능은 다른 기관의 기능과는 대조되어야 한다.

10.   FIU는 그 자율과 독립을 보장받고 사명을 효과적으로 다할 수 있도록 적절한 재정적, 인적 및 기술적 자원을 제공 받아야 한다. 각국은 FIU 직원들이 비밀유지를 포함하며 높은 전문성을 명확히 유지하도록 하는 절차를 마련하여야 하며, 높은 도덕성을 갖추고 적절하게 숙련되도록 하여야 한다.

11.   FIU는 정보교환에 관해 국내 다른 기관 또는 외국 당국과 독립적으로 합의하고 관계를 맺을 수 있어야 한다.

F. 부적절한 영향 또는 간섭

12.   FIU는 운영의 독립성을 해치는 정치, 정부, 산업의 부적절한 영향 또는 간섭으로부터 자유로운 상태에서 FIU의 기능을 수행하는데 필요한 자원을 취득하고 활용할 수 있어야 한다.

G. 에그몽 그룹

13.   각국은 FIU가 에그몽 그룹의 회원 규약과 자금세탁 및 테러자금조달에 관한 FIU간의 정보교환원칙(FIU의 역할과 기능 및 FIU간의 정보교환 운영체계에 관한 중요한 지침을 제공한다)을 고려하도록 해야 한다. FIU는 에그몽 그룹 회원 가입을 신청해야 한다.

H. 고액 거래 보고

14.   각국은 금융기관 및 DNFBP가 일정 금액 이상의 모든 국내/국제 현금거

래를 보고하는 시스템의 실행가능성과 실용성을 고려해야 한다.

다. 권고사항 29 평가방법론

29.1 각국은 의심거래보고(STR), 자금세탁, 관련 전제범죄 및 테러자금조달 관련 기타 정보를 수집·분석하고; 이러한 분석 결과를 제공하기 위한 중앙행정기구로 활동하는 책임을 지는 FIU를 설립하여야 한다.[7]

29.2 FIU는 보고기관으로부터 다음의 정보 등을 보고받는 중앙기관 역할을 맡는다:

(a) R.20, R.23에서 규정한 의심거래보고;

(b) 국내법에 규정된 기타 정보(고액현금거래보고, 전신송금 보고, 기타 금액기준 신고·공개 등)

29.3 FIU는:

(a) 보고기관들이 FIU에 보고하는 정보 이외에도, FIU의 필요에 따라, 추가적인 정보를 보고기관으로부터 획득·사용할 수 있어야 한다.[8]

(b) FIU의 기능을 적절히 수행하기 위해 필요한 금융, 행정 및 법집행 관련 정보에 최대한 폭넓게 접근할 수 있어야 한다.[9]

29.4 FIU는 다음 업무를 수행한다:

(a) (운영 분석) 활용·취득 가능한 정보를 이용해 특정 대상을 식별하고, 특별한 활동 또는 거래를 추적하며, 대상과 범죄·자금세탁·전제범죄 또는 테러자금조달 범죄수익 간의 연결고리를 결정; 그리고

(b) (전략 분석) 다른 권한당국이 제공한 자료 등을 포함하여 활용·취득 가능한 정보를 이용하여 자금세탁 및 테러자금조달과 관련된 동향과 패턴을 식별.

---

7) 다양한 FIU 모델이 있음을 고려하여 권고사항 29는 특정 모델에 관한 국가의 선택을 미리 판단하지 않으며, 그들 모두에 대해 동등하게 적용한다.

8) "FIU는 심사분석을 위해 필요한 경우 자금세탁/테러자금조달의 의심과 관련된 추가 정보를 어떤 보고기관으로부터든지 획득할 수 있어야 한다. 이것은 심사분석을 위해 보고기관에게 '특정되지 않은 질문을 통한 정보획득(fishing expedition)'과 같은 무차별적인 정보요구를 포함하지 않는다."(FIU의 정보획득 권한 범위를 명확히 하고자 2015.10월 FATF 총회에서 추가)

9) 이들은 공개된 또는 공공의 원천으로부터의 정보뿐만 아니라 다른 당국에 의해 수집/유지 또는 당국을 위해서 관리되는 관련 정보, 그리고 적절한 경우 상업적으로 보유되는 자료까지 포함한다.

29.5 FIU는 정보 및 분석결과를, 자발적으로 혹은 요청 시, 관계 권한당국에 제공할 수 있어야 한다. 이러한 제공은 안전하고 보안된 전용 채널을 통해 이루어져야 한다.

29.6 FIU가 다음과 같이 정보를 보호해야 한다.

(a) 정보에 대한 접근, 처리, 보관, 제공, 보호를 위한 절차를 포함하여 정보의 보안 및 비밀을 규율하는 규정을 마련하여야 한다.

(b) 직원들이 필요한 등급의 기밀취급 허가를 취득하고 민감정보 기밀정보의 처리 제공에 따른 책임을 이해하도록 해야 한다.

(c) IT시스템을 포함한 시설 및 정보에 대해 제한적 접근이 되도록 해야 한다.

29.7 FIU는 다음을 통해 운영상의 독립성과 자율성을 확보해야 한다:

(a) 특정 정보의 분석, 요청 또는 제공 결정에 대한 재량권을 포함한 FIU의 기능을 자유롭게 수행할 수 있는 권한과 능력 확보;

(b) 정보 교환을 위해, FIU가 독립적으로 국내 권한당국 또는 외국 권한당국과 협정 등을 체결할 능력;

(c) FIU가 현존하는 권한당국의 일부로 설립된 경우, 그 기관의 핵심기능과 명확하게 구분되는 기능으로서 FIU의 핵심 기능을 갖는 것;

(d) FIU는 그 기능을 수행하기 필요한 자원을 확보하고 적절하게 사용할 수 있어야 함. 또한, 운영의 독립성을 저해할 수 있는 정치·정부·산업계의 부당한 간섭 등에서 자유로워야 함.

29.8 FIU를 설립한 국가는 자국의 FIU가 에그몽 그룹 회원이 아닌 경우, 에그몽 그룹 회원 가입을 신청해야 한다. FIU는 회원 가입 조건에 대한 유보 없이 가입을 신청해야 하며, 회원가입 절차에 적극 참여해야 한다.

권고사항 30. 법집행기관과 수사당국의 책임*

가. 권고사항 30 본문

각국은 지정된 법집행당국이 자국 AML/CFT 정책의 틀(framework) 내에서 자금세탁 및 테러자금조달 관련 수사에 대한 책임을 지도록 하여야 한다. 이러한 지정된 법집행당국은 자금세탁, 테러자금조달 및 연관된 (associated) 전제범죄를 수사할 때 적어도 모든 대규모 범죄수익 관련 사건에서는 사전적 조치의 병행 금융수사(a pro-active parallel financial investigation)를 전개해야 한다. 이때에는 연루된 전제범죄가 자국 관할권 (jurisdiction) 바깥에서 이루어진 경우도 포함하여야 한다. 각국은 권한당 국이 몰수대상이거나, 몰수대상이 될 수 있는, 또는 범죄수익으로 의심 되는 재산을 신속하게 확인, 추적 및 동결·압류 조치를 개시하는 책임도 지도록 하여야 한다. 또한 각국은 필요한 경우에는 여러 분야의 전문가들 로 구성된 금융자산수사팀(multi-disciplinary groups specialised in financial or asset investigation)을 영구 또는 임시로 운용하여야 한다. 각국은 필요한 경우 외국의 관련 권한당국과의 합동수사를 할 수 있도록 해야 한다.

나. 권고사항 30 주석

1. 자금세탁, 전제범죄 및 테러자금조달이 금융수사를 통해 적절히 수사 받 는지에 대한 책임을 지는 법집행기관이 지정되어 있어야 한다. 각국은 또한 몰수 대상인, 또는 그럴 가능성이 있는 자산을 식별, 추적, 동결, 압 수할 수 있는 권한 당국을 하나 이상 지정하여야 한다.

2. '금융수사'란 범죄활동과 관련된 재무적 사실들에 대한 수사를 의미하며, 그 목적은 다음과 같다.
    - 범죄 네트워크 및/또는 범행 규모 등의 정도를 확인;
    - 몰수 대상이거나 또는 그럴 가능성이 있는 범죄수익, 테러자금 또 는 기타 자산의 확인 및 추적;
    - 형사소송절차에 사용될 수 있는 증거의 확보.

3. '병행 금융수사'란, 자금세탁, 테러자금조달 및/또는 전제범죄에 대해 (전통적인) 범죄수사와 병행하여 수행되는 금융수사를 말한다. 전제범죄 법집행수사기관은 병행 수사가 진행되는 동안에도 관련된 다른 자금세 탁 및 테러자금조달범죄를 수사할 수 있는 권한을 가지고 있거나 또는 그러한 수사를 다른 기관이 계속할 수 있도록 위탁할 수 있어야 한다.

4. 각국은 자금세탁 및 테러자금조달 사건을 수사하는 권한당국이 이러한 범죄와 관련된 자의 신원을 밝히거나 증거를 수집하기 위해 혐의자 체포 및/또는 자금 압수를 연기 또는 포기하는 것을 허용하는 조치(입법적 조치를 포함하여) 등을 마련할 것을 고려하여야 한다. 이러한 조치 없이는 통제배달이나 위장 수사와 같은 절차는 불가능하다.

5. 권고사항 30은 그 자체로는 법집행기관이 아니지만 전제범죄의 금융수사에 대한 책임을 지면서 권고사항 30에 포함되는 기능을 수행하는 권한당국에게도 적용된다.

6. 법집행 권한을 가진 부정부패방지 집행당국은 권고사항 30의 부패범죄로부터 발생하거나 그와 관련된 자금세탁 및 테러자금조달범죄를 수사하도록 지정될 수 있으며, 이런 기관은 자산을 확인, 추적, 동결, 몰수할 수 있는 충분한 권한을 가져야 한다.

7. 각국이 금융수사 시 복합 그룹을 활용할 때에는 위에 언급된 법집행기관 및 기타 권한당국을 고려해야 한다.

8. 법집행기관 및 기소기관은 적절한 재정적, 인적 및 기술적 자원을 가져야 한다. 각국은 이러한 기관의 직원이 비밀유지를 포함하여 높은 전문성을 유지하도록 하는 명확한 절차를 마련하여야 하며, 높은 도덕성을 갖추고 적절하게 숙련되도록 하여야 한다.

다. 권고사항 30 평가방법론

30.1 각국은 자국의 자금세탁방지/테러자금조달금지 정책에 부합하는 범위 내에서 자금세탁, 전제범죄 및 테러자금조달범죄의 적절한 수사에 책임을 지는 법집행당국을 지정해야 한다.

30.2 전제범죄에 대한 법집행수사기관은 관련된 병행 금융수사(parallel financial investigation)[10]가 진행되는 동안에도 관련된 다른 자금세탁 및

---

10) '*병행 금융수사*'란 자금세탁, 테러자금조달 또는/그리고 전제범죄에 대한 (전통적) 범죄수사와 병행하여, 또는 범죄수사를 수행하면서, 금융수사를 수행하는 것을 말한다.
'*금융수사*'란 범죄활동에 관련된 다음에 관한 재무(금융) 문제에 대한 수사를 의미한다: ① 범죄 네트워크의 범위 또는/그리고 범행의 규모를 확인하는 것, ② 몰수 대상이거나 대상이 될 수 있는 범죄수익, 테러자금 또는 다른 자산을 확인하고 추적하는 것, ③ 형사 소송절차에서 사용될 수 있는 증거를 확보하는 것.

테러자금조달 범죄를 수사할 수 있는 권한을 가지고 있거나, 또는 그러한 수사를 다른 기관이 계속할 수 있도록 위탁할 수 있어야 한다.

30.3 각국은 몰수 대상이거나 몰수 대상이 될 수 있는 자산 또는 범죄수익이라는 사실이 의심되는 자산을 신속하게 식별·추적하고, 동 재산에 대한 동결·압수 절차를 개시할 수 있는 하나 이상의 권한 당국을 지정해야 한다.

30.4 각국은 그 자체로는 법집행기관이 아니지만, 전제범죄 관련 금융수사에 대한 책임을 수행하는 권한당국이, 권고사항 30에서 언급하는 기능을 행사하는 한도 내에서, 권고사항 30을 적용해야 한다.

30.5 부패방지집행 당국을 R.30에 따라 부패범죄로부터 발생하거나, 또는 그와 관련된 자금세탁/테러자금조달 범죄를 수사할 수 있도록 지정되어 있다면, 이러한 당국도 자산을 확인·추적하고, 동결·압수 절차를 개시할 수 있는 충분한 권한을 가져야 한다.

권고사항 31. 법집행기관과 수사당국의 권한

가. 권고사항 31 본문

자금세탁 및 연관된(associated) 전제범죄와 테러자금조달에 대해 수사 시, 권한당국은 수사, 기소 및 관련 조치 수행에 필요한 모든 서류 및 정보에 접근할 수 있어야 한다. 이는 금융기관, 지정 비금융사업자·전문직 및 기타 개인이나 법인이 소유하고 있는 기록의 제출, 개인 또는 건물의 수색, 증인 진술 확보, 증거 압수와 확보를 위한 강제조치의 사용권한을 포함한다.

각국은 권한당국이 자금세탁, 이와 연관된(associated) 전제범죄와 테러자금조달 수사 시, 이에 적절한 다양한 수사기법을 최대한 사용할 수 있도록 하여야 한다. 이러한 수사기법은 위장 수사, 통신 감청(intercepting communications), 컴퓨터시스템 접근(accessing computer systems) 및 통제 배달(controlled delivery)을 포함한다. 또한, 각국은 개인 또는 법인의 계좌 소유 및 관리(control) 여부를 시의 적절하게 확인할 수 있는 효과적인 운영체계를 가지고 있어야 한다. 각국은 또한 소유자에게 사전 공지 없이 권한당국이 자산을 확인할 수 있는 절차를 마련하는 운영체계를 가지고 있어야 한다. 자금세탁, 연관된 전제범죄 및 테러자금조달 수사 시, 권한당국은 FIU가 보유한 모든 관련정보를 요구할 수 있어야 한다.

나. 권고사항 31 평가방법론

31.1 자금세탁, 관련 전제범죄 및 테러자금조달을 수사하는 권한당국은 수사, 기소 및 관련 조치 수행에 필요한 모든 서류 및 정보에 접근할 수 있어야 한다. 이는 다음의 자료들을 확보하기 위한 강제조치사용 권한을 포함한다:

(a) 금융기관, DNFBPs 및 기타 자연인·법인 보유 기록;

(b) 개인·건물의 수색;

(c) 증인진술 확보; 그리고

(d) 증거 압수 및 확보.

31.2 수사권한당국은 자금세탁, 관련 전제범죄와 테러자금조달의 수사를 위해, 다음을 포함한, 다양한 수사 기법을 활용할 수 있어야 한다:

(a) 위장 수사;

(b) 통신 감청;

(c) 컴퓨터시스템 접근; 그리고

(d) 통제배달(controlled delivery)

31.3 각국은 다음의 기능을 수행하기 위한 운영체계를 마련해야 한다:

(a) 개인 또는 법인의 계좌 소유 및 관리 여부를 시의 적절하게 확인; 그리고

(b) 권한당국이 소유자에 대한 사전 통지 없이 자산을 확인

31.4 자금세탁, 관련 전제범죄 및 테러자금조달을 수사하는 권한당국은 FIU가 보유한 모든 관련정보를 요구할 수 있어야 한다.

권고사항 32. 현금휴대반출입*

가. 권고사항 32 본문

각국은 현금과 무기명지급수단(BNI, bearer negotiable instruments)의 국경 간 물리적 이동과 관련하여, 세관신고체제(a declaration system) 및/또는 정보공개체제(a disclosure system) 등을 포함하여 이를 탐지할 수 있는 장치를 마련하여야 한다.

각국은 테러자금조달이나 자금세탁 또는 전제범죄와 관련 있다고 의심되거나 허위로 신고·공개된 현금이나 무기명지급수단에 대해 권한당국이 이를 차단하거나 제한할 수 있는 명확한 법적 권한을 갖도록 해야 한다.

각국은 거짓 신고·공개를 하는 자에 대하여 효과적이고 위반사항에 비례하며 억제력이 있는 제재조치를 마련하여야 한다. 현금이나 무기명지급수단이 테러자금조달, 자금세탁 또는 전제범죄와 연루된 경우, 각국은 권고사항 4에 따른 법적조치를 포함하여 현금이나 무기명지급수단을 몰수하는 조치를 적용하여야 한다.

나. 권고사항 32 주석

A. 목 적

1. 권고사항 32는 테러리스트 및 기타 범죄자들이 현금 및 무기명지급수단(BNI)을 국경간 물리적으로 반출입함으로써 자금을 조성하거나 범죄수익을 세탁하는 것을 방지하기 위한 목적으로 제정되었다. 구체적으로 각국이 다음을 위한 조치를 반드시 수립하게 하는 것을 목표로 한다: (a) 현금 및 BNI의 국경 간 직접 반출입 탐지; (b) 테러자금조달이나 자금세탁과 관련이 있다고 의심되는 현금 및 BNI 반출입의 중단 또는 억제; (c) 거짓 신고되거나 공개된 현금 및 BNI의 반출입을 중단 또는 억제; (d) 거짓신고 및 공개에 대해 적절한 제재 부과; (e) 테러자금조달이나 자금세탁과 관련 있는 현금 및 BNI의 몰수.

B. 현금 휴대반출입에 대처하기 위해 실행 가능한 제도 유형

2. 각국은 아래 제도 유형 중 하나의 실행으로 권고사항 32 및 주석의 의무를 이행할 수 있다. 단, 각국은 현금 및 무기명지급수단(BNI)의 국가 간 반입과 반출에 대해 반드시 동일한 제도를 사용하지 않아도 된다.

신고 제도

3. 정해진 신고기준금액 미화/유로화 15,000을 초과하는 현금 및 BNI의 국경간 물리적 반출입을 행하는 모든 자는 지정된 관계당국에 사실에 근거한 신고서를 제출해야 한다. 각국은 다음 세 가지 신고 제도 유형 중에서 선택할 수 있다: (i) 모든 여행자에 대한 서면 신고제도; (ii) 기준금액을 초과하는 현금 및 BNI를 반출입하는 여행자에 대한 서면 신고제도; (iii) 구두로 신고하는 제도. 물론 혼합된 제도를 채택하는 국가도 있을 수 있다.

   (a) *모든 여행자에 대한 서면 신고제도*: 모든 여행자가 입국 전에 신고서를 작성해야 하는 제도. 이런 신고서는 일반 또는 세관 신고서의 질문(항목)들을 포함한다. 여행자들은 실제로 현금 또는 BNI 휴대 여부와 상관없이 신고서를 제출해야 한다(예, "예" 또는 "아니요"에 체크).

   (b) *기준금액을 초과하는 금액을 휴대하는 여행자에 대한 서면 신고제도*: 기준금액을 초과하는 금액을 휴대하는 모든 여행자가 신고서를 작성해야 하는 제도. 실제로 기준금액을 초과하지 않는 금액을 휴대하는 여행자는 신고서를 작성하도록 요구되지 않는다.

   (c) *모든 여행자에 대한 구두 신고제도*: 모든 여행자가 기준금액을 초과하는 금액을 휴대하는지 여부를 구두로 신고해야 하는 제도. 이는 보통 통관수속 시 "신고통로"(과세검사대) 또는 "무신고통로"(면세검사대)를 선택하게 함으로써 여행자 본인의 선택을 구두 신고로 여기는 것이다. 이 경우 여행자는 서면으로는 신고하지 않으나, 세관원에게 적극적으로 보고하는 것이 요구된다.

공개 제도

4. 각국은 요청 시 여행자가 당국에게 적절한 정보를 제공하도록 하는 제도를 채택할 수 있다. 이러한 경우, 여행자는 사전에 서면 또는 구두로 신고할 의무가 없다. 실제로 여행자가 요청을 받았을 때에는 관계당국에 정직하게 대답하도록 요구되어야 한다.

C. 두 제도에 적용되는 추가적 요소

5. 어느 제도를 도입하였는지에 상관없이 각국은 자국이 선택한 제도에 다음의 요소가 포함되도록 해야 한다.

   (a) 신고/공개제도는 현금 및 무기명지급수단(BNI)의 반입 및 반출 모두에 적용되어야 한다.

   (b) 현금 및 BNI의 거짓 신고 또는 미신고/공개가 적발되면, 지정된 권한당국은 반출입을 행하는 자로부터 현금 및 BNI의 출처와 의도된 사용처에 대한 추가 정보를 요청하여 입수할 수 있는 권한을 보유해야 한다.

   (c) 신고/공개 과정을 통해 입수된 정보는, 의심스러운 국경 간 반출입에 대한 FIU 보고 시스템을 통해서 또는 기타 방법으로 FIU가 직접 사용할 수 있도록 해야 한다.

   (d) 각국은 세관, 출입국관리사무소 및 권고사항 32의 이행과 관련된 기타 당국 간 적절한 국내 협조가 가능하도록 해야 한다.

   (e) 다음의 두 가지 경우에서, 권한당국은 자금세탁 및 테러자금조달의 증거가 존재하는지 여부를 확인하기 위해 합리적인 기간 동안 현금 및 BNI의 반출입을 중단 또는 억제할 수 있어야 한다. (ⅰ) 자금세탁 및 테러자금조달이 의심되는 경우; 또는 (ⅱ) 거짓 신고/공개가 적발되는 경우.

   (f) 신고/공개 제도와 관련하여 권고사항 36 내지 40에 따라 국제적 협조 및 공조가 최대한 가능해야 한다. 협조를 용이하게 하기 위해, (ⅰ) 기준금액 미화/유로화 15,000를 초과하는 신고/공개, 또는 (ⅱ) 거짓 신고/공개, 또는 (ⅲ) 자금세탁 및 테러자금조달이 의심되는 경우에

는, 권한당국이 사용할 수 있도록 정보를 보관해야 한다. 이 정보는 최소한 (ⅰ) 신고, 공개, 또는 탐지된 현금 또는 BNIs의 액수; 그리고 (ⅱ) 보유자(들)의 신원자료를 포함할 것이다.

(g) 각국은 권고사항 32를 이행하되, (ⅰ) 국가 간 재화 및 서비스 무역 대금결제, 또는 (ⅱ) 어떤 형태로든 자유로운 자본이동을 제한함이 없이, 정보가 적절하게 사용되는 것을 보장하는 엄격한 보호장치 하에 운용되도록 해야 한다.

D. 제 재

6. 거짓 신고 또는 공개하는 자에게 실효성 있고 위반 수준에 비례하며 억제력이 있는 형사, 민사 또는 행정적 제재를 부과해야 한다. 테러자금조달이나 자금세탁과 관련된 현금 및 BNI의 국경 간 물리적 반출입을 하는 자에 대해서도 실효성 있고 위반수준에 비례하며 억제력이 있는 형사, 민사 또는 행정적 제재를 부과해야 하며, 권고사항 4와 일관되는 현금 및 BNI의 몰수를 가능하게 하는 조치가 적용되어야 한다.

7. 권고사항 32의 이행을 책임지는 당국은 적절한 재정적, 인적 및 기술적 자원을 가져야 한다. 각국은 이러한 기관의 직원이 비밀유지를 포함하여 높은 전문성을 유지하도록 하는 명확한 절차를 마련하여야 하며, 높은 도덕성을 갖추고 적절하게 숙련되도록 하여야 한다.

E. 금, 귀금속, 보석

8. 금, 귀금속, 그리고 보석은 유동성이 크고 특정 상황에서 교환 및 가치 이전의 수단으로 자주 사용되지만 이 권고사항의 적용 대상에서는 제외된다. 이러한 품목은 관세법 및 관련 규정의 적용 대상이 될 수 있다. 각국은 금, 귀금속 또는 보석의 비정상적인 국경간 이동을 적발했을 경우, 반출 및 반입 국가의 세관이나 기타 권한당국에 적절히 통보하는 것을 고려하여야 하며, 해당 물품의 출처, 목적지, 반출입 목적 등 파악과 적절한 조치를 위한 국가간 협력을 추진해야 한다.

이 권고사항에서 사용된 구체적인 용어 해설	
거짓 신고 (False declaration)	이전되는 현금 또는 무기명지급수단(BNIs)의 가치를 거짓 진술하거나, 신고서에 제출토록 요구되거나 당국에 의해 요구된 다른 관련 정보를 거짓 진술 하는 것. 이것은 요구된 신고를 하지 않는 경우를 포함한다.
거짓 공개 (False disclosure)	이전되는 현금 또는 무기명지급수단(BNIs)의 가치를 거짓 진술하거나, 공개서에서 제출토록 요구되거나 당국에 의해 요구된 다른 관련 정보를 거짓 진술 하는 것. 이것은 요구된 공개를 하지 않는 경우를 포함한다.
국경간 물리적 수송 (Physical cross—border transportation)	한 국가로부터 다른 국가로의 현금 또는 무기명지급수단(BNIs)의 물리적 반입 또는 반출 수송을 말하며, 이는 아래 방식의 수송을 포함한다: (1) 자연인에 의한, 또는 그 사람이 가져가는 가방 또는 차량에 의한 물리적 수송, (2) 컨테이너 화물을 통한 현금 또는 BNIs의 선적(출하) 또는 (3) 자연인 또는 법인에 의한 현금 또는 BNIs의 우편발송.
테러자금 또는 자금세탁 관련 (Related to terrorist financing or money laundering)	현금 또는 BNIs가 (ⅰ) 테러, 테러리스트 행위 또는 테러조직의 수익, 또는 이를 위해 사용된 수익, 또는 이를 위해 사용이 의도되었거나 또는 사용하기 위해 배정된 수익, 또는 (ⅱ) 자금세탁 또는 전제범죄로부터 발생한 수익 또는 이러한 범죄의 실행에 사용되었거나 사용이 의도된 범죄수단이면서 세탁된 것을 말한다.

다. 권고사항 32 평가방법론

평가자 참조:

권고사항 32는 초국가 관할권에 의해 초국가적으로 이행될 수 있으며, 이 경우에는 초국가 관할권을 벗어난 이동만을 권고사항 32 목적의 국경으로 고려된다. 이러한 때에는 부속서 I (Annex I)의 기술을 바탕으로 초국가 단위로 평가된다.

32.1 각국은 현금과 무기명지급수단(BNI)의 국경간 반출입에 대한 신고 또는 공개 제도를 이행해야 한다. 각국은 여행자에 의한 것이든 우편물 또는 화물을 통한 것이든, 모든 종류의 물리적 국경 이전에 대한 신고 또는 공개 제도를 운영해야 한다. 다만, 운송수단의 상이한 유형에 따라, 다양한 이행체제를 운영할 수 있다.

32.2 신고제도에 따라, 사전에 설정된 신고기준금액(최대 미화/유로화 15,000)을 초과하는 현금 및 BNI의 국경간 물리적 반출입을 행하는 모든 사람들은

지정된 권한당국에 사실에 근거한 신고서를 제출해야 한다. 각국은 다음
세 가지 유형의 신고제도 중에서 선택할 수 있다:

(a) 모든 여행자에 대한 서면 신고제도;

(b) 기준금액 초과 현금 및 BNI를 가진 여행자에 대한 서면 신고제도;
    및/또는

(c) 모든 여행자에 대한 구두 신고제도

32.3 신고제도에 따라, 여행자는 당국에게 진실하게 응답하고, 당국의 요청
    시 적절한 정보를 제공해야 한다. 다만, 여행자들이 '사전에' 서면 또는
    구두로 신고토록 할 필요는 없다.

32.4 현금 및 BNI의 거짓 신고·공개 또는 미신고·공개에 대해, 지정된 권한
    당국은 반출입을 행하는 자에게 현금 및 BNI의 출처와 사용 목적 등에
    대한 추가 정보를 요청·확보할 수 있는 권한을 보유해야 한다.

32.5 거짓 신고·공개를 하는 자에게는 실효성 있고 비례적이고 억제력 있는
    형사·민사·행정적 제재를 부과해야 한다.

32.6 신고·공개 과정을 통해 입수된 정보는 다음의 방법을 통해, FIU가 이용
    가능해야 한다: (a) FIU가 의심스러운 국경 간 반출입 사건을 인지할 수 있
    는 시스템; 또는 (b) FIU가 신고·공개된 정보를 직접 이용할 수 있는 기
    타 방법.

32.7 각국은 R.32의 이행과 관련하여, 국내적으로 세관, 출입국관리사무소 및
    기타 관련된 당국 간 적절한 업무 조정이 가능하도록 해야 한다.

32.8 권한당국은, 다음 두 가지 경우에, 자금세탁 및 테러자금조달의 증거가
    존재하는지 여부를 확인하기 위해 합리적인 기간 동안 현금 및 BNI의 반
    출입을 중단 또는 억제할 수 있어야 한다:

(a) 자금세탁 및 테러자금조달이 의심되는 경우; 또는

(b) 거짓 신고·공개가 적발되는 경우

32.9 신고·공개 제도와 관련하여, R.36~40에 부합하게 국제협력 및 공조가
    가능해야 한다. 이러한 협력을 촉진하기 위해, 다음의 경우에 정보를 보
    관해야 한다.

(a) 규정된 기준금액(최대 미화/유로화 15,000)을 초과하는 신고·공개 발생;

(b) 거짓 신고·공개 발생; 또는

(c) 자금세탁 및 테러자금조달이 의심되는 경우.

32.10 각국은 신고·공개 제도를 통해 입수된 정보의 적절한 사용을 보장하기 위한 엄격한 보호장치를 마련해야 한다. 다만, 신고·공개 제도는 다음을 저해해서는 안 된다: (ⅰ) 국가 간 재화 및 서비스 무역대금결제; 또는 (ⅱ) 모든 유형의 자본이동의 자유.

32.11 자금세탁/테러자금조달 또는 전제범죄와 관련된 현금 또는 BNI의 국경 간 물리적 운송을 수행하는 자에 대해 다음을 적용해야 한다: (a) 비례적 이고 억제력 있는 민사·형사·행정 제재; 그리고 (b) 현금 또는 BNI의 몰수를 가능하게 하는 R.4에 부합하는 조치.

제 3 절 해 설

즉시성과 6. 금융정보

금융정보와 다른 정보를 활용하는 것은 자금세탁, 범죄, 테러자금조달 등을 적발하고 차단하는 출발점이다. 이것은 단순히 금융정보분석기구가 제공하는 정보를 활용하는 것에 국한하지 않는다. 법집행기관이 금융정보 이외 다른 다양한 정보도 수집하여 자금세탁, 전제범죄, 테러자금조달 수사 등을 위해 활용하는 것을 목표로 한다. 이 정보는 신뢰할만하고 정확해야 하며, 최신의 정보여야 한다. 법집행기관들은 다양한 원천을 통해 수집된 정보를 활용하되, 그 정보를 분석하고 이를 활용하여 금융수사 등을 수행하며 범죄자산을 추적·확인할 수 있는 자원과 기술을 보유하고 있어야 한다.

금융정보 등 다양한 정보의 수집과 분석, 적절한 정보의 제공과 협력, 이를 활용한 금융조사와 범죄자산 추적 등이 활발하게 이뤄질 때 금융정보와 다른 적절한 정보가 수사 등에 적절하게 활용된다고 할 수 있으며, 즉시성과 6의 효과성이 달성되었다고 할 수 있는 것이다.

FATF가 지금까지 실시한 제4차 라운드 상호평가(6개국)에서 즉시성과 6에서는 6개국이 모두 이행등급을 받았다. 금융정보분석기구를 갖추고 의심거래보고 등 각종 정보를 보고 받으며, 심사분석을 통해 정보를 분석하고 적절한 정보를 법집행기관에 제공할 수 있으며, 법집행기관은 다양한 정보를 활용하여 수사 등의 활동을 할 수 있다면 이 즉시성과는 충분히 효과적인 것으로 평가받을 수 있는 것이다.

즉시성과 7. 자금세탁의 수사와 기소

이 즉시성과는 국가가 자금세탁범죄들을 잘 수사하고, 기소하며, 처벌하는지를 평가하고자 한다. 자금세탁 행위들과 범죄수익을 창출하는 범죄들을 수사하고 위반자들을 기소하며 법원으로부터 위반에 상응하는 제재를 받도록 함으로써 범죄수익을 철저하게 차단하자는 것이다. 이를 통해 범죄자들이 범죄수익을 창출하는 범죄와 자금세탁을 실행하지 못하도록 하는데 그 궁극적 목적이 있다.

이 즉시성과는 FATF와 FSRBs를 다른 국제기구와 차별화하고, 금융정보분석기구를 다른 법집행기관들과 구분하도록 하는 근거를 제공한다고 할 수 있다. 즉, 1988년 UN이 제정한 '마약 및 향정신성 물질의 불법거래 방지에 관한 협약'(일명 '비엔나협약')에서 정의된 '자금세탁의 범죄화'를 실현하는 과정인 것이다. 이 즉시성과에 대한 상호평가 결과는 예상과 달리 좋지 않았다. 평가기준에 대해 총회 토의에서 많은 논란이 있었는데 이러한 논란의 근저에는 '자금세탁의 범죄화'가 갖는 세 가지의 특성과 깊은 관련이 있다.

먼저 그 첫째 특성은 자금세탁범죄에 대한 독립적 범죄화 원칙이다. 전제범죄에 대한 처벌과 별도로 자금세탁범죄를 처벌해야 한다는 것이다. 그런데 이러한 원칙이 모든 국가에서 법원칙으로 수용되어 있지는 못한 것으로 나타났다. 일부 국가의 경우 이중 처벌 우려 때문에 전제범죄와 별도로 자금세탁을 범죄로 처벌토록 하는 것을 추구하지 않거나 금지하고 있는 것이다. 특히 범죄자가 범죄수익을 스스로 세탁한 '자기자금세탁'에 대해서는 전제범죄와 별도로 자금세탁을 처벌하지 않고 있다. 비록 권고사항 3의 주석에서 "자국법의 근본규범에 의해 요구되는 경우, 전제범죄를 저지른 자에게는 자금세탁범죄가 적용되지 않도록 규정할 수 있다"고 하지만 자기자금세탁을 범죄로 전혀 처벌하지 않는 것은 FATF 국제기준의 원칙과 정신을 훼손하는 것이라고 할 수 있다.

두 번째 특성은 자금세탁범죄 방지를 위한 대체수단을 인정하지 않는다는 점이다. 이는 즉시성과 7의 핵심 쟁점에서 잘 나타난다. 즉 자금세탁 수사를 하였으나 정당한 사유로 자금세탁에 대해 유죄판결을 확보할 수 없는 경우 다른 형사사법조치를 적용토록 핵심 쟁점 7.5로 허용하면서도, 이러한 조치들이 자금세탁범죄의 기소와 유죄판결의 중요성을 감소시키거나 이를 대체하는 수단이 되지 않도록 할 것을 명시하고 있다. 즉 대체수단(자금세탁 전제범죄를 처벌함으로써 자금세탁범죄의 발생을 차단하는 것)을 명시적으로 인정하지 않는

것이다. 이 특성은 테러자금조달에 관한 범죄화와 처벌을 규정한 즉시성과에
서는 대체수단을 통한 테러자금조달 억제효과를 인정하고 있는 점[11]과 대비
된다고 할 수 있다.

세 번째 특성은 자금세탁범죄 처벌은 세계주의를 표방한다는 점이다. 해
외에서 발생한 사건이라고 하더라도 그것이 자금세탁 범죄인 경우 수사하고
처벌할 것을 명시적으로 요구하고 있다. 이러한 특성 이외에도 범죄수사와 별
도로 병행 금융수사를 추구할 것을 요구하는 등 고유의 특성을 갖고 있다.

범죄 자체를 차단하는 것이 범죄자금의 자금세탁을 차단하는 효과를 갖
는다는 점을 어느 정도 인정할 것인가에 관하여 많은 논란이 있었다. 결국 즉
시성과 핵심 쟁점 7.5의 단서규정 때문에 범죄 차단 자체는 범죄자금 자금세
탁 차단의 효과성을 갖는 것으로 인정하지 않았다. FATF 회원국들은 대개 범
죄 그 자체에 대한 기소와 유죄판결이 양호하고 범죄도 우수하게 차단하고 있
어 이 즉시성과에서 무난하게 효과성을 인정받을 것으로 기대하였으나 실제로
는 자금세탁범죄에 대한 처벌 미비로 이행등급의 효과성을 인정받지 못하였
다. 그 결과 이 즉시성과 평가에서 스페인과 이탈리아를 제외한 4개국이 미이
행 등급을 받았다. 이것은 자금세탁범죄 그 자체를 차단한 성과를 제시하지 못
할 경우 효과성을 인정하지 않는다는 원칙에 따른 당연한 결과였다.

즉시성과 8. 몰수

몰수된 범죄수익과 수단은 자금세탁과 범죄수사의 최종 결과물이다. 각국
은 범죄자들이 범죄를 통해 조성하고 자금세탁을 통해 합법화한 범죄수익과
수단을 몰수하는 체제를 갖춰야 하며, 이러한 이행체제가 원활하게 작동하고
있음을 입증하여야 한다. 또한 몰수된 범죄수익의 규모와 분야 등이 당국이 평
가한 국가의 위험과 일치함을 보여야 그 효과성을 충분히 인정받을 수 있다.

'몰수'에 대한 효과성 평가에서 가장 큰 특징은 몰수된 수익 또는 자산이

---

11) 즉시성과 9의 핵심 쟁점 9.5에서는 "테러자금조달 유죄판결을 실질적으로 확보할 수 없는 경
우에, 다른 형사 절차, 규제 또는 다른 조치를 통하여 테러자금조달 행위를 차단함으로써 이
즉시성과의 목적을 어느 정도 달성하는가?"라고 하여 테러를 차단함으로써 테러자금조달 차
단의 목적을 달성할 수 있음을 인정하고 있다.

전제범죄로부터 온 것인지 또는 자금세탁범죄로부터 온 것인지를 구분하지 않는다는 점이다. 이것은 즉시성과 7과는 명확히 구분되는 특징이다. 실제로 자금세탁은 범죄를 통해 조성된 자산을 은닉하거나 가장하는 것이므로 몰수의 대상이 되는 범죄수익은 동일한 대상이며, 이들이 전제범죄를 통해 조성된 것인지와 자금세탁을 통해 합법화된 것인지를 구분하는 것은 무의미하다고 할 것이다. 또한 탈세 또는 지하경제로 인해 세금을 납부하지 않아 이를 추징한 경우 이 금액도 몰수 실적에 포함된다는 점이다.

효과성 평가를 위해서는 몰수가 정책 목표로 추구되고 실제로 몰수하는지를 보여주는 것이 관건이다. 이 때 국경 간 현금 또는 무기명지급수단의 불법적인 이동도 포함하는 것이 중요하다. 이 부문 평가에서는 통계를 통해 그 실적을 명확히 보여 줄 수 있어야 하며, 실제 몰수 실적이 국가의 자금세탁/테러자금 위험도 평가 결과와 일치함을 나타내야 한다. 요컨대 실제 자원을 갖추고 몰수를 주요 정책과제로 추구하는지를 보여 주는 것이 가장 중요하다고 할 것이다.

6개국 초기 상호평가에서 이 즉시성과의 평가실적은 좋지 못하였다. 스페인과 이탈리아만 합격등급(Substantial)을 받았고, 나머지 4개국(노르웨이, 벨기에, 호주, 말레이시아)은 미이행등급(Moderate)을 받았다. 이들 국가들은 확인된 위험도에 상응하도록 범죄발생과 위험도에 맞는 몰수 실적을 풍부한 사례 등 자료와 통계를 통해 보여주지 못하였고, 그 결과 몰수 이행체제의 효과성을 충분히 입증하지 못하였기 때문이다.

권고사항 3. 자금세탁범죄

이 권고사항은 자금세탁방지/테러자금조달금지 제도에서 가장 기본적인 국제기준이다. 1988년 비엔나협약에서 마약 관련 범죄수익의 자금세탁을 최초로 범죄화 할 것을 규정12)하였고, 이러한 금융조치의 이행을 위해 이듬해에

---

12) 자금세탁은 1988년 UN이 제정한 '마약 및 향정신성 물질의 불법거래 방지에 관한 협약'(비엔나 협약)에 의해 최초로 정의되었다. 이 협약에 의하면 자금세탁은 '범죄행위로부터 발생한 자산이라는 사실을 알면서 (ⅰ) 당해 자산의 출처를 은닉하거나 위장할 목적으로 또는 범죄를 저지른 자들의 법적 책임을 면하도록 도울 목적으로 해당 자산을 전환 또는 양도하는 행

FATF가 출범하였다. 그러므로 이 권고사항은 자금세탁방지제도를 탄생하게 한 출발점인 것이다.

자금세탁을 범죄화 하는 방식에는 기준식 접근법(1년 이상의 징역형 또는 최소 6개월 이상의 징역형 등), 나열식 접근법(대상 전제범죄를 나열, 최소한 FATF가 규정한 21개의 전제범죄는 포함하여야 함), 또는 혼합식 접근법이 있는데 각국은 이들 중 어느 것이든 선택할 수 있다. 우리나라는 나열식 접근법을 택하고 있고, 범죄수익규제법에서 FATF 지정 필수 전제범죄 21개를 포함하여 80개가 넘는 범죄를 자금세탁의 전제범죄로 지정하고 있다.

어떤 범죄가 자금세탁의 전제범죄로 지정된다는 것은 매우 중요한 의미를 갖는다. 관련 범죄수익 또는 범죄를 위한 자산을 은닉하거나 가장하는 행위를 최고 5년(마약류 범죄 관련은 최고 7년)의 징역 또는 3천만원의 벌금으로 처벌하고 관련 자산을 몰수할 수 있다. 자금세탁의 전제범죄로 지정되지 않으면 관련 범죄수익의 은닉과 가장을 처벌할 수 없다는 점과 관련 범죄수익을 몰수할 수 없다는 점은 범죄처벌 측면에서 매우 중요하다. 물론 중대범죄는 그 수익을 형법에 의해 몰수할 수 있지만 몰수를 위한 입증절차가 어렵고 범죄수익을 변형한 경우 몰수할 수 없다. 그러나 자금세탁방지제도 도입으로 그 수익을 변형하였더라도 범죄수익임이 입증될 경우 몰수할 수 있도록 한 점은 범죄처벌의 중점을 인신처벌에서 범죄수익 차단으로 옮겨가는 중요한 근거를 제공한다고 할 것이다.

자금세탁의 범죄화는 세계주의를 표방한다. 즉 전제범죄가 국외에서 발생하였더라도 그 행위가 국내의 전제범죄에 해당하는 경우 이의 자금세탁을 처벌하고 관련 범죄수익을 몰수할 수 있어야 한다.

자금세탁의 범죄화와 관련하여 권고사항 주석에서는 몇 가지 부속조건을 규정하고 있다. 즉 자금세탁범죄를 입증하기 위한 고의와 인식을 '객관적 사실관계'로부터 추론할 수 있도록 해야 하고, 자금세탁으로 유죄판결을 받은 경우

위, (ⅱ) 당해 자산의 성질·출처·소재·처분·이동·권리·소유권을 은닉하거나 가장하는 행위, (ⅲ) 당해 자산을 취득·소지·사용하는 행위 중 어느 하나로 정의된다. 자금세탁은 자금의 원천을 위장·변환하기 위해 현금거래를 수반하는 경우가 많다. 다음 3가지 조건을 충족할 때 자금세탁이 이루어졌다고 말한다: ① 자금세탁에 의하여 재산의 진정한 소유자 및 출처를 은닉하고, ② 자금세탁 진행 도중이나 이후에도 당해 자금에 대한 통제를 유지하며, ③ 자금세탁에 의하여 범죄수익의 형태를 변경한 경우이다.

그 처벌이 효과적/비례적/억제적이어야 하며, 형사책임과 제재가 불가능한 경우 민사상 또는 행정상 제재가 가능해야 할 뿐만 아니라, 기수/미수/방조/교사/원조/자문제공/연루/음모 등 부속범죄도 포함하여 처벌하여야 한다는 것 등이다.

권고사항 4. 몰수와 잠정조치

이 권고사항은 특정한 자의 일정한 자산에 대해 그 소유권을 부정하는 제도이다. 적발된 자산이 범죄수익이거나, 자금세탁된 재산이거나, 테러 또는 테러조직의 관련 자산이거나 사용될 목적의 수단 또는 자산인 경우 재산의 소유권을 박탈하는 것이다. 자본주의 체제에서 사유재산권은 기본 권한이므로 이를 박탈하기 위해서는 엄격한 법적 절차를 필요로 한다.

또한 이러한 조치를 실행할 법집행기관에게 부여되어야 할 권한에 대해서도 구체적으로 규정하고 있다. 즉 법집행기관은 몰수 대상 재산을 확인/추적/평가할 권한, 해당 재산의 거래/이전/처분을 방지하기 위한 동결/압수 등의 잠정조치 권한, 잠정조치를 무효화하는 조치에 대해 대응할 권한, 범죄수익 등에 상응하는 가치의 재산을 몰수할 수 있는 권한 등이 그것들이다.

한편 이 권고사항에서 의무화 하고 있지 않으나 도입을 검토할 것을 권고하고 있는 사항이 있는데 그것은 유죄판결 없이도 몰수할 수 있는 제도 즉, '독립몰수제도'이다. 이 제도는 우리나라 등 대륙법계 국가에서는 대부분 시행하지 않고 있으나 FATF는 도입을 검토(consider)할 것을 권고하고 있다. 특히 권고사항 38에서는 국제협력과 관련하여는 이 권한의 도입을 의무화 하고 있다. 즉 외국의 요청이 있는 경우 관련 유죄판결이 없더라도 몰수 또는 동결에 협조할 수 있어야 한다는 규정이며, 관련 권고사항 검토 시 상세히 살펴볼 것이다.

끝으로 이 권고사항에서는 동결, 압류, 몰수된 재산을 효과적으로 관리하고 처분하는 운영체계를 수립할 것을 의무화 하고 있다. 외국의 요청이 있는 경우 이 운영체계에 의해 대응하여야 한다.

권고사항 29. 금융정보분석원

이 권고사항은 정보를 수집/분석/제공하는 권한을 가진 행정기구의 설치에 관한 규정이다. 금융기관 등으로부터 금융정보 등을 수집하고 분석하여 제공할 권한을 가진 중앙행정기관으로 금융정보분석기구를 설치하여야 하며, 이러한 활동을 독립적으로 수행할 수 있는 권한(operational independence)을 보유하도록 해야 한다.

이 기구는 이러한 기능을 수행하기 위해 필요한 금융, 행정 및 법집행 관련 정보에 접근할 수 있어야 하고, 보고기관으로부터 추가적인 정보를 획득할 수 있어야 한다. 그런데 이 '보고기관으로부터 추가적인 정보를 획득할 수 있는 권한'과 관련하여 제4차 라운드 최초 상호평가, 특히 노르웨이의 상호평가와 관련하여 많은 논란이 있었다. 일부 국가들이 여기서 말하는 보고기관을 '의심거래를 보고한 기관'으로 한정하여야 한다고 주장하였기 때문이다. 제3차 라운드 기준에서는 후자의 주장이 국제기준이었으나 제4차 라운드 국제기준에서는 금융정보분석기구의 정보획득 범위를 확장(의심거래보고 여부에 관계없이 요청하여 획득)하였기 때문이다. 논란은 결국 평가방법론 29.3에 이러한 의미를 명확히 하는 주석을 추가하는 것으로 마무리되었다. 한편 금융정보분석기구의 이러한 권한은 우리나라도 아직 갖고 있지 못한 것으로 향후 법률개정을 통해 보완하여야 할 사항이다.

이 권고사항의 주석에서는 금융정보분석기구가 운영할 심사분석의 유형에 대해서도 규정하고 있다. 즉 운영 분석(operational analysis)과 전략 분석(strategic analysis)이 그것인데, 여기서 말하는 전략분석은 보유한 정보를 활용하여 자금세탁 및 테러자금조달 관련 동향과 패턴을 분석하는 것을 말한다. 또한 비밀유지를 위한 장치를 갖출 것을 규정하고 있다.

2015년 11월 파리 테러를 계기로, 같은 해 12월에 열린 FATF 특별총회[13]에서는, 금융정보분석기구의 테러 내지 테러자금 관련 정보에 대한 접근 권한

---

13) FATF는 파리 테러 발생을 계기로 테러자금조달에 대한 대응방안 마련을 위해 신제윤 FATF 의장의 주도로 12월 12일부터 3일간 파리 OECD에서 긴급 특별총회를 개최하였다. 한편 이는 9.11 테러 이후 15년만에 개최된 특별총회였다.

또는 정보공유 확대에 관하여 많은 논란이 제기되었다. 이러한 논의는 파리 테러에 대한 두 가지의 반성에 기초한 것인데, 먼저 테러자금조달 정보는 테러정보와 불가분이라는 점, 둘째, 파리 테러 발생을 저지하지 못한 가장 큰 맹점이 테러/테러자금 관련 정보공유의 미흡(국가 내 기관 간, 국가 간, 국가기관-민간기관 간 등)에 있었다는 점이다.

금융정보분석기구가 국가 정보기관으로부터 테러 정보를 받을 수 있어야 하고 국경 간에도 이러한 정보를 즉시에 공유할 수 있는 체제를 만들어야 한다. 테러리스트들은 전 세계적으로 정보와 자금을 공유하고 상호 긴밀하게 지원하고 있는 점을 고려할 때 이것은 당연한 대응방안이다. 그러나 이를 실제로 시행하기 위해서는 개인정보 보호 관련 법률의 개정이 있어야 하는 등 많은 난관이 예상되고 있다.

권고사항 30. 법집행기관/수사당국의 책임

이 권고사항은 각국이 관련 법집행기관에게 자금세탁, 관련 전제범죄, 테러자금조달 관련 수사/기소/처벌/동결/압류/몰수 등을 할 수 있도록 하는 책임을 부여할 것을 규정하고 있다. 또한 자금세탁과 관련 범죄수익의 몰수를 위해서는 '사전적 조치의 병행 금융수사'(a pro-active parallel financial investigation)를 운영할 것과 범죄 수사/기소 등의 세계주의 원칙(외국에서 발생한 범죄 포함)을 규정하고 있다.

범죄수익 등의 유실을 방지하기 위해 신속한 확인/추적/동결/압수 조치 등에 관한 책임과 복합 금융자산수사팀의 구성, 외국 권한당국과의 합동 수사 등의 책임도 부여할 것을 규정하고 있다.

권고사항 31. 법집행기관/수사당국의 권한

이 권고사항은 자금세탁, 전제범죄, 테러자금조달 수사/기소/몰수 등의 책임을 부여한 법집행기관과 수사당국에 대해 그 책임을 다할 수 있도록 상응하는 권한을 부여할 것을 규정한다.

수사당국 등이 자신의 자금세탁/테러자금조달 수사/기소/몰수 등의 직무를 수행하기 위해서는 일반적으로 네 가지 권한을 갖춰야 한다. 먼저 정보에 접근할 수 있는 권한이다. 이것은 기록의 제출, 개인/건물의 수색, 증인 진술 확보, 증거 압수 및 확보를 위한 강제조치 권한 등 정보를 확보할 수 있는 강제조치를 포함하는 권한이다. 둘째는 자금세탁, 전제범죄, 테러자금조달 수사 시에 적절하고 다양한 수사기법을 활용할 수 있는 권한이다. 이 수사기법에는 위장 수사, 통신 감청, 컴퓨터 시스템 접근, 통제배달 등이 포함된다. 셋째, 개인 또는 법인 계좌의 소유 및 관리를 시의 적절하게 확인할 수 있는 효과적 운영체계를 가지는 권한, 넷째 FIU가 보유한 모든 관련정보를 요구할 수 있는 권한이다.

권고사항 32. 현금휴대 반출입 관리

이 권고사항은 현금과 무기명지급수단의 국경 간 이동을 통제하는 것에 관한 규정이다. 일정 금액 이상의 현금이나 무기명지급수단을 반출하거나 반입하는 경우 세관에 신고토록 하거나 당국이 요청하는 경우 공개하도록 하는 제도가 가능하다. 이 권고사항은 당초 테러자금조달을 억제하기 위한 9개 특별권고사항 중 하나였으며, 40개 권고사항으로 편입되면서 자금세탁에까지 그 적용 범위를 확장하였다.

국경간 현금 등의 이동과 관련하여 테러자금, 자금세탁 또는 전제범죄와 관련이 있다고 의심되거나 허위로 신고/공개된 현금이나 무기명지급수단에 대해 권한당국은 이를 차단하거나 제한할 수 있는 법적 권한을 가져야 한다. 또한 허위로 신고하거나 또는 허위로 공개하는 자에 대해서는 위반사항에 비례하여 제재를 할 수 있어야 한다. 현금이나 무기명지급수단이 테러자금조달, 자금세탁 또는 전제범죄와 연루된 경우에는 이를 몰수해야 한다.

파리 테러를 계기로 테러자금의 국경간 이동 차단이 주요 관심사로 등장하면서 금, 귀금속, 보석 등의 국경간 이동도 이 권고사항에 포함시켜 규율해야 한다는 논의가 제기되고 있다.

제 4 절 법률제도와 운영과제에 관한 상호평가 결과

1. 상호평가 결과표

	주요내용	스페인	노르웨이	벨기에	호주	말레이시아	이탈리아	평균
	(상호평가 토의)	(14.10.)	(14.10.)	(15.2.)	(15.2.)	(15.6.)	(15.10.)	
IO. 6	금융정보	5	2	4	4	4	4	3.8
IO. 7	자금세탁의 수사와 기소	4	2	2	2	2	4	2.7
IO. 8	몰수	4	2	2	2	2	4	2.7
R. 3	자금세탁범죄	4	5	5	5	4	4	4.6
R. 4	몰수와 잠정조치	5	4	5	5	4	5	4.6
R.29	금융정보분석원	5	4	5	5	5	4	4.8
R.30	법집행기관/수사당국의 책임	5	5	5	4	5	5	4.8
R.31	법집행기관/수사당국의 권한	5	4	5	4	5	5	4.6
R.32	현금휴대 반출입 관리	5	5	5	4	4	4	4.6

※ 상호평가 평점의 점수화
  - 효과성 평가: High level of effectiveness: 5점, Substantial level of effectiveness: 4점, Moderate level of effectiveness: 2점, Low level of effectiveness: 1점
  - 기술적 평가: Compliant: 5점, Largely Compliant: 4점, Partially Compliant: 2점, Non-Compliant: 1점

2. 시사점

FATF 회원국들은 '법률제도와 운영' 분야와 관련하여 개별 권고사항에 대한 기술평가에서는 6개국 전원이 전체 6개 권고사항에서 합격등급을 받았다. 자금세탁과 전제범죄, 테러자금조달 수사/기소/처벌을 위한 법제는 모든 국가가 잘 완비하고 있었던 것이다.

　이 분야의 상호평가 결과에 대한 총회 토의는 주로 효과성 평가에 집중되었다. 총회 토의에서는 효과성 평가의 기준에 대해서도 많은 논란이 제기되었다는데 1989년 FATF 설립 이후 25년간 자금세탁방지제도를 운영해 왔음에도 스페인과 이탈리아를 제외한 4개국이 세 가지 효과성 평가 영역 중 2개 분야에서 미흡 판정을 받았다는 것은 선진국을 자처하는 국가로서 받아들이기 어려운 결과였기 때문이다. 특히 즉시성과 7, 즉 자금세탁범죄의 수사, 기소, 처벌에서 미흡 평가를 받는다는 것에 대해 법집행 절차를 잘 갖춘 선진국으로서는 수용하기 쉽지 않다는 입장이었다.

　가장 첨예하게 대립한 쟁점은 일반 전제범죄를 잘 기소하고 처벌한 것이 자금세탁범죄를 잘 억제한 것으로 볼 수 있는가라는 문제였다. 선진국들은 대개 범죄를 적발하여 기소하고 처벌하는 체제를 잘 갖추고 있다. 그러나 전제범죄와 별도로 자금세탁범죄를 독립적으로 기소하고 처벌하는 체제는 잘 갖추고 있지 않았다. 심지어 이중 처벌로 간주하여 자금세탁에 대한 별도의 처벌을 금지하는 판례를 가진 국가도 있었다. 많은 논란 끝에 자금세탁범죄를 별도로 처벌하는 규정과 그 효과성은 FATF 등 자금세탁방지기구의 정체성에 관계된 핵심적인 문제로 보았다. 즉 자금세탁에 대한 별도의 처벌이 없이 전제범죄를 처벌하는 것만으로는 자금세탁범죄를 효과적으로 수사/기소/처벌하였다고 할 수 없고, 즉시성과 7의 효과성을 인정할 수 없음을 명확히 하였다.

　자금세탁에 대한 독립된 처벌을 강조하는 관점에서 볼 때 범죄 수사를 전제범죄에 초점을 맞춰 추진하고 자금세탁범죄를 부수 범죄로 취급하는 국가는 즉시성과 7에서 좋은 평가를 받기 어렵다. 전제범죄 수사/기소/처벌 사례가 아무리 많다고 하더라도 자금세탁범죄 수사/기소/처벌 분야가 효과적으로 이행되고 있다고 보기 어렵기 때문이다. 이 점은 우리나라도 예외가 아니므로 전제범죄 수사와 함께 자금세탁범죄 수사도 병행하는 관행을 정립하는 것이 시급한 과제라고 해야 할 것이다.

테러자금조달과 확산금융

테러자금조달과 확산금융

개 관

　　FATF 제4차 라운드 국제기준 개정의 주요 특징 중 하나는 테러자금조달 특별권고 9개를 40개 권고사항으로 편입하고, 대량살상무기 확산금융을 FATF의 관할영역으로 새롭게 포함시킨 것이다. 9개 특별 권고사항 중 6개를 예방조치, 법집행, 국제협력으로 각각 편입시키고 테러자금조달 직접 관련 3개, 확산금융 관련 1개, 총 4개의 권고사항과 3개의 즉시성과를 묶어 테러자금조달/확산금융에 관한 하나의 모듈을 형성하였다.

　　테러자금조달에 대해 조치할 사항은 테러자금조달을 범죄화 하는 것과 테러자금조달 관련 정밀금융제재(Targeted financial sanctions)를 시행하는 것이다. 정밀금융제재의 주요 내용은 모든 국민(개인과 법인)으로 하여금 UN 또는 각국이 테러자금조달 우려 때문에 거래제한자로 지정(금융위원장이 고시로 지정)한 자에 대해 (1) 그들과의 모든 거래(금융거래뿐만 아니라 부동산, 동산 거래를 포함)를 금지하는 것, (2) 그들이 보유하거나 관련된 자산(금융자산뿐만 아니라 동산, 부동산을 포함한 전체 자산)을 동결하는 것이다. 또한 이 금지와 동결은 '지체 없이' 이루어져야 한다. 이 때 '지체 없이'(2~3일까지는 용인하나 1주 이상은 수용 않는다)의 의미에 대해, 용어설명에서는 1267호의 경우는 "이상적으로는 수 시간 내에"를, 1373호의 경우는 "개인 또는 단체가 테러리스트, 테러자금조달자 또는 테러단체라고 의심/믿는 합당한 근거를 가진 때"로 정의한다.

　　테러자금조달은 국경을 초월한 세계적 문제임을 고려하여 테러조직이 위치한 국가 또는 테러행위가 자행된 국가가 아니더라도 관련자를 법률에 따라 처벌하는 세계주의를 특히 강조하고 있다. 또한 자국에서 거래제한자로 지정한 경우 유엔이나 다른 나라에게도 동일한 자를 거래제한자로 지정할 것을 요구할 수 있도록 하는 등 국제협력도 또한 강조하고 있다. 이는 테러와 테러자금조달에 효과적으로 대응하기 위해서는 긴밀한 국제협력이 요구되기 때문이다. 지난 2015년 11월 14일 발생한 파리 테러 등을 계기로 테러와 테러자금조달과 관련한 국제적/국내적 정보교환을 강화하는 추세이다.

확산금융에 대해서는 단일 권고사항과 단일 즉시성과를 운영하고 있다. 확산금융의 큰 특징은 관련 '범죄화'가 없고 정밀금융제재만 운영하고 있다는 점이다. 정밀금융제재의 방식과 절차는 테러자금조달과 동일하지만, 지정대상자가 다르므로 별도의 운영체제로 운영된다.

비영리조직 관련 규제사항은 테러자금조달 관련으로 국한되며, 자금세탁방지 부문으로는 확장되지 않는다. 자금세탁과 관련하여 비영리조직을 특별히 고위험으로 보아야 할 필요는 없기 때문이다.

제 1 절 즉시성과 9, 10, 11

즉시성과 9	테러자금조달 범죄와 행위가 수사되고, 테러자금조달자는 기소되며, 효과적/비례적/억제적으로 처벌된다.

효과적 이행제제의 특성

테러자금조달 행위가 수사되고; 위반자들은 성공적으로 기소되며; 법정은 유죄로 기소된 자들에게 효과적이고, 비례적이며 억제력 있는 제재를 부과한다. 적절한 경우, 테러자금조달이 확실한(distinct) 범죄행위로 추적되며, 관련 금융수사가 테러방지 수사를 지원하기 위해 관계당국들과 양호한 협조 아래 수행된다. 이 시스템의 구성요소들(수사, 기소, 유죄 판결, 처벌 등)이 테러자금조달 위험을 감소시키기 위하여 상호 긴밀하게 기능한다. 궁극적으로 범죄를 색출하고 유죄로 기소하고 처벌하는 가능성 때문에 테러자금조달 행위들이 억제된다.

이 즉시성과는 주로 권고 5, 30, 31, 39와 관련되고, 권고사항 1, 2, 32, 37, 40의 요소들도 관련된다.

평가자 참조:

1) 평가자는 이 즉시성과의 어떤 요소들은 국가들이 평가자에게 제공을 꺼리거나 제공하지 못하는 민감한 성질의 정보(material)를 포함(예, 국가안보 목적으로 수집된 정보)할 수도 있음을 인식하여야 한다.

2) 평가자들은 또한 이 즉시성과를 평가할 때 관계당국들이 참여하고 있는 국제협력의 수준에 관한 적절한 발견들을 고려하여야 한다. 이것은 법집행기관들과 기소 당국들이 국경 간 테러자금조달 사건의 외국 상대방으로부터 적절한 지원을 추구하는 정도에 관해 고려하는 것을 포함한다.

효과성 달성여부 판단을 위해 고려되어야 할 핵심 쟁점

9.1 TF 행위들이 (예, 자금 수집, 이동, 이용) 어떻게 기소되며, 위반자들은 어떻게 처벌되는가? 이러한 조치들이 국가의 테러자금조달 위험도 기록과 일치하는가?

9.2 테러자금조달 사건들이 얼마나 효과적으로 확인되고 수사되는가? 수사하는 자들이 테러자금조달자의 구체적인 역할을 확인하는가?

9.3 테러자금조달 수사가 얼마나 효과적으로 국가적 반테러 전략과 수사 (예, 테러리스트, 테러기관과 테러지원 네트워크의 확인 및 지정)에 통합되며, 이를 지원하기 위해 활용되는가?

9.4 테러자금조달 위반으로 유죄판결을 받은 개인과 법인에 대한 처벌이 얼마나 효과적이고, 비례적이며, 억제력을 갖는가?

9.5 테러자금조달 유죄판결을 실질적으로 확보할 수 없는 경우에, 다른 형사절차, 규제, 또는 다른 조치를 통하여 테러자금조달 행위를 차단함으로써 이 즉시성과의 목적을 달성하는가?

a) 핵심 쟁점의 결론을 뒷받침하는 정보의 예시

1. 테러자금 수사와 기소의 경험과 사례들*(예, 테러자금수사들이 반테러 수사와 기소를 지원하기 위해 사용된 사례; (외국 또는 국내) 테러리스트와 테러조직이 목표되거나, 기소되거나 또는 차단된 중요한 사례; 테러자금조달 수준과 기법에 관해 관찰된 동향; 테러자금조달 유죄판결 대신에 다른 형사처벌 또는 조치가 추구된 사례).*

2. 테러자금조달 수사, 기소, 유죄판결에 관한 정보*(예, 테러자금조달에 대한 수사 및 기소 건수; 테러자금조달 기소로 연결된 사례의 비중, 테러자금조달 기소와 유죄판결의 종류(예, 명백한 범죄, 외국 또는 국내 테러리스트 등); 테러자금조달 범죄에 부과된 제재의 수준; 다른 범죄 행위에 부과된 제재와 테러자금조달에 부과된 제재들의 비교; 적용된 차단조치(disruptive measures)의 종류와 수준).*

b) 핵심 쟁점의 결론을 뒷받침하는 특정 요소(specific factors)의 예시

3. 주요한 위협에 대응하여 즉각적인 수사와 대응책을 실시하는 것을 명확히 하기 위해, 그리고 차단을 극대화하기 위해, 테러자금조달 사례를 확인하고 개시하며 우선적으로 처리하도록 채택한 조치가 무엇인가?

4. 권한당국이 어느 정도로 그리고 얼마나 신속하게 테러자금조달 수사와 기소를 위해 요구되는 관련된 금융정보와 다른 정보를 얻고 접근할 수 있는가?

5. 테러자금조달 관련 기소를 진행하지 않기로 한 결정의 배경에 놓여 있는 고려사항은 무엇인가?

6. 당국들이 특별한 테러자금조달 위협과 경향을 다루기 위한 특별한 행동계획 또는 전략을 어느 정도로 적용하는가?

7. 법집행기관, FIU, 반테러기구, 다른 안보와 정보 관련기구들이 이 즉시성과와 관련된 각각의 과제들을 위해 얼마나 잘 협력하고 조정하는가?

8. 수사, 기소 또는 법적 절차 과정에서 테러자금조달의 기소, 제재와 차단을 지체시키거나 방해하는 다른 측면들이 있는가?

9. 권한당국들이 테러자금조달 위험에 적절하게 대응하거나 그들의 업무를 수행하기 위한 적절한 자원(금융수사 수단을 포함하여)을 보유하는가?

10. 테러자금조달 수사를 담당할 직원과 기구(units)가 실제로 지정되어 있는가? 거기서 자원들이 공유되며, 테러자금조달 수사에 우선순위가 부여되는가?

즉시성과 10	테러리스트, 테러조직, 테러자금 조달자들이 자금을 조성·이동·사용하는 것과 NPO를 악용하는 것이 금지된다.

효과적 이행체제의 특성

테러리스트, 테러조직, 테러지원 네트워크들이 확인되고, 테러행위와 테러조직에게 자금을 공급하거나 지원하려는 자원과 수단들이 박탈된다. 이것은 유엔 안전보장이사회에 의해서 그리고 적용할 수 있는 국가적 또는 지역적 제재시스템에 의해서 지정된 개인과 단체에 대한 정밀금융제재의 적절한 실행을 포함한다. 또한 국가는 테러자금조달 위험성을 잘 이해하고 있고, 이러한 위험을 완화시키기 위하여, 테러리스트에 의해 악용될 위험성이 높은 단체 또는 수단들을 통한 자금의 조성과 이동을 금지하는 조치를 포함하여, 적절하고 비례적인 조치를 취한다. 궁극적으로, 이러한 조치들이 테러자금의 유입을 감소시키고, 나아가 테러행위를 방지한다.

이 즉시성과는 주로 권고사항 1, 4, 6, 8과 관련되며, 또한 권고사항 14, 16, 30, 37, 38, 40의 요소들도 관련된다.

평가자 참조:

평가자들은 또한 이 즉시성과를 평가할 때 권한당국들이 참여하고 있는 국제협력의 수준에 관한 적절한 발견들을 고려하여야 한다.

효과성 달성여부 판단을 위해 고려되어야 할 핵심 쟁점

10.1. 국가가 (ⅰ) 유엔안보리결의 1267호 및 후속 결의와 (ⅱ) (국가가 자발적으로 또는 수사 후에, 다른 국가의 요청을 실행하기 위한 초국가적 또는 국가적 차원에서) 유엔안보리결의 1373호에 따른 정밀금융제재를 얼마나 잘 이행하고 있는가?

10.2. 국가는 합법한 NPO 활동을 방해하지 않으면서, 테러자금조달에 악용될 취약성(위험)이 있는 것으로 확인된 NPO들에 대해, 위험기반접근법의

원칙에 따라, 초점을 맞춘 상응하는 조치들(focused and proportionate measures)을 어느 정도로 적용하는가?

10.3. 테러리스트, 테러기관 및 테러자금조달자들의 테러 관련된 자산과 수단 이 (형사·민사 또는 행정 절차를 통해) 어느 정도 박탈되는가?

10.4. 위의 조치들은 TF 위험도 기록과 전반적으로 얼마나 일치하는가?

a) 핵심 쟁점의 결론을 뒷받침하는 정보의 예시

1. 법집행기관, FIU, 반테러 당국의 경험들*(예, 테러자금수사들이 자금을 조달하고 송금하기 위해 대체수단을 탐구하는 것을 나타내는 동향; 테러조직이 국내에서 테러자금을 조달하는데 어려움을 갖고 있음을 나타내는 것을 보고하는 원천).*

2. 개입(interventions)과 몰수 사례들*(예, 테러리스트, 테러조직 또는 테러자금조달자들이 자금을 조달, 이동, 사용하는 것이 금지되거나 그들의 자산이 압류/몰수된 중요한 사례; 테러리스트에 의해 악용된 NPO에 대한 수사와 개입).*

3. 정밀금융제재에 관한 정보*(예, 유엔안보리 또는 다른 지정 아래 정밀금융제재를 받고 있는 사람과 계좌들; (유엔안보리결의 1373호와 관련하여) 만들어진 지정들; 동결된 자산; 거절된 거래 수; 개인들을 지정하는데 소요된 시간; 지정에 따라 자산동결을 실행하는데 소요된 시간).*

4. 국가가 테러자금조달에 악용될 위험이 있는 것으로 확인한 NPO들에 대한 지속적인 교육, 정밀 위험기반 감독 또는 감시에 관한 정보*(예, 그러한 NPO들에 대한 (위험평가를 포함하여) 점검과 감독의 횟수; 그러한 NPO들에 대해 테러자금조달 억제조치와 동향을 알리고 교육(지침서 제공을 포함)을 실시한 빈도; NPO에 대해 취해진 시정조치와 제재).*

b) 핵심 쟁점의 결론을 뒷받침하는 특정 요소(specific factors)의 예시

5. 국가가 정밀금융제재를 지체 없이 적절하게 실행하기 위해 어떤 조치를 채택했는가? 이러한 지정과 의무사항들을 금융기관들, DNFBPs, 일반 공공에 적시에 어떻게 소통하는가?

6. (ⅰ) 지정된 대상과 명단 확인, (ⅱ) 동결과 동결 해제, (ⅲ) 지정명단 해제, 그리고 (ⅳ) 면제 부여 등을 위해 도입한 절차와 운영체계가 얼마나

잘 이행되는가? 관련된 정보가 얼마나 잘 수집되는가?

7. 국가가 테러리스트의 자금 흐름을 동결하고 금지하기 위해 유엔안보리결의 1267호와 1373호에 의해 제공된 수단들을 어느 정도로 활용하는가?

8. 지정된 단체들에게 승인된 목적으로 자산을 사용할 수 있도록 승인 또는 허가하는 이행체제가 관련 유엔안보리결의(예, 유엔안보리결의 1452호와 후속 결의들)에서 규정한 요구사항들에 얼마나 잘 부합하는가?

9. 권한당국이 테러리스트의 자산을 가려내기 위해 채택한 접근방법은 무엇인가? 이 접근을 보완하기 위해 자산 추적, 금융수사, 잠정조치(예, 동결과 압류)들이 어느 정도로 사용되는가?

10. NPO들의 테러자금조달 악용을 확인(identify), 금지(prevent), 대응(combat)하기 위하여 아래 네 가지 요소들이 어느 정도로 사용되는가?: (a) 지속적인 교육, (b) 정밀 위험기반 감독 또는 감시, (c) 효과적 수사와 정보수집, (d) 국제협력을 위한 효과적인 운영체계. NPO들을 테러자금조달 악용으로부터 보호하고, 합법적인 자선활동들을 차단하거나(disrupted) 위축시키지(discouraged) 않을 수 있도록, 초점을 맞춘 그리고 상응하는 또한 위험기반접근법에 입각한 조치들을 어느 정도로 적용하는가?

11. 테러리스트 활동이나 테러리스트 조직을 적극적으로 지원하거나 이들에 의해 이용된 것으로 의심되는 NPO들에 대해 어느 정도로 적절한 수사적, 범죄적, 민사적 또는 행정적 조치나 협력과 조정 운영체제를 적용하는가? 관계당국은 교육(outreach)/감독(supervision)/감시(monitoring)/수사(investigation) 의무를 효과적으로 수행하기에 적절한 자원을 보유하고 있는가?

12. NPO들이 그들의 취약성을 얼마나 잘 이해하며, 테러리스트에 의해 악용될 위협으로부터 그들 스스로를 보호하기 위한 조치를 얼마나 잘 이행하는가?

13. 테러리스트, 테러조직 또는 테러자금조달자들에 관련된 자산과 범죄수단들을 확인, 추적, 박탈하는 것을 촉진하거나 방해하는 수사, 기소, 사법 절차의 다른 측면이 있는가?

14. 관련된 권한당국들이 그들의 업무를 수행하거나 테러자금조달 위험에
    적절히 대응할 수 있는 적절한 자원을 갖고 있는가?

15. 자원들이 공유되는 경우 테러자금조달에 관련된 조치들이 얼마나 우선
    되는가?

즉시성과 11	대량살상무기 확산금융에 관련된 개인과 단체가 자금을 조성·이동·사용하는 것이 관련 유엔안보리결의에 맞게 금지된다.

효과적 이행제제의 특성

유엔안보리결의에 의해 대량살상무기 확산금융 관련자로 지정된 개인과 단체가 확인되고, 그들의 자원이 박탈되며, 확산금융을 위한 자금 또는 다른 자산의 조성·운반·사용이 금지된다. 정밀금융제재가 지체 없이 완전하고 적절하게 실행되며; 준수여부가 점검된다. 그리고 제재를 회피하는 것을 방지하고, 대량살상무기 확산금융에 대응하는 정책과 조치를 발전시키고 실행하기 위하여 관계당국들이 적절하게 조정하고 협력한다.

이 즉시성과는 권고사항 7과 관련되며, 권고사항 2의 요소들도 관련된다.

효과성 달성여부 판단을 위해 고려되어야 할 핵심 쟁점

11.1. 국가가 확산금융 금지에 관련된 유엔안보리결의들의 정밀금융제재를 지체 없이 얼마나 잘 이행하는가?

11.2. 지정된 개인과 단체(그들을 대신하여 또는 그들의 지시에 따라 행하는 자들을 포함)의 자금·기타 자산이 어느 정도로 확인되며, 그러한 개인·단체가 확산금융 관련 금융거래를 작동(operating)하거나 수행(executing)하는 것이 금지되는가?

11.3. 금융기관과 DNFBPs가 확산금융 관련 정밀금융제재에 관한 의무를 얼마나 잘 이해하는가?

11.4. 금융기관과 DNFBPs가 확산금융 관련 정밀금융제재에 관한 의무를 잘 준수하도록 관련된 권한당국이 얼마나 효과적으로 감독하는가?

a) 핵심 쟁점의 결론을 뒷받침하는 정보의 예시

1. 확산금융에 관련된 수사와 개입의 사례들*(예, 제제 위반에 대한 수사들; 국가의 법집행 조치(예, 동결 또는 압류) 또는 지원 제공 사례들 중 중요 사례).*

2. 확산금융 관련 정밀금융제재에 관한 정보*(예, 정밀금융제재를 받고 있는 개인과 단체의 계좌들; 동결된 재산과 자산의 가치; 개인들과 단체들을 지정하는 데 소요된 시간; 유엔안보리에 의한 지정에 따라 개인들과 단체들의 자산과 재산을 동결하는데 소요된 시간).*

3. 확산금융에 관련된 감시와 다른 관련 정보*(예, 금융기관과 DNFBPs의 정밀금융제재 준수 여부를 점검하고 감시하는 빈도; 협력(engagement)과 교육의 빈도; 지침서 제공; 법규위반을 이유로 금융기관과 DNFBPs에 적용된 제재의 수준).*

b) 핵심 쟁점의 결론을 뒷받침하는 특정 요소(specific factors)의 예시

4. 국가가 확산금융에 관련된 정밀금융제재를 지체 없이 적절하게 실행하기 위해 어떤 조치를 채택했는가? 이러한 지정과 의무사항들을 관련 분야에 적시에 어떻게 소통하는가?

5. 적절한 경우, (i) 지정과 명단 등재, (ii) 동결과 동결 해제, (iii) 지정명단 해제, 그리고 (iv) 면제 부여 등을 위해 도입한 절차가 얼마나 잘 이행되는가? 그들이 유엔안보리 결의의 규정을 어느 정도 준수하는가?

6. 동결된 자산을 운영하고, 지정된 개인들과 단체들에게 승인된 목적을 위해 자산의 사용을 허가하는 이행체제와 운영체계가 인권을 얼마나 잘 보호하며, 자금의 악용을 방지하는가?

7. 제재를 회피하는 것을 금지하기 위해 어떤 이행체제가 활용되는가? 관련된 권한당국이 금융기관들과 DNFBPs에게 다른 지침 또는 구체적인 피드백을 제공하는가?

8. 확산금융 관련 유엔안보리결의에 관계된 범죄 또는 법규위반을 수사할 때, 관련된 권한당국들이 법인(예, 위장 회사 등)에 관련된 정확한 기초정보와 실소유자 정보를 어느 정도로 얻을 수 있는가?

9. 확산금융과 관련하여 관련된 권한당국들이 정밀금융제재 법률위반과 불이행을 수사하기 위해 정보를 어느 정도로, 관련 유엔안보리결의에서 규

정한대로, 교환하는가?

10. 관련된 권한당국들이 그들의 업무를 수행하거나 확산금융 위험에 적절히 대응할 수 있는 적절한 자원을 갖고 있는가?

권고사항 5. 테러자금조달 범죄*

가. 권고사항 5 본문

각국은 테러자금조달금지 협약에 의거하여 테러자금조달을 범죄화 하여야 한다. 이 범죄화는 테러행위에 대한 자금조달뿐만 아니라 테러조직과 개별 테러리스트에 대한 자금조달에도, 심지어 특정 테러 행위 또는 행위들과 관련이 없는 경우에도 (even in the absence of a link to a specific terrorist act or acts) 적용되어야 한다. 각국은 이러한 범죄행위를 자금세탁의 전제범죄로 지정하여야 한다.

나. 권고사항 5 주석

A. 목 적

1. 권고사항 5는 각국이 테러자금을 조달하는 자를 기소하고 형사적 제재를 적용하는 법률적 권능을 보유하는 것을 명확히 할 목적으로 개발되었다. 권고사항 5의 또 다른 목적은 국제적 테러와 특히 자금세탁 간의 밀접한 연관성을 고려하여, 각국이 테러자금조달범죄를 자금세탁의 전제범죄로 포함할 것을 의무화함으로써 그 연관성을 강조하는 것이다.

B. 테러자금조달 범죄의 성격

2. 테러자금조달범죄는 (a) 테러를 수행하기 위해; (b) 테러조직에 의해; 또는 (c) 개별 테러리스트에 의해; 자금 또는 다른 자산의 일부 또는 전부가, 사용될 것이라는 불법적인 의도를 가지고 또는 사용될 것이라는 사실을 알면서, 자금을, 어떤 수단에 의해서든, 직접적이든 간접적이든, 고의로 제공하거나 또는 모집하는 자인 경우 누구든지 적용되어야 한다.

3. 테러자금조달은 테러 행위를 자행하거나, 계획하거나, 준비하거나, 또는

이에 참가할 목적으로, 또는 테러 훈련을 제공하거나 받을 목적으로, 자신의 국가나 거주지가 아닌 국가로 여행하는 개인에게 여행경비를 제공하는 것을 포함한다.[1]

4. 테러자금조달을 방조, 교사, 미수 또는 공모로 범죄화 하는 것만으로는 본 권고사항을 충분히 이행하였다고 볼 수 없다.

5. 테러자금조달범죄는 그 출처가 합법적이거나 불법적인 것에 불문하고 모든 자금 또는 다른 자산에 적용되어야 한다.

6. 테러자금조달범죄는 해당 자금 또는 다른 자산이 (a) 테러행위에 실제로 사용되었거나 또는 사용되려 했거나, 또는 (b) 특정 테러행위와 연관될 것을 요구해서는 아니 된다.

7. 각국은 테러자금조달범죄를 입증하기 위하여 요구되는 고의 및 인식이 객관적 사실 정황으로부터 추론될 수 있도록 하여야 한다.

8. 테러자금조달범죄로 유죄 선고를 받은 개인에 대해 부과된 형사제재는 효과적이고 비례적이며 억제적이어야 한다.

9. 법인에 대하여도 형사 책임과 제재가 부과되어야 한다. 국내법의 근본원칙 때문에 이것이 불가능한 경우에는 민사적 또는 행정적 책임과 제재가 부과되어야 한다. 법인에 대하여 복수의 책임을 부과할 수 있는 국가에서는 법인에 대한 형사상, 민사상 또는 행정상의 절차를 병행하는 것이 배제되어서는 안 된다. 이러한 조치를 가할 경우 개인의 형사책임이 상쇄되어서는 안 된다. 모든 제재조치는 효과적이고 비례적이며 억제적이어야 한다.

10. 테러자금조달 미수도 범죄에 해당되어야 한다.

11. 다음 각 항의 행위에 가담하는 것 역시 범죄에 해당되어야 한다.
    (a) 본 주석 단락 2 또는 9에 규정된 범죄에 공범으로 가담;
    (b) 본 주석 단락 2 또는 9에 규정된 범죄를 조직하거나 교사;

---

1) Terrorist financing includes financing the travel of individuals who travel to a State other than their States of residence or nationality for the purpose of the perpetration, planning, or preparation of, or participation in, terrorist acts or the providing or receiving of terrorist training; (UN결의 2178호(2014.9.)의 내용이 FATF 국제기준에 포함되며, 외국인테러전투원(FTF)을 위한 자금지원이 처벌됨을 명확히 하기 위해 2015.10월 신설)

(c) 공동의 목적을 갖고 행동하는 개인들의 집단이 본 주석 단락 2 또는 9에 규정된 하나 이상의 범행을 행하는데 기여. 그러한 기여는 의도적이어야 하며 (ⅰ) 집단의 행위나 목적이 테러자금조달범죄 수행과 관련되어 있으면서, 그 집단의 범죄행위나 범죄목적을 조장할 의도로 행해지는 것이어야 하고; 또는 (ⅱ) 테러자금조달범죄를 행하려는 동 집단의 의도를 알고 행해져야 한다.

12. 테러자금조달범죄는 혐의자가 있는 곳이 테러리스트/테러조직이 위치한 국가 또는 테러행위가 자행된/될 국가와 동일한지 또는 상이한지와 관계없이 적용되어야 한다.

다. 권고사항 5 평가방법론

5.1 각국은 테러자금조달억제 협약에 기초하여 TF를 범죄화해야 한다.[2]

5.2 TF 범죄는 (a) 테러를 수행하기 위해; (b) 테러조직에 의해; 또는 (c) 개별 테러리스트에 의해(특정 테러행위와 연관성이 없는 경우에도); 자금의 일부 또는 전부가, 사용된다는 불법적인 의도를 가지고 또는 사용될 것이라는 사실을 알면서, 자금을, 어떤 수단에 의해서든, 직접적이든 간접적이든, 고의로 제공하거나 또는 모집하는 자에게는 그가 누구든지 적용되어야 한다.[3]

TF 범죄는 고의적으로 자금을 제공 또는 모집하는 모든 사람에게 적용되어야 한다. 제공 또는 모집한 자금의 일부 또는 전부가 다음의 행위에 사용된다는 불법적 의도 또는 인식이 있는 경우, 모집의 수단, 직접 모집 여부와 무관하게 TF 범죄를 적용한다: (a) 테러행위 수행; (b) 테러조직 또는 테러리스트가 사용.

5.3 TF 범죄는 출처의 적법성과 무관하게 모든 자금에 적용되어야 한다.

5.4 TF 범죄의 구성 요건으로 다음 사항들을 한 가지라도 요구해서는 아니된다:

---

[2] 범죄화는 테러자금조달 억제에 관한 국제협약 제2조에 맞게 규정되어야 한다.
[3] 방조, 교사, 미수 또는 공모에 기초한 테러자금조달 범죄화만으로는 권고사항을 충분히 이행하였다고 볼 수 없다.

(a) 자금이 실제로 테러행위 수행 또는 시도에 사용될 것; 또는

(b) 특정 테러행위와 연관될 것.

5.5 TF 범죄 입증을 위해 필요한 의도와 인식은 객관적 사실관계에서 추론할 수 있어야 한다.

5.6 TF 범죄로 유죄선고를 받은 개인에 대해 비례적이고 억제적인 형사제재가 부과되어야 한다.

5.7 법인에게 형사책임·제재가 부과되어야 하며, 법체계상 형사책임·제재가 가능하지 않을 경우 민사 또는 행정 책임·제재를 부과해야 한다. 법인에 대하여 복수의 책임을 병과할 수 있는 국가는 법인에게 형사·민사·행정 소송절차를 병행하는 것을 배제하지 말아야 한다. 이러한 조치는 개인의 형사책임을 상쇄하지 않는다. 모든 제재는 비례적·억제적이어야 한다.

5.8 다음의 사항도 범죄여야 한다:

(a) TF 범죄 미수;

(b) TF 범죄 또는 TF 범죄 미수 공범;

(c) TF 범죄 또는 TF 범죄 미수 음모·교사; 그리고

(d) 공동의 목적을 갖고 행동하는 집단이 범한 TF 범죄 또는 TF 범죄 미수의 실행에 기여.[4]

5.9 TF 범죄가 자금세탁의 전제범죄로 지정되어야 한다.

5.10 TF 범죄 혐의자가 테러리스트·테러조직이 소재한 국가 또는 테러행위가 발생하거나 발생할 국가에 소재하고 있는지 여부와 무관하게 TF 범죄를 적용해야 한다.

---

4) 그러한 기여는 의도적이어야 하며 (ⅰ) 집단의 행위나 목적이 테러자금조달범죄 수행과 관련되어 있고, 그 집단의 범죄행위나 범죄목적을 조장할 의도로 행해지는 것이어야 하고; 또는 (ⅱ) 테러자금조달 범죄를 행하려는 동 집단의 의도를 알고 행해져야 한다.

권고사항 6. 테러와 테러자금조달 관련 정밀금융제재*

가. 권고사항 6 본문

각국은 테러와 테러자금조달의 방지 및 억제에 관한 유엔안보리결의를 준수하기 위하여 정밀금융제재제도(targeted financial sanctions regimes)를 이행하여야 한다. 동 결의들은 각국으로 하여금 지정된 자나 단체에 대해, 즉 (i) 유엔 헌장 제Ⅶ장에 따라 유엔 안전보장이사회에 의해 또는 유엔 안전보장이사회의 권한으로, 유엔안보리결의 1267호(1999)와 후속 결의에 따라 지정되었거나; 또는 (ii) 유엔안보리결의 1373호(2001)에 따라 각국에 의해 지정된 어떤 자(any person)나 단체(entity)에 대해, 그들의 자금 또는 다른 자산을 지체 없이 동결할 것과, 어떠한 자금이나 다른 자산이 직접적으로든 간접적으로든, 그들의 이익(benefit)에 또는 이익을 위해서 이용되지 않도록 할 것을 요구한다.

나. 권고사항 6 주석

A. 목 적

1. 권고사항 6은 각국이 유엔 안전보장이사회 결의들을 준수하기 위해 정밀금융제재를 이행할 것을 요구하고 있다. 그 결의들은 각국이 (i) 유엔 헌장 제Ⅶ장에 따라 유엔 안전보장이사회가, 또는 유엔 안전보장이사회의 권한으로, 유엔안보리결의 1267호(1999)와 후속 결의[5]로 지정하였거나; 또는 (ii) 유엔안보리결의 1373호(2001)에 따라 각국이 지정한 어떤 자[6](any person)나 단체(entity)에 대해 그들의 자금 또는 다른 자산을 지체 없이 동결할 것과, 어떠한 자금이나 다른 자산이 이들의 이익(benefit)에 또는 이익을 위해서 이용되지 않도록 할 것을 요구한다.

---

5) 권고사항 6은 결의 1267호(1999)에 관련된 현재 및 미래의 모든 후속결의와 테러자금조달과 관련하여 정밀금융제재가 부과되는 어떤 미래 유엔안보리결의들에도 적용된다. 이 주석을 발행하는 시점 (2012년 2월)에서 결의 1267호(1999) 후속결의는 다음과 같다: 1333호(2000), 1363호(2001), 1390호(2001), 1452호(2002), 1455호(2003), 1526호(2004), 1617호(2005), 1730호(2006), 1735호(2006), 1822호(2008), 1904호(2009), 1988호(2011), 1989호(2011).

6) 자연인이나 법인.

2. 강조할 사항은 권고사항 6의 의무사항 중 어느 것도 권고사항 4(몰수와 잠정조치)에 따른 형사, 민사, 행정 사건 관련 수사 또는 소송과 관계되는 자금이나 기타 자산에 대한 기존의 조치를 대체하기 위함이 아니라는 점이다.[7] 권고사항 6의 조치는 지정된 개인 및 단체에 대한 형사소송절차를 보완할 수 있고 권한당국 또는 법원에 의해 채택될 수 있다. 그러나 그러한 소송절차의 존재를 조건으로 하지 않는다. 대신에 권고사항 6의 주안점은 자금이나 기타 자산이 테러집단에게 흘러들어가는 것 또는 테러집단에 의해 자금이나 자산이 사용되는 것을 방지하기 위해 필요하고 적합한 예방조치를 하는 데 있다. 또한 각국은 효과적인 테러자금조달방지 체제에 대한 폭넓은 지지를 확보하면서도 그 한계를 명확히 함으로써, 인권을 존중하고 법치를 존중하며 선의의 제3자의 권리를 인정하도록 해야 한다.

B. 테러활동을 위한 자금을 조달/지원하는 개인/단체의 확인 및 지정

3. 결의 1267호(1999) 및 그 후속 결의안의 경우, 알카에다에 관련된 대상자는 1267 제재위원회가, 탈레반에 관계된 대상자는 1988 제재위원회가 유엔 헌장 제Ⅶ장의 권한에 의거하여 지정한다. 결의 1373호(2001)의 경우, 국가적 또는 초국가적 차원에서 각국 또는 국가들의 자발적 조치로, 또는 다른 국가가 요청하였을 때 그 요청받은 대상이 국가가 적용 가능한 법적 원칙에 따라 아래 'E. 유엔의 지정 기준'에서 설명한, 결의 1373호에 의한 지정기준을 충족한다고 믿거나 의심할 만한 정당한 이유나 근거가 있다고 판단한 경우 지정한다.

4. 각국은 관련 유엔안보리결의에서 규정한 의무에 부합하게, 1267호(1999)와 후속결의가 목표로 하는 개인/단체를 확인하고 이들을 지정하도록 제안할 수 있는 권한과 효과적인 절차 또는 운영체계를 가져야 한다.[8] 이

---

7) 예를 들면 이 의무는 *마약과 향정신성물질의 불법거래 방지 유엔협약(1988)(비엔나협약)*과 초국가 범죄와 싸우기 위하여 동결, 압류, 몰수에 관한 의무를 규정하고 있는 *초국가 조직범죄 방지 유엔협약(2000)(팔레모협약)*에서 규정하고 있다. 또한 *테러자금조달 억제에 관한 국제협약(1999)(테러자금조달협약)*은 테러자금조달과 싸우기 위하여 동결, 압류, 몰수에 관한 의무를 규정하고 있다. 이들 의무사항은 권고사항 6과 테러자금조달에 관련된 유엔안보리결의들에서 규정된 의무사항들과는 분리된 것이며 서로 관계가 없다.

8) 관련 안보리 결의들은 각국이 개인 또는 단체를 확인하고 관련 유엔 위원회에 이들을 제출할

러한 권한과 절차 또는 운영체계는 각국이 이러한 결의안에 응하여, 안
보리의 명단 프로그램에 따라, 안보리에게 개인 및 단체의 지정을 제안
하기 위해 반드시 있어야 한다. 각국은 또한 안보리결의 1373호(2001)에
따라 개인과 단체를 확인하고 지정을 제안하기 위한 권한과 효과적인 절
차 또는 운영체계를, 안보리 결의안에서 규정된 의무기준에 맞게, 보유
해야 한다. 이러한 권한과 절차 또는 운영체계는 각국이 아래 **'E. 유엔의
지정 기준'**에서 기술된 안보리결의 1373호(2001)의 기준을 충족하는 개인
및 단체를 확인하기 위해 반드시 있어야 한다. 결의 1267호(1999) 및 후
속 결의와 결의 1373호(2001)를 이행하는 국가의 체제는 아래 필수 요소
들을 포함하여야 한다:

(a) 각국은 아래 사항을 책임지고 이행하는 권한당국 또는 법원을 확인
해야 한다:

(i) 당국이 안보리결의 1989호(2011)(알카에다 관련)와 관련 결의들에
서 명시된 대로 개인 또는 단체가 지정 기준에 해당하는 충분한
증가가 있다고 믿고 또 지정하기로 결정하였다면, 지정을 위해
그 개인 또는 단체를 1267 위원회에 제안하는 것;

(ii) 당국이 안보리결의 1988호(2011)(탈레반과 아프가니스탄의 평화, 안
정, 안전에 위협이 되는 탈레반의 협조자들 관련)와 관련 결의들에서
명시된 대로 개인 또는 단체가 지정 기준에 해당하는 충분한 증
가가 있다고 믿고 또 지정하기로 결정하였다면, 지정을 위해 그
개인 또는 단체를 1988 위원회에 제안하는 것; 그리고

(iii) 국가 자신의 자발적 발의로, 또는 검토에서 적절한 것으로 판단
된 다른 국가의 요청으로, 국가가 적용 가능한 법적 원칙에 따라
지정 대상이 아래 **'E. 유엔의 지정 기준'**에서 설명한대로, 결의
1373호에 의한 지정기준을 충족한다고 믿거나 의심할만한 정당
한 이유나 근거가 있다고 판단한 경우, 결의 1373호(2001)에 따
른 지정의 구체적인 기준을 충족하는 개인 또는 단체를 지정하

것을 요구하지 않는다. 그러나 그렇게 할 수 있기 위해서는 그러한 권한과 효과적인 절차와
운영체계들을 가지고 있어야 한다.

는 것.

(b) 각국은 결의 1988호(2011)와 결의 1989호(2011) 및 관련 결의들, 그리고 결의 1373호(2001)에서 규정된 지정 기준에 근거하여, 지정 대상을 확인하기 위한 운영체계들을 가져야 한다(관련 안보리 결의의 구체적인 지정기준은 'E. 유엔의 지정 기준' 참조). 이것은 외국이 결의 1373호(2001)의 자금동결 운영체계에 따라 취한 조치를 검토하여 적절한 경우 그 효력이 자국에서도 발생할 수 있도록 하는 권한과 효과적인 절차 및 운영체계를 가지는 것을 포함한다. 국가 간의 효과적인 협력을 발전시키기 위하여, 각국은 지정 요청을 받았을 때, 그 요청이 (초)국가적 법률 원칙에 따라, 제안된 지정 대상자가 'E. 유엔의 지정 기준'에서 명시한 대로 결의 1373호(2001)에 따른 지정 기준을 충족한다고 믿거나 의심하는 것이 합당한 근거나 합리적 이유에 의해 지원되는지를 즉각적으로 결정할 수 있도록 해야 한다.

(c) 권한당국(들)은 개인과 단체에 대해, 의심하거나 믿을 수 있는 합당한 이유 또는 합리적 근거를 바탕으로, 그들이 관련 안보리 결의의 지정 기준을 충족하는지 여부를 확인하기 위해 가능한 많은 정보를 수집 또는 요청할 수 있는 적절한 법적 권한과 그 절차 또는 운영체계를 가져야 한다.

(d) 지정(지정을 위한 제안)을 할 것인가를 결정할 때에, 각국은 "합당한 근거" 또는 "합리적 이유"라는 증거의 구성 요소 기준을 적용하여야 한다. 결의 1373호(2001)에 따른 지정을 위하여, 각국의 권한당국은 개인 또는 단체를 지정하는 결정을 위한 "합리적인 이유" 또는 "합리적인 근거"가 존재하는지 여부를 결정하고, 이어 동결체제에 따라 어떤 조치를 개시하는 결정을 위한 증거의 종류와 양에 관해서는 자국법의 체계에 따른 법적 기준을 적용한다. 이러한 적용은 제안된 지정이 국내에서 자발적 조치로 되었는지 또는 외국의 요청으로 제시되었는지는 아무런 관계가 없다. 또한 그러한 지정(지정을 위한 제안)은 형사소송이 있을 것을 전제로 하지 않는다.

(e) 각국이 결의 1267호(1999) 및 후속 결의에 따라 1267 제재위원회에

알카에다 제재 명단에 추가하고자 대상자를 제안할 때에는:

(i) 1267 제재위원회가 채택한 지정 절차 및 표준서식을 따르며;

(ii) 제안된 대상자에 대해, 특히 개인/그룹/업체/단체의 신원을 정확하고 명확하게 파악할 수 있도록 하는, 풍부하고 최대한 적합한 정보를, 그리고 가능하다면 인터폴이 특별통지(a Special Notice)를 발하기 위해 필요한 정보를 충분히 제공하고;

(iii) 지정을 위한 근거로 가능한 한 상세 내용의 사건 발표서(a statement of case)를 제공하되 다음을 포함한다: 개인/단체가 해당 지정 기준에 부합한다는 결정을 지지하는 구체적인 정보(관련 안보리 결의의 구체적인 지정 기준은 '**E. 유엔의 지정 기준**' 참조); 정보의 특성; 제공 가능한 뒷받침 정보 또는 자료; 제안된 피지정자와 기존 지정 개인 또는 단체와의 어떤 연결에 관한 세부정보. 이 사건 발표서는, 회원국이 기밀정보로 할 것을 1267 위원회에 요청한 부분을 제외하고는, 요청이 있을 때 배포 가능해야 한다.

(iv) 지정을 요청한 국가라는 사실이 알려져도 되는지도 명시해야 한다.

(f) 각국이 결의 1988호(2011) 및 후속 결의에 따라 1988 위원회에 탈레반 제재명단에 추가하고자 대상자를 제안할 때에는:

(i) 1988 위원회가 채택한 절차 및 표준서식을 따르며;

(ii) 제안된 대상자에 대해, 특히 개인/그룹/사업/단체의 신원을 정확하고 명확하게 파악할 수 있도록 하는, 풍부하고 최대한 적합한 정보를, 그리고 가능하다면 인터폴이 특별통지(a Special Notice)를 발하기 위해 필요한 정보를 충분히 제공하고;

(iii) 지정을 위한 근거로 가능한 한 상세 내용의 사건 발표서(a statement of case)를 제공하되 다음을 포함한다: 개인/단체가 해당 지정 기준에 부합한다는 결정을 지지하는 구체적인 정보(관련 안보리 결의의 구체적인 지정 기준은 '**E. 유엔의 지정 기준**' 참조); 정보의 특성; 제공 가능한 뒷받침 정보 또는 자료; 제안된 피지정자와 기존 지정 개인 또는 단체와의 어떤 연결에 관한 세부정보. 이 사

건 발표서는, 회원국이 기밀정보로 할 것을 1988 위원회에 요청한 부분을 제외하고는, 요청이 있을 때 배포 가능해야 한다.

(g) 결의 1373호(2001)를 이행하는 동결체계에 의거하여 개시된 조치를 외국도 실행할 것을 요청하고자 하는 경우에는, 요청국은 다음과 같은 가능한 한 상세한 정보를 제공해야 한다: 대상자의 이름, 특히 개인/단체의 신원을 정확하고 명확하게 파악할 수 있도록 하는 충분한 신원확인 정보; 개인/단체가 지정을 위한 기준을 충족한다는 결정을 지지하는 구체적인 정보(관련 안보리 결의의 구체적인 지정 기준은 'E. 유엔의 지정 기준' 참조).

(h) 각국은 확인되고 지정(지정제안을 위한) 대상자로 고려되는 개인 또는 단체에 대해 일방적으로 조치할 수 있는 절차를 보유해야 한다.

C. 지정된 개인 및 단체의 자금 또는 기타 자산 동결과 거래금지

5. 각국은 (결의 1267호(1999) 및 후속 결의에 따라 설립된) 1267 위원회와 1988 위원회가 유엔 헌장 제VII장의 권한 아래 행동할 경우, 동 위원회에서 지정하는 개인이나 단체에 대하여 지체 없이 정밀금융제재를 단행할 의무가 있다. 결의 1373호(2001)의 경우, (초)국가적 차원에서 각국이 자발적으로 지정하거나, 다른 국가의 요청에 의해 지정요청을 받아 적용 가능한 법적 원칙에 따라 지정대상이 'E. 유엔의 지정 기준'에서 설명된 대로 결의 1373호(2001)의 기준을 충족한다고 의심하거나 믿을만한 정당한 이유나 근거가 있다는 판단에 따라 지정한 경우, 그 국가는 지정된 개인/단체의 자금 또는 기타 자산을 지체 없이 동결하고 그들의 자금 또는 자산을 다루는 일체의 거래를 금지할 의무를 가진다.

6. 각국은 필요한 법적 권한을 정립하고 다음의 기준과 절차에 따라 정밀금융제재를 도입하고 실행할 책임을 지는 국내 권한당국을 확인해야 한다.

(a) 각국[9]은 국내 모든 자연인 및 법인이 지정된 개인/단체의 자금이나

---

9) 권고사항 6에서는 초국가 법적실체인 유럽연합(EU)의 경우 다음과 같이 EU법을 적용한다. 지정된 개인과 단체의 자산은 EU규정과 후속개정 규정에 의해 동결된다. EU회원국들은 그 동결을 이행하기 위해 추가적인 조치를 해야 할 수도 있으며, EU 내 모든 자연인과 법인은 동결을 존중하고 지정된 개인과 단체에게 어떠한 자산도 활용 가능하지 않도록 해야 한다.

기타 자산을 지체 없이, 그리고 사전 고지 없이 동결하도록 요구하여
야 한다. 이러한 의무는 다음에 대해서도 적용된다: 특정 행위, 계획
또는 위협과 연결된 자금/자산뿐만 아니라, 지정된 개인/단체가 보유
하고 통제하는 모든 자금 및 기타 자산; 지정된 개인/단체가 직간접
적으로 완전히 또는 부분적으로 보유 및 통제하는 모든 자금 및 기타
자산; 지정된 개인/단체가 직간접적으로 보유하거나 통제하는 자금
및 기타 자산으로부터 유래/발생한 자금 및 기타 자산; 지정된 개인/
단체를 대리하거나 그 지시를 받는 개인/단체의 자금 또는 기타 자산.

(b) 각국은, 허가나 승인을 받았거나 해당 안보리 결의에 따라 (**'E. 유엔
의 지정 기준'** 참조) 통지된 경우를 제외하고, 국가의 국민이, 어떤
개인 또는 단체이든지 지정된 개인/단체(지정된 개인/단체에 의해 직접
적으로든 간접적으로든 소유되거나 통제되는 단체; 지정된 개인/단체를 대
신하여 또는 그들의 지시로 행동하는 개인과 단체를 포함하여)를 이롭게
할 목적으로, 어떤 자금이나 기타 자산, 경제적 자원 또는 금융 및
기타 서비스를, 직접적으로든 또는 간접적으로든, 전체로든 또는 공
동으로든, 제공하는 것을 방지해야 한다.

(c) 각국은 금융기관 및 DNFBPs에게 지정 내용을 조치가 일어난 즉시
지체 없이 전달하고, 특히 제재 대상 자금이나 기타 자산을 보유할
수도 있는 금융기관이나 DNFBPs를 포함한 다른 개인/단체에게 동결
운영체계에 따라 조치를 취할 의무에 대해 명확한 지침을 제공하는
운영체계를 가져야 한다.

(d) 각국은 금융기관 및 DNFBPs[10)]가 관련 안보리 결의의 금지사항에
따라 자금을 동결하였거나 기타 조치를 한 경우, 거래시도가 있었던
경우를 포함하여, 권한당국에게 보고하도록 해야 하며, 권한당국은
이러한 정보를 효과적으로 활용할 수 있도록 해야 한다.

(e) 각국은 권고사항 6의 의무를 이행할 때, 선의의 제3자 권리를 보호하
기 위한 효과적인 방법을 채택해야 한다.

---

10) 안전보장이사회 결의는 국가 내의 모든 자연인과 법인에게 적용된다.

D. 지정 해제, 동결 해제, 동결 자금 또는 기타 자산에 대한 접근 제공

7. 각국은 결의 1267호(1999) 및 후속결의에 따라 지정된 개인/단체가 (더 이상) 지정 기준을 충족하지 않는다고 판단되는 경우 안전보장이사회에 지정 해제 요청을 제출하는 절차를 공공에 알려진 절차로 개발하고 이행해야 한다. 1267 위원회 또는 1988 위원회가 지정된 개인/단체를 명단에서 삭제할 경우에는, 자금을 동결할 의무가 더 이상 존재하지 않는다. 알카에다와 관련된 명단 삭제 요청에 대한 절차 및 기준은 1267 위원회가 안보리 결의 1730호(2006), 1735호(2006), 1822호(2008), 1904호(2009), 1989호(2011), 그리고 후속 결의에 따라 채택한 절차와 일치해야 한다. 탈레반과 아프가니스탄의 평화, 안정 및 안전에 대한 위협과 관련된 지정 해제 요청에 대한 절차 및 기준은 1988 위원회가 안보리 결의 1730호(2006), 1735호(2006), 1822호(2008), 1904호(2009), 1988호(2011) 및 후속 결의에 따라 채택한 절차와 일치해야 한다.

8. 결의 1373호(2001)에 따라 지정된 개인 및 단체에 대해, 각국은 지정 기준을 더 이상 충족하지 않는 개인/단체를 명단에서 삭제하고 그 자금 또는 기타 자산에 대한 동결조치를 해제할 수 있는 적절한 법적 권한 및 절차 또는 운영체계를 보유해야 한다. 각국은 또한, 요청에 따라, 법원 또는 기타 독립당국이 지정 결정을 심사하는 것을 허용하는 절차를 마련해야 한다.

9. 지정된 개인/단체와 이름이 같거나 유사하여 의도치 않게 동결 운영체계의 영향을 받은 개인/단체에 대해, 각국은 그러한 개인/단체가 지정된 자와 관련이 없다고 확인되면 (예, 거짓 확증) 그 즉시 그러한 개인/단체의 자금이나 기타 자산에 대한 동결 해제를 위한 절차를 공공에 공표된 절차로 마련하고 이행해야 한다.

10. 각국은 안전보장이사회 또는 관련 제재위원회가 지정한 개인/단체의 자금이나 기타 자산이 기본적인 비용이나, 특정 수수료, 서비스 요금 지불, 또는 특별비용 지급을 위해 필요하다고 판단할 경우, 안보리 결의 1452호(2002) 및 후속결의에 규정된 절차에 따라 그러한 자금이나 기타 자산에 대한 접근을 허용해야 한다. 각국은 1373호(2001)에 따라 그리고 결의

1963호(2010) 규정에 따라 지정된 개인/단체에 (초)국가적으로 동결 조치가 적용된 경우에도 동일한 이유로 동결된 자금이나 기타 자산에 대한 접근을 허용해야 한다.

11. 각국은 권한당국이나 법원이 지정 조치를 다시 검토하도록 지정된 개인/단체가 이의를 제기할 수 있는 운영체계를 제공해야 한다. 알카에다 제재 명단상의 지정에 관련해서는, 각국은 결의 1904호(2009)에 따라 지정해제 청원을 받는 유엔 고충처리담당 사무소(United Nations Office of the Ombudsperson)를 활용하는 것이 가능하다는 것을 지정된 개인/단체에게 알려야 한다.

12. 각국은 지정 해제와 동결 해제를 조치가 일어난 즉시 금융기관 및 DNFBPs에게 전달하고, 특히 제재 대상 자금이나 기타 자산을 보유할 수도 있는 금융기관나 DNFBPs를 포함한 다른 개인/단체에게 지정 해제 또는 동결 해제를 따라야 하는 그들의 의무에 대해 명확한 지침을 제공하는 운영체계를 가져야 한다.

E. 유엔의 지정 기준

13. 유엔 안전보장이사회 결의에 명시된 지정 기준은 아래와 같다.

    (a) 안보리 결의 1267호(1999), 1989호(2011) 및 후속 결의안[11]:

      (i) 알카에다, 또는 그 지부(cell)/분회(affiliate)/분파(splinter) 집단(group) 또는 그것의 파생(derivative) 집단에 의한, 과 연결한, 의 이름 아래, 을 대신한, 또는 지원에 의한 행위들 또는 활동들을 위해 자금을 지원하고, 계획하고, 촉진하고, 준비하고 또는 자행하는데 참여하는 개인 또는 단체; 그 집단에게 무기 또는 관련된 물질을 판매 또는 이전하는 개인 또는 단체; 그 집단을 위하여 사람을 모집하는 개인 또는 단체; 또는 그 집단의 행위 또는 행위들을 다른 방식으로 지원하는 개인/단체[12]; 또는

---

11) 권고사항 6은 결의 1267호(1999)에 관련된 현재 및 미래의 모든 후속결의와 테러자금조달과 관련하여 정밀금융제재가 부과되는 어떤 미래 유엔안보리결의들에도 적용된다. 이 주석을 발행하는 시점(2012년 2월)에서 결의 1267호(1999)의 후속결의는 다음과 같다: 1333호(2000), 1363호(2001), 1390호(2001), 1452호(2002), 1455호(2003), 1526호(2004), 1617호(2005), 1730호(2006), 1735호(2006), 1822호(2008), 1904호(2009), 1988호(2011), 1989호(2011).

(ii) 위 13(a)(i)항에 의해 지정된 개인/단체 또는 그를 대리하거나
그 지시를 받아 행동하는 자가 직접적으로 또는 간접적으로 소유
하거나 통제하는 업체(undertaking).

(b) 안보리 결의 1267호(1999), 1988호(2011) 및 후속 결의안:

(i) 아프가니스탄의 평화와 안정, 안전에 위협이 되는 탈레반과 연
합하는 지정된 자, 다른 개인, 집단, 업체 또는 단체에 의한, 과
연결한, 의 이름 아래, 을 대신한, 또는 의 지원에 의한 행위들
또는 활동들을 위해 자금을 지원하고, 계획하고, 촉진하고, 준
비하고 또는 자행하는데 참여하는 개인 또는 단체; 그 집단에게
무기 또는 관련된 물질을 판매 또는 이전하는 개인 또는 단체;
그 집단을 위하여 사람을 모집하는 개인 또는 단체; 또는 그 집
단의 행위 또는 행위들을 다른 방식으로 지원하는 개인/단체;
또는

(ii) 위 13(b)(i)항에 의해 지정된 개인/단체 또는 그를 대리하거나
그 지시를 받아 행동하는 자가 직접적으로 또는 간접적으로 소
유하거나 통제하는 업체(undertaking).

(c) 안보리 결의 1373호(2001):

(i) 테러행위를 저지르거나 저지르는 것을 시도하는, 또는 테러행위
에 가담하거나 이의 발생을 조성하는 개인/단체;

(ii) 위 13(c)(i)항에 의해 지정된 개인/단체가 직접적으로 또는 간
접적으로 소유하거나 통제하는 단체; 또는

(iii) 위 13(c)(i)항에 의해 지정된 개인/단체를 대리하거나 또는 그
의 지시를 받아 행동하는 개인/단체.

다. 권고사항 6 평가방법론

확인과 지정

6.1   유엔 안보리결의 1267/1989호(Al Qaida) 및 1988호의 제재 체제(이하 "유

---

12) 결의 1617(2005)의 OP2는 알−카에다 또는 오사마 빈 라덴의 측근(associated)에 대한 기준
을 추가적으로 정의한다.

엔 제재 체제"라 한다)에 따른 지정과 관련하여, 각국은 다음 사항을 준수
해야 한다:

(a) 지정을 위해 1267/1989 위원회에 개인 또는 단체를 제안하는; 지정
    을 위해 1988 위원회에 개인 또는 단체를 제안하는 책임을 가진 권
    한당국 또는 법원을 확인;

(b) 관련 유엔안보리결의에 명시된 지정기준에 기초하여, 지정대상을 확
    인하기 위한 운영체계 구축;

(c) 지정을 위한 제안을 할 것인지 아닌지를 결정할 때에는 "합당한 근
    거" 또는 "합리적 이유"라는 증거의 구성 요소 기준을 적용. 이러한
    지정 제안이 형사소송의 존재를 조건으로 해서는 안 됨;

(d) 제재 명단을 추가하기 위해서는, 관련 위원회(1267/1989 위원회, 또는
    1988 위원회)에서 채택한 절차와 (유엔 제재 체제의 경우) 표준 형식을
    따르며; 그리고

(e) 가능한 한 지정 제안 대상자13)에 대한 풍부한 관련 정보를 제공하
    며; 지정을 위한 근거14)로 가능한 한 상세 내용의 사건 발표서(a
    statement of case)15)를 제공하고; 그리고 (1267/1989 위원회에 지정을 제
    안하는 경우), 지정을 요청한 국가라는 사실이 알려져도 되는지도 명
    시해야 함.

6.2 유엔안보리결의 1373호에 따른 지정에 있어, 각국은 다음 사항을 준수해
    야 한다:

(a) 국가 자신의 자발적 발의로, 또는 검토에서 적절한 것으로 판단된 다
    른 국가의 요청으로, 결의 1373호에 따른 지정의 구체적인 기준을 충
    족하는 개인 또는 단체의 지정을 책임지고 이행하는 권한당국 또는
    법원을 확인.

13) 특히 개인/그룹/업체/단체의 신원을 정확하고 명확하게 파악할 수 있도록 하는, 풍부하고 최
    대한 적합한 정보를, 그리고 가능하다면 인터폴이 특별통지(a Special Notice)를 발하기 위해
    필요한 정보를 충분히 제공.
14) 다음을 포함한다: 개인/단체가 해당 지정 기준에 부합한다는 결정을 지지하는 구체적인 정보;
    정보의 특성; 제공 가능한 뒷받침 정보 또는 자료; 제안된 피지정자와 기존 지정 개인 또는
    단체와의 어떤 연결에 관한 세부정보.
15) 이 사건 발표서는, 회원국이 기밀정보로 할 것을 관련 위원회(1267/1989 위원회 또는 1988
    위원회)에 요청한 부분을 제외하고는, 요청이 있을 때 배포 가능해야 한다.

(b) 유엔안보리결의 1373호에서 규정된 지정 기준에 근거하여, 지정 대상을 확인하기 위한 운영체계16)를 수립;

(c) 지정 요청을 받았을 때, 그 요청이 (초)국가적 법률 원칙에 따라, 제안된 지정 대상자가 결의 1373호에 따른 지정 기준을 충족한다고 믿거나 의심하는 것이 합당한 근거나 합리적 이유에 의해 지원되는지를 즉각적으로 결정;

(d) 지정(지정을 위한 제안)을 할 것인가를 결정17)할 때에, "합당한 근거" 또는 "합리적 이유"라는 증거의 구성 요소 기준을 적용. 그러한 지정(지정을 위한 제안)이 형사소송이 있는 것을 조건으로 해서는 안 됨; 그리고

(e) 동결체계에 의거하여 개시된 조치를 외국도 실행할 것을 요청하고자 하는 경우에는, 가능한 한 상세한 신원확인 정보와 지정을 지원하는 구체적인 정보를 제공

6.3 권한당국은 다음의 법적 권한과 그 절차 또는 운영체계를 보유해야 한다:

(a) 합리적인 이유·근거에 의한 의심 및 믿음을 바탕으로, 지정 기준을 충족하는 개인·단체를 확인하기 위한 정보 수집·요청; 그리고

(b) 확인되었고 지정(지정을 위한 제안)을 고려중인 개인·단체에 대해 일방적으로(*ex parte*, 사전통고 없이 그리고 일부 당사자의 참석 없이) 법적 절차를 운영.

동 결

6.4 각국은 정밀금융제재를 지체 없이(without delay) 이행해야 한다.18)

---

16) 이것은 외국이 결의 1373호(2001)의 자금동결 운영체계에 따라 취한 조치를 검토하여 적절한 경우 그 효력이 자국에서도 발생할 수 있도록 하는 권한과 효과적인 절차 및 운영체계를 가지는 것을 포함한다.

17) 각국은 개인 또는 단체를 지정하는 결정을 위하여 "합리적인 이유" 또는 "합리적인 근거"가 존재하는지 여부를 결정하고, 이어 동결체제에 따라 어떤 조치를 개시하는 결정을 위한 증거의 종류와 양에 관해서는 자국법의 체계에 따른 법적 기준을 적용하여야 한다. 이러한 적용은 제안된 지정이 국내에서 자발적 조치로 되었는지 또는 외국의 요청으로 제시되었는지는 아무런 관계가 없다.

18) 유엔안보리결의 1373호(2001)의 경우, 지체 없이 조치를 취해야 하는 의무는 국가가 자발적으로, 또는 다른 국가가 요청하였을 때 그 요청 대상이 국가가 적용 가능한 법적 원칙에 따라 결의 1373호에 의한 지정기준을 충족한다고 믿거나 의심할만한 정당한 이유나 근거가 있다고 판단한 경우 국가적 또는 초국가적으로 지정함으로써 발생한다.

6.5 각국은 다음 기준과 절차에 따라 필요한 법적 권한을 가져야 하고, 정밀 금융제재 이행 및 집행을 책임지는 국내 권한당국을 확인해야 한다:

(a) 각국은 국내의 모든 자연인과 법인에게 지정된 개인·단체의 자금 또는 기타 자산을 지체 없이, 그리고 사전통고 없이 동결할 것을 요구;

(b) 동결의무는 다음 사항에도 적용되어야 한다: (ⅰ) 특정 테러행위·계획 또는 위협과 연결될 수 있는 모든 자금·기타 자산뿐만 아니라, 지정 개인·단체가 소유 또는 통제하는 모든 자금·기타 자산; (ⅱ) 지정 개인·단체가 직접 또는 간접적으로 소유 또는 통제 중인 자금·기타 자산. 이러한 소유 또는 통제는 단독 소유·통제, 공동 소유·통제 여부 불문; (ⅲ) 지정 개인·단체가 직간접적으로 소유 또는 통제하고 있는 자금·기타 자산에서 비롯되거나 발생한 자금·기타 자산; (ⅳ) 지정 개인·단체를 대신하거나, 그들의 지시를 받는 개인·단체의 자금·기타 자산;

(c) 각국은 자국민 또는[19] 관할권 내의 어떤 개인·단체가, 지정된 개인·단체에게, 또는 지정된 개인·단체가 직간접적으로 보유하거나 통제하고 있는 단체에게, 또는 지정된 개인·단체를 대리하거나 그 지시를 받는 개인·단체에게 자금·기타 자산, 경제적 자원, 또는 금융 및 기타서비스를 전부 또는 부분적으로, 직접적으로 또는 간접적으로 제공하는 것을 금지해야 한다. 다만, 허가 또는 승인을 받았거나, 관련 유엔안보리결의에 따라 통보받은 경우는 제외된다.

(d) 각국은 금융기관과 DNFBPs에게 지정사항을 지체 없이 전달하고, 특히, 제재대상의 자금 또는 기타 자산을 보유하고 있을 수도 있는 금융기관과 DNFBPs를 포함한 다른 개인 또는 단체 등에게 동결 체계에 따라 조치를 취해야 할 의무에 대하여 명확한 지침을 제공하기 위한 운영체계를 구축해야 한다.

(e) 각국은 금융기관과 DNFBPs가 동결된 자산 현황 또는 유엔안보리결의의 금지 요건을 이행하는 과정에서 취해진 조치의, 미수거래를 포

---

19) 여기서 말하는 "또는"은 각국이 자국의 국민을 금지해야 할 뿐만 아니라 관할권 내에 있는 어떤 개인이나 단체이든지 금지해야 한다는 것을 의미한다.

함하여, 내용을 권한당국에 보고하도록 해야 한다.

(f) 각국은 권고사항 6에 따른 의무사항을 이행할 때, 선의의(*bona fide*) 제3자를 보호하기 위한 장치를 마련해야 한다.

명단 삭제, 동결 해제 및 동결 자금·기타 자산에 대한 접근 제공

6.6 각국은 지정기준을 충족하지 않는 개인·단체를 명단에서 삭제하고, 자금 또는 기타자산에 대한 동결조치를 해제하기 위한 공공에 알려진 절차를 보유해야 한다. 이러한 절차는 다음 사항들을 포함해야 한다:

(a) 유엔 제재에 따라 지정된 개인·단체가 지정기준을 충족하지 않는다고 판단될 경우, 관련 유엔 제재위원회에 지정 해제를 요청하는 절차. 동 절차와 기준은 *1267/1989 위원회* 또는 *1988 위원회*가 채택한 절차에 부합해야 한다[20];

(b) 유엔안보리결의 1373호의 지정기준을 더 이상 충족하지 않는 개인·단체의 명단을 삭제하고, 자금·기타 자산의 동결을 해제하기 위한 법적권한과 절차 또는 운영체계;

(c) 유엔안보리결의 1373호에 따른 지정과 관련하여, 지정에 대한 검토를 요청하는 경우, 법원 또는 다른 독립적인 권한당국으로부터 지정 결정을 검토(review)받는 것을 허용하는 절차;

(d) 유엔안보리결의 1988호에 따른 지정과 관련하여, *1988 위원회*에 의해 채택된 적용가능한 지침 또는 절차에 따라 *1988 위원회*에 의한 심사를 용이하게 받을 수 있도록 하는 절차. 이러한 절차는 유엔안보리결의 1730호에 따라 설립된 중심담당자 운영체계(the Focal Point mechanism: 안보리 제재위원회 소속으로 지정 삭제 요청을 접수·처리)의 절차도 포함해야 함;

(e) *Al Qaida 제재 명단*에 대한 지정과 관련하여, 지정된 개인·단체에게 유엔안보리결의 1904·1989·2083호에 따라 명단삭제 청원을 받는 *유엔 고충처리담당 사무소(United Nations Office of the Ombudsperson,* Al

---

20) *1267/1989 위원회*의 절차는 유엔안보리결의 1730; 1735; 1822; 1904; 1989; 2083과 후속 결의에서 기술하고 있다. *1988 위원회*의 절차는 유엔안보리결의 1730; 1735; 1822; 1904; 1988; 2082와 후속결의에서 기술하고 있다.

Qaida 제재명단 등재자 명단 삭제 요청의 공정한 처리를 위해 설치)를 활용할 수 있음을 알리는 절차;

(f) 지정된 개인·단체와 이름이 같거나 유사하여 의도치 않게 동결 운영체계의 영향을 받은 개인·단체가 지정된 자와 관련이 없다고 확인될 경우, 즉시 그 개인·단체의 자금·기타 자산의 동결을 해제하기 위한 공공에 알려진 절차;

(g) 지정·동결의 해제를 금융업계와 DNFBPs에 즉시 알리고, 제재대상의 자금 또는 기타 자산을 보유하고 있을 수도 있는 금융기관과 DNFBPs를 포함한 다른 개인 또는 단체 등에게 명단삭제 또는 동결해제 조치를 해야 할 의무에 대하여 적절한 지침을 제공하기 위한 운영체계

6.7 각국은 유엔안보리결의 1452호 및 후속결의에 합치하는 방법으로, 기본비용, 특정 수수료·비용·서비스요금, 또는 특별비용 지급을 위해 필요하다고 판단된 동결 자금·기타자산에 대한 접근을 허용해야 한다. 유엔안보리결의 1373호에 따라 지정된 개인·단체에 대해 동결조치가 취해진 경우에도, 동일한 이유로 자금·기타 자산에 대한 접근을 허용해야 한다.

권고사항 7. 확산금융 관련 정밀금융제재*

가. 권고사항 7 본문

각국은 대량살상무기 확산과 이를 위한 자금조달을 방지하고, 억제하며, 차단하는 것과 관련된 유엔안보리결의를 준수하기 위하여 정밀금융제재제도(targeted financial sanctions regimes)를 이행하여야 한다. 동 결의들은 각국으로 하여금 *유엔 헌장* 제Ⅶ장에 따라 유엔 안전보장이사회에 의해, 또는 유엔 안전보장이사회의 권한으로 지정된 자(any person)나 단체(entity)에 대해 그들의 자금 또는 다른 자산을 지체 없이 동결할 것과, 어떠한 자금이나 다른 자산이 직접적으로든 간접적으로든, 이들의 이익(benefit)에 또는 이익을 위해 이용되지 않도록 할 것을 요구한다.

나. 권고사항 7 주석

A. 목 적

1. 권고사항 7은 각국이 유엔안보리 결의안을 준수하기 위하여 정밀금융제재[21]를 이행할 것을 요구하고 있다. 그 결의는 각국이 대량살상무기(WMD) 확산 자금조달을 금지하고 차단하는 것에 관련된 유엔안전보장이사회 결의에 따라, 유엔 헌장 제Ⅶ장에 의거하여 지정된 어떤 자[22](any person)나 단체(entity)에 대해 그들의 자금 또는 다른 자산을 지체 없이 동결할 것과, 어떠한 자금이나 다른 자산이 그들의 이익(benefit)에 또는 이익을 위해 이용되지 않도록 할 것을 요구한다.[23]

2. 강조할 사항은 권고사항 7의 요구사항 중 어느 것도 대량살상무기 비확산 관련 국제조약 또는 안보리 결의안[24]에 따른 형사, 민사, 행정 사건 관련 수사 또는 소송과 관계되는 자금이나 기타 자산에 대한 기존의 조치를 대체하기 위함이 아니라는 점이다. 권고사항 7의 주안점은 확산조달자 또는 확산행위로 자금 또는 다른 자산이 흘러가는 것과 확산조달자 또는 확산에 의해 사용되는 것을 억제하는데 필요하고 특화된 예방조치이며 이는 유엔안전보장이사회(안보리)의 요구사항이다.

---

21) 권고사항 7은 정밀금융제재에 초점을 맞추고 있다. 그러나 관련된 유엔안보리결의들은 한층 더 넓고 다른 종류의 제재(여행 금지 등)와 다른 종류의 금융규정(특정 종류 행위의 금융 금지와 주의 규정 등)을 서술하고 있다. FATF는 다른 종류의 금융규정과 관련하여, 각국이 관련 유엔안보리 결의 이행에서 고려할 사항들을 권장하기 위하여 의무사항이 아닌(non-binding) 지침서를 발행하였다. 또한 FATF는 대량살상무기 확산금융과 관련된 정밀금융제재와 관련하여, 유엔안보리 결의 사항들 이행에서 고려할 사항들을 권장하기 위하여 의무사항이 아닌(non-binding) 지침서를 발행하였다.

22) 자연인이나 법인,

23) 권고사항 7은 대량살상무기 확산금융과 관련하여 정밀금융제재를 적용하는 모든 안보리결의들과 미래의 후속 결의들, 그리고 대량살상무기 확산금융과 관련하여 정밀금융제재가 부과되는 어떤 미래 유엔안보리결의들에도 적용된다. 이 주석을 발행하는 시점(2012년 2월)에서 대량살상무기 확산금융과 관련하여 정밀금융제재가 부과되는 유엔안보리결의들은 다음과 같다: 결의 1718호(2006), 1737호(2006), 1747호(2007), 1803호(2008), 1874호(2009), 1929호(2010).

24) 예를 들면 핵 비확산조약, 생물학적/독성 무기협약, 화학무기협약, 유엔안보리결의 1540호(2004) 등이 있다. 이들 협약/결의의 의무사항은 권고사항 7과 그 주석에서 규정된 의무사항과 분리되며, 별개로 존재한다.

B. 지 정

3.　지정은 관련 결의의 부속서로 안전보장이사회가 하거나, 또는 이러한 결의에 의해 설치된 안보리 산하 위원회가 한다. 유엔회원국에게 관련 안보리 위원회에 지정을 제안할 의무가 특별히 부과되지는 않는다. 그러나 위원회들은 실질적으로 회원국들의 지정 요청에 주로 의존한다. 안보리 결의 1718호(2006) 및 1737호(2006)는 동 결의에서 부과한 조치들의 이행을 촉진하기 위하여 필요한 때에는 관련 위원회가 지침(guidelines)을 공표하여야 한다고 규정하고 있다.

4.　각국은 대량살상무기 확산자금조달과 관련하여 정밀금융제재를 부과하는 안보리 결의에 따라 개인 및 단체의 지정을 안보리에 제안할 수 있는 권한 및 효과적인 절차 또는 운영체계를 수립하는 것을 고려할 수 있다. 이를 위해 각국은 다음 요소들을 고려할 수 있다.

　(a) 다음의 책임을 갖는 행정 또는 사법의 권한당국을 확인(identifying):

　　(i) 당국이 지정기준을 뒷받침하는 충분한 증거가 있음을 믿고 이를 결정한 경우, 결의 1718호(2006) 및 후속 결의25)에 명시된 특정 기준을 충족하는 개인 또는 단체의 지정을 1718 제재위원회에 제안(관련 안보리 결의의 구체적인 지정 기준은 'E' 참조); 그리고

　　(ii) 당국이 지정기준(관련 안보리 결의의 구체적인 지정 기준은 절 '**E. 유엔의 지정 기준**' 참조)을 뒷받침하는 충분한 증거가 있음을 믿고 이를 결정하는 경우, 결의 1737호(2006) 및 후속 결의26)에 명시된 기준을 충족하는 개인 또는 단체를 적절히 지정할 수 있도록 1737 제재위원회에 제안;

　(b) 결의 1718호(2006), 1737호(2006) 및 후속결의에 명시된 지정 기준(관련 안보리 결의의 구체적인 지정 기준은 '**E. 유엔의 지정 기준**' 참조)에 근거하여 지정할 대상자를 확인하는 운영체계를 보유. 이러한 절차는

---

25) 권고사항 7은 결의 1718호(2006) 관련 모든 현행 그리고 미래 후속결의에 적용된다. 이 주석을 발행하는 시점(2012년 2월)에서 결의 1718호(2006) 후속 결의는 결의 1874호(2009)이다.

26) 권고사항 7은 결의 1737호(2006) 관련 모든 현행 그리고 미래 후속결의에 적용된다. 이 주석을 발행하는 시점(2012년 2월)에서 결의 1737호(2006) 후속 결의는 결의 1747호(2007), 1803호(2008), 1929호(2010)이다.

적용 가능한 (초)국가적 원칙에 따라 지정 제안을 위한 합리적 이유 또는 합리적 근거가 존재하는지 여부를 결정하는 것이어야 한다.

(c) 합리적 이유, 또는 의심하거나 믿을만한 합리적 근거를 바탕으로, 관련 안보리 결의의 지정 기준을 충족하는 개인과 단체를 확인하기 위해 가능한 한 많은 정보를 모든 관련 출처로부터 수집하거나 요청할 수 있는 적절한 법적권한과 절차 또는 운영체계를 보유.

(d) 지정 제안을 할 것인가를 결정할 때는 본 주석 '**E. 유엔의 지정 기준**'의 기준을 고려. 지정을 제안할 때에, 각국의 권한당국은 인권, 법의 지배 존중, 선의의 제3자의 권리 인정 등을 고려하는 등 자국 법률체계의 법적 기준을 적용한다.

(e) 결의 1718호(2006)와 후속결의 또는 결의 1737호(2006)와 후속결의에 따라, 1718 제재위원회 또는 1737 제재위원회에게 대상자 명단을 제시할 때에는 다음 항목에 대해 가능한 한 상세한 정보를 제공:

(ⅰ) 제안된 자의 성명, 특히 개인/법인 및 단체의 신원을 정확하고 확실하게 파악할 수 있도록 하기 위한 충분한 신원확인 정보; 그리고

(ⅱ) 개인/법인 및 단체가 관련 지정 기준(관련 안보리 결의의 구체적인 지정 기준은 '**E. 유엔의 지정 기준**' 참조)을 충족한다는 결정을 지원하는 구체적인 정보.

(f) 확인되었거나 지정 제안이 검토되고 있는 개인/법인 또는 단체에 대해 필요시 일방적으로 조치를 할 수 있는 절차를 보유.

C. 지정된 개인 및 단체의 자금 또는 기타 자산 동결 및 거래금지

5. 각국은 지정된 개인 및 단체에 대해 지체 없이 정밀금융제재를 이행할 의무가 있다:

(a) 결의 1718호(2006) 및 후속결의의 경우, 안전보장이사회가 관련 결의 부속서에서 지정하거나 1718 제재위원회가 지정한 개인/단체.

(b) 결의 1737호(2006) 및 후속결의의 경우, 안전보장이사회가 관련 결의 부속서에서 지정하거나 1737 제재위원회가 지정한 개인/단체.

이는 위 제재위원회들이 유엔 헌장 제Ⅶ장의 권한에 의거하여 지정한 경
우이다.

6. 　각국은 다음 기준 및 절차에 따라 필요한 법적 권한을 정립하고, 정밀금
　　융제재의 도입과 실행을 책임지는 국내 권한당국을 확인해야 한다.

(a) 각국[27]은 국내 모든 자연인 및 법인이 지정된 개인/단체의 자금이나
　　기타 자산을 지체 없이, 그리고 사전 경고 없이 동결하도록 요구하여
　　야 한다. 이러한 의무는 다음에 대해서도 적용된다: 특정 행위, 계획
　　또는 확산 위협과 연결된 자금/자산뿐만 아니라, 지정된 개인/단체가
　　보유하고 통제하는 모든 자금 및 기타 자산; 지정된 개인/단체가 직
　　간접적으로 완전히 또는 부분적으로 보유 및 통제하는 모든 자금 및
　　기타 자산; 지정된 개인/단체가 보유하거나 통제하는 자금 및 기타
　　자산으로부터 파생/발생한 자금 및 기타 자산; 지정된 개인/단체를
　　대리하거나 그 지시를 받는 개인/단체의 자금 또는 기타 자산.

(b) 각국은 국민 또는 관할 영역 내 어떤 개인 또는 단체가 지정된 개인/
　　단체의 이익을 위해 자금/기타 자산을 활용하는 것을 금지해야 한다.
　　그러나 허가 또는 승인을 받았거나 관련 안보리 결의(아래 절 'E' 참
　　조)에 따라 통지 받은 경우는 예외이다.

(c) 각국은 금융기관 및 DNFBPs에 지정사항을 지체 없이 전달하고 특히
　　제재 대상인 자금이나 기타 자산을 보유한 금융기관나 DNFBPs 등에
　　게 동결 운영체계에 따라 조치를 취할 의무에 대해 명확한 지침을 제
　　공하기 위한 운영체계를 가져야 한다.

(d) 각국은 금융기관 및 DNFBPs[28]가 관련 안보리 결의의 금지사항에
　　따라 자금 동결 또는 다른 조치에 등 권한당국에 보고하도록 하고,
　　관할당국이 이러한 정보를 효과적으로 사용할 수 있도록 해야 한다.

(e) 각국은 권고사항 7에 따른 의무사항을 이행할 때, 선의의 제3자의 권

---

27) 권고사항 7에서는 초국가 법적실체인 유럽연합(EU)의 경우 다음과 같이 EU법을 적용한다.
　　지정된 개인과 단체의 자산은 EU규정과 후속개정 규정에 의해 동결된다. EU회원국들은 그
　　동결을 이행하기 위해 추가적인 조치를 해야 할 수도 있으며, EU 내 모든 자연인과 법인은
　　동결을 존중하고 지정된 개인과 단체에게 어떠한 자산도 활용 가능하지 않도록 해야 한다.
28) 안보리결의들은 국가 내에 있는 모든 자연인과 법인들에게 적용된다.

리를 보호하는 효과적인 조치를 채택해야 한다.

(f) 각국은 금융기관 및 DNFBPs의 권고사항 7의 의무사항을 규정한 법률과 강제수단 등의 준수 여부를 감독(monitoring)하고 보장하기 위한 적절한 조치를 취해야 한다. 법률 등을 이행하지 않을 경우 민사, 행정, 또는 형사상 제재를 부과하여야 한다.

D. 지정 해제, 동결 해제, 동결 자금 및 기타 자산에 대한 접근 제공

7. 각국은 더 이상 지정 기준을 충족하지 않는 지정자 및 지정단체에 대한 지정 해제 요청을 안보리에 제출할 수 있는 공개적인 절차를 마련하고 이행해야 한다. 제재 위원회가 지정을 해제한 후에는 더 이상 자금동결 조치를 취할 의무가 발생하지 않는다. 이러한 절차와 기준은 결의 1730호(2006) 및 후속결의에 따라 채택된 해당 가이드라인 및 절차에 부합해야 한다. 각국은 결의 1730호(2006)에 따라 지정된 개인/단체가 중심담당자(Focal Point)에게 지정을 해제해달라는 청원을 할 수 있도록 하거나, 지정된 개인/단체가 중심담당자(Focal Point)에게 직접 청원할 수 있도록 알려주어야 한다.

8. 지정된 개인/단체와 같거나 유사한 이름을 가져 동결 운영체계에 의해 의도치 않게 영향을 받는 개인/단체에 대해 (예, 긍정오류 등), 각국은 지정된 개인/단체가 아님을 확인한 후, 자금 및 기타 자산 동결을 시의 적절하게 해제하기 위한 공개적인 절차를 마련하고 이행해야 한다.

9. 각국은 결의 1718호(2006) 및 1737호(2006)에 명시된 면책 조건에 해당한다는 것을 확인한 경우에는, 명시된 절차에 따라 자금이나 기타 자산에 접근할 수 있는 권한이 있어야 한다.

10. 각국은 결의 1718호(2006) 또는 1737호(2006)에 따라 동결된 계좌에 제재가 부과되기 이전에 발생한 수익 또는 계약지급금 등이 추가되는 것을 허용하되, 이 또한 동결 대상이다.

11. 결의 1737호(2006)에 따른 동결조치는 지정된 개인/단체가 지정되기 이전에 체결한 다음과 같은 계약상의 대금 납부는 막지 못한다:

(a) 관련국이 판단했을 때, 계약이 해당 안보리 결의 상 금지된 물건, 재

료, 장비, 재화, 기술, 원조, 교육, 재정지원, 투자, 중개, 또는 서비스
와 관련 없는 경우;

(b) 관련국이 판단했을 때, 결의 1737호(2006)에 따라 지정된 개인/단체
가 직접적으로 또는 간접적으로 계약금을 받지 않을 경우; 그리고

(c) 관련국이 이러한 송금이나 수취, 또는 자금 및 기타 금융자산이나 경
제적 자원 등을 허용할 의도를 근무일 기준으로 공식 허가 10일 전에
1737 제재위원회에 사전통보 했을 경우.[29]

12. 각국은 지정 및 동결 해제를 금융기관과 DNFBPs에 즉각 알릴 수 있고
특히 금융기관 및 DNFBPs를 포함한 기타 개인/단체가 해제 조치를 따르
기 위한 적절한 지침을 제공할 수 있는 운영체계가 있어야 한다.

E. 유엔의 지정 기준

13. 유엔안보리결의에 명시된 지정 기준은 아래와 같다.

(a) 결의 1718호(2006):

(i) 조선민주주의인민공화국(이하 '북한')의 핵−관련, 여타 WMD−
관련, 그리고 탄도미사일−관련 프로그램에 연루된 개인 또는
단체;

(ii) 북한의 핵−관련, 여타 WMD−관련, 그리고 탄도미사일−관련
프로그램을 불법수단 등으로 지원하는 개인 또는 단체;

(iii) 위 (a)(i) 및 (a)(ii)에서 지정된 개인 또는 단체를 대리하거나
그 지시를 받는 개인 또는 단체[30]; 또는

(iv) 위 (a)(i) 및 (a)(ii)에서 지정된 개인 또는 단체가 직간접적으
로 보유 또는 통제하는 법인 또는 단체.[31]

(b) 결의 1737호(2006), 1747호(2007), 1803호(2008) 및 1929호(2010):

(i) 이란의 핵확산 민감 핵 활동이나 핵무기 운반체계 개발에 종사

---

29) 지정된 개인 또는 단체가 금융기관인 경우, 관할국은 2007년 9월 채택된 *대량살상무기 확산
방지를 위한 유엔안보리 결의의 금융조항의 이행*에 대한 부속서로서 발행된 FATF 지침서
(Guidance)를 고려하여야 한다.
30) 이들 개인 또는 단체의 자금 또는 재산은 위원회에 의해 구체적으로 지정되었는지 아닌지에
관계없이 동결된다.
31) 위와 같다.

하는 개인 또는 단체.

(ⅱ) 이란의 핵확산 민감 핵 활동이나 핵무기 운반체계 개발과 직접
적으로 관련되거나 지원을 제공하는 개인 또는 단체;

(ⅲ) 위 (b)(ⅰ) 및 (b)(ⅱ)의 개인, 단체 또는 이들이 보유하거나 통
제하는 단체를 대리하거나 그 지시를 받는 개인 또는 단체;

(ⅳ) S/RES/1929(2010)에 따라 지정된 이슬람혁명수비대의 개인 및
단체를 대리하거나 그 지시를 받는 개인 또는 단체;

(ⅴ) S/RES/1929(2010)에 따라 지정된 이슬람혁명수비대의 개인 및
단체에 의해, 불법수단을 통한 것을 포함하여, 소유 또는 통제
되는 단체32);

(ⅵ) S/RES/1929(2010)에 따라 지정된 이란국영선사(IRISL)의 단체를
대리하거나 그 지시를 받는 개인 또는 단체;

(ⅶ) S/RES/1929(2010)에 따라 지정된 이란국영선사(IRISL)의 단체가,
불법수단을 통한 것을 포함하여, 소유·통제하는 단체; 또는

(ⅷ) 지정된 개인 또는 단체가 안보리결의 1737호(2006), 안보리결의
1747호(2007), 안보리결의 1803호(2008) 또는 안보리결의 1929호
(2010)의 규정을 위반하여 제재를 피하는 것을 도운 것으로 유
엔 안전보장이사회 또는 관련 위원회가 결정한 개인 또는 단체.

다. 권고사항 7 평가방법론

7.1 각국은 유엔 헌장 제Ⅶ장에 따라 채택된 대량살상무기 확산과 이에 대한
자금조달의 방지·억제·중단에 관한 유엔 안보리결의 준수를 위해 지체
없이 정밀금융제재를 이행해야 한다.33)

7.2 각국은 정밀금융제재의 권한당국을 확인하고, 정밀금융제재 이행·집행
에 필요한 법적권한을 제공한다. 이를 위해 다음 기준과 절차를 따라야

---

32) 위와 같다.
33) 권고사항 7은 대량살상무기 확산금융과 관련하여 정밀금융제재를 적용하는 모든 안보리결의
들과 미래의 후속 결의들, 그리고 대량살상무기 확산금융과 관련하여 정밀금융제재가 부과되
는 어떤 미래 유엔안보리결의들에도 적용된다. 이 방법론을 발행하는 시점(2013년 2월)에서
대량살상무기 확산금융과 관련하여 정밀금융제재가 부과되는 유엔안보리결의들은 다음과 같다:
결의 1718호(2006), 1737호(2006), 1747호(2007), 1803호(2008), 1874호(2009), 1929호(2010).

한다:

(a) 각국은 국내 모든 자연인과 법인에게 지정된 개인·단체의 자금 또는 기타 자산을 지체 없이, 그리고 사전통지 없이 동결할 것을 요구;

(b) 동결의무는 다음 사항에도 적용되어야 한다: (ⅰ) 특정 WMD확산의 행위·계획 또는 위협과 연결될 수 있는 모든 자금·기타 자산뿐만 아니라, 지정된 개인·단체가 소유·통제하는 모든 자금·기타 자산; (ⅱ) 지정 개인·단체가 직접적으로 또는 간접적으로, 전체적으로 또는 부분적으로 소유·통제하는 자금·기타 자산; (ⅲ) 지정 개인·단체가 직간접적으로 소유·통제하는 자금·자산에서 비롯하거나 발생한 자금·기타 자산; (ⅳ) 지정 개인·단체를 대리하거나, 그 지시를 받는 개인·단체의 자금·기타 자산.

(c) 각국은 자국민 또는 관할권 내의 개인·단체가 지정된 개인·단체를 위해, 자금·기타자산을 이용할 수 있도록 하는 것을 차단(prevent)해야 한다. 다만, 허가 또는 승인을 받았거나, 관련 유엔안보리결의에 따른 통지를 받은 경우는 제외한다.

(d) 각국은 금융기관 및 DNFBPs에게 지정사항을 지체 없이 전달하고, 특히, 제재대상 자금 또는 기타 자산을 보유하고 있을지도 모를 금융기관·DNFBPs 등에게 동결 운영체계에 따라 조치를 취해야 할 의무에 대해 명확한 지침을 제공하는 운영체계를 구축해야 한다.

(e) 각국은 금융기관과 DNFBPs가 동결된 자산 현황 또는 유엔안보리결의의 금지 요건을 이행하는 과정에서 취해진 조치의, 미수거래를 포함하여, 내용을 권한당국에 보고하도록 해야 한다.

(f) 각국은 권고사항 7에 따른 의무사항을 이행할 때, 선의의(*bona fide*) 제3자를 보호하기 위한 장치를 마련해야 한다.

7.3 각국은 금융기관 및 DNFBPs이 권고사항 7의 의무를 규정한 법률과 강제수단 등의 이행을 감독(monitoring)하고, 명확히 이행하도록 하는 적절한 조치를 취해야 한다. 법률 등을 이행하지 않을 경우 민사, 행정, 또는 형사상 제재를 부과하여야 한다.

7.4 각국은 지정된 개인·단체가 더 이상 지정기준을 충족하지 않는다고 판

단할 경우, 안보리에 명단 삭제를 요청하기 위한 공지된 절차[34]를 마련·이행해야 한다. 이는 다음의 사항을 포함해야 한다:

(a) 지정된 개인·단체가 유엔안보리결의 1730호에 따라 설립된 중심담당자(Focal Point)에게 지정 해제를 청원할 수 있도록 하거나, 지정된 개인·단체가 중심담당자(Focal Point)에게 직접 청원할 것을 알려줄 것;

(b) 지정된 개인·단체와 이름이 동일·유사하여, 의도치 않게 동결 운영체계의 영향을 받은 개인·단체가 지정된 자와 관련이 없다고 확인될 경우, 그 개인·단체의 자금·기타 자산의 동결을 해제하기 위한 공지된 절차;

(c) 유엔안보리결의 1718호, 1737호가 규정한 절차에 따른 면제 조건이 충족될 경우, 자금·기타 자산에 대한 접근을 허용;

(d) 지정·동결의 해제를 금융업계와 DNFBPs에게 즉시 알리고, 제재대상의 자금 또는 기타 자산을 보유하고 있을 수도 있는 금융기관과 DNFBPs를 포함한 다른 개인 또는 단체 등에게 명단삭제 또는 동결해제 조치를 해야 할 의무에 대하여 적절한 지침을 제공하기 위한 운영체계.

7.5 정밀금융제재 대상 계좌에 제재가 부과되기 이전에 발생한 계약, 합의 또는 의무에 대해서는 다음 원칙을 적용한다:

(a) 각국은 유엔안보리결의 1718호·1737호에 따라 동결된 계좌에, 제재가 부과되기 이전에 발생한 수익 또는 계약지급금 등이 추가되는 것을 허용. 다만, 이러한 추가 수익 등도 동결 대상;

(b) 유엔안보리결의 1737호에 따른 동결조치는 지정된 개인·단체가 지정되기 이전에 체결한 다음과 같은 계약상의 대금 지급은 금지해서는 안 된다: (ⅰ) 관련국이 판단했을 때, 계약이 관련 유엔안보리결의에서 금지하고 있는 물건, 재료, 장비, 재화, 기술, 원조, 교육, 재

---

34) 그러한 절차와 기준은 결의 1730호(2006) 및 후속결의에 따라 채택된, 특히 그 결의 아래 설치된 중심담당자(Focal Point)의 청원절차를 포함하여, 해당 가이드라인 및 절차에 부합해야 한다.

정지원, 투자, 중개 또는 서비스와 무관한 경우; (ⅱ) 관련국이 판단했을 때, 유엔안보리결의 1737호에 따라 지정된 개인·단체가 직접적으로 또는 간접적으로 계약금을 수령하지 않는 경우; (ⅲ) 관련국이 이러한 지불의 지급·수취, 또는 자금·기타금융자산 또는 경제적 자원의 동결 해제를 허가하겠다는 의도를 1737 제재위원회에 사전 통보한 경우. 단, 이러한 사전 통보는 공식 허가일로부터 10 근무일 이전에 이뤄져야 함.

권고사항 8. 비영리조직*35)

가. 권고사항 8 본문

각국은 테러자금조달에 악용될 수 있는 취약성을 가진 것으로 확인된 비영리조직에 관련된 법률과 규정의 적절성을 검토하여야 한다. 각국은 그러한 비영리조직의 다음을 포함한 테러자금조달에의 악용으로부터 보호하기 위하여, 그들에 대해 위험기반접근법에 따라 초점을 맞춘(focused), 그리고 비례적인(proportionate) 조치를 적용하여야 한다:

(a) 테러조직을 합법적 단체로 가장하기 위한 수단으로 활용됨으로써;

(b) 자산동결조치를 회피하려는 목적 등을 포함하여, 합법적인 단체를 테러자금조달을 위한 통로로 활용하는 것에 의하여; 그리고

(c) 합법적 목적의 자금을 테러조직에게 은밀하게 유용한 사실을 감추거나 은폐(obscure)하는 수단으로 활용되는 것에 의하여.

나. 권고사항 8 주석

A. 개 요

1.　FATF는 비영리조직(non-profit organizations, NPOs)이 국가에 따라 다양한 법률적 형태를 가질 수 있음으로 고려하여 NPO에 관한 기능적 정의(a functional definition)를 채택하였다. 이 정의는 단순히 비영리로 활동하

---

35) (역자 주) FATF는 2016년 6월 FATF 부산 총회에서 권고사항 8과 그 주석을 개정하였다. 여기 실린 권고사항 8의 본문과 주석은 이를 반영한 것이다.

고 있다는 사실에 기초하기보다는 테러자금조달 악용 위험에 노출된 조직의 활동과 특성에 기반하고 있다. 이 권고사항에서 NPO라고 하면 자선의, 종교적, 문화적, 교육적, 사회적, 또는 형제애의 목적을 위해, 또는 다른 종류의 "좋은 일들(good works)"을 수행하기 위해 자금을 모금하거나 분배하는 활동에 주로 종사하는 조직이나 법인 또는 법적 실체를 말한다. 이 권고사항은 FATF에서 NPO로 정의하는 범주 내에 들어가는 NPO들에 대해서만 적용된다. 이 권고사항은, 권고사항 1과 관계없이, FATF의 정의 내에 포함되는 NPO들에 대해서만 적용되며, 세계 전체의 NPO들에게는 적용되지 않는다.

2. 비영리조직(NPO)은 세계 및 국가 경제와 사회 체제에서 중요한 역할을 수행한다. 비영리조직의 노력은 전 세계에 도움이 필요한 사람들에게 필수적인 서비스를 제공하고 위안과 희망을 줌으로써 정부와 민간 부문의 활동을 보완한다. FATF는 먼 지역에서 종종 도움을 필요로 하는 사람들에게 도움을 제공하는 어려움뿐만 아니라 이러한 중요한 자선활동 봉사를 제공하는 NPO 공동체의 지극한 중요성을 인정하며, 그러한 필요를 충족시키려는 NPO 공동체의 노력에 찬사를 보낸다. FATF는 또한 NPO 공동체가 그들의 활동에 대한 내부 투명성을 강화하고, 그 분야가 테러자금조달과 테러조직을 지원하려는 사람들에 의해 악용되는 것을 방지하기 위하여, 급진화와 폭력적 극단주의를 그만두게 하는 프로그램 개발 등의 활동을 포함하여, 지금까지 의지를 갖고 노력을 기울여 왔음을 인정한다. 테러자금조달에 대응한 지속적인 국제적 금지 활동을 통하여 몇몇 사례가 확인되었는데, 테러리스트와 테러조직이 자금의 모집 및 이동, 병참 지원, 테러리스트 모집, 테러조직 및 활동에 대한 다른 방식의 지원 등을 위해 그 분야의 일부 NPO를 부당하게 이용하는 것이다. 심지어 이러한 목적을 위해서 가짜 자선단체를 만들거나 또는 허위의 모금활동에 관여하는 사례도 있었다. 이와 같은 NPO 부문의 악용은 테러 행위를 용이하게 할 뿐만 아니라, 기부자의 신뢰를 약화시키고 NPO의 도덕성을 위태롭게 한다. 따라서 테러리스트의 자금조달에 악용되는 것으로부터 NPO 부문을 보호하는 것은 테러리즘에 대항하는 국제적 노력의 중

요한 부분이며 NPO와 기부 공동체의 도덕성 유지를 위한 필수적인 조치라고 할 수 있다. 잠재적 테러자금조달 악용으로부터 NPO들을 보호하기 위한 조치들은 위험기반접근법에 따라 초점이 맞춰진(targeted) 것들이어야 한다. 또한 그러한 조치들이 UN 헌장과 국제 인권 법률에 따른 각국의 의무를 존중하는 방식으로 시행되도록 하는 것도 중요하다.

3.   일부 NPO는 여러 가지 이유로 테러리스트의 자금조달에 의해 악용되는 것에 취약할 수 있다. NPO는 대중의 신뢰를 바탕으로 상당한 규모의 자금에 접근할 수 있으며, 현금유동성이 매우 높다. 더 나아가, 일부 NPO는 주로 테러 위험이 매우 큰 지역 내 또는 근처에서 국가 및 국제적인 활동과 금융거래에 대한 기반(framework)을 제공할 수 있는 국제적 입지(a global presence)를 가지고 있기도 하다. 일부의 경우에는 테러조직들이 일부 NPO 부문에 침투하기 위해, 자금과 활동을 테러활동을 은폐하거나 지원하는데 악용하기 위해 이러한 그리고 다른 특성들을 이용하여 왔다.

B. 목표 및 일반 원칙

4.   권고사항 8의 목적은 테러 조직에 의해 NPO들이 다음의 목적으로 악용되지 않도록 하는 것을 명확히 하는 것이다: (i) 합법적인 단체로 가장; (ii) 자산동결 조치 회피 등의 목적으로 테러자금조달의 수단이 되는 합법적인 기관을 이용; (iii) 합법적인 목적으로 사용되어야 하는 자금을 테러 목적으로 비밀리에 유용한 사실을 은폐. 본 주석서에서 이와 같은 목표를 달성하기 위해 채택한 접근법은 아래 일반 원칙에 기초한다:

(a) NPO들에 대한 확인된 테러자금조달 악용 위협을 다루는데 있어, 개별 국가들의 분야별 다양성, 개별 부문의 테러리스트 자금조달 악용에의 취약할 수 있는 가능성 정도의 차이, 합법적인 자선 사업의 활성화에 대한 필요성, 테러자금조달 금지를 위한 각국의 제한된 가용자원 및 권한 등을 고려할 때, 위험기반 정밀 접근법(a risk-based targeted approach)을 채택하는 것은 필수적(essential)이다.

(b) NPO가 테러자금조달에 악용되는 것에 대한 국가적 대응책을 개발함에 있어 유연성을 유지하는 것은 테러자금조달 위협의 변화하는 특

성에 맞춰 대응책을 더욱 발전시킬 수 있도록 하므로 필수적이다.

(c) 각국은 테러리스트와 테러조직들이 과거부터 그리고 지속적으로 NPO들을 악용하는 것에 대응하여 그 분야를 그러한 악용으로부터 보호하기 위한 효과적이고 비례적인 조치들을 적용(adopt)하여야 한다. 그러한 조치들은 위험기반접근법을 통하여 확인된 위험에 상응(commensurate)하여야 한다.

(d) NPO 부문이 테러리스트에 의해 악용되는 것을 보호하기 위해 각국이 채택한 조치가 합법적인 자선활동을 방해하거나 저해해서는 아니된다. 오히려 그러한 조치들을 통해 NPO 부문의 투명성이 제고되고, 기부자와 대중들로부터 자선기금 및 서비스가 적법한 수혜자에게 제공된다는 신뢰를 보다 높일 수 있도록 하여야 한다. NPO들의 관리 및 운영과 관련하여 투명성, 도덕성, 대중의 신뢰 수준을 높이기 위한 제도는 그들이 테러자금조달에 악용되지 않게 하는데 없어서는 안 될 요소이다.

(e) 각국은 테러리스트나 테러조직에 의해 이용되거나 또는 그들을 적극적으로 지원하는 NPO들을 확인하고, 그들에 대응하여, 구체적인 사례들을 고려하여, 효과적이고 비례적인 조치를 하여야 한다. 각국이 취하는 조치의 목적은 적절한 방식으로 테러자금조달과 다른 형태의 테러리스트 지원을 금지하고 기소하기 위한 것이어야 한다. 테러자금조달 또는 다른 형태의 테러리스트 지원이 의심되는 또는 그러한 행위에 연루된 NPO들이 확인된 경우, 각국이 우선적으로 취해야 할 조치는 그러한 테러자금조달 또는 지원을 수사하고 중지시키는 것이다. 이러한 목적으로 취해진 조치를 통해 자선사업 관련 선의의 적법한 수혜자에게 발생할 수 있는 부정적인 영향을 합리적인 수준으로 예방하여야 한다. 그러나 이러한 수혜자 보호조치가 NPO에 의한 테러자금조달 및 기타 형태의 테러 지원을 즉각적이고 효과적으로 중지시키기 위한 조치에 우선할 수는 없다.

(f) 공공 및 민간 부문들과, NPO들과 협조적 관계를 발전시키는 것은 이 부문이 테러리스트에게 악용되는 것을 방지하기 위해 인식과 역량을

제고하는데 매우 중요하다. 각국은 테러자금조달 관련 문제를 다루기 위해 NPO에 대한 학술연구 및 정보공유를 장려해야 한다.

C. 조   치

5. 각국은, 권고사항 1의 요구사항과 관계없이, 모든 NPO들이 본래부터 고위험인 것은 아니기 때문에 (그리고 일부는 위험이 거의 없거나 전혀 없을 수도 있다), 조직들의 어느 부분이 FATF가 정의한 NPO 범주에 속하는지를 확인하여야 한다. 각국은 이러한 평가를 수행할 때에, 테러리스트 자금조달에 악용될 위험에 처해 있는 NPO들의 특징(features)과 유형(types)을, 그들의 행위(activities) 또는 특성들(characteristics)을 통해 확인하기 위하여, 가용한 모든 정보의 원천[36]을 활용하여야 한다. 테러리스트 분자들이 위험에 처해 있는 NPO들을 어떻게 악용하는지 뿐만 아니라 이들 NPO들에게 테러리스트 조직에 의해 가해지는 위협의 본질(the nature of threats)을 확인하고 것 역시 결정적으로 중요하다. 각국은, NPO 분야에서 확인된 위험에 대응하여 비례적이고 효과적인 조치들을 할 수 있도록 하기 위하여, 테러리스트 자금조달 지원을 위해 악용될 수도 있는 NPO 분야에 관련된 조치들의, 법률과 규정을 포함하여, 적절성에 대해 검토하여야 한다. 이러한 검토는 다양한 형태로 이뤄질 수 있으며, 기록된 결과물일 수도 있고 그렇지 않을 수도 있다. 각국은 또한 조치들의 효과적 이행을 명확히 하기 위해 NPO의 테러활동 관련 잠재적 취약성에 대한 새로운 정보를 검토함으로써 NPO 부문을 주기적으로 재평가해야 한다.

6. 테러리스트에 의한 NPO의 악용을 파악하고 예방하며 퇴치하는 데는 다양한 접근방법이 있다. 효과적인 접근법은 다음의 4가지 요소를 모두 포함하여야 한다: (a) NPO에 대한 교육(outreach), (b) 감독 또는 감시(monitoring), (c) 효과적인 수사와 정보 수집, 그리고 (d) 효과적인 국제협력 운영체계 등. 아래 조치들은 각국의 NPO 부문이 테러자금조달에 악용되는 것으로부터 보호하기 위해 이러한 요소들 각각에 대해 취해야 할 구체적인 활동을 대표한다.

---

36) 예를 들면, 그러한 정보는 규제당국, 조세당국, FIU, 기부단체, 법집행기관, 정보기관 등에 의해 제공될 수 있다.

(a) NPO 부문에 대한 테러자금조달 관련 교육(outreach)

(ⅰ) 각국은 NPO들의 행정과 관리 영역에서 투명성과 도덕성 및 대중의 신뢰를 제고하기 위한 분명한 정책을 수립해야 한다.

(ⅱ) 각국은 NPO들의 테러리스트 자금조달에 악용될 잠재적 취약성과 테러자금조달 위험, 그리고 그러한 악용에 대응하여 그들 자신들을 보호하기 위해 NPO들이 취할 수 있는 조치들에 대해, 기부자 공동체들뿐만 아니라 NPO 분야에서 인식을 높이고 심화하는 활동과 교육 프로그램을 장려하고 실시해야 한다.

(ⅲ) 각국은 NPO의 테러자금조달 관련 위험과 취약성에 대응하고 이를 통해 테러리스트 자금조달의 악용으로부터 NPO 부문을 보호하기 위한 모범사례를 개발하고 발전시켜 가기 위한 노력을 NPO 부문과 함께 추진해야 한다.

(ⅳ) 각국은 금융 분야의 능력 수준이 국가별로 그리고 긴급한 자선 활동 및 인도주의적인 배려가 필요한 다양한 지역에 따라 다르다는 점을 명심하면서, NPO가 가능한 한 거래를 규제대상 금융권 채널을 통해 수행하도록 장려해야 한다.

(b) NPO들에 대한 정밀 위험기반 감독 또는 감시(monitoring)

각국은 효과적인 감독 또는 감시를 위한 조치를 촉진하기 위한 조치를 하여야 한다. "모든 것에 한 가지로(one-size-fit-all)"하는 접근법은 FATF 국제기준의 권고사항 1에서 규정한 바와 같이 위험기반접근법의 적절한 적용과 일치하지 않는다. 실제로 각국은 테러리스트 자금조달에 악용될 위험에 있는 NPO들에게 위험기반접근법에 의한 조치들이 적용되고 있음을 입증(demonstrate)할 수 있어야 한다. 현존하는 규제 또는 다른 조치들을 통해 국가 내의 NPO들에 대한 최근의 테러리스트 자금조달 위험이 이미 충분이 다뤄질 수도 있다. 그러나 그 분야의 테러리스트 자금조달 위험에 대한 주기적인 검토는 반드시 해야 한다. 해당 당국(appropriate authorities)은 NPO들이 그들에 대해 적용된 위험기반조치들을 포함하여 이 권고사항의 규정[37]을 준수

---

37) 여기서 법률과 규정은 자율규제기구와 위임을 받은 기관들이 적용하는 규정과 표준을 포함해

하고 있는지에 대해 감독(monitor)해야 한다. 해당 당국은 NPO와 NPO를 대신하여 행동하는 개인들의 법규 위반에 대해 효과적이고 비례적이며 억제적인 제재를 적용할 수 있어야 한다.[38] 아래 조치 사례들은 확인된 위험에 따라 전부 또는 부분적으로 NPO들에게 적용될 수 있다:

(i) NPO는 허가를 받거나 등록해야 한다. 허가 및 등록 관련 정보는 권한 당국에게 제공되어야 하고 국민에게 공개하는 것이 권장되어야 한다.[39]

(ii) NPO는 다음과 같은 정보를 보유해야 한다. (1) 규정된 활동의 목적과 목표, (2) 임원, 이사, 신탁인 등 NPO 활동을 소유, 통제 또는 지시하는 자의 신원자료. 이와 같은 정보는 NPO로부터 직접적으로 또는 해당 당국을 통해 공개될 수 있어야 한다.

(iii) NPO는 수입 및 지출 관련 상세 내역을 보여주는 재무제표를 매년 공개해야 한다.

(iv) NPO는 모든 자금이 완전히 설명될 수 있도록 하고, NPO의 활동의 목적과 목표에 맞게 사용되었음을 명확히 하기 위해 적절한 통제 장치를 갖추어야 한다.

(v) NPO는 그들의 수혜자[40]와 협력 NPO들의 신원, 자격(credentials) 및 평판(good standing)을, 또한 그들이 테러리스트 또는 테러조직을 지원하기 위해 자선기금을 사용하거나(and/or) 이에 관련되지 않는다는 것을 확증(confirm)하기 위한 합리적 조치를 취하도록 요구되어질 수 있어야 한다.[41] 그러나 NPO들이 고객확인의

도 된다.

38) 광범한 제재에는 계좌의 동결, 수탁인의 제거, 벌금, 인가취소, 허가취소, 등록취소 등을 포함한다. 필요한 경우에는 NPO 또는 그들을 대신하여 행동하는 개인들에 대한 병행적(parallel) 민사/행정/형사적 소송절차도 배제하지 말아야 한다.

39) 테러자금조달 목적을 억제하기 위한 구체적인 허가나 등록 요건을 두는 것은 불필요하다. 예를 들면, 일부 국가에서는 NPO들이 이미 조세 당국에 등록되어서 (세액공제나 세금면제 등) 세제 혜택을 받고 있는 경우도 있다.

40) 수혜자라는 용어는 NPO의 서비스를 통하여 자선의, 인도적 또는 다른 형태의 지원을 받는 자연인 또는 자연인의 그룹을 말한다.

41) 이것은 NPO들이 각 특정 개인의 신원을 확인할 것을 기대한다는 것을 의미하지 않는다. 왜냐하면 그러한 요구를 지키는 것이 항상 가능한 것이 아니기 때문에, 그리고 어떤 경우는 이

무를 이행하도록 요구되어서는 안 된다. NPO들은 중요한 기부
자의 신원사항을 문서로 남기고, 기부자의 기밀을 보호하도록 하
는 합리적 조치를 취하도록 요구되어질 수 있어야 한다. 이러한
의무사항의 궁극적 목적은 자선기금이 테러리스트와 테러리스트
조직들에게 자금과 지원을 제공하는데 사용되는 것을 방지하기
위한 것이다.

(vi) NPO는 국내 및 국제 거래기록을 최소 5년 동안 보관하도록 요구
되어질 수 있어야 한다. 이러한 기록은 해당 자금이 NPO의 목적
과 목표에 맞게 수령되고 사용되었음을 증명할 수 있을 만큼 충
분히 상세하여야 하며, 적절한 권한을 가진 권한당국에게 제공되
도록 요구되어질 수 있다. 이러한 사항은 위 (ⅰ)항 내지 (ⅲ)항
에 명시된 정보에도 적용된다. 또한 적절한 경우 NPO들의 자선
활동과 금융활동 기록들을 국민에게 공개하여야 한다.

(c) 효과적인 정보수집과 수사

(ⅰ) 각국은 NPO 관련 정보를 보유한 모든 해당 당국 및 조직 간에
이루어지는 효과적인 협조, 조율, 정보공유를 최대한 보장해야
한다.

(ⅱ) 각국은 테러활동이나 테러조직에 의해 이용당하거나 관련 테러
행위를 적극적으로 지원하고 있다고 의심되는 NPO를 수사하기
위한 전문성과 능력을 보유해야 한다.

(ⅲ) 각국은 수사 과정에서 특정 NPO의 관리 및 행정에 관한 모든
정보(재정과 프로그램에 대한 정보를 포함하여)에 완전하게 접근할
수 있도록 해야 한다.

(ⅳ) 각국은 특정 NPO가 다음에 해당된다고 의심되거나 의심될만한
합당한 근거가 존재하는 경우, 즉: (1) 테러조직에 의해 자금모
집 수단으로 사용되는 위장 조직이라고 의심되는 경우; (2) 자산
동결 조치 회피 목적을 포함한 테러자금조달의 통로로, 또는 다
른 형태의 테러리스트 지원을 위해 이용되고 있다고 의심되는

러한 요구가 NPO들이 정말 필요한 서비스를 제공하는 능력을 저해하기 때문이다.

경우; 또는 (3) 합법적인 목적으로 사용되어야 할 자금이 은밀하게 유용되어 테러리스트나 테러조직의 이익을 위해 사용되고 있는 점을 은폐하고 있다고 의심되는 경우, 관련 정보를 예방조치와 수사를 위해 권한 당국과 즉각적으로 공유할 수 있도록 적절한 운영체계를 확립해야 한다.

(d) 의심스러운 NPO에 관한 외국의 정보 요청에 효과적으로 대응할 수 있는 능력

각국은 테러자금조달 또는 다른 형태의 테러리스트 지원으로 의심을 받고 있는 특정 NPO에 관하여 외국에서 정보를 요청해 올 경우, 국제협력에 관한 권고사항이 요구하는 바에 따라, 이에 대응할 수 있는 담당자와 적절한 절차를 확인해야 한다.

D. 감독, 점검, 수사를 위한 자원

7.   각국은 NPO 부문의 감독, 점검 및 수사를 담당하는 해당 당국에게 적절한 재정적, 인적 및 기술적 자원을 제공해야 한다.

이 권고사항에서 사용된 구체적인 용어 해설	
해당 당국 (Appropriate authorities)	감독자(regulators), 조세당국, FIUs, 법집행기관, 정보당국, 위임하는 기관, 일부 국가에서는 잠재적으로 자율규제기구 등을 포함하는 권한 당국(competent authorities)을 말함.
협력 NPOs (Associate NPOs)	국제적 NPO들의 외국 지사, 동반자(partnerships) 관계를 맺고 있는 NPO 등을 포함함.
수혜자들 (Beneficiaries)	NPO의 서비스를 통해 자선, 인도적 또는 다른 형태의 지원을 받는 자연인들, 자연인들의 그룹을 말함.
비영리조직 (Non-profit Organisation or NPO)	자선, 종교적, 문화적, 교육적, 사회적 또는 형제애 목적, 또는 다른 종류의 선행(good works)을 수행하기 위한 목적으로, 자금을 조성하거나 분배하는 일에 주로 종사하는 법인, 신탁 등 법률관계 또는 조직을 말함.
테러리스트 자금조달 악용 (Terrorist financing abuse)	NPO들이 테러리스트들과 테러리스트 조직들에 의해 자금을 조성하고 운반하기 위해, 병참 지원을 제공하기 위해, 테러리스트 모집을 독려하기 위해, 또는 다른 형태로 테러리스트 조직과 활동을 지원하기 위해 사용되는 것을 말함.

다. 권고사항 8 평가방법론

위험기반접근법의 적용

8.1 각국은 다음 사항을 준수하여야 한다:

(a) 그들의 활동과 특성 때문에 테러자금조달에 악용될 위험[42]이 있는 비영리조직(NPO)의 특성과 유형을 확인하기 위하여, 모든 적절한 원천의 정보를 활용하여, 어떤 범주의 조직들이 FATF가 정의하는 비영리조직(NPO)[43]에 해당하는지를 확인;

(b) 위험에 노출된 NPO에게 테러리스트 조직에 의하여 부과된 위협의 본질과 이러한 NPO들을 테러리스트 분자들이 어떻게 악용하는지를 확인;

(c) 확인된 위험에 대응하기 위해 상응하는 효과적 조치를 취할 수 있도록 하기 위하여 테러자금조달을 위해 악용될 수 있는 NPO에 관련된, 법률과 규정을 포함하여, 조치들(measures)의 적절성을 검토; 그리고

(d) 조치들이 효과적으로 이행되는 것을 명확히 하기 위해 테러자금조달에 대한 잠재적 취약성에 관한 새로운 정보를 검토함으로써 그 부문을 주기적으로 재평가.

테러자금조달 문제에 관한 지속적인 교육

8.2 각국은 다음 사항을 준수하여야 한다:

(a) NPO들의 행정과 관리 영역에서 투명성과 도덕성 및 대중의 신뢰를 제고하기 위한 분명한 정책을 수립;

(b) NPO들의 테러리스트 자금조달에 악용될 잠재적 취약성과 테러자금조달 위험, 그리고 그러한 악용에 대응하여 그들 자신들을 보호하기 위해 NPO들이 취할 수 있는 조치들에 대해, 기부자 공동체들뿐만 아니라 NPO 분야에서 인식을 높이고 심화하는 활동과 교육 프로그램을 장려하고 실시;

(c) NPO의 테러자금조달 관련 위험과 취약성에 대응하고 테러리스트 자금

---

42) 이런 위험에 관한 정보는 예를 들면 감독자들(regulators), 조세당국(tax authorities), FIUs, 자선단체(donor organisations), 또는 법집행기관과 정보당국 등에 의해 제공될 수 있다.

43) 이 권고사항에서 비영리조직(NPO)이라고 하면 자선의, 종교적, 문화적, 교육적, 사회적, 또는 형제애의 목적을 위해, 또는 다른 종류의 "좋은 일들(good works)"을 수행하기 위해 자금을 모금하거나 분배하는 활동에 주로 종사하는 조직이나 법인 또는 법적 실체를 말한다.

조달 악용으로부터 그들을 보호하기 위해 모범사례의 개발과 발전 (refine)을 위한 노력을 NPO 부문과 함께 추진; 그리고

(d) 금융 분야의 능력 수준이 국가별로 다르고 긴급한 자선 활동 및 인 도주의적인 배려의 필요성이 지역에 따라 다양하게 다르다는 점을 명심하면서, NPO가 가능한 한 거래를 규제대상 금융권 채널을 통해 수행하도록 장려.

NPO들에 대한 정밀 위험기반 감독과 모니터링

8.3 각국은 테러리스트 자금조달에 악용될 위험[44]이 있는 NPO들에게 위험 기반접근법에 의한 조치들이 적용되고 있음을 입증(demonstrate)할 수 있 는 효과적인 감독 또는 감시를 위한 촉진하기 위한 조치를 하여야 한다.

8.4 관계당국은 다음 사항을 준수하여야 한다:

(a) NPO들이 그들에 대해 적용된 위험기반조치들을 포함하여 위 8.3의 규정[45]을 준수하고 있는지에 대해 감시(monitor);

(b) NPO와 NPO를 대신하여 행동하는 개인들의 법규 위반에 대해 효과 적이고 비례적이며 억제적인 제재를 적용[46]

효과적인 정보 수집과 조사

8.5 각국은 다음 사항을 준수하여야 한다:

(a) NPO 관련 정보를 보유한 모든 관계 기관 및 조직 간에 이루어지는 효과적인 협조, 조율, 정보공유를 최대한 보장하며;

(b) 테러활동이나 테러조직에 의해 이용당하거나 관련 테러 행위를 적극 적으로 지원하고 있다고 의심되는 NPO를 수사하기 위한 전문성과 능력을 보유하도록 하고;

(c) 수사 과정에서 특정 NPO의 관리 및 행정에 관한 모든 정보(재정과

---

44) 확인된 위험에 따라 전부이든 부분적으로든 NPO들에게 적용될 수 있는 일부 사례들은 권고 사항 8의 주석 6(b)에 상세하게 서술되어 있다. 비록 이 분야의 테러자금조달 위험은 주기적 으로 재평가되어야 하지만, 기존 규제적 또는 다른 조치들이 국가 내에 있는 NPO들의 현존 하는 테러자금조달 위험을 이미 충분하게 다루고 있는 경우도 있을 수 있다.

45) 여기서 법률과 규정은 자율규제기구와 위임을 받은 기관들이 적용하는 규정과 표준을 포함해 도 된다.

46) 광범한 제재에는 계좌의 동결, 수탁인의 제거, 벌금, 인가취소, 허가취소, 등록취소 등을 포함한 다. 필요한 경우에는 NOP 또는 그들을 대신하여 행동하는 개인들에 대한 병행적(parallel) 민 사/행정/형사적 소송절차도 배제하지 말아야 한다.

프로그램에 대한 정보를 포함하여)에 완전하게 접근할 수 있도록 하여야 함; 그리고

(d) 특정 NPO가 다음에 해당된다고 의심되거나 의심될만한 합당한 근거가 존재하는 경우, 즉: (1) 테러조직에 의해 자금모집 수단으로 사용되는 위장 조직이라고 의심되는 경우; (2) 자산동결 조치 회피 목적을 포함한 테러자금조달의 통로로, 또는 다른 형태의 테러리스트 지원을 위해 이용되고 있다고 의심되는 경우; 또는 (3) 합법적인 목적으로 사용되어야 할 자금이 은밀하게 유용되어 테러리스트나 테러조직의 이익을 위해 사용되고 있는 점을 은폐하고 있다고 의심되는 경우, 관련 정보를 예방조치와 수사를 위해 관계당국과 즉각적으로 공유할 수 있도록 적절한 운영체계를 확립.

8.6   각국은 테러자금조달 또는 다른 형태의 테러리스트 지원으로 의심을 받고 있는 특정 NPO에 관하여 외국에서 정보를 요청해 올 경우 이에 대응할 수 있는 담당자와 적절한 절차를 확인해야 한다.

이 권고사항에서 사용된 구체적인 용어 해설

해당 당국(Appropriate authorities): 감독자(regulators), 조세당국, FIUs, 법집행기관, 정보당국, 위임하는 기관, 일부 국가에서는 잠재적으로 자율규제기구(self-regulatory organisations) 등을 포함하는 권한당국(competent authorities)을 말함.

협력 NPOs(Associate NPOs): 국제적 NPO들의 외국 지사, 동반자(partnerships) 관계를 맺고 있는 NPO 등을 포함함.

수혜자들(Beneficiaries): NPO의 서비스를 통해 자선, 인도적 또는 다른 형태의 지원을 받는 자연인들, 자연인들의 그룹을 말함.

비영리조직(Non-profit Organisation or NPO): 자선, 종교적, 문화적, 교육적, 사회적 또는 형제애 목적, 또는 다른 종류의 선행(good works)을 수행하기 위한 목적으로, 자금을 조성하거나 분배하는 일에 주로 종사하는 법인, 신탁 등 법률관계 또는 조직을 말함.

테러리스트 자금조달 악용(Terrorist financing abuse): NPO들이 테러리스트들과 테러리스트 조직들에 의해 자금을 조성하고 운반하기 위해, 병참 지원을 제공하기 위해, 테러리스트 모집을 독려하기 위해, 또는 다른 형태로 테러리스트 조직과 활동을 지원하기 위해 사용되는 것을 말함.

제3절 해   설

즉시성과 9. TF 수사와 기소

이 즉시성과는 테러자금조달 범죄화의 효과적 이행을 추구한다. 테러자금조달을 법률에 따라 수사하고 기소하며 효과적으로 처벌하고 있음을 보이면 되므로 법규가 완비된 국가의 경우 효과성을 입증하는데 큰 어려움은 없는 것으로 보인다. 그러나 이행 내용이 위험과 상황에 맞게 효과적임을 입증하여야 하므로 위험에 비해 테러자금조달 범죄화의 성과가 부족할 경우 합격 등급을 받지 못하는 경우도 있다. 테러자금조달 수사, 기소, 처벌 실적이 위험도와 일치함을 보여 주는 것이 중요하기 때문이다. 이 즉시성과는 초기 상호평가 과정에서 몇 가지 특징을 보여준다.

먼저 테러행위 수사, 기소, 처벌과 테러자금조달 수사, 기소, 처벌은 별개라는 사실이다. 그러므로 상호평가에서 양호한 등급을 받기 위해서는 테러자금조달에 대한 처벌 실적을 보여야 한다. 실제로 말레이시아는 테러행위에 대한 풍부한 처벌 실적에도 불구하고 테러자금조달에 대한 처벌 실적이 없어 이 즉시성과에서 불합격 등급을 받았다.

그러나 자금세탁에 대한 처벌을 다루는 즉시성과 7에서 만큼 엄격한 구분을 하지는 않는다. 그 이유는 이 즉시성과 평가를 위한 핵심 쟁점 9.5에서 "다른 형사 절차, 규제 또는 다른 조치를 통하여 테러자금조달 행위를 차단함으로써 이 즉시성과의 목적을" 달성할 수 있다고 규정하고 있기 때문이다. 즉, 테러행위 처벌을 통해 테러자금조달 차단 목적을 달성할 수 있음을 인정하고 있는 것이다. 실제로 호주의 경우 테러자금조달에 대한 처벌 건수가 적어 효과성을 인정하기 어렵다는 주장도 제기되었으나 총회는 호주가 핵심 쟁점 9.5의 충실한 이행을 통해 즉시성과 9의 효과성을 달성한 것으로 인정하였다.

자금세탁범죄 처벌과 달리 테러자금조달에서는 이 점을 보다 폭넓게 인정한 것은 또한 '테러자금조달의 사전 차단[47] 필요성'과도 관련되어 있다. 즉,

테러자금조달 차단의 궁극적 목적은 테러 발생을 사전에 차단하는데 있으므로 테러행위에 대한 적극적인 처벌을 통해 테러의 발생을 차단하였다면 테러자금도 효과적으로 차단한 것으로 보아야 한다는 것이다. 테러행위 자체이든 테러자금조달이든 우선순위 없이 적극 차단하는 것이 '테러 발생을 사전에 차단'하려는 테러자금조달 차단의 궁극적 목적과도 일치하기 때문이다.

테러자금조달 수사가 국가적 반테러 전략/수사와 통합되고 긴밀히 협력할 것을 강조하고 있다. 테러 관련 기관들의 정보공유와 긴밀한 협력 필요성은 2015년 11월 파리 테러 발생 이후 특히 강조되고 있다. 파리 테러리스트들에 관한 정보가 상호 공유되지 못함으로써 테러 발생을 사전에 차단할 수 있는 기회를 갖지 못한 사실이 사후 조사를 통해 드러났기 때문이다.

이 즉시성과와 관련하여 제4차 라운드 상호평가 토의에서 제기된 또 다른 문제 중 하나는 테러 위험이 거의 없는 국가(예를 들면, 태평양의 소규모 국가, 우리나라 등)의 경우 테러자금조달 위험도 낮은가, 이에 대한 효과성을 어떻게 나타낼 것인가의 문제이다. 테러위험이 낮다는 이유로 테러자금조달 위험이 낮다고 단정할 수 없으며, 국제화된 금융환경에서 테러와 테러자금조달 위험이 낮다는 사실 때문에 언제든지 테러리스트/테러리스트 단체에 의해 악용될 수 있으므로 이에 대한 대응책을 수립하고 있어야 하는 것으로 정리되었다.

즉시성과 10. TF 예방조치와 금융제재

이 즉시성과의 이행요구 내용은 크게 세 가지이다. 첫째 테러리스트, 테러조직, 테러지원 네트워크를 확인하고, 이들에게 공급하거나 지원하려는 자금/자원/수단을 박탈해야 한다. 둘째는 유엔 안보리에서 지정한 개인/단체와 자국이 지정한 개인/단체에 대해 지체 없이 정밀금융제재를 시행하는 것이다. 셋째는 NPO등 테러리스트들에 의해 악용될 위험이 높은 단체 또는 수단들에 대해 그들의 위험도에 비례하여 자금의 조성과 이동을 금지하는 조치를 하는 것이다.

---

47) (역자 주) 반면 자금세탁범죄 처벌제도는 범죄수익을 자금세탁 한 것을 처벌하므로 범죄가 발생한 이후에 작동하는 '사후적 처벌'의 성격이 강하다.

한 마디로 국가가 사회 전체의 테러자금조달 악용 위험을 잘 이해하고, 이에 대응한 예방조치를 통해 테러자금 유입과 유통을 차단할 것을 요구하고 있다. 이 점에서 즉시성과 10은 단순히 권고사항 6과 8의 효과성, 즉 '정밀금융제재의 효과적 이행'과 '비영리조직(NPO)의 효과적 테러자금조달 악용 방지'에서 영역을 더 넓혀 사회 전체에서 테러자금의 유입/유통을 차단할 것을 요구하고 있는 것이다. 즉 사회 전체적으로 테러자금의 조성/이동/사용을 차단하는 체제를 구축해야 하는 것이다.

정밀금융제재(Targeted Financial Sanction)의 요구사항은 두 가지이다. (i) 지정된 자의 자금/자산을 '지체 없이' 그리고 '사전 고지 없이' 동결(freeze)하는 것이다. 여기서 말하는 '지정된 자의 자금/자산'의 범위는 매우 넓다. 소유 또는 통제, 전부 또는 부분, 단독 또는 공동 소유, 직접 또는 간접 등 모두를 포괄한다. (ii) 모든 국민/법인과 국토 내에 있는 외국인/법인에게 지정된 자를 이롭게 하는 어떤 종류의 자금/자산/서비스 등을 직·간접이든 전체·부분이든 제공을 금지하는 것이다. 다만 허가를 통해 예외적으로 거래를 할 수 있는 경우도 있다.

정밀금융제재가 실제로 효과적으로 이행되도록 하는 데는 많은 절차와 노력을 요한다. 특히 2015년 G20 요청으로 FATF와 FSRBs가 전 세계 194개국을 대상으로 실시한 테러자금조달 관련 국제기준(R.5, R.6)의 이행실태조사에서 많은 국가들이 유엔안보리 결의 1373호에 따라 자체 또는 외국의 요청으로 지정하는 것에 대한 이행체제를 갖추고 있지 않았다. 이에 FATF는 각국의 이행을 돕기 위해 안내서(handbook)를 발간하기로 하였다.

제4차 라운드 상호평가 초기 평가에 대한 토의 과정에서 즉시성과 10과 관련하여 핵심 쟁점의 내용이 기술평가를 위한 물음(특히 즉시성과 10과 11의 핵심쟁점 물음)이며, 이를 전면 수정할 필요가 있다는 지적이 제기되었다. 이에 일부는 평가방법론을 개정하자는 주장도 있었으나, 상호평가의 일관성 문제, 평가방법론 개정을 개시할 경우 야기될 혼란 등을 고려할 때, 이 부분이 즉시 개정되어야 할 심각한 오류는 아니므로 추후 국제기준 개정 논의 시 검토하는 것으로 일단락되었다. 결론적으로 즉시성과 10의 핵심 쟁점은 효과성을 평가하는 내용으로 보완되어야 할 것이다.

즉시성과 11. PF 금융제재

즉시성과 11의 이행요구 내용은 대량살상무기 확산금융과 관련하여 유엔 안보리가 지정한 개인/단체에 대해 정밀금융제재를 시행하는 것이다. 즉 유엔 안보리가 지정한 개인과 단체를 확인하고 이들의 관련 자산을 동결하며, 거래를 금지하는 내용이다. 또한 금융기관 등이 정밀금융제재를 준수하는지 여부를 점검하고 각종 조치를 관계기관과 협력을 통해 적절히 조정·시행하는 것이다.

사회 전체적으로 확산금융 관련 자금의 유입/유통을 차단할 의무는 언급하지 않고 있다. 이 점은 즉시성과 10과 다른 점이다. 이는 테러자금조달과 확산금융이 갖는 두 가지의 근본적인 차이점에서 연유한다고 볼 수 있다. 첫째 차이는 확산금융에 관해서는 '범죄화'가 없다는 점이다. 그러므로 금융기관 등 보고기관에게 확산금융 관련 의심거래보고 의무도 없고, 확산금융 행위 자체를 고객확인 등의 과정에서 적발하여 보고할 의무도 없다. 이는 확산금융 관련 권고사항(R.7)과 즉시성과(IO.11)는 다른 권고사항들과 달리 독립적으로 평가되는 이유이기도 하다. 두 번째 차이는 확산금융에서는 테러자금조달에서와 같이 자체적으로 자금조달 관련자를 발굴/지정하는 의무가 없다는 점이다. 권고사항 7 주석에서는 "확산금융 관련 개인/단체의 지정을 안보리에 제안할 수 있는 권한 및 효과적인 절차 또는 운영체계를 수립하는 것을 고려할 수 있다"고 하여 선택사항으로 제시하고 있을 뿐이다.

제4차 라운드 초기 상호평가 토의 과정에서 즉시성과 11 평가를 위한 범위와 관련하여 하나의 쟁점이 제기되었다. 즉시성과 11 이행을 위한 국가 당국 간의 협력(the collaboration between national authorities)을 평가에 포함할 것인가의 문제였다. 상호평가팀 중 한 곳이 평가방법론 서문 단락 23[48]을 근거로 즉시성과 1에서만 평가하고 즉시성과 11 평가에는 이 요소를 포함시키지 않은 것이다. FATF 총회와 실무그룹도 이러한 접근방법을 인정하였다. 그러나 IO.1의 *평가자 참조 2)*[49]와 IO.11의 "*b) 핵심 쟁점의 결론을 뒷받침하는 특정*

---

48) "다만 확산금융과 관련된 국가적 협력과 조정은 예외적으로 즉시성과 1에 포함되어 평가된다."
49) "평가자들은 다른 IO들을 평가할 때 IO.1에서 발견한 결과들을 고려해야 한다. 그러나 평가

요소의 예시" 9번,[50] 또한 IO.11의 '효과적 이행체제의 특성'에서 관계기관들이 적절하게 조정하고 협력하는 것을 평가할 것을 요구하고 있는 점 등을 고려할 때, 즉시성과 11 평가는 '국가 당국 간의 협력'을 포함하는 것이 타당한 것으로 보인다.

권고사항 5. 테러자금조달범죄

테러자금조달 범죄화는 테러자금조달 금지를 위한 가장 기본적인 권고사항이다. 이 권고사항에서는 세 가지의 명확한 요구사항이 있다. 첫째, 자금조달 또는 사용의 주체이다. (a) 테러 수행을 위해; (b) 테러조직에 의해; 또는 (c) 개별 테러리스트에 의해 사용 또는 조달되는 것을 범죄화 하여야 한다. 둘째는 대상 자금의 범위이다. 자금의 일부 또는 전부가 직접적이든 간접적이든 사용 또는 제공되는 것 모두를 범죄화 해야 한다. 그 범위는 최근 ISIL(이슬람국가 테러리스트 그룹)의 외국인테러 전투원(FTF: Foreign Terrorist Fighters) 증가에 대응하여 '테러 참가 또는 훈련을 목적으로 다른 국가로 여행하는 경비'도 포함하는 것으로 이 권고사항의 주석[51]을 개정하였다. 셋째는 자금조달 자체를 범죄화하고 처벌해야 한다. 자금세탁의 경우와 같이 테러자금조달에 있어서도 '테러 행위에 대한 처벌'에 비하여 '테러자금조달에 대한 처벌'은 각국에서 잘 추구되지 않는 경향이 있는 것으로 발견되었다.

그 밖의 특징으로는 테러자금조달을 독자적으로 처벌하는 것이 아닌 '방조, 교사, 미수 또는 공모'로 범죄화 하는 것은 국제기준을 이행할 것으로 볼 수 없다는 점, 여기에는 세계주의가 보다 강하게 적용된다는 점을 들 수 있으며, 또한 '테러자금조달범죄를 입증하기 위하여 요구되는 고의 및 인식이 객관적 사실 정황으로부터 추론될 수 있도록 하여야 한다.'라고 하여 다른 범죄에 비해 입증책임을 완화하고 있는 점이다.

자들은 확산금융에 대응하기 위한 조치들의 협력과 조정에 관련된 발견사항들은 IO.11의 평가에만 영향을 미치도록 해야 한다."

50) "9. 확산금융과 관련하여 관련된 권한당국들이 정밀금융제재 법률위반과 불이행을 수사하기 위해 정보를 어느 정도로, 관련 유엔안보리 결의에서 규정한대로, 교환하는가?"

51) '권고사항 5 주석 3' 참조.

최근 논의 중인 쟁점으로는 유엔안보리결의에서 규정한 범죄화 범위를 FATF 국제기준이 포괄하고 있는가에 관한 것이다. 즉 FATF 권고사항 5의 "특정 테러 행위 또는 행위들과 관련이 없는 경우에도(even in the absence of a link to a specific terrorist act or acts)"가 유엔안보리결의가 규정한 "목적을 불문하고 (for any other purpose)"를 포함하는 것인가의 문제이다. 일부에서는 동일한 표현으로 보는 반면 다른 한편에서는 엄연히 문구가 다르므로 동일한 표현으로 볼 수 없다는 것이다. 동일 표현이므로 유엔안보리결의 이행을 위해 FATF 국제기준을 개정할 필요가 없다는 것이 대세이나, 이 쟁점이 어떻게 해결될지는 논의를 좀 더 지켜보아야 할 것 같다.

권고사항 6. 테러자금조달 정밀금융제재

권고사항 6은 테러자금조달에 대응하여 유엔안보리결의에서 규정한 정밀금융제재를 이행하는 규정이다. 지정된 자(자연인이나 법인)/단체의 자금 또는 자산을 지체 없이 동결할 것과 이들과의 거래를 통해 자금이나 자산이 직·간접적으로 사용 또는 이용되지 않도록 할 것을 요구하고 있다. 따라서 법규를 갖추는데서 한 단계 더 나아가 이행체제를 구축해야 하며, 이 점 때문에 제3차 라운드에서 FATF 제재 대상국들(ICRG 프로세스 국가)이 이행에 가장 큰 어려움을 겪은 권고사항이기도 하다.

제4차 라운드에서도 IO.10과 함께 이 권고사항에서 이행등급을 받는 것은 쉬운 일은 아니다. FATF 상호평가를 받은 6개국 중 R.6에서 이행등급을 받은 국가는 절반에 불과하고, IO.10에서 이행등급을 받은 국가는 말레이시아가 유일하다. 그만큼 이행등급을 받기가 어려운 권고사항인 것이다.

권고사항 6은 테러자금을 실질적으로 차단하는데 중점을 두고 있다는 점에서 매우 중요한 권고사항이며, 일부에서는 현재 5개 핵심권고사항[52]에 이 권고사항을 추가하여 6개로 하자는 주장을 제기하고 있다. 많은 국가들이 이행의 어려움 등을 고려하여 핵심권고사항으로 하는 것에 반대하였다.

---

52) R.3(자금세탁 범죄화), R.5(테러자금조달 범죄화), R.10(고객확인), R.11(기록보관), R.20(의심 거래보고).

그러나 권고사항 6의 중요성은 이미 널리 인정받고 있다. ICRG 프로세스에서 상호평가 후 ICRG로 회부할 것인가를 결정하는 기준으로 R.6을 포함하기로 하였고, 1년간의 점검 이후 ICRG 프로세스로 할것인가 또는 강화된 후속조치로 할 것인가를 결정하는 기준으로 이 권고사항을 추가하기로 하였다. 따라서 이 권고사항의 중요성은 이미 널리 인정받고 있고, 앞으로도 중요하게 취급될 것이다.

권고사항 7. 확산금융 정밀금융제재

이 권고사항은 핵/대량상상무기 확산금융과 관련하여 유엔 안보리가 지정한 개인/단체에 대해 정밀금융제재를 시행하는 것이다. 이것은 2012년 처음 도입되었고, FATF의 관할 업무범위를 기존 '자금세탁방지/테러자금조달금지'에서 '핵/대량살상무기 확산금융 금지'로 확대하였다는 점에서 그 의미는 크다고 할 것이다.

권고사항 7은 FATF 국제기준으로 두 가지의 큰 특징을 가지고 있는데, 그 하나는 관련 범죄화가 없다는 점이다. 따라서 관련 전제범죄, 자금세탁, 의심거래보고 등이 없다. 둘째는 정밀금융제재 대상에 대한 국가의 자체 지정이 의무가 아니고 권장사항이라는 점이다. 이것은 이 권고사항이 2012년 국제기준 개정 때 새롭게 도입되었고, 각국이 이행해야 할 내용을 최소한으로 규정하려는 의도가 있었던 것으로 보인다.

이 권고사항의 이행체제는 권고사항 6과 유사하다. 실질적인 이행체제를 반듯이 갖춰야 하는 점도 권고사항 6과 같다. 그러나 권고사항 7의 이행평가에서는 권고사항 2 이외 다른 권고사항의 평가가 영향을 미치지 않도록 하였다. 이러한 점을 고려하여 권고사항 7의 이행 여부에 대한 점검과 이행하지 않은 금융기관 등에 대한 제재 규정을 권고사항 7의 주석서에 직접 포함하였다. 권고사항 6의 경우 점검과 미이행에 대한 제재가 권고사항 35에 의해 규율되므로 주석에 별도로 규정할 필요가 없어 권고사항 6의 주석에는 이러한 규정이 없다.

권고사항 8. 비영리조직(NPO)

　　비영리조직 규율 사항을 규정한 이 권고사항은 테러자금조달 영역에만 적용된다. 일부 국가는 NPO를 자금세탁의 고위험으로 분류하여 강화된 고객확인대상으로 취급하기도 하지만 FATF 국제기준에서는 '테러자금조달'로 한정하고 있다. 비영리조직에 대한 규제 필요성은 9.11 테러 경험에서 유래한다. 당시 수사결과에서 테러에 사용된 자금이 인도적/종교적 NPO를 가장한 모금 또는 송금을 통해 조달된 사실이 광범하게 확인되었기 때문이다.

　　각국의 이행 사항은 단체 등이 테러자금조달 목적으로 악용될 수 있는지에 대해 검토하고, 동 목적으로 악용될 위험이 높은 것으로 나타난 단체 등에 관련된 법률과 규정의 타당성에 대해 검토하는 것이다. 또한 이러한 단체들이 (a) 테러조직의 합법단체 가장 수단; (b) 테러자금 조달 수단; (c) 자금을 테러조직에게 유용한 사실을 감추거나 은폐(obscure)하는 수단으로 사용되지 않도록 조치하는 것이다.

　　그 동안 NPO는 이 권고사항에 대해 많은 불만을 제기하였다. 즉, NPO의 범위와 활동의 다양성을 고려하지 않고 모든 NPO를 잠재적 테러활동 후원자 또는 범죄 집단으로 규정한 것에 대해 지속적으로 우려를 제기한 것이다. 이에 ISIL에 대한 불법 NPO등의 자금공급 사례 실제 조사 결과와 NPO들의 의견을 반영하여 권고사항 8과 주석을 대폭 개정하였다. 본문과 주석 개정안은 2016년 2월 FATF 총회에서 검토되었으며, 2016년 4월 민간 컨설팅 포럼에서 NPO의 의견을 듣고 이를 반영한 후 2016년 6월 총회에서 최종 채택하였다.

　　주요 개정 내용은 먼저 인류 사회에 대한 NPO의 긍정적 기여를 인정[53]한 것이다. 두 번째는 FATF의 NPO 정의를 신설[54]하고, 정의된 NPO에 대해서만 FATF 권고가 적용된다는 사실을 명시함으로써 권고사항 8의 규제대상

---

[53] 권고사항 8의 주석 1에 "비영리조직의 노력은 전 세계 도움이 필요한 사람들에게 필수적인 서비스를 제공하고 위안과 희망을 줌으로써 정부와 민간 부문의 활동을 보완한다. FATF는 먼 지역에서 종종 도움을 필요로 하는 사람들에게 도움을 제공하는 어려움뿐만 아니라 이러한 중요한 자선활동 봉사를 제공하는 NPO 공동체의 지극한 중요성을 인정하며, 그러한 필요를 충족시키려는 NPO 공동체의 노력에 찬사를 보낸다."를 추가하였다.

[54] "NPO라고 하면 자선의, 종교적, 문화적, 교육적, 사회적, 또는 형제애의 목적을 위해, 또는 다른 종류의 "좋은 일들(good works)"을 수행하기 위해 자금을 모금하거나 분배하는 활동에 주로 종사하는 조직이나 법인 또는 법적 실체를 말한다."

NPO를 명확히 한 것이다. 셋째는 NPO 분야의 테러자금조달 위험도 평가(a domestic review)를 의무화하고 위험기반접근법(risk-based approach) 채용을 의무화 한 것이다. 주석 개정(안)에서 새롭게 등장한 용어는 '위험기반 정밀 접근법(a risk-based targeted approach)'과 '정밀 위험기반 감독(targeted risk-based supervision)'이다. 이 접근법을 의무화함으로써 각국에서 이행해야 할 내용과 대상이 보다 명확해졌다는 점에서 큰 의미가 있다. 각국은 위험평가를 통해 테러자금조달 위험이 높은 것으로 나타난 NPO에 대해 모니터링과 감독을 집중함으로써 자원을 절약하고 FATF의 정책 목표를 효과적으로 달성할 수 있을 것으로 예상된다.

제 4 절 　테러자금조달과 확산금융에 관한 상호평가 결과

1. 상호평가 결과표

주요내용		스페인	노르웨이	벨기에	호주	말레이시아	이탈리아	평균
(상호평가 토의 시기)		(14.10.)	(14.10.)	(15.2.)	(15.2.)	(15.6.)	(15.10.)	
IO. 9	TF 수사와 기소	4	4	4	4	2	4	3.6
IO.10	TF 예방조치와 금융제재	2	2	2	2	4	2	2.4
IO.11	PF 금융제재	2	2	2	4	2	4	2.4
R. 5	테러자금조달범죄	4	4	4	4	4	5	4.0
R. 6	TF 정밀금융제재	2	2	2	5	5	4	3.2
R. 7	PF 정밀금융제재	2	2	2	5	2	2	2.6
R. 8	비영리조직(NPO)	4	4	2	1	4	4	3.0

※ 상호평가 평점의 점수화
 - 효과성 평가: High level of effectiveness: 5점, Substantial level of effectiveness: 4점, Moderate level of effectiveness: 2점, Low level of effectiveness: 1점
 - 기술적 평가: Compliant: 5점, Largely Compliant: 4점, Partially Compliant: 2점, Non-Compliant: 1점

2. 시사점

　　테러자금조달과 확산금융 관련 FATF 회원국들의 평가결과는 당초 예상과는 다소 차이를 보였다. 제3차 라운드에서 ICRG 제재 등을 통해 테러자금조달 부문의 국제기준 이행 필요성을 크게 강조해 왔으므로 이행이 매우 양호할 것으로 기대하였으나 실제 결과는 '테러자금조달 범죄화'를 제외하면 다소 실망스러운 결과였다.

　　IO.9에서는 말레이시아를 제외하고 5개국 모두 합격 등급을 받았다. 말레

이시아도 테러자금조달 기소/처벌 건수를 제시하였다면 효과성을 충분히 입증할 수 있었을 것이다. IO.10에서는 그 반대로 말레이시아를 제외하고 5개국이 모두 불합격 등급을 받았다. 테러자금조달 관련 정밀금융제재를 지체 없이, 이행체제를 갖춰 실시해야 하므로 이행하기가 다소 어려웠던 점도 있을 것이나, 유럽 국가들은 대부분 EU의 이행체제에 의존함으로써 '지체 없이'와 '자체지정 또는 지정대상자 UN 제안 체제'를 갖추지 못한 것이 주요 원인이었다. IO.11의 효과성에서는 호주와 이탈리아가 합격등급을 받았고, 나머지 4개국은 불합격 등급이었다. 역시 '지체 없이'와 '관계기관 협력 등 이행체제'를 갖추지 못한 것이 주요 원인이었다.

이 분야의 상호평가에서 특징적인 것은 효과성 평가와 기술적 이행평가의 평점등급이 거의 일치한다는 점이다. 이러한 특성은 자금세탁범죄를 다룬 즉시성과 6, 7, 8의 평가와는 다소 대조된다. 제3장에서 보는 바와 같이 '법률체계와 운영'에서는 모든 국가가 기술평가에서 합격 등급을 받았으나, 효과성 평가에서는 IO.6을 제외할 경우 스페인과 이탈리아 이외 4개국은 모두 불합격 등급을 받았다. 테러자금조달 범죄화는 실제 법규를 갖추고 처벌하면 되므로 효과성 평가에서도 비교적 양호한 평가결과를 얻었으나 정밀금융제재는 '지체 없이' 이루어져야 하고, '이행체제'를 갖춰야 하므로 기술평가와 효과성 평가 모두에서 이행등급을 받기가 어려운 것으로 나타났다.

제4차 라운드 상호평가 토의에서 얻은 귀중한 성과 중 하나는 테러를 조기에 적극 차단한 것에 대해 테러자금조달 차단의 효과를 인정한 것이다. 테러자금조달을 차단하는 궁극적 목적은 테러를 차단하는 것이고, 자금을 박탈하는 것보다 우선 테러를 차단하는 것이 더 중요하다는 사실을 인정한 결과라고 할 것이다.

다만 아쉬운 것은 테러자금조달 차단에 관한 효과성 판단 기준이 아직 충분히 발달하지 못한 점이다. 테러자금조달 경로에 대한 연구와 효과적 차단방안에 관한 경험을 충분히 축적해 감으로써 관련 효과성 평가를 위한 핵심 쟁점 등을 더욱 발전시켜 가야 할 것이다.

제5장

예방조치

예방조치

개 관

예방조치 모듈은 가장 많은 권고사항을 다루고 있다. 권고사항 9에서 23까지 15개의 권고사항을 포함하며, 이는 전체 40개 권고사항의 38%나 된다. 이 모듈은 고객확인제도, 추가조치가 필요한 고객/상품/분야, 내부통제와 금융그룹의 프로그램, 의심거래보고, 지정 비금융사업자와 전문직, 비밀유지 법률 등 금융기관 등이 자금세탁방지 업무를 위해 이행해야 할 사항들이며, 5개 핵심권고사항 중 3개를 포함하고 있다. 그러므로 금융기관 등 보고기관들에게는 가장 중요한 모듈이라고 할 수 있다.

예방조치는 자금세탁방지제도의 가장 중요한 기초이다. 자금세탁방지제도는 본래 범죄수익을 사후적으로 적발하고 몰수함으로써 범죄의 유인을 없애자는 취지이나 이러한 사후 적발은 예방조치를 시행함으로써만 가능하다는 점 때문에 금융기관 등 보고기관들에게 예방조치의 이행의무를 부과하고 있다. 다른 한편으로는 금융기관이나 금융시장의 입장에서 범죄자금이 당초부터 유입되지 않는 것이 최선이므로 예방조치야말로 금융시장의 건전성과 순수성을 지키는 최선의 방책이라고 할 수 있다.

예방조치는 대부분 금융기관 등에 대한 규제로 구성되어 있다. 규제를 준수하는데 따른 부담을 고려하여 위험기반접근법(RBA)을 적용하여 이행할 것을 요구하고 있다. 그러나 금융기관 등에서는 위험기반접근법의 적용을 위해 고객의 위험을 평가하는 것 자체가 큰 부담이므로 글로벌 대형은행들을 중심으로 RBA 시행의 어려움을 호소하고 있다.

이 모듈의 또 하나의 특징은 15개 권고사항을 하나의 즉시성과로 취급한 다는 점이다. 이 때문에 효과성 측면에서는 이행등급 획득이 가장 어려운 분야 이다. 2014년부터 상호평가를 받은 6개 FATF 회원국 중 이 즉시성과에서만은 아직 합격등급을 받은 국가가 없다는 점이 이를 잘 입증하고 있다. FATF 제4 차 라운드 초기 상호평가를 점검하는 토의에서도 이러한 점이 제기되었는데, '이행해야 할 내용이 포괄적이고 다양한데 이를 하나의 즉시성과로 평가하는 것이 적절한가'라는 점이다. 즉 이행내용을 포괄해야 할 권고사항이 많을 뿐만 아니라 금융기관들 내부도 편차가 매우 다양하며, DNFBPs까지 이행해야 할 대상에 포함되므로 이 모든 것들을 하나의 즉시성과로 평가하는 것은 적절한 지에 대해 의문을 제기하기에 충분한 이유가 있다고 할 것이다.

제 1 절 즉시성과 4

즉시성과 4	금융기관들과 DNFBPs가 그들의 위험에 상응하여 적절하게 AML/CFT 조치사항을 적용하고 의심거래를 보고한다.

효과적 이행제제의 특성

　모든 금융기관들과 DNFBPs는 그들의 자금세탁과 테러자금조달 위험의 본질과 수준(nature and level)을 이해하고; AML/CFT 정책(금융그룹 정책을 포함하여)과 내부통제, 그러한 위험을 적절하게 감소시키기 위한 프로그램을 개발하고 적용하며; (실소유자를 포함하여) 고객의 신원을 확인하고 검증하기 위한 적절한 고객확인 조치를 적용하고 지속적인 점검을 실시하며; 의심거래를 적절하게 찾아 내어 보고하고; 다른 AML/CFT 규정들도 준수한다. 궁극적으로 이러한 이행체제는 이들 회사(entities) 내에서의 자금세탁과 테러자금조달 활동을 감소시키는 것으로 이끈다.

　이 즉시성과는 주로 권고사항 9 내지 23과 관련되며, 또한 권고사항 1, 6, 29의 요소들도 관련된다.

평가자 참조:

평가자가 금융기관들 또는 DNFBPs의 운영을 심층적으로 검토해야 하는 것은 아니다. 그러나 감독기관, FIU, 금융기관, DNFBPs와의 인터뷰와 증거들을 토대로, 금융기관들과 DNFBPs가 ML/TF 위험을 적절히 평가하고, 그 위험에 노출되어 있음을 이해하고 있는지; 그들의 정책, 절차, 내부통제가 이러한 위험에 적절하게 대응하고 있는지; (의심거래보고를 포함하여) 규제적 요구사항들이 제대로 이행되고 있는지를 검토하여야 한다.

효과성 달성여부 판단을 위해 고려되어야 할 핵심 쟁점

4.1. 금융기관과 DNFBPs가 ML/TF 위험과 AML/CFT 의무를 얼마나 잘 이해하고 있는가?

4.2 금융기관과 DNFBPs가 위험에 상응하는 ML/TF 완화 정책을 얼마나 잘 적용하는가?

4.3. 금융기관과 DNFBPs가 고객확인과 기록 보관 의무(실소유자 정보 및 진행 중인 점검 포함)를 얼마나 잘 이행하는지, 고객확인이 이행되지 않은 경우 거래를 거부하는 범위는 어떠한지?

4.4. 금융기관과 DNFBPs가 (a) 정치적 주요인물, (b) 환거래은행, (c) 새로운 금융기법, (d) 전신송금, (e) TF 정밀금융제재, (f) FATF가 지정한 고위험 국가와의 거래 시 강화된 또는 특별한 조치를 얼마나 잘 하고 있는지?

4.5. 금융기관과 DNFBPs가 범죄수익과 테러지원자금으로 의심되는 경우 이에 대해 보고의무를 얼마나 잘 이행하는가? 정보누설을 방지하기 위한 실질적인 조치는 무엇인가?

4.6. 금융기관과 DNFBPs가 AML/CFT 규정 준수를 위한 내부통제 절차를 얼마나 잘 적용하는가? 법률 또는 규정의 요구사항들이(예, 금융비밀 엄수) 통제절차 이행을 얼마나 방해하는가?

a) 핵심 쟁점의 결론을 뒷받침하는 정보의 예시

1. 금융·DNFBPs 부문 및 비공식/비규제 부문의 규모, 구성, 구조와 관련된 맥락적 요소(예, MVTS를 포함한 금융기관 및 등록된 DNFBPs의 수와 유형; 해외거래를 포함한 금융 활동의 유형; 각 부문의 상대적 규모 및 중요도).

2. (추세를 포함하여) 위험과 의무이행 수준에 관한 정보(예, 내부적 AML/CFT 정책, 절차, 프로그램, 추세, 유형론 보고서).

3. 이행 실패사례(예, 기밀정보를 삭제한 사례; 금융기관·DNFBPs의 악용 관련 유형론).

4. 금융기관 및 DNFBPs의 의무이행에 관한 정보(예, 내부적 AML/CFT 이행 보고서 검토 주기; 의무위반 유형과 개선활동 및 제재 현황; AML/CFT 교육의 빈

도 및 수준; 권한당국에 대한 AML/CFT 목적의 고객확인 정보 제공을 위한 소요 시간; 불완전한 고객확인 정보를 원인으로 거절된 거래/관계; 필요정보의 불충 분함을 이유로 거절된 전신송금 사례).

5. STR 보고 정보 및 국내법 상 요구되는 기타 정보(예, 제출된 STR 수 및 관련 거래의 가치; 부문별 STR 수 및 비중; ML/TF 위험과 관련한 STR 정보 유형, 특성, 추세; STR 보고 전 의심거래 분석의 소요시간).

b) 핵심 쟁점의 결론을 뒷받침하는 특정 요소(specific factors)의 예시

6. 고위험(또는 저위험) 고객, 거래관계, 거래, 상품 및 국가를 인식하고 이를 다루는 방안은 무엇인가?

7. AML/CFT 조치의 적용 방법이 제도권 금융의 합법적 이용을 방해하는지, 금융포용을 촉진하기 위한 방안은 무엇인지?

8. ML/TF 위험도에 따라 부문별/기관별로 고객확인 및 강화된 또는 특별한 조치는 얼마나 달라지는가? 국제금융그룹과 국내기관 간의 상대적 의무 이행 수준은 어떠한가?

9. 고객확인을 위해 제3자에게 어느 정도 의존하는가? 이에 대한 통제가 적절한가?

10. 금융기관·그룹 및 DNFBPs는 AML/CFT 컴플라이언스 담당부서가 정보에 접근하는 권한을 보장하는가?

11. 금융기관·그룹 및 DNFBPs의 내부 지침과 통제에 따라 (ⅰ) 복잡하거나 특이한 거래, (ⅱ) FIU에 보고될 잠재적 STR, (ⅲ) 잠재적 허위양성 (false−positive) 정보를 시의 적절하게 검토할 수 있는가? 보고된 STR은 의심거래와 관련하여 완전, 정확, 충분한 정보를 얼마나 포함하는가?

12. 위험 평가, 정책 대응방안 수립 및 검토, ML/TF 위험 통제 및 감소방안 설정을 위해 어떠한 조치와 도구를 이용하는가?

13. AML/CFT 정책 및 통제사항이 간부 및 직원들에게 어떻게 전파되는가? AML/CFT 의무사항 위반 시 금융기관 및 DNFBPs가 취하는 개선조치 및 제재방안은 무엇인가?

14. 금융기관 및 DNFBPs가 ML/TF 위험 평가 자료를 얼마나 잘 기록하고 갱

신하고 있는가?

15. 금융기관 및 DNFBPs가 그들의 규모, 복잡성, 경영활동 및 위험도 기록 (risk profile)을 고려하여 AML/CFT 정책이행에 충분한 자원을 보유하고 있는가?

16. 금융기관 및 DNFBPs가 의심거래를 찾아내고 보고하는 것을 돕기 위해 피드백을 원활하게 제공하고 있는가?

제 2 절 **권고사항 9~23과 그 주석, 평가방법론**

권고사항 9. 금융기관의 비밀 유지 법률

가. 권고사항 9 본문

각국은 금융기관의 비밀 유지에 관한 법률(financial institution secrecy laws)이 FATF 권고사항 이행을 방해하지 않도록 하여야 한다.

나. 권고사항 9 평가방법론

9.1 금융기관의 비밀 유지에 관한 법률이 FATF 권고사항 이행을 방해하지 않도록 하여야 한다.[1]

권고사항 10. 고객확인제도(CDD)*

가. 권고사항 10 본문

금융기관이 익명계좌 또는 가명계좌를 보유하는 것은 금지되어야 한다. 금융기관은 다음의 경우 고객확인의무를 이행하여야 한다:

(i) 거래관계(business relation)를 수립하는 경우;

(ii) 다음과 같은 일회성 거래(occasional transactions)를 하는 경우: (i) 지정된 기준금액(미화/유로화 15,000)을 초과하거나, 또는 (ii) 권고사항 16의 주석에 의해 규제되는 전신송금;

(iii) 자금세탁 또는 테러자금조달이 의심되는 경우;

(iv) 금융기관이 기존에 확보한 고객확인 정보의 진위나 타당성이 의심

---

1) 이 권고사항이 특별히 우려하는 영역은 권한당국들이 ML 또는 FT와 싸우는 그들의 역할을 적절하게 수행하기 위해 요구되는 다음과 같은 정보접근 능력이다; 권한당국들 간에, 국내든 또는 해외든, 정보를 공유하는 것; 권고사항 13, 16, 17에서 요구하는 대로 금융기관들 간에 정보를 공유하는 것.

되는 경우.

금융기관이 고객확인을 이행하여야 한다는 원칙은 법률로 규정되어야 한다. 고객확인 의무의 구체적인 사항을 법률로 할지 또는 강제력이 있는 수단(enforceable means)으로 할지 등은 각국이 결정할 수 있다.

행해져야 할 고객확인 조치는 다음과 같다:

(a) 신뢰성 있고 독립적인 문서, 데이터 또는 정보를 이용하여 고객을 확인하고 고객의 신원을 검증할 것.

(b) 실소유자를 확인하고, 실소유자의 신원을 검증하기 위한 합리적인 조치를 취하여 금융기관이 실소유자가 누구인지 파악할 수 있어야 함. 법인 및 신탁등 법률관계의 경우, 금융기관이 고객의 소유권과 지배구조를 파악하는 것을 포함함.

(c) 거래관계의 목적과 의도된 본질(intended nature)을 이해하고, 적절한 경우 이에 관한 정보를 확보할 것.

(d) 거래관계에 대한 지속적인 고객확인 절차 이행 및 거래관계 수립 이후 실시된 거래에 대한 면밀한 조사를 수행하여 고객, 고객의 사업 및 위험도 기록, 그리고 필요한 경우 자금출처에 대해 금융기관이 파악하고 있는 바가 실제 거래내용과 일치하도록 할 것.

금융기관은 (a)-(d)의 모든 고객확인 조치를 이행할 의무가 있으며, 이때 본 권고사항의 주석과 권고사항 1의 주석에 따라 위험기반 접근법을 적용하여 해당 조치의 범위를 결정하여야 한다.

금융기관은 고객 및 실소유자의 신원검증을 거래관계 수립 이전 또는 거래관계를 유지하는 동안, 또한 일회성 거래를 수행하기 전에 이행할 의무가 있다. 다만 자금세탁 및 테러자금조달 위험이 효과적으로 관리되고 있고 정상적인 거래를 위하여 불가피한 경우, 각국은 금융기관이 거래관계 수립 후 합리적으로 수행 가능한 최단기간 내에 검증절차를 수행할 수 있도록 할 수 있다.

금융기관이 위의 (a)-(d)에 해당하는 의무사항을 (위험기반 접근법에 따라 조치의 정도는 적절한 조정이 가능하지만) 이행할 수 없을 경우에는 계좌개설, 거래관계수립 또는 거래이행을 하지 않도록 해야 하고, 이미 수립된 거래관계는 종료하여야 하며, 해당 고객에 대한 의심거래보고(suspicious transactions report) 여부를 고려하여야 한다.

본 권고사항은 모든 신규 고객에게 적용되어야 하고, 금융기관은 기존고객에게도 중요도와 위험을 기초로 본 권고사항을 적용하여야 하며, 적정한 시기에 기존 거래관계에 대한 고객확인을 이행하여야 한다.

나. 권고사항 10 주석

A. 고객확인제도와 정보누설

1. 금융기관은 고객과의 거래관계 수립, 그 과정 또는 일회성 거래시, 자금세탁 또는 테러자금조달의 우려가 있다고 의심하는 경우, 다음 사항을 이행해야 한다.

   (a) 통상, 계속적 거래 또는 일회성 거래를 불문하고, 다른 예외조항이나 기준금액에 관계없이, 고객 및 실소유자의 신원을 확인하고 검증[2]해야 한다.

   (b) 권고사항 20에 따라 금융정보분석원(FIU)에 의심거래보고(STR)를 한다.

2. 권고사항 21은 금융기관, 이사, 직원이 금융정보가 FIU에 보고된다는 사실을 해당 고객에게 누설하는 것을 금지하고 있다. 금융기관이 고객확인(CDD)을 하는 과정에서 고객이 무심코 이에 대한 정보를 전해 듣게 될 위험이 있다. 의심스러운 거래 사례로 보고되거나 수사대상이 될 수 있다는 사실을 고객이 알게 되는 경우 자금세탁 또는 테러자금지원 수사에 차질을 빚을 소지가 있다.

3. 이에 따라 금융기관은 자금세탁 또는 테러자금조달과 관련된 거래로 의심하는 경우, 고객확인 단계에서 발생할 수 있는 의심거래보고 사실 누설의 위험성을 고려해야 한다. 고객확인 과정에서 고객 또는 잠재적 고객에게 의심거래보고 사실이 누설될 것으로 판단될 경우에는 이 과정은 생략할 수 있되 STR은 반드시 해야 한다. 각 금융기관은 고객확인 이행

---

2) 믿을 만하고, 독립적인 원천의 문서, 자료, 또는 정보를 지금부터는 "신원확인 자료(identification data)"라고 할 것이다.

시 직원들이 이러한 사항을 인식하고 이에 민감하게 대처할 수 있도록 해야 한다.

B. 고객확인 – 고객을 대신하여 거래하는 자

4. 금융기관은 권고사항 10에 명시된 고객확인 이행과정에서 (a) 및 (b)항 이행 시, 고객을 대신하여 거래하는 자가 적법한 권한을 부여받은 것인지 검증하고, 그 자의 신원을 확인·검증하여야 한다.

C. 법인 및 신탁등 법률관계에 대한 고객확인

5. 법인 또는 신탁등 법률관계[3]인 고객에 대하여 고객확인을 이행할 때, 금융기관은 고객의 신원을 확인·검증하고 거래의 성격과 소유권 및 지배구조를 이해해야 한다. 고객과 실소유자의 확인 및 검증에 대해 (a)와 (b)항을 이행하도록 하는 것은 아래 두 가지 목적이다: 첫째, 고객에 관한 충분한 이해로 법인과 신탁등 법률관계의 불법 이용을 방지하여 거래관계와 관련된 잠재적 자금세탁 및 테러자금조달 위험을 제대로 평가할 수 있게 하고; 둘째, 위험도를 감소시키는 적절한 조치를 취하도록 하려는 것. 한 절차의 두 가지 측면으로서, 이러한 조건은 아마 자연스럽게 상호작용하고 서로 보완할 것이다. 이러한 맥락에서 금융기관은 아래 사항을 이행하여야 한다:

(a) 고객의 신원을 확인하고 이를 검증한다. 이러한 기능을 수행하는 데 통상적으로 필요한 정보의 유형은 아래와 같다:

(ⅰ) 명칭, 법률적 형태 및 존재의 증명 – 예를 들어, 고객의 명칭, 형태 및 존재를 증명하는 법인등록증, 자산증명서, 동업계약서, 신탁증서, 그 외 신뢰성 있는 공식 문서를 통한 검증.

(ⅱ) 법인 및 신탁등 법률관계를 규율하고 통제하는 권한(예, 회사 정관 또는 각서) 및 법인 또는 신탁등 법률관계의 상위직급자 성명

---

3) 이 권고사항들에서 신탁(또는 다른 유사한 계약)과 같은 신탁등 법률관계와 관련하여, 금융기관 또는 DNFBP의 고객이 되는 것 또는 어떤 거래를 수행하는 것은 수탁자인 자연인 또는 법인이 수익자를 대신하여 또는 신탁계약에 따라 사업관계를 수립하거나 거래를 수행하는 경우를 말한다. 자연인 또는 법인이 고객에 대한 일반적인 고객확인 요구사항들은, 주석 10의 단락 4를 포함하여, 계속해서 적용될 것이며, 또한 신탁과 (정의에 따른) 신탁의 실소유자에 대한 추가적인 요구사항들도 적용될 것이다.

(예, 회사 전무, 신탁 관리자).

(iii) 등록된 회사 주소 및, 주소가 다를 경우, 주 사업장의 주소.

(b) 아래 정보를 통해 고객의 실소유자를 확인하고 그 신원을 검증할 수 있는 합리적 조치[4]를 취한다:

(i) 법인의 경우[5]:

(i.i) 법인에 대한 최종적으로 지배지분[6]을 보유한 자연인의 신원 (그러한 자가 있을 경우에 적용됨 - 소유구조는 매우 다양하기 때문에 법인 또는 신탁등 법률관계 소유권을 통해 지배권을 행사하는 자연인이 없을 수도 있음); 그리고

(i.ii) (i.i)항의 지배 지분 보유자가 실소유자임이 의심되는 경우, 또는 소유권으로 지배력을 행사하는 자연인이 없는 경우, 법인 및 신탁등 법률관계에 대해 지배권을 다른 수단을 통해 행사하는 자연인의 신원.

(i.iii) 전 (i.i) 또는 (i.ii) 항에서 확인된 자연인이 없는 경우, 금융기관은 상위직급자의 신원을 확인하고 합리적 조치를 통해 검증하여야 한다.

(ii) 신탁등 법률관계의 경우:

(ii.i) 신탁 - 위탁자, 수탁자, 보호자 (있을 경우), 수익자 또는 수익자 집단[7], (순환구조를 통한 지배권/소유권을 포함하여) 신탁에 대해 최종적으로 실질적 지배권을 행사하는 기타 자연인의 신원;

(ii.ii) 기타 신탁등 법률관계 - 동등하거나 유사한 직책인 자의

---

4) 신원 검증조치의 합리성 여부는 고객과 사업관계가 제기하는 자금세탁과 테러자금조달 위험 정도를 고려하여 결정한다.

5) 조치 (i.i)에서 (i.iii)은 대체할 수 있는 선택이 아니며, 오히려 단계적으로 상호 영향을 주는 조치들(cascading measures)이다. 각각은 앞선 조치들이 적용되고 실소유자가 확인되지 않은 상황에서 사용될 수 있다.

6) 지배지분 여부는 회사의 소유권 구조에 따라 다르다. 회사의 일정 비중(예, 25%)보다 더 많은 지분을 보유하는 경우 등을 기준으로 설정할 수 있다.

7) 신탁의 수익자가 특성에 의해(by characteristics) 또는 집단으로(by class) 지정된 경우, 금융기관은 신탁을 지급할 시점 또는 수익자가 부여된 권리를 행사하려고 하는 때에 수익자의 신원을 확인할 수 있도록 하는 조건을 충족시킬 수 있도록 수익자에 관해 충분한 정보를 확보하여야 한다.

신원.

고객 또는 지배지분의 소유주가 증권거래소에 상장된 법인이고 (증권거래소 규정 또는 법령에 의해서든) 실소유자에 대해 적절한 투명성을 보장하는 공시 요건이 적용되는 경우, 또는 이러한 회사의 지배지분 보유 자회사인 경우, 주주 및 실소유자의 신원을 확인·검증할 필요가 없다.

관련 신원확인 자료는 공공기록이나 고객, 기타 신뢰성 있는 자료로부터 얻을 수 있다.

D. 생명보험증권 수익자에 대한 고객확인

6. 생명보험 및 기타 투자 관련 보험업의 경우, 금융기관은 고객 및 실소유자에 대한 고객확인 이행에 더해, 생명보험 및 기타 투자 관련 보험의 수익자(들)가(이) 확인/지정되자마자 아래 고객확인 조치를 이행하여야 한다:

    (a) 수익자가 특정 명칭의 자연인, 법인 또는 법률계약으로 확인된 경우
        – 명칭을 기록한다;

    (b) 수익자가 어떠한 특성이나 신분(예, 보험사건 발생 시 배우자 또는 자녀)으로 지정되거나 다른 수단에 의해 (예, 유언장에 따라) 지정된 경우
        – 금융기관이 만족스러울 정도로 수익자에 대한 정보를 충분히 획득하여 보험금 지불시 수익자의 신원을 확인할 수 있도록 한다.

    (a)항 및/또는 (b)항에 의해 취합된 정보는 권고사항 11의 조항에 따라 기록 및 관리되어야 한다.

7. 위 6(a) 및 (b)에 언급된 모든 상황에서, 수익자의 신원 검증은 보험금 지불시 이루어져야 한다.

8. 강화된 고객확인조치 적용여부를 결정할 때, 금융기관은 생명보험 수익자를 관련 있는 위험 요소로 포함시켜야 한다. 금융기관이 법인 또는 법률계약인 수익자가 고위험을 나타낸다고 판단할 경우, 강화된 고객확인 조치는 보험금 지불시 수익자의 실소유자를 식별하고 그 신원을 확인하는 합리적인 조치를 포함해야 한다.

9. 금융기관은 위 6.~8.을 이행할 수 없는 경우, 의심거래보고를 고려하여

야 한다.

E. 이미 이행된 확인 및 검증에 대한 신뢰

10. 권고사항 10에서 규정한 고객확인은 금융기관이 매 거래시마다 반복적
으로 고객의 신원을 확인하고 검증할 것을 필요로 하지 않는다. 이미 행
해진 확인 및 검증조치에서 얻어진 정보의 진위를 의심하지 않는 한, 금
융기관은 기존 고객확인을 신뢰할 수 있다. 예를 들어, 고객과 관련된 자
금세탁 의혹이 있거나 고객의 사업방식과 일치하지 않는 계좌운용방식
의 중대한 변화가 발생한 경우 등에는 금융기관이 정보의 신뢰성을 의심
하게 된다.

F. 검증 시기

11. 정상적인 업무수행을 방해하지 않기 위해 고객 검증을 거래관계 수립 이
후에 시행할 수 있는 상황으로는 (위 생명보험 수익자에 관해 언급된 상황에
더하여) 다음과 같은 예를 들 수 있다:

- 비대면 거래.
- 증권 거래. 증권업의 경우 증권회사 및 증권중개소는 고객과 접촉
  할 당시 및 고객 신원확인 작업이 완료되기 전 주식시장 상황에 따
  라 거래를 매우 빠르게 처리해야 하는 경우.

12. 또한 금융기관은 고객이 신원확인 이전에 거래관계를 이용할 수도 있는
경우에 대해 위험관리절차를 도입하여야 할 것이다. 이러한 관리절차로
서 거래 횟수, 유형 및/또는 액수에 대한 제한과 통상적인 기준에서 벗어
나는 거액 또는 복잡한 거래에 대한 감시 등이 포함되어야 한다.

G. 기존 고객

13. 금융기관은 중요도와 위험도에 근거하여 기존 고객[8)에 대한 고객확인을
적용하여야 하고, 고객확인 이행시기 및 획득된 정보의 적절성/타당성을
고려하여 기존 거래관계에 대해서도 고객확인을 적절한 시기에 이행하
여야 한다.

---

8) 국가적으로 의무가 실행된 날짜에 현존하는 고객.

H. 위험 기반 접근[9]

14. 아래의 예시들은 FATF 기준상 의무사항은 아니며, 지침제공 목적으로 제시된 것이다. 이러한 예들은 유용한 지침에 해당하지만 포괄적인 것은 아니며 모든 상황에 적절한 것도 아니다.

고위험

15. 자금세탁 및 테러자금조달의 위험이 높아 강화된 고객확인을 이행해야 하는 경우가 있다. 고객 유형, 국가 및 지리적 지역, 특정 재화, 서비스, 거래 및 운송채널과 관련하여 자금세탁 및 테러자금조달 위험성을 측정할 때 잠재적 고위험 상황은 (권고사항 12 내지 16에 나열된 상황에 더하여) 다음을 포함한다.

(a) 고객 위험 요소:
- (설명할 수 없는 이유로 금융기관과 고객 간의 지리적 거리가 먼 경우 등) 일반적이지 않은 상황에서 거래관계가 이루어지는 경우.
- 고객이 비거주자인 경우.
- 법인 및 신탁등 법률관계가 자산보전 수단인 경우.
- 차명주주 또는 무기명주식을 보유한 회사인 경우.
- 현금 흐름이 많은 사업.
- 회사사업의 특성에 비추어 볼 때 회사 지배구조가 비정상적이거나 지나치게 복잡한 경우.

(b) 국가 또는 지리적 위험 요소:[10]
- 상호평가, 상세평가보고서 또는 발표된 후속조치이행보고서 등 신뢰성 있는 출처에 의해 적절한 AML/CFT 시스템을 갖추지 않은 것으로 확인된 국가.
- 예를 들어, UN에 의해 제재조치, 통상금지 및 기타 유사한 제재를 받은 국가.

---

9) RBA는 CDD가 의무적으로 요구되는 상황에는 적용되지 않는다. 그러나 그러한 조치의 정도를 결정하기 위해서는 RBA가 사용될 수 있다.
10) FATF가 조치를 하도록 요구한 때에는 각국은 권고사항 19에 따라 금융기관에게 강화된 고객확인을 적용하도록 하는 것은 의무사항이다.

- 신뢰성 있는 출처에 의해 중대한 수준의 부패 또는 기타 범죄행위가 있는 것으로 확인된 국가.
- 신뢰성 있는 출처에 의해 테러행위에 대한 자금조달 및 지원을 제공하거나 지정된 테러조직이 국내 활동 중인 것으로 확인된 국가 및 지리적 지역.

(c) 재화, 서비스, 운송채널 관련 위험 요소:
- 프라이빗 뱅킹 (PB).
- 익명 거래 (현금이 포함되어 있을 수 있다).
- 비대면 사업 관계 또는 거래.
- 무명 및 비협력관계의 제3자로부터의 지급금.

저위험

16. 자금세탁 및 테러자금조달 위험성이 낮은 상황이 있다. 이 경우 각국은, 적절한 위험 분석이 이행되었다는 전제 하에, 금융기관이 간소화된 고객 확인을 이행하도록 허용하는 것이 타당할 수 있다.

17. 고객유형, 국가 및 지리적 지역, 특정 재화, 서비스, 거래 및 운송채널과 관련하여 자금세탁 및 테러자금조달 위험성을 측정할 때 잠재적 저위험 상황은 다음을 포함한다:

(a) 고객 위험 요소:
- 금융기관 및 DNFBP − FATF 권고사항에 따라 자금세탁 및 테러자금조달 방지 의무가 있는 경우, 효과적으로 그러한 의무를 이행해왔으며 의무 이행을 위해 권고사항에 따라 효과적인 감독 및 점검을 받고 있는 경우.
- 증권거래소에 등록되어 있으며 실소유자에 관하여 적절한 투명성을 유지할 공시의무가 있는 상장기업.
- 행정기관 및 공사.

(b) 재화, 서비스, 운송채널 관련 위험 요소:
- 연간 보험료 납부액이 미화/유로화 1,000 이하이거나 1회 납부액이 미화/유로화 2,500 이하인 생명보험.

- 해약조항이 없고 보험 증권이 담보로 사용될 수 없는 조건의 연금 보험.
- 피고용자에게 퇴직금을 지급하는 연금, 퇴직연금 또는 유사한 보험 계약으로서, 보험료는 급여에서 공제되는 방식으로 지불되며 보험 약관상 이익의 양도를 허용하지 않는 경우.
- 적절히 정의되고 제한된 금융상품 및 서비스를 특정 유형의 고객에게 제공하여 금융소외자 포용 목적으로 접근성을 높이는 경우.

(c) 국가 위험 요소:
- 상호평가나 상세 평가보고서 등 신뢰성 있는 출처에 의해 효과적인 AML/CFT시스템을 갖춘 것으로 확인된 국가.
- 신뢰성 있는 출처에 의해 부패 및 기타 범죄 활동이 낮은 것으로 확인된 국가.

국가 및 금융기관은 위험 평가시 국내 각 지방, 지역의 자금세탁 및 테러자금조달 위험 변수들을 적절히 고려할 수 있다.

18. 신원 확인·목적의 검증에서 자금세탁 및 테러자금조달 위험이 낮았다고 하여 그 고객과 관련한 모든 유형의 고객확인 조치에서, 특히 지속적인 거래 점검을 위해서, 자동적으로 저위험으로 되는 것은 아니다.

위험 변수들

19. 자금세탁 또는 테러자금조달의 위험성을 평가함에 있어, 금융기관은 고객, 국가, 상품 및 서비스, 운송채널 위험성 등과 관련한 변수를 고려하여야 하며, 이러한 변수들은 단독으로 혹은 복합적으로 작용하여 잠재적 위험성을 증가 또는 감소시키며 결과적으로 적절한 수준의 고객확인조치 방안에 영향을 미친다.

변수들의 예:
- 거래 또는 거래관계의 목적.
- 고객이 예치하는 자산의 수준 또는 거래규모.
- 거래관계의 주기 또는 지속기간.

강화된 고객확인 조치들

20. 금융기관은 경제적 또는 법적 목적이 명백하지 않은 모든 복잡하고 비정 상적으로 규모가 큰 거래와 비정상적 패턴을 가진 거래에 대해 합리적으 로 가능한 범위까지 그 거래의 배경과 목적을 조사하여야 한다. 금융기 관은 자금세탁 및 테러자금조달 위험도가 높은 경우, 확인된 위험의 정 도에 따라 강화된 고객확인 조치를 이행하여야 한다. 특히, 이러한 거래 및 행위가 비정상적이거나 의심스러운 것으로 보이는지 여부를 판단하 기 위해 거래관계에 대한 점검 수준을 높여야 한다. 고위험 거래관계에 적용될 수 있는 강화된 고객확인 조치는 다음 사항을 포함한다:

- 고객에 대해 추가적 정보(예, 직업, 자산규모, 인터넷이나 공공기록물을 통해 확인 가능한 정보 등)를 취득하고, 고객과 실소유자에 대한 신 원확인 정보를 좀 더 정기적으로 갱신.
- 사업관계의 의도된 성격에 관한 정보 취득.
- 고객의 자금 원천 및 재산에 관한 정보 취득.
- 예정된 또는 이미 수행된 거래의 목적에 관한 정보 취득.
- 사업관계를 시작하고 지속하기 위한 상위 직급자의 승인 취득.
- 규제 장치의 수와 시간을 늘려 사업관계에 대한 점검을 강화하고, 추가적 조사가 필요한 거래 패턴을 선택.
- 유사한 고객확인 기준이 적용되는 은행에 개설된 고객계좌에서 최 초의 지급이 이루어지도록 할 것.

간소화된 고객확인 조치

21. 금융기관은 자금세탁 또는 테러자금조달 위험이 낮은 경우 간소화된 고 객확인을 할 수 있으며, 이 때 저위험의 성격을 고려하여야 한다. 간소화 된 조치는 낮은 위험요소에 비례하여야 한다(예, 간소화된 조치는 고객수 용조치 또는 실시간 점검에 대해서만 이행될 수 있다). 가능한 예는 아래와 같다:

- 거래관계 설립 후 고객과 실소유자의 신원을 확인하고 검증(예, 계 좌의 거래가 규정된 현금거래한도 이상으로 올라가는 경우).

- 고객 신원정보 갱신 주기를 축소.
- 합리적인 현금 한도에 근거하여 지속적 점검 및 거래의 상세 검토의 정도를 완화.
- 거래관계의 목적 및 의도된 성격을 이해하기 위해 특정정보를 수집하거나 특별조치를 이행하지 않고 이미 이루어진 거래 유형 또는 거래관계로부터 목적 및 성격을 추론.

자금세탁 또는 테러자금 의심이 있거나 특별한 고위험 시나리오가 적용되는 상황에서는 간소화된 고객확인 조치가 적용될 수 없다.

금액한도

22. 권고사항 10에 근거한 일회성 거래금액의 한도는 미화/유로화 15,000이다. 지정된 금액한도 이상인 금융거래는 일회성 거래 또는 연결된 수회의 거래금액을 포함한다.

지속적인 고객확인

23. 금융기관은 고객확인 과정에서 수집된 자료, 데이터, 정보를 현존하는 기록에 대한 검토를 통해 갱신하고 관련성을 유지하도록 관리하여야 한다. 특히 고위험 고객에 대해서는 더욱 그러해야 한다.

다. 권고사항 10 평가방법론[11]

10.1 금융기관의 익명계좌 또는 가명계좌를 보유하는 것이 금지되어야 한다.

고객확인이 요구되는 경우

10.2 금융기관은 다음과 같은 경우 고객확인을 이행할 의무가 있다:

(a) 거래관계를 수립하는 경우;

(b) 지정된 금액한도(미화/유로화 15,000) 이상의 일회성 또는 연결거래를 하는 경우;

(c) 권고사항 16 및 그 주석에 따른 일회성 전신송금을 하는 경우;

(d) 다른 FATF 권고사항에서 언급된 면책 조항이나 기준에 관계없이 자

---

11) 금융기관이 CDD를 수행하는 원칙은 법률에 규정되어야 한다. 그러나 세부적인 조치사항들은 강제적 수단(enforceable means)에 규정될 수 있다.

금세탁 또는 테러자금조달이 의심되는 경우; 또는

(e) 금융기관이 기존에 확보된 고객확인정보의 진위나 타당성에 대해 의심을 갖는 경우.

모든 고객에게 요구되는 고객확인 조치사항

10.3 금융기관은 신뢰성 있고 독립적인 문서, 데이터 또는 정보(확인자료)를 이용하여 고객(평생고객, 일회성 고객, 개인/법인/신탁등 법률관계 등)의 신원을 확인하고 검증하여야 한다.

10.4 금융기관은 대리인의 신원을 확인·검증하고, 적법한 대리권을 부여받았는지 여부를 검증하여야 한다.

10.5 금융기관은 신뢰성 있는 출처로부터 얻은 관련 정보나 데이터를 이용하여 실소유자를 확인하고, 실소유자의 신원을 검증하기 위한 합리적인 조치를 취하여 금융기관이 실소유자가 누구인지 파악할 수 있어야 한다.

10.6 금융기관은 거래의 목적과 근본적인 의도를 이해하고 그에 대한 정보를 적절히 획득해야 한다.

10.7 금융기관은 거래관계에 관하여 다음을 포함하여 지속적인 고객확인을 수행해야 한다:

(a) 거래관계 수립과정에서 형성된 거래를 면밀히 조사하여 그 거래가 금융기관의 고객에 대한 정보와 실제 거래사항 및 위험도 기록, 자금원천 등과 일치하는지 확인.

(b) 기존에 있는 기록, 특히 고위험군에 있는 고객에 대한 기록을 검토하여 고객확인 과정에서 수집된 문서, 데이터, 정보가 지속적으로 갱신되고, 관련성이 있는지를 확인.

법인 또는 신탁등 법률관계 시 요구되는 특별한 고객확인 조치사항

10.8 금융기관은 법인 또는 신탁등 법률관계와 관련하여 고객의 거래 특성, 소유권, 통제구조를 이해하여야 한다.

10.9 고객이 법인 또는 신탁등 법률관계인 경우, 금융기관은 다음과 같은 정보를 통해 고객의 신원을 확인·검증해야 한다:

(a) 명칭, 법률적 형태 및 존재의 증명;

(b) 법인 및 신탁등 법률관계를 규율·통제하는 권한을 비롯하여 상위 관리 직급을 가진 사람의 이름; 그리고

(c) 등록된 사무실 주소와 주요사업장소(서로 다른 경우 2개 주소 모두).

10.10 금융기관은 법인 고객12)에 대해 다음의 정보를 통해 실소유자의 신원을 확인·검증하는 적절한 조치를 취해야 한다:

(a) 법인에 대한 지배지분13)을 보유한 자연인(만약 있다면14))의 신원;

(b) (a)항의 지배지분 보유자가 실소유자인지 여부가 의심되거나 지배지분을 가진 자가 없는 경우에는 다른 수단을 통해 법인/신탁등 법률관계를 통제하는 자의 신원; 그리고

(c) 이상의 정보를 통해 확인되는 사항이 없는 경우, 상위관리자의 신원.

10.11 신탁등 법률관계의 경우, 금융기관은 다음과 같은 정보를 통해 실소유자의 신원을 확인·검증하는 적절한 조치를 취해야 한다:

(a) 신탁의 경우, 위탁자, 수탁자, 보호자 (있을 경우), 수익자 또는 수익자 집단,15) (순환구조를 통한 지배권/소유권을 포함하여) 신탁에 대해 최종적으로 실질적 지배권을 행사하는 기타 자연인의 신원;

(b) 그 외 다른 형태의 신탁등 법률관계에 대해서는, 동등하거나 유사한 직위에 있는 사람의 신원.

생명보험증권 수익자에 대한 고객확인

10.12 금융기관은 고객 및 실소유자에 대한 고객확인 이행 외에도 생명보험 및

---

12) 고객 또는 지배지분의 소유자가 주식거래소에 상장되어 실소유자에 관한 적절한 투명성을 보장하기 위해 부과된 공시의무를 이행(주식거래소 규정, 법률, 또는 강제수단 어느 것에 의해서든)하는 기업이거나 그러한 기업이 주요 지분을 소유하는 자회사인 경우, 그러한 회사의 어떤 주주나 실소유자의 신원을 확인하거나 그 신원을 검증할 필요는 없다. 이를 위한 관련 자료는 공공 등기소를 통해서, 고객을 통해서, 또는 다른 신뢰할 만한 원천으로부터 획득될 수 있다.

13) 지배지분 여부는 회사의 소유권 구조에 따라 다르다. 회사의 일정 비중(예, 25%)보다 더 많은 지분을 보유하는 경우 등을 기준으로 설정할 수 있다.

14) 소유권 지분이 너무 분산되어 있어서 어떤 자연인들(혼자서 행동하든 함께 하든)도 법인 또는 신탁등 법률관계의 지배적 소유권 지분을 행사할 수 없는 경우도 있다.

15) 신탁의 수익자가 특성에 의해(by characteristics) 또는 집단으로(by class) 지정된 경우, 금융기관은 신탁을 지급할 시점 또는 수익자가 부여된 권리를 행사하려고 하는 때에 수익자의 신원을 확인할 수 있도록 하는 조건을 충족시킬 수 있도록 수익자에 관해 충분한 정보를 확보하여야 한다.

기타 투자관련 보험의 수익자가 확인/지정되자마자 아래 고객확인 조치
를 이행하여야 한다:

(a) 수익자가 특정 명칭의 자연인, 법인 또는 법률계약으로 확인된 경
우 – 명칭을 기록한다;

(b) 수익자가 어떠한 특성이나 신분 등으로 지정된 경우 – 수익자에 대
한 정보를 충분히 획득하여 보험금 지불시 수익자의 신원을 금융기
관이 확인할 수 있도록 한다;

(c) 위 (a) 및 (b)에서, 수익자의 신원 검증은 보험금 지불시 이루어져야
한다.

10.13 금융기관은 강화된 고객확인조치 적용여부를 결정할 때, 생명보험의 수
익자를 관련된 위험 요소로 포함시켜야 한다. 수익자가 법인 또는 법률
계약이면서 고위험이라고 판단된 경우, 금융기관은 보험금을 지불할 때
수익자의 실소유자의 신원을 확인하고 검증하는 적절한 조치를 포함하
여, 강화된 고객확인조치를 이행해야 한다.

검증 시점

10.14 금융기관은 거래관계를 수립하거나 일회성 거래행위를 하기 전 또는 그
과정에서 고객과 실소유자의 신원을 검증하여야 하며, 허용되는 경우에
는 아래와 같은 조건하에 거래관계 수립 후 검증하여야 한다:

(a) 실행 가능한 경우 바로 검증해야 함;

(b) 정상적인 비즈니스 수행을 방해하지 않아야 함; 그리고

(c) ML/TF 위험이 효과적으로 관리되어야 함.

10.15 금융기관은 검증 전에 고객이 거래관계를 이용할 수 있는 조건과 관련하
여 위험관리 절차를 채택하여야 한다.

기존 고객

10.16 금융기관은 기존고객[16)]에 대해 중요도 및 위험에 기반하여 고객확인 요
건을 적용하고, 고객확인 이행시기 및 적절한 데이터가 획득되었는지 여
부를 고려하여 적절한 시기에 기존 거래관계에 대한 고객확인을 이행해

---

16) 새로운 국가적 요구사항으로 의무가 실행된 날짜에 현존하는 고객.

야 한다.

위험기반 접근법

10.17 금융기관은 ML/TF 위험이 높을 경우 강화된 고객확인의무를 수행해야
한다.

10.18 금융기관은 국가 또는 금융기관의 분석을 통해 위험이 낮다고 확인된 경
우에만 간소화된 고객확인 조치를 취할 수 있다. 간소화된 고객확인 조
치는 낮은 위험요인에 비례하여야 하나 자금세탁, 테러자금조달, 특정
고위험 시나리오에 대한 혐의가 의심되는 경우에는 허용되지 않는다.

고객확인에 실패한 경우

10.19 금융기관이 고객확인을 이행할 수 없는 경우 다음 조치를 이행하여야
한다:

(a) 계좌를 개설하거나 거래관계를 시작하거나 거래를 이행하여서는 안
되고, 거래관계를 종료하여야 한다; 그리고

(b) 고객과 관련된 STR을 보고할 것인지를 검토하여야 한다.

고객확인과 비밀누설

10.20 자금세탁 및 테러자금조달이 의심되는 상황에서 금융기관이 고객확인절
차를 이행하는 것이 비밀누설로 이어질 것이라는 판단을 합리적으로 하
는 경우, 고객확인조치를 더 이상 이행하지 않는 것이 허용되어야 하며
그 대신 STR보고가 의무화 되어야 한다.

권고사항 11. 기록보관

가. 권고사항 11 본문

금융기관은 권한당국의 정보제공 요구가 있을 경우 이에 신속하게 대응
하기 위하여 국내 및 국제 거래에 대한 모든 필수적인 기록을 최소 5년
이상 보관하도록 요구된다. 이러한 기록은 범죄행위를 기소하기 위하여
필요한 경우 증거로 제시될 수 있도록 개별 거래내역(관련 금액과 통화 종

류 등 포함)을 충분히 파악할 수 있도록 하여야 한다.

금융기관은 고객확인 정보(여권, 신분증, 운전면허증, 기타 이와 유사한 서류 등 공식적인 신원 확인 서류의 사본 또는 기록), 계좌파일, 업무서신 등 고객 확인 조치를 통해 입수한 모든 기록을, 모든 분석수행(예를 들어 복잡하고 비정상적인 대규모 거래의 배경과 목적을 파악하기 위한 질의)결과를 포함하 여, 거래관계가 종료된 후 또는 일회성 거래를 한 날로부터 최소 5년 이 상 보존하도록 요구된다.

금융기관이 거래에 대한 기록과 고객확인 조치를 통해 취득한 정보를 보 존하도록 하는 의무는 법률로 규정되어야 한다.

정당한 권한을 가진 국내 권한당국은 고객확인 정보 및 거래 기록을 이 용할 수 있어야 한다.

나. 권고사항 11 평가방법론[17]

11.1 금융기관은 국내외 거래에 대해서 모든 필요한 정보를 거래 종료 후 최 소 5년간 보존해야 한다.

11.2 금융기관은 CDD 조치, 계좌정보 및 영업관계 등을 통해 취득한 모든 기 록과 기타 분석결과를 거래관계 종료 또는 일회성 거래 종료 후 최소 5년간 보관해야 한다.

11.3 금융기관은 형사사건의 기소에 필요한 증거로 활용할 수 있도록 개별 거 래기록들을 충분히 재구성할 수 있어야 한다.

11.4 금융기관은 적합한 권한을 가진 국내 권한당국이 신속하게 모든 고객확 인 정보 및 거래기록에 접근할 수 있도록 해야 한다.

권고사항 12. 정치적 주요인물(고위공직자)*

가. 권고사항 12 본문

금융기관은 외국의 정치적 주요인물(PEPs: Politically Exposed Persons, 고

---

17) 금융기관이 거래에 관한 기록과 CDD 조치 이행과정에서 취득한 정보를 보관해야 한다는 원 칙은 법률로 규정되어야 한다.

위공직자)(고객으로서 또는 실소유자로서)에 대하여 일반적인 고객확인 절차에 더하여 다음의 조치를 할 것이 요구된다:

(a) 고객 또는 실소유자가 정치적 주요인물인지 여부를 확인할 수 있는 적절한 위험 관리 시스템(risk management systems) 운용;

(b) 이러한 거래관계를 수립하기 위한 (기존 고객인 경우 이러한 거래관계를 지속하여도 된다는) 고위 관리자의 승인취득;

(c) 재산 및 자금의 출처를 확인할 수 있는 합리적인 조치; 그리고

(d) 거래관계에 대한 강화된 점검의 지속적 수행.

금융기관은 고객 또는 실소유자가 국내 정치적 주요인물이거나 국제기구의 요직에 재임 중인지 또는 재임해 온 개인인지 여부를 결정하기 위한 합리적인 조치를 취할 의무가 있다. 이러한 개인과 고위험의 거래관계를 수립하는 경우, 금융기관은 (b), (c) 및 (d)의 조항에 언급된 조치를 적용하도록 요구된다.

모든 종류의 정치적 주요인물에게 적용되는 의무사항은 그 정치적 주요인물의 가족과 측근에게도 적용되어야 한다.

나. 권고사항 12 주석

금융기관은 생명보험의 수익자 및/또는 수익자의 실소유자가 정치적 주요인물인지 여부를 확인하기 위한 합리적인 조치를 해야 한다. 이는 늦어도 지불 시점에 이루어져야 한다. 고위험이 확인된 경우, 금융기관은 표준 고객확인조치 이행에 더하여:

(a) 보험금 지급 전 고위 경영진에게 보고하고; 그리고

(b) 보험계약자와의 거래관계 전체에 대한 강화된 조사를 실시하고, 의심거래보고를 고려하여야 한다.

다. 권고사항 12 평가방법론

12.1 외국 정치적 주요인물(PEPs)과 관련하여, 금융기관은 권고사항 10의 고객확인 조치 이외에 추가적으로 다음 조치를 수행해야 한다:

(a) 특정 고객 또는 실소유자가 정치적 주요인물(PEP)인지 여부를 판단

하기 위한 위험관리 이행체제의 도입;

(b) 거래관계를 수립(또는 기존 고객의 경우 거래관계의 유지)하기 전, 고위
경영진의 승인 취득;

(c) 고객 또는 실소유자가 정치적 주요인물(PEPs)로 확인된 경우, 재산
및 자금의 원천을 파악하기 위한 합리적인 조치; 그리고

(d) 해당 거래관계에 대해 강화된 지속적 점검의 실시.

12.2 국내 정치적 주요인물(PEPs) 또는 국제기구에서 요직을 맡은 인물과 관
련하여, 금융기관은 권고사항 10의 고객확인 조치 이외에 추가적으로 다
음 조치를 수행해야 한다:

(a) 특정 고객 또는 실소유자가 그러한 인물인지 여부를 판단하기 위한
합리적인 조치; 그리고

(b) 만약 위 고객 또는 실소유자와 고위험거래를 수행하는 경우, 평가기
준 12.1 (b)에서 (d)의 조치의 채택.

12.3 금융기관은 모든 종류의 정치적 주요인물(PEPs)의 가족·측근에 대해 평
가기준 12.1 및 12.2의 조치를 적용해야 한다.

12.4 생명보험계약과 관련하여, 금융기관은 수익자 또는 (필요시) 해당 수익자
의 실소유자가 정치적 주요인물(PEPs)인지 여부를 판단하기 위한 합리적
인 조치를 취해야 한다. 위와 같은 조치는 늦어도 보험금 지급전에 이뤄
져야 한다. 고위험으로 판명된 경우, 금융기관은 보험금 지급 이전에 고
위 경영진에게 이를 보고하고, 해당 보험계약자와의 거래전반에 대한 특
별 검토를 수행하며, STR 여부를 고려해야 한다.

권고사항 13. 환거래은행*

가. 권고사항 13 본문

금융기관은 국경 간 환거래은행(cross−border correspondent banking)과 기
타 유사한 거래관계에 대하여 일반적인 고객확인 조치와 함께 다음의 조
치를 하도록 요구된다:

(a) 요청 금융기관(respondent institution)의 사업 성격을 완전히 이해하고, 그 기관이 자금세탁 및 테러자금조달과 관련하여 수사 또는 규제대상이 되었는지 여부를 포함한 기관의 평판과 감독의 질을 공개된 정보를 통하여 판단할 수 있도록 충분한 정보를 수집;

(b) 요청 금융기관의 자금세탁방지 및 테러자금조달금지 조치를 평가;

(c) 새로운 환거래 계약을 수립하기 전 고위 관리자의 승인취득;

(d) 각 기관의 책임사항을 명확히 이해; 그리고

(e) 대리지불계좌(Payable-Through-Account)의 경우, 요청 은행(respondent bank)이 환거래 계좌를 직접 사용할 수 있는 고객에 대해 고객확인 조치를 수행하는 것과 환거래은행의 요청에 따라 해당 고객에 관한 적절한 고객확인 정보를 제공하는 것을 충족해야 함.

금융기관은 위장은행과 환거래은행 관계를 맺거나 이를 지속하는 것이 금지되어야 한다. 금융기관은 요청기관이 그들의 계좌가 위장은행에 의해 사용되는 것을 허용하지 않는다는 것을 확신할 수 있어야 한다.

나. 권고사항 13 주석

금융기관이 (a)-(e)의 조치를 적용해야 하는 유사한 거래관계란, 예를 들면, 주로 국제 금융기관(the cross-border financial institutions)을 위해서든 또는 그 고객을 위해서든, 이들을 위해 하는 증권거래 또는 자금이체 관련 거래를 포함한다.

*대리지불계좌(payable-through-accounts)*란, 제3자가 자기 스스로를 위한 금융거래를 위해 제3자가 직접 사용하는 환거래계좌(correspondent accounts)를 말한다.

다. 권고사항 13 평가방법론

13.1 금융기관은 국경 간 환거래은행계약(cross-border correspondent banking)과 기타 유사한 거래관계에 대하여 다음의 조치를 취할 것이 요구된다:

(a) 요청 금융기관(respondent institution)의 사업 성격을 완전히 이해하고 그 기관이 자금세탁 및 테러자금조달과 관련하여 수사 및 규제 대상

이 되었는지 여부를 포함한 기관의 평판과 감독의 질을 공개된 정보를 통하여 판단할 수 있도록 충분한 정보를 수집;

(b) 요청 금융기관의 AML/CFT 조치를 평가;

(c) 새로운 환거래 계약을 수립하기 전 고위 관리자의 승인 취득;

(d) 각 기관의 책임사항을 명확히 이해.

13.2 대리지불계좌(payable—through accounts)의 경우, 금융기관은 다음 사항이 충족되도록 해야 한다:

(a) 요청 은행이 환거래계좌를 직접 사용할 수 있는 고객에 대해 고객확인 조치를 취하였는지; 그리고

(b) 요청 은행이 환거래은행의 요청에 따라 해당 고객확인 정보를 제공할 수 있는지.

13.3 금융기관이 위장은행과 환거래은행계약 관계를 맺거나 지속하는 것은 금지되어야 한다. 금융기관은 요청기관이 그들의 계좌가 위장은행에서 이용되는 것을 금지하였는지를 확인해야 한다.

권고사항 14. 자금 또는 가치의 이전 서비스*

가. 권고사항 14 본문

각국은 자금 또는 가치 이전 서비스(MVTS)를 제공하는 개인이나 법인은 허가 받거나 등록을 하도록 하고, FATF 권고사항이 요구하는 관련 조치를 이행하고 그 이행을 감독하기 위한 효과적인 이행체제의 대상이 되도록 하는 것을 명확히 하여야 한다. 각국은 허가를 받지 않거나 등록하지 않고 MVTS를 제공하는 개인이나 법인을 확인하고, 적절히 제재하여야 한다. 어떤 개인이나 법인이 MVTS 제공자의 대리인으로 일하는 경우, 권한당국의 허가 또는 등록을 받거나, 또는 MVTS 제공자가 현행 대리인 목록을 MVTS 제공자와 대리인이 영업하는 국가의 권한당국이 접근할 수 있도록 유지해야 한다. 각국은 대리인을 이용하는 MVTS 제공자들은 대리인을 그들의 AML/CFT 프로그램에 포함시키고 그 프로그램의 준수 여부

를 감독하는 것을 명확히 하는 조치를 해야 한다.

나. 권고사항 14 주석

국가는 그 국가에서 (FATF 권고사항에서 정의된) 금융기관으로 인허가를 받았거나 등록된, 그리고 이러한 인허가 또는 등록 하에 MVTS를 수행하도록 허가를 받았고 이미 FATF 권고사항의 의무사항들을 적용받고 있는, 개인 및 법인에 대해서는 별도의 인허가 또는 등록을 할 필요는 없다.

다. 권고사항 14 평가방법론

14.1 MVTS를 제공하는 개인 및 법인은 인허가를 받거나 등록이 되어있어야 한다.

14.2 각국은 인허가를 받지 않거나 등록되지 않은 개인 및 법인이 MVTS를 제공하는지 확인할 수 있어야 하며, 확인 시 비례적 억제적 제재 조치를 적용해야 한다.

14.3 MVTS 제공자는 AML/CFT의 이행여부에 관한 점검 대상이어야 한다.

14.4 MVTS 제공자 대리인은 권한당국으로부터 인허가를 받거나 등록이 되어 있어야 하며, 그렇지 않을 경우 MVTS 제공자는 MVTS 제공자와 대리인이 소재한 국가에서 권한당국이 접근할 수 있는 대리인 목록을 최신으로 유지해야 한다.

14.5 대리인을 이용하는 MVTS 제공자는 대리인을 AML/CFT 프로그램에 포함시키고 프로그램을 준수하도록 점검해야 한다.

권고사항 15. 새로운 기법

가. 권고사항 15 본문

각국과 금융기관들은 (a) 새로운 금융상품 개발 및 신규 업무 취급 그리고 이들의 제공 방법과 (b) 신규 및 기존 금융상품을 위하여 새로 개발된 또는 개발되고 있는 금융기법(new technologies)의 사용으로 인해 유발

될 수 있는 자금세탁 또는 테러자금조달 위험을 확인하고 평가하여야 한
다. 금융기관들은 새로운 금융상품, 업무취급 혹은 금융기법을 개시하기
이전에 이러한 위험평가를 실시하여야 한다. 금융기관들은 확인된 위험
요소를 관리하고 경감시키기 위한 적절한 조치를 하여야 한다.

나. 권고사항 15 평가방법론

15.1 각국과 금융기관들은 새로운 배달체계(new delivery mechanism)를 포함하여
　　 신규 금융상품의 개발과 신규 업무의 취급으로 인하여, 신규/기존 금융상
　　 품을 위하여 새로 개발된 또는 개발중인 금융기법의 사용으로 인하여, 유
　　 발될 수도 있는 자금세탁/테러자금조달 위험을 확인하고 평가하여야 한다.

15.2 금융기관들은 (a) 이러한 상품, 업무취급 혹은 금융기법을 개시/이용하
　　 기 이전에 위험평가를 실시하고, (b) 위험요소를 관리하고 경감시키기
　　 위한 적절한 조치를 취하여야 한다.

권고사항 16. 전신송금*

가. 권고사항 16 본문

각국은 금융기관이 전신송금 및 관련 메시지에, 요구된 그리고 정확한
송금인(originator) 정보와 요구된 수취인(beneficiary) 정보를 포함하도록
하여야 하고, 그 정보는 일련의 지급결제 과정 내내 전신송금 또는 관련
메시지와 함께 유지되도록 하여야 한다.

각국은 금융기관이 요구된 송금인 또는 수취인 정보를 결여한 전신송금
을 탐지하기 위하여 전신송금을 감시(monitor)하고 적절한 조치를 하도록
하는 것을 명확히 하여야 한다.

각국은 금융기관이 전신송금의 처리 과정에서 테러와 테러자금조달 방
지 및 억제 관련 유엔안보리결의 1267호(1999)와 그 후속 결의안, 유엔안
보리결의 1373호(2001) 등 관련 유엔안보리결의에 명시된 각각의 의무사
항에 따라 동결 조치를 하고, 지정된 개인과 단체와의 거래를 금지하는

것을 명확히 시행하도록 하여야 한다.

나. 권고사항 16 주석

A. 목 적

1. 권고사항 16은 테러리스트 및 기타 범죄자들이 자금의 이전을 위해 전신 송금에 자유롭게 접근하는 것을 금지할 목적으로, 또한 그러한 접근이 이뤄졌을 경우 이러한 악용을 찾아낼 목적으로 도입되었다. 특히 전신송 금의 송금인 및 수취인에 관한 기본정보가 아래(a-c)를 위해 즉시 이용 가능하도록 한다:

    (a) 법집행 및 수사 기관의 테러리스트 또는 기타 범죄자 발견, 수사, 기 소와 그 자산의 추적;

    (b) FIU의 의심 또는 비정상 행위 분석, 그리고 필요에 따라 제공;

    (c) 송금인 거래은행, 중계은행 및 수취인 거래은행이 의심거래 확인 및 보고를 용이하게 하며, 테러 및 테러자금조달 방지에 관한 결의 1267 호(1999)와 후속 결의, 결의 1373호(2001) 등 관련 유엔안보리결의에 따라 동결조치를 시행하고 지정된 개인 및 단체와의 거래 금지 규정 을 준수하도록 하기 위함.

2. 이러한 목적을 달성하기 위해, 각국은 모든 전신송금을 추적할 수 있어 야 한다. 각국은 지하거래 형성의 위험성과 금융포용의 중요성을 고려하 는 한편, 소액 전신송금에 의한 잠재적 테러자금조달 위험을 감안하여 금액한도를 최소화하여야 한다. 엄격한 기준을 도입하거나 단 하나의 운 영절차를 요구하여 결제 시스템에 악영향을 미치는 것이 FATF의 목적은 아니다.

B. 범 위

3. 권고사항 16은 연속 지급(serial payments)과 보호 지급(cover payments)을 포함하여 국내 전신송금과 해외 전신송금 모두에 적용된다.

4. 권고사항 16은 다음과 같은 지급방법에는 적용되지 않는다:

    (a) 신용·직불·선불카드를 이용한 상품 및 서비스의 구매거래로부터 발

생하는 모든 이체(이체정보와 함께 신용·직불·선불카드 번호가 따라가야 함). 그러나 신용·직불·선불카드의 사용이 개인간 전신송금을 실행하기 위한 결제 거래인 경우는 권고사항 16에 포함되며 메시지에 필요한 정보를 포함해야 함.

   (b) 송금인과 수취인이 금융기관 본인인 경우, 금융기관간의 이체 및 결제.

5. 각국은 (미화/유로화 1,000를 넘지 않는) 국외 전신송금에 대해 아래 사항이 적용되도록 하는 최소(de minimis) 금액 한도를 채택할 수 있다:

   (a) 각국은 이러한 이체에 대해서 금융기관이 다음을 포함하도록 해야 한다: (ⅰ) 송금인명; (ⅱ) 수취인명; 그리고 (ⅲ) 각각의 계좌번호 또는 고유 거래조회번호. 이러한 정보의 정확성을 검증할 필요는 없으나, 자금세탁 또는 테러자금조달의 의심이 있는 경우 금융기관은 고객에 관한 정보를 검증해야 한다.

   (b) 각국은 국외 계좌에서 들어오는 금액한도 이하 전신이체에 대해서도 송금인에 관하여 필요하고 정확한 정보가 포함되어 있을 것을 요구할 수 있다.

C. 적법한 국외 전신송금

6. 적법한 전신송금에 동반되는 정보는 항상 다음을 포함해야 한다:

   (a) 송금인의 성명;

   (b) 거래 진행에 사용된 송금인 계좌번호;

   (c) 송금인의 주소, 또는 주민등록번호, 또는 고객식별 번호, 또는 생년월일과 출생지;

   (d) 수취인명;

   (e) 거래 진행에 사용된 수취인 계좌번호.

7. 계좌가 없을 경우, 거래 추적이 가능하도록 고유 거래조회번호를 포함해야 한다.

8. 한 송금인으로부터 여러 개의 국외 전신송금이 수취인에게 묶음파일로 일괄 전달되는 경우, 위 단락 6의 송금인 정보 요건에서 면제된다. 단,

(단락 7에서 요구하는 바와 같이) 송금인의 계좌번호 또는 고유 거래조회번호를 포함해야 하고, 묶음파일이 송금인에 관한 필요하고 정확한 정보와 수취인의 모든 정보를 포함하여야 한다. 요컨대 수취인 국가에서 거래에 대해 완전하게 추적 가능해야 한다.

D. 국내 전신송금

9.　국내 전신송금을 동반하는 정보는 국외 전신송금에서와 같이 송금인 정보를 포함해야 한다. 다만, 이러한 정보가 수취 금융기관 및 해당 당국에게 다른 수단으로 제공되는 경우는 예외이다. 후자의 경우 지시 금융기관은 계좌번호 또는 고유 거래조회번호만 포함하면 된다. 단, 그 번호 또는 식별자를 통해 송금인 혹은 수취인을 추적할 수 있어야 한다.

10.　지시 금융기관은 수취 금융기관 또는 관련 권한당국으로부터 요청을 받은 날로부터 영업일 기준으로 사흘 안에 정보를 제공해야 한다. 법집행기관은 이러한 정보가 즉시 제공되도록 강요할 수 있어야 한다.

E. 지시 및 중계, 수취 금융기관의 책임/의무

지시 금융기관

11.　지시 금융기관은 적법한 전신송금에는 요구되는 정확한 송금인 정보와 요구되는 수취인 정보가 포함되도록 해야 한다.

12.　지시 금융기관은 적용되는 금액한도 이하의 국외 전신송금에 대해서도 송금인과 수취인의 명칭 및 각각의 계좌번호 또는 고유 거래조회번호를 포함하도록 해야 한다.

13.　지시 금융기관은 수집된 모든 송금인 및 수취인 정보를 권고사항 11에 따라 유지하여야 한다.

14.　지시 금융기관이 위에 열거된 사항을 준수하지 않을 경우 전신송금을 수행하는 것이 허용되어서는 아니된다.

중계 금융기관

15.　국외 전신송금에서, 전신송금의 중계 역할을 하는 금융기관은 전신송금을 동반하는 송금인 및 수취인에 대한 모든 정보를 보유하고 있어야 한다.

16. 기술적인 제한으로 인해 국외 전신송금에 동반되는 송금인 또는 수취인에 관한 필요한 정보가 관련 국내 전신송금과 계속 남아있을 수 없는 경우, 수신측 중계 금융기관이 송금인 금융기관 또는 다른 중계 금융기관으로부터 받은 모든 정보에 대한 기록을 최소 5년간 보관하여야 한다.

17. 중계 금융기관은 송금인 또는 수취인에 관해 필수 정보가 누락된 국외 전신송금을 확인하기 위한 합리적인 조치를 하여야 한다. 이러한 조치는 전자적 송금 처리(straight-through processing)에도 일관되게 적용되어야 한다.

18. 중계 금융기관은 효과적인 위험기반 정책 및 절차를 갖추고 (ⅰ) 송금인 또는 수취인에 관한 필수 정보가 없는 전신송금에 대한 이행, 거절, 또는 중단과 (ⅱ) 적절한 후속조치를 결정할 수 있어야 한다.

수취 금융기관

19. 수취 금융기관은 송금인 또는 수취인에 관한 필수 정보가 누락된 국외 전신송금에 대해 이를 확인하기 위해 합리적인 조치를 하여야 한다. 이러한 조치는 적절한 경우 사후 점검이나 실시간 점검을 포함할 수 있다.

20. 적법한 전신송금일 경우, 수취 금융기관은 이전에 검증되지 않은 수취인 신원을 검증하고, 그 정보를 권고사항 11에 따라 유지해야 한다.

21. 수취 금융기관은 (ⅰ) 송금인 또는 수취인에 관한 필수 정보가 누락된 전신송금에 대한 이행, 거절, 또는 중단, 그리고 (ⅱ) 적절한 후속조치에 관하여 이를 결정하기 위한 효과적인 위험기반 정책과 절차를 갖추어야 한다.

F. 자금/가치 이전 서비스업자

22. MVTS 제공자는 직접 영업하거나 또는 대리인을 통해서 영업하는 국가에서 권고사항 16의 요구사항 전부를 준수해야 한다. MVTS 제공자가 전신송금의 지시 및 수취인 측 모두를 관리하는 경우, MVTS 제공자는:

   (a) 지시 및 수취인 측 모두의 정보를 고려하여 STR 보고를 할 것인지를 결정하여야 한다; 그리고

   (b) 의심스러운 전신송금의 영향을 받는 국가에게 STR을 보고하고, 관련 거래 정보를 금융정보분석원에 제공하여야 한다.

이 권고사항에서 사용된 구체적인 용어 해설	
정확한(Accurate)	정확성이 검증된 정보를 기술하기 위해 사용되는 용어.
일괄 이체(Batch transfer)	같은 금융기관으로 보내는 여러 건의 개별 전신송금을, 최종 수신처가 다른 사람들일 수도 있고/아닐 수도 있는, 하나의 송금으로 처리하는 것.
수취인(Beneficiary)	송금인에 의해 요청된 전신송금의 수취인으로 확인된 자연인, 법인 또는 신탁등 법률관계를 말함.
수취 금융기관(Beneficiary Financial Institution)	요청 금융기관으로부터 직접 또는 중계 금융기관을 통해 전신송금을 받고 수취인에게 자금을 지급하는 금융기관을 말함.
보호 지급(Cover Payment)	지급 전언(payment message)은 송금 금융기관이 수취 금융기관으로 직접 전달하고, 자금 지시(funding instruction)는 송금 금융기관이 하나 또는 그 이상의 중계 금융기관을 경유하여 (보호된 방식으로) 수취 금융기관으로 전달하는 전신송금.
국경간 전신송금 (Cross-border wire transfer)	송금 금융기관과 수취 금융기관이 서로 다른 국가에 위치한 경우 발생하는 어떤 전신송금. 적어도 하나의 금융기관이 다른 나라에 위치하여 발생하는 어떤 연쇄 전신송금도 포함.
국내 전신송금 (Domestic wire transfer)	송금 금융기관과 수취 금융기관이 같은 나라에 소재하고 있는 경우의 어떤 전신송금. 이것은 하나의 국가 국경 내에서 완전하게 발생한 어떤 연쇄 전신송금도 지급 전언(payment message)을 전달하기 위해 사용된 시스템이 다른 나라에 있다고 하더라도 포함. 이 용어는 또한 유럽경제지역18)(EEA, the European Economic Area)의 국경 내에서 완전하게 발생한 일련의 연쇄 전신송금도 가리킴.
중계 금융기관 (Intermediary financial institution)	송금 금융기관과 수취 금융기관 또는 다른 중계 금융기관을 위하여 전신송금을 받거나 보내는 연속(serial) 또는 보호(cover) 지급 연쇄 고리의 중간에 있는 어떤 금융기관.
지시 금융기관(Ordering financial institution)	송금인으로부터 전신송금 요청을 받아 전신송금을 개시하고 자금을 보내는 금융기관.
송금인(Originator)	계좌로부터 전신송금을 허용한 계좌 소지자, 전신송금을 하도록 지시금융기관에게 명령을 내리는 자연인 또는 법인.
자격을 요하는 전신송금 (Qualifying wire transfers)	권고사항 16의 주석 제5단락에 기술된 기준금액을 초과하는 국경간 전신송금을 의미.
요구된(Required)	요구되는 정보의 모든 요소가 현재 있는 경우 그 상황을 기술하기 위해 사용. 요구된 송금인 정보는 하위단락 6(a), 6(b), 6(c)에서 기술하고, 요구된 수취인 정보는 하위단락 6(d), 6(e)에서 기술하고 있음.
연속 지급 (Serial Payment)	전신송금과 동반하는 지급 전언(payment message)이 송금 금융기관으로부터 수취 금융기관으로 직접 또는 하나/그 이상의 중계금융기관(예. 환거래은행)을 통해 함께 전달되는 직접 연속하는 연쇄 지급을 말함.

전자적 송금 처리 (Straight-through processing)	손으로 조작할 필요가 없이 전자적으로 수행되는 지급거래를 말함.
고유 거래조회번호 (Unique transaction reference number)	전신송금을 위해 사용된 지급과 결제 시스템 또는 전언 시스템의 통신규약과 일치하게 지불서비스 제공자에 의해 결정된 문자, 숫자 또는 기호의 조합을 말함.
전신송금(Wire transfer)	송금인과 수취인이 같은 사람인지 아닌지에 관계없이, 수취 금융기관에서 수취인에게 일정 금액이 제공될 것이라는 전망을 갖고, 전자적 수단으로 금융기관을 통해 송금인을 대신하여 수행된 거래19)를 말함.

다. 권고사항 16 평가방법론

송금 금융기관

16.1 금융기관은 미화/유로화 1,000 이상인 국외 전신송금이 다음의 정보가 항상 동반되도록 해야 한다.

  (a) 필요(required)·정확한20) 송금인 정보:

   (i) 송금인명;

   (ii) 거래 진행에 사용된 송금인 계좌번호, 혹은 계좌가 없을 경우 거래 추적을 가능하게 하는 고유 거래조회번호; 그리고

   (iii) 송금인의 주소, 또는 주민등록번호, 또는 고객식별번호, 또는 생년월일과 출생지.

  (b) 필요·정확한 수취인 정보:

   (i) 수취인명; 그리고

   (ii) 거래 진행에 사용된 수취인 계좌번호, 혹은 계좌가 없을 경우 거래 추적을 가능하게 하는 고유 거래조회번호.

---

18) 누구든 FATF에게 권고사항 16의 이행 평가의 목적으로, 또 이에 국한하여 초국가 관할권 지정을 요구할 수 있다.

19) 전신송금의 결제는 순 결제 약정(a net settlement arrangement)에 따라 이뤄질 수 있다. 이 주석은 송금 금융기관이 어떤 중계 금융기관을 통하는 것을 포함하여 수취 금융기관에게 보낸, 수취인에게 자금의 지급을 가능하게 하는 지급 지시(instructions)에 포함되어야 할 정보에 대해 언급하고 있다. 금융기관들 간의 어떤 순 결제에 관한 정보는 단락 4(b)에 따라 면제(exempt)되어도 된다.

20) "정확한(accurate)"은 정확성이 검증된 정보를 기술하기 위해 사용된다; 예를 들면 금융기관들은 요구된 송금인 정보의 정확성을 검증하도록 요구되어져야 한다.

16.2 한 송금인으로부터 여러 개의 국외 전신송금이 수취인에게 묶음파일로 일괄 전달되는 경우, 묶음파일에 송금인에 관한 필요하고 정확한 정보 및 수취인 국가에서 완벽히 추적가능한 수취인에 관한 모든 정보가 들어 있어야 하며, 금융기관은 송금인의 계좌번호 혹은 고유 거래조회번호를 포함시켜야 한다.

16.3 각국이 16.1항의 요건에 대해 최소금액한도(de minimis threshold)를 적용할 경우, 금융기관은 국외 전신송금이 (미화/유로화 1,000보다 낮은) 최소금액한도 미만일 경우에는 다음의 정보가 동반되도록 하여야 한다.

   (a) 송금인에 관한 필요 정보:

      (i) 송금인명; 그리고

      (ii) 거래 진행에 사용된 송금인 계좌번호, 혹은 계좌가 없을 경우 거래 추적을 가능하게 하는 고유 거래조회번호.

   (b) 수취인에 관한 필요 정보:

      (i) 수취인명; 그리고

      (ii) 거래 진행에 사용된 수취인 계좌번호, 혹은 계좌가 없을 경우 거래 추적을 가능하게 하는 고유 거래조회번호.

16.4 16.3항에서 언급된 정보에 대해 정확성을 확인할 필요는 없다. 그러나 금융기관은 자금세탁 또는 테러자금조달이 의심되는 경우 각자 고객에 관한 정보를 확인할 의무가 있다.

16.5 국내 전신송금21)의 경우, 지시 금융기관은 전신송금을 동반하는 정보가 국외 전신송금에서와 같이 송금인 정보를 포함하도록 하되, 이러한 정보가 수취 금융기관 및 해당 당국에 다른 수단으로 제공되는 경우는 제외한다.

16.6 국내 전신송금을 동반하는 정보가 수취 금융기관 및 해당 당국에 기타 수단으로 제공될 수 있는 경우, 지시 금융기관은 계좌번호 또는 고유 거래조회번호만 포함하면 된다. 단, 그 번호 또는 식별자를 통해 송금인 혹

---

21) 이 용어는 EU(European Union) 국경 내에서 완전하게 발생한 어떤 연쇄 전신송금에도 적용된다. 유럽의 내부 시장(the European internal market)과 관련 법률 체계(corresponding legal framework)는 EEA(the European Economic Area)의 회원국에게까지 확대된다는 점을 더욱 주목할 필요가 있다.

은 수취인을 추적할 수 있어야 한다. 지시 금융기관은 수취 금융기관 또는 관련 권한당국의 요청을 받은 날로부터 영업일 기준으로 사흘 안에 정보를 제공해야 한다. 법집행기관은 이러한 정보가 즉시 제공되도록 강요할 수 있어야 한다.

16.7 지시 금융기관은 수집된 모든 송금인 및 수취인 정보를 권고사항 11에 따라 유지하여야 한다.

16.8 지시 금융기관은 위 16.1–16.7항을 준수하지 않을 경우 전신송금을 진행할 수 없어야 한다.

중계 금융기관

16.9 국외 전신송금에서, 중계 금융기관은 전신송금을 동반하는 송금인 및 수취인에 대한 모든 정보가 계속 유지되도록 할 의무가 있다.

16.10 기술적인 제한으로 인해 국외 전신송금과 동반하는 송금인 또는 수취인에 관한 필요한 정보가 관련 국내 전신송금과 계속 남아있을 수 없는 경우, 중계 금융기관은 송금인 금융기관 또는 다른 중계 금융기관으로부터 받은 모든 정보에 대한 기록을 최소 5년간 보관할 의무가 있어야 한다.

16.11 중계 금융기관은 송금인 또는 수취인에 대한 필요한 정보가 없는 국외 전신송금을 확인하기 위해 STP(straight–through processing, 전자적 송금 처리)와 일관된 합리적인 조치를 취할 의무가 있어야 한다.

16.12 중계 금융기관은 (a) 송금인 또는 수취인에 관한 필요정보가 없는 전신송금을 이행, 거절, 또는 중단, 그리고 (b) 적절한 후속조치를 결정하기 위한 위험기반 정책 및 절차를 갖출 의무가 있어야 한다.

수취 금융기관

16.13 수취 금융기관은 송금인 또는 수취인에 관한 필요정보가 없는 국외 전신송금을 확인하기 위해, 가능할 시 사후 점검 또는 실시간 점검 등을 포함하여, 합리적인 조치를 취할 의무가 있어야 한다.

16.14 국외 전신송금의 금액이 미화/유로화 1,000 이상일 경우,[22] 수취 금융기

---

22) 각국은 (미화/유로화 1,000를 넘지 않는) 국외 전신송금에 대해 최소(de minimis) 금액한도를 채택할 수 있다. 그럼에도 불구하고 각국은 국외 계좌에서 들어오는 금액한도 이하 전신송금

관은 이전에 검증되지 않은 수취인 신원을 검증하고 그 정보를 권고사항 11에 따라 유지해야 할 의무가 있어야 한다.

16.15 수취 금융기관은 (a) 송금인 또는 수취인에 관한 필수정보가 없는 전신 송금을 이행, 거절, 또는 중단, 그리고 (b) 적절한 후속조치를 결정하기 위한 위험기반 정책 및 절차를 갖출 의무가 있어야 한다.

자금 또는 가치 이전 서비스업자

16.16 MVTS 제공자는 직접 혹은 대리인을 통해서 영업하는 국가에서 권고사항 16의 관련 사항을 모두 준수해야 한다.

16.17 MVTS 제공자가 전신송금의 지시 및 수취인 측 모두를 관리하는 경우, MVTS 제공자는 (a) 지시 및 수취인 측 모두의 정보를 고려하여 STR 보고를 할 것인지 결정할 의무가 있어야 하며, (b) 의심스러운 전신송금의 영향을 받는 국가에 STR을 보고하고 관련 거래 정보를 금융정보분석원에 제공할 의무가 있어야 한다.

정밀 금융제재 이행

16.18 각국은 금융기관이 전신송금을 처리하는 과정에서 테러행위 및 테러자 금조달 억제 관련 유엔안보리 결의 1267호, 1373호 및 후속 결의안 등 관련 유엔안보리결의에 명시된 의무사항에 따라 동결 조치를 하고, 지정된 개인과 단체와의 거래를 금지하도록 하여야 한다.

권고사항 17. 제3자 의존*

가. 권고사항 17 본문

각국은 아래에 제시된 기준이 충족되는 경우에 금융기관이 고객확인 조치의 (a)–(c)의 조항을 행하거나 새로운 거래를 개시하는 업무를 제3자에게 위탁할 수 있도록 할 수 있다. 이러한 위탁이 허용된 경우, 고객확인 조치에 대한 최종책임은 제3자에게 업무를 위탁한 금융기관에 있다.

에 대해서도 송금인에 관한 필요하고 정확한 정보가 포함될 것을 요구할 수 있다.

충족되어야 할 기준은 다음과 같다:

(a) 제3자에게 고객확인을 위탁한 금융기관은 권고사항 10에 명시된 고객확인 조치 (a)–(c)의 필수 정보를 즉시 획득하여야 한다.

(b) 금융기관은 제3자에게 고객확인 정보의 복사본과 기타 고객확인 수행과 관련된 문서를 요구할 때, 이를 지체 없이 제공받을 수 있도록 하는 만족할 만한 수준의 적절한 조치를 하여야 한다.

(c) 금융기관은 제3자가 (감독당국의) 규제, 감독, 또는 점검을 받으며, 권고사항 10과 11에 따른 고객확인과 기록보존 의무를 준수하는 조치를 만족할 만한 수준으로 하고 있다는 점을 확인하여야 한다.

(d) 조건을 충족하는 제3자가 소재할 수 있는 국가를 결정할 때 각국은 해당 국가의 위험정보를 고려하여야 한다.

금융기관과 고객확인을 위탁받는 제3자가 같은 금융그룹의 계열사이고, (ⅰ) 해당 금융그룹이 권고사항 10, 11, 12에 따른 고객확인과 기록보존 의무 및 권고사항 18에 따른 자금세탁방지 및 테러자금조달금지 프로그램을 실시하는 경우, 그리고 (ⅱ) 고객확인과 기록보존의무 및 AML/CFT 프로그램의 효과적인 이행에 관해 전체그룹 차원에서 권한당국의 감독 받고 있다면, 관련 권한당국은 해당 금융기관이 금융그룹의 프로그램을 통해 상기 (b)와 (c)의 기준을 충족한다고 볼 수 있다. 또한 고위험 국가의 위험이 금융그룹의 AML/CFT 정책으로 적절하게 경감되는 경우, 당국은 기준 (d)를 위탁 필수전제조건이 아니라고 판단할 수 있다.

나. 권고사항 17 주석

1. 본 권고는 아웃소싱이나 대리관계에 적용되지 않는다. 제3자 의존 시나리오에서 제3자는 권고사항 10 및 11에 따라 고객확인과 기록보관의무 대상이어야 하며 규제, 감독 및 점검 대상이어야 한다. 제3자는 대개 고객과 대행을 맡긴 금융기관 사이의 거래관계와는 별개로 해당 고객과 기존 거래관계가 있어서 고객확인을 이행할 때 자체 내부절차를 적용한다. 이 점은 아웃소싱이나 대리인 관계와는 완전히 다른 것이다. 즉 아웃소싱의 외주업체는 위임금융기관을 대신하여 그 내부절차에 따라 고객확

인조치를 적용하며, 절차의 효과적인 이행에 대하여 위임금융기관의 통제를 받기 때문이다.

2. 권고사항 17에서 *관련 권한당국*이란, (ⅰ) 그룹수준의 그룹 정책 및 규제의 이해와 관련된 본사 국가기관과 (ⅱ) 지사/자회사와 관련된 현지 국가기관을 말한다.

3. *제3자*란 감독·점검 대상이며 권고사항 17의 요건을 충족시키는 금융기관 또는 DNFBP를 말한다.

다. 권고사항 17 평가방법론

17.1 금융기관들이 고객확인 조치의 권고사항 10 (a)–(c)의 조항을 실행하거나 새로운 거래를 개시하는 업무를 제3의 금융기관 및 DNFBPs에 의존할 수 있도록 허용된 경우, 최종책임은 제3자에게 업무를 위탁한 금융기관에 있으며, 다음과 같은 의무를 부담한다:

(a) 권고사항 10에 명시되어 있는 고객확인 조치 (a)–(c)의 필수정보를 즉시 획득할 의무;

(b) 제3자에게 고객확인 정보의 복사본과 기타 고객확인 수행 관련 문서 요구 시, 이를 지체 없이 제공받을 수 있는 만족할 만한 수준의 조치를 취할 의무;

(c) 제3자가 규제, 감독 또는 점검을 받으며, 권고사항 10과 11에 따른 고객확인과 기록보존의무를 준수하는 조치를 하고 있다는 점을 충분히 확인할 의무.

17.2 조건을 충족하는 제3자가 소재할 수 있는 국가를 결정할 때 각국은 해당 국가의 위험정보를 고려하여야 한다.

17.3 금융기관과 고객확인을 위탁받은 제3자가 같은 금융그룹의 계열사라면, 관련 권한당국[23]은 다음과 같은 경우에 해당 금융기관이 상기(17.1, 17.2)의 기준을 충족하고 있다고 볼 수 있다.

---

23) 권고사항 17에서 "관계 권한당국"이란 (ⅰ) 그룹 전체 차원에서의 그룹의 정책, 통제 등을 이행하기 위해 관여해야 하는 본국의 당국, (ⅱ) 지점, 자회사 등에 관여해야 하는 주재국의 당국을 의미한다.

(a) 해당 금융그룹이 권고사항 10, 11, 12에 따른 고객확인과 기록보존의무 및 권고사항 18에 따른 자금세탁방지 및 테러자금조달금지 프로그램을 실시하는 경우;

(b) 고객확인과 기록보존의무 및 AML/CFT 프로그램의 효과적인 이행이 전그룹 차원으로 권한당국의 감독을 받는 경우;

(c) 국가 차원의 고위험이 금융그룹의 AML/CFT 정책으로 적절하게 경감되는 경우.

권고사항 18. 내부통제, 해외지점과 자회사*

가. 권고사항 18 본문

금융기관은 자금세탁 및 테러자금조달을 방지할 수 있는 프로그램을 이행할 의무가 있다. 금융그룹은 그룹 차원의 자금세탁 및 테러자금조달 방지를 위한 프로그램을 이행할 의무가 있다. 이 프로그램에는 AML/CFT 목적을 위한 그룹 내 정보 공유정책 및 절차가 포함되어야 한다.

금융기관은 FATF 권고사항을 이행하기 위하여 본국에서 이행되고 있는 AML/CFT 조치와 일관된 조치를 금융그룹의 자금세탁 및 테러자금조달 방지 프로그램을 통해 해외 지점과 지배 지분 보유 자회사(majority-owned subsidiaries)에 적용할 의무가 있다.

나. 권고사항 18 주석

1. 금융기관의 자금세탁 및 테러자금조달 방지 프로그램은 다음을 포함하여야 한다:

(a) 적절한 준법 관리체계를 비롯한 내부 정책, 절차와 통제장치 개발 및 직원 채용시 높은 수준을 확보하기 위한 적합한 선별절차;

(b) 지속적인 직원 교육 프로그램; 그리고

(c) 이행체제를 테스트하기 위한 독립적 감사기능.

2. 조치의 규모 및 수준은 자금세탁 및 테러자금조달 위험도와 거래규모에

적합해야 한다.

3. 준법 관리 체계는 관리자급 준법감시인 임명을 포함해야 한다.

4. 금융그룹의 자금세탁 및 테러자금조달 방지 프로그램은 해당 금융그룹의 모든 지점과 지배 지분 보유 자회사에 적용되어야 한다. 해당 프로그램은 위 (a)–(c) 조치를 포함해야 하며 지점 및 지배 지분 보유 자회사의 업무에 적합해야 한다. 이러한 프로그램은 지점 및 지배 지분 보유 자회사 수준에서 효과적으로 이행되어야 한다. 이 프로그램은 고객확인과 자금세탁 및 테러자금조달의 위험 관리를 위한 정보공유 정책과 절차를 포함하여야 한다. AML/CFT의 목적을 위해 필요한 경우 그룹 차원의 법규 준수, 감사 및/혹은 AML/CFT를 위해 지점과 자회사로부터 고객, 계좌, 거래정보도 제공되어야 한다. 비밀보장 및 교환된 정보 이용에 대한 적절한 보호 장치가 마련되어야 한다.

5. 해외 사업장의 경우, 현지 국가의 AML/CFT 최소요건이 본사 국가보다 덜 엄격할시, 금융기관은 현지 국가에 있는 지점 및 지배 지분 보유 자회사가 현지 국가의 법과 규정의 허용범위 내에서 본사 국가의 요건을 이행하도록 해야 한다. 현지 국가가 위 조치의 제대로 된 이행을 허용치 않을 경우, 금융그룹은 자금세탁 및 테러자금조달 위험을 관리하기 위한 적절한 추가적 조치를 적용하고 본사 국가 감독관에게 알려야 한다. 추가적 조치가 충분하지 않을 경우, 본사 국가의 권한당국은, 금융그룹에게, 적절한 경우, 현지 국가에서의 영업 정지 요구와 금융그룹에 대한 추가적 통제를 포함한 추가적 감독행위를 고려해야 한다.

다. 권고사항 18 평가방법론

18.1 금융기관은 자금세탁/테러자금조달 위험, 영업규모 및 다음의 내부정책·절차·통제 등을 고려한 자금세탁/테러자금조달 대응 프로그램을 이행해야 한다:

(a) 준법감시체계(준법감시인에 관리자직급 임직원을 임명하는 것 포함);

(b) 직원 채용 시의 적절한 스크린절차;

(c) 지속적인 직원 훈련 프로그램; 그리고

(d) 이행체제 점검을 위한 독립적 감사활동.

18.2 금융그룹은 자금세탁/테러자금조달에 대비한 프로그램을 전 그룹 차원에서 이행해야 하는데, 이 프로그램은 모든 지점 및 지배 지분 보유 자회사에도 적절하게 적용될 수 있는 것이어야 한다. 또한 이 프로그램에는 18.1에 따른 조치 및 다음 내용이 포함되어야 한다:

(a) 고객확인 및 자금세탁/테러자금조달 위험관리를 위해 필요한 정보 공유를 위한 정책 및 절차;

(b) AML/CFT 목적을 위해 필요한 경우, 지점 및 자회사가 수집한 고객·계좌·거래 관련 정보를 그룹 준법감시부서, 감사부서, AMF/CFT 담당부서 등에 제공; 그리고

(c) 비밀유지 및 교환된 정보의 사용에 대한 적절한 보안장치.

18.3 금융기관등은 본사에서 이행하고 있는 자금세탁방지/테러자금조달금지 조치와 일관된 조치를 해외지점과 지배지분 보유 자회사에 적용해야 한다. 해외지점과 자회사에 적용되는 현지 자금세탁방지/테러자금조달금지 법령이 국내법령보다 높지 않은 경우, 현지법이 허용하는 한도에서 보다 높은 기준을 적용하여야 한다.

현지국가의 자금세탁방지/테러자금조달금지 기준이 본국의 기준을 충족하지 못하는 경우, 금융그룹은 자금세탁/테러자금조달 위험을 관리할 수 있는 추가적인 조치를 하고 본국 감독기관에 이를 통지해야 한다.

권고사항 19. 고위험 국가*

가. 권고사항 19 본문

금융기관은 FATF가 촉구한 국가의 개인, 법인과 금융기관과의 거래관계 및 거래활동에 대해 강화된 고객확인 조치를 적용할 의무가 있다. 적용될 강화된 고객확인 조치는 위험의 정도에 비례하고 효과적이어야 한다. 각국은 FATF의 촉구에 따라 적절한 대응조치를 할 수 있어야 한다. 또한 각국은 FATF와 별도로 자체적인 대응조치를 할 수 있어야 한다. 이런 대

응조치는 위험의 정도에 비례적이고 효과적이어야 한다.

나. 권고사항 19 주석

1. 금융기관이 실행할 수 있는 강화된 확인조치는 권고사항 10에 대한 주석 20문단과 위험을 완화하는 유사한 효과를 지닌 기타 조치를 포함한다.

2. 국가에서 대응조치로 취할 수 있는 예시로는 다음과 같은 조치 및 유사한 위험완화 효과를 갖는 기타 조치를 포함한다:

   (a) 금융기관에 강화된 고객확인조치의 특정 요소를 적용하도록 요구.

   (b) 강화된 관련 보고 운영체계(mechanism) 도입 또는 금융거래의 체계적 보고 도입.

   (c) 해당국가의 금융기관 자회사, 지점 또는 대표사무소의 설립 거절, 또는 그 외에 적절한 AML/CFT시스템을 갖추지 않은 국가의 금융기관이라는 사실을 고려.

   (d) 해당국가에 금융기관의 지사 또는 대표사무소의 설립을 금지하거나, 해당지사 또는 대표사무소가 적절한 AML/CFT시스템을 갖추지 않은 국가에 있을 수 있다는 사실을 고려.

   (e) 확인된 국가 또는 그 국가에 있는 자와의 거래관계 또는 금융거래를 제한.

   (f) 금융기관이 고객확인절차의 요소를 수행하기 위해 해당국가에 소재한 제3자에 의존을 금지.

   (g) 금융기관이 해당국가에 있는 금융기관과의 제휴관계를 검토 및 수정, 또는 필요시 종료할 것을 요구.

   (h) 해당국가에 근거지를 둔 금융기관의 지사 및 자회사에 대해 더 높은 감독검사 및/또는 외부감사 기준 적용.

   (i) 해당국가에 소재한 지점 및 자회사를 둔 금융그룹에 대해 더 높은 외부감사 기준을 적용.

금융기관이 외국 AML/CFT시스템의 취약점에 대한 안내를 받는 효과적인 조치가 있어야 한다.

다. 권고사항 19 평가방법론

19.1 금융기관은 FATF가 요청한 국가의 개인, 법인(금융기관 포함)과의 사업관계와 금융거래에 대해 위험에 상응하는 강화된 고객확인 조치를 적용해야 한다.

19.2 각국은 FATF의 요청에 따른 적절한 대응조치를 할 수 있어야 한다. 또한 국가는 FATF의 요구와 별도로 자체적인 대응조치를 할 수 있어야 한다.

19.3 각국은 다른 국가들의 자금세탁방지/테러자금조달금지 시스템 취약점에 대한 우려에 대해 금융기관이 인지할 수 있도록 조치를 해야 한다.

권고사항 20. 의심거래보고*

가. 권고사항 20 본문

금융기관은 특정 자금(funds)이 범죄 활동의 수익이거나 테러자금조달과 관련되는 것으로 의심되거나 또는 의심할 만한 합당한 근거(resonable ground to suspect)가 있는 경우, 법률에 따라 그 의심내용을 금융정보분석원(FIU: Financial Intelligence Unit)에 즉각 보고할 의무가 있다.

나. 권고사항 20 주석

1. 권고사항 20에서 범죄활동이라 함은 자금세탁의 전제범죄를 구성하는 모든 범죄행위 또는, 최소한 권고사항 3에서 전제범죄로 구성하도록 의무화한 범죄를 말한다. 각국에게는 두 가지 방안 중 전자를 채택할 것을 강력하게 권고한다.

2. 권고사항 20에서 테러자금조달이라 함은, 특정 테러 행위 또는 행위들과 연관되어 있지 않더라도, 테러 행위를 위한 자금조달, 테러조직 또는 개별 테러리스트에 대한 자금조달을 말한다.

3. 미수거래를 포함하는 모든 혐의거래는 금액에 관계없이 보고되어야 한다.

4. 보고 조건은 직접적인 법적 의무여야 하며, 자금세탁 또는 테러자금조달

혐의로 기소될 수 있다는 이유든 다른 이유든 간접적 또는 내재된 의무 (이른바 "간접 보고")는 적절하지 않다.

다. 권고사항 20 평가방법론[24]

20.1 금융기관은 자금이 범죄 활동[25]이나 테러자금조달과 연관이 있다고 의심되거나 의심할 만한 합당한 정황이 있는 경우, 그 의심 내용을 즉시 FIU에 보고해야 한다.

20.2 금융기관은 금액에 관계없이, 미수거래(attempted transactions, 시도되었으나 미완료한 거래)를 포함하여, 모든 의심거래를 보고하여야 한다.

권고사항 21. 정보누설과 비밀유지

가. 권고사항 21 본문

금융기관과 금융기관의 이사, 임원(officers) 및 직원(employees)은:

(a) 선의에 의하여(in good faith) FIU에 의심거래보고를 한 경우, 비록 그 배경 범죄를 정확히 알지 못했더라도 불법행위가 실제 일어났는지 여부와 관계없이, 계약이나 그 어떠한 법률, 규정 또는 행정적 조치 (administrative provision)에 의하여 부과된 정보누설 금지의무 위배에 따른 형사 또는 민사상의 책임을 지지 않는다; 그리고

(b) 의심거래보고 또는 관련 정보가 FIU에 보고된 사실을 공개(disclosing, 소위 "누설(tipping-off)")하지 않도록 법으로 금지하여야 한다.

나. 권고사항 21 평가방법론

21.1 금융기관, 금융기관의 이사 및 임직원은 선의에 의해 FIU에 의심거래보고를 한 경우 계약서나 그 어떠한 법률, 규정 또는 행정적 조치에 의하여 부과된 정보누설 금지의무 위배에 따른 민형사상 책임을 지지 않는다.

---

24) 금융기관이 의심거래를 보고하여야 하는 의무사항은 법률로 명시되어야 한다.
25) "범죄 활동"이란 (a) 국가에서 자금세탁의 전제범죄를 구성하는 모든 범죄행위; 또는 (b) 최소한, 권고사항 3의 규정에 따라 전제범죄를 구성하는 범죄들을 말한다.

이러한 보호 장치는 불법행위의 실제 발생 여부에 관계없이 의심거래보 고자가 전제범죄를 정확히 알지 못한 경우도 적용되어야 한다.

21.2 각국은 금융기관, 이사 및 임직원이 의심거래 또는 관련 정보가 FIU에 보고되었다는 사실을 누설하지 않도록 법으로 규정해야 한다.

권고사항 22. 지정 비금융사업자·전문직 : 고객확인제도*

가. 권고사항 22 본문

권고사항 10, 11, 12, 15, 17에 명시되어 있는 고객확인 및 기록보존 의 무는 다음 상황에서 지정 비금융사업자·전문직(DNFBPs: designated non-financial businesses and professions)에게 적용된다:

(a) 카지노에서 고객이 기준금액 이상의 금융거래를 행하는 경우.

(b) 부동산 중개인이 고객을 위해 부동산 매매와 관련된 거래에 참여하 는 경우.

(c) 귀금속상과 보석상이 고객과 기준금액 이상의 현금거래를 하는 경우.

(d) 변호사, 공증인, 기타 독립적 법률전문직 및 회계사가 고객을 위하여 다음 활동과 관련된 거래를 준비하거나 수행하는 경우:

- 부동산 매매;
- 고객의 자금·증권 또는 기타 자산의 관리;
- 은행 예금·적금계좌 또는 증권거래계좌의 관리;
- 회사 설립, 경영, 관리에 관여;
- 법인·신탁등 법률관계의 설립·운영·관리 및 사업체의 매매.

(e) 신탁 및 회사설립전문가가 고객을 위하여 다음 활동과 관련된 거래 를 준비하거나 수행하는 경우:

- 법인의 설립 에이전트(formation agent) 역할 수행;
- 기업의 이사(director) 또는 비서(secretary), 동업기업의 파트너, 혹은 기타 법인의 유사한 직책의 (또는 타인이 역할을 수행하도록 주선하는) 역할 수행;

- 사업장, 영업소 주소 또는 시설, 기업·동업기업 또는 기타 법인이 나 신탁등 법률관계를 위한 서신주소 또는 행정주소(correspondence or administrative address)의 제공;
- 명시신탁 관리인 또는 다른 신탁등 법률관계에 대한 동등한 (또는 타인이 역할을 수행하도록 주선하는) 역할 수행;
- 타인을 대신한 차명주주 (또는 타인의 역할수행을 주선하는) 활동 수행.

나. 권고사항 22 주석:

〈권고사항 22와 23 공통 주석〉

1. 지정된 거래 기준금액은 아래와 같다:
    - (권고사항 22에서) 카지노 — 미화/유로화 3,000
    - (권고사항 22 및 23에서) 현금 거래에 관여한 귀금속상 및 보석상 — 미화/유로화 15,000.

    위 기준금액을 초과하는 금융거래에는 일회성 금융거래 또는 연결된 분할거래도 포함된다.
2. 금융기관에게 적용되는 주석은, 해당되는 경우, DNFBPs에도 적용된다. 각국은 변호사, 공증인, 회계사 및 기타 지정된 비금융 사업자 및 전문직이 근본적인 활동을 다루는 법률 또는 집행력 있는 수단에 포함되어 있다면, 권고사항 22와 23을 준수하기 위해 이러한 사업자 및 전문직에 관한 법률 또는 집행력 있는 수단을 별도로 제정할 필요는 없다.

〈권고사항 22 주석〉

1. 부동산 중개인은 부동산 매수인 및 매도인 모두에 대하여 권고사항 10의 요구사항을 준수하여야 한다.
2. 카지노는 고객이 미화/유로화 3,000 이상의 거래에 참여할 경우 고객에 대한 신원 확인 및 검증을 비롯한 권고사항 10의 사항을 이행하여야 한다. 카지노 입구에서 고객확인을 수행하는 것은, 반드시 그런 것은 아니지만, 충분하다고 볼 수 있다. 각국은 카지노가 특정 고객에 관한 고객확

인 정보를 고객이 카지노에서 하는 거래와 연관 지을 수 있도록 하여야
한다.

다. 권고사항 22 평가방법론

22.1 DNFBPs(Designated Non-Financial Businesses and Professions)는 다음의 경
우, 권고사항 10의 고객확인의무를 이행해야 한다:

(a) 카지노 ― 고객이 기준금액(미화/유로화 3,000) 이상의 금융거래[26]를
하는 경우;

(b) 부동산중개인 ― 고객을 위하여 부동산 매매와 관련된 거래[27]에 관
여한 경우;

(c) 귀금속상 ― 고객과 기준금액(미화/유로화 15,000) 이상의 현금거래를
하는 경우;

(d) 변호사, 공증인 기타 독립적 법률전문직 및 회계사 ― 고객을 위하여
다음과 관련된 거래를 준비하거나 수행하는 경우:

• 부동산 매매;

• 고객의 자금, 증권 기타 자산 관리;

• 예금, 적금, 증권거래계좌 관리;

• 회사 설립, 경영, 관리에 관여;

• 법인, 신탁 등 신탁등 법률관계의 설립·운영·관리 및 사업체 매매.

(e) 신탁 및 회사설립전문가 ― 고객을 위하여 다음의 활동과 관련된 거
래를 준비하거나 수행하는 경우:

• 법인의 설립대리인(formation agent)으로 활동;

• 회사의 이사 또는 책임자, 합자회사의 파트너 또는 다른 법인과 관
련된 유사한 직위에서 활동하거나 이러한 활동을 준비;

• 특정 기업, 합자회사, 또는 다른 형태의 법인 또는 신탁관계에게 등

---

26) 반드시 그래야 하는 것은 아니지만, 카지노에 입장할 때 고객확인을 수행하는 것으로 충분할
수 있다. 각국은 카지노가 고객이 카지노 안에서 수행하는 특정 거래에 특정 고객의 고객확
인 정보를 연결할 수 있도록 의무화하여야 한다. "금융거래"는 카지노의 칩 또는 토큰에만
관련된 게임거래를 의미하지 않는다.

27) 여기서 부동산중개인은 권고사항 10에서 규정한 의무사항을 부동산 구매자와 판매자 모두에
대해 이행하여야 한다.

록된 사무실, 사업주소, 우편주소 등을 제공;

- 명시신탁(express trust)의 수탁자 또는 다른 형태의 신탁등 법률관계를 위해 비슷한 역할을 수행하거나 준비;
- 타인을 위해 명목상주주(nominee shareholder) 역할을 수행하거나 준비.

22.2 DNFBPs는 위 22.1 이행 시 권고사항 11이 규정한 기록보존의무도 준수하여야 한다.

22.3 DNFBPs는 위 22.1 이행 시 권고사항 12이 규정한 PEPs 관련 의무도 준수하여야 한다.

22.4 DNFBPs는 위 22.1 이행 시 권고사항 15이 규정한 신기술 관련 사항도 준수하여야 한다.

22.5 DNFBPs는 위 22.1 이행 시 권고사항 17이 규정한 제3자 관련 사항도 준수하여야 한다.

권고사항 23. 지정 비금융사업자·전문직 : 기타 수단*

가. 권고사항 23 본문

권고사항 18-21에 명시되어 있는 의무사항은 모든 지정 비금융사업자·전문직에게 적용되며, 이와 관련하여 다음 사항을 유의하여야 한다.

(a) 변호사, 공증인, 기타 법률전문직 및 회계사는 고객을 위하여 또는 고객을 대신하여 권고사항 22(d)에 명시된 활동과 관련된 금융거래를 행하는 경우(engaged in) 의심거래를 보고할 의무가 있다. 각국은 회계감사업무(auditing)와 같은 회계사의 기타 직무활동에 대해서도 의심거래보고 의무를 확대할 것이 권고된다(strongly encouraged).

(b) 귀금속상과 보석상은 고객과 기준금액 이상의 현금거래를 행하는 경우 의심거래를 보고할 의무가 있다.

(c) 신탁 및 회사설립 전문가는 고객을 위하여 또는 고객을 대신하여 권고사항 22(e)에 명시된 활동과 관련된 거래를 행하는 경우 고객에 대한 의심거래를 보고할 의무가 있다.

나. 권고사항 23 주석

〈권고사항 22와 23 공통 주석〉

1. 지정된 거래 기준금액은 아래와 같다:

    ■ (권고사항 22에서) 카지노 − 미화/유로화 3,000

    ■ (권고사항 22 및 23에서) 현금 거래에 관여한 귀금속상 및 보석상 − 미화/유로화 15,000.

    위 기준금액을 초과하는 금융거래에는 일회성 금융거래 또는 연결된 분할거래도 포함된다.

2. 금융기관에게 적용되는 주석은, 해당되는 경우, DNFBPs에도 적용된다. 각국은 변호사, 공증인, 회계사 및 기타 지정된 비금융 사업자 및 전문직이 근본적인 활동을 다루는 법률 또는 집행력 있는 수단에 포함되어 있다면, 권고사항 22와 23을 준수하기 위해 이러한 사업자 및 전문직에 관한 법률 또는 집행력 있는 수단을 별도로 제정할 필요는 없다.

〈권고사항 23 주석〉

1. 독립적인 법률 전문가로 활동하는 변호사, 공증인, 기타 법률전문직 및 회계사는 비밀유지의무 또는 변호사 특권이 적용되는 상황에서 관련 정보를 입수한 경우에는 의심거래를 보고할 의무가 없다.

2. 사안이 변호사 특권 또는 비밀유지의무에 해당하는지 여부는 각국이 판단한다. 이에는 일반적으로 법률 전문가 등이 (a) 고객의 법적 지위 확인 과정이나 (b) 사법, 행정, 중재, 중개 절차에 관하여 고객을 변호하거나 대변하는 임무를 수행하는 도중에 고객으로부터 또는 고객을 통해서 입수한 정보가 포함된다.

3. 각국은 만약 자율규제기구와 FIU 사이에 적절한 협력이 이루어지고 있다면, 변호사, 공증인 등 법률전문가와 회계사로 하여금 자율규제기구에 의심거래보고를 할 수 있도록 허용할 수 있다.

4. 독립적인 법률 전문가로 활동하는 변호사, 공증인, 기타 법률전문직 및 회계사가 고객으로 하여금 불법 활동에 관여하지 않도록 설득하는 경우,

이것은 비밀누설에 해당하지 않는다.

다. 권고사항 23 평가방법론

23.1 권고사항 20의 의심거래보고 의무는 다음 기준을 충족하는 모든 DNFBPs에게 적용된다:

(a) 변호사, 공증인, 기타 법률전문직 및 회계사[28] — 고객을 대리하거나 고객을 위해 평가방법론 22.1.(d)에 규정된 행위와 관련된 금융거래에 관여.[29]

(b) 귀금속상 — 고객과 미화/유로화 15,000 이상의 현금거래를 하는 경우.

(c) 신탁 및 회사 설립전문가 — 고객을 대리하여 평가방법론 22.1.(e)에 규정된 행위와 관련된 거래에 관여.

23.2 DNFBPs는 위 23.1 이행 시 권고사항 18이 규정한 내부통제 관련사항도 준수하여야 한다.

23.3 DNFBPs는 위 23.1 이행 시 권고사항 19의 규정한 고위험국가 관련사항도 준수하여야 한다.

23.4 DNFBPs는 위 23.1 이행 시 권고사항 21의 누설금지 및 비밀보장 관련사항도 준수하여야 한다.[30]

---

28) 독립적 법률전문가로 활동하는 변호사, 공증인, 기타 독립 법률전문직, 그리고 회계사는 관련 정보가 전문가의 비밀 또는 법률전문가 특권에 속하는 상황에서 취득된 것이라면 의심거래보고를 하는 것이 요구되지 않을 수도 있다. 사안이 법률 전문가 특권 또는 전문가의 비밀에 속하는지에 관한 결정은 각국이 한다. 일반적으로 이러한 것들은 변호사, 공증인, 또는 기타 독립적 법률전문가들이 (a) 그들 고객의 법률적 지위를 확정하는 과정에서, 또는 (b) 해당 고객을 변호 또는 대표하는 직무 또는 관련된 사법적, 행정적 조정 또는 중재 법률절차를 수행하는 과정에서 그들의 고객 중 하나로부터 받거나 그를 통해 취득하는 정보이다.

29) 각국은 변호사, 공증인, 다른 독립적 법률전문가들과 회계사들이 그들의 STRs를 적절한 자율규제기구들(SRBs)에 보내는 것을 허용한 경우에는 그들 기구들과 FIU 사이에 다양한 형태의 협력이 있어야 한다.

30) 독립적 법률전문가로 활동하는 변호사, 공증인, 기타 법률전문직, 그리고 회계사가 고객으로 하여금 불법적 행동을 하지 않도록 설득하는 경우 이것은 정보누설(tipping-off)에 해당하지 않는다.

제3절 해   설

즉시성과 4. 예방조치

즉시성과 4는 금융기관 등 보고기관들이 이행을 통해 효과성을 나타내어야 할 사항에 관한 것으로 그 주요 내용은 다음과 같다.

- 모든 금융기관들과 DNFBPs은 자신들이 노출된 자금세탁/테러자금조달 위험의 본질과 수준을 이해
- 금융기관들과 DNFBPs은 자신들의 AML/CFT 정책, 내부통제, 위험감소 프로그램 등을 개발하고 운영
- 실소유자 확인 등을 포함하여 고객확인과 검증을 실시
- 자금세탁/범죄자금 등에 대한 의심거래보고
- 정치적 주요인물(고위공직자), 환거래계약, 새로운 금융기법, 전신송금, 정밀금융제재 대상자, 고위험국가 관련기업/개인에 대해 강화된 고객확인 이행
- 테러범죄 등에 대한 보고의무
- 내부통제 등 관련 법규 준수

이와 같이 이행해야 할 사항이 많고 효과성을 나타내야 할 대상 주체들도 범위가 넓으므로 이 즉시성과의 효과성을 입증하기는 매우 어렵다. 예를 들어 은행은 우수한 이행으로 높은 효과성을 나타내었다고 하더라도 다른 금융권이나 DNFBPs가 큰 약점을 가지고 있고 높은 위험을 나타낸다면 전체적으로 효과적으로 이행했다고 볼 수 없다. 실제로 어떤 국가는 일부 DNFBPs에 대해 아직 자금세탁방지제도 의무를 부과하지 않고 있는 점 때문에 즉시성과 4의 이행에 대해 좋은 평가를 받지 못했다. 의무가 부과되지 않은 DNFBPs가 차지하는 영역이 매우 좁고 위험도가 낮음을 설명하였으나 통계 또는 자료를 통해 이를 입증하지 못하여 그 주장은 채택되지 못하였다.

이 즉시성과에서 이행등급을 받기가 어려운 또 다른 근본적인 측면이 있

다. 그것은 '예방조치'라는 점 때문이다. 자금세탁방지는 범죄를 통해 조성한 수익의 자금세탁을 차단하는 사후적 조치의 성격이 강하다. 그러나 이 즉시성 과의 요구사항은 사후적 자금세탁의 발생을 사전에 차단하기 위한 예방조치이 다. 그러므로 그 이행은 근본적으로 어려울 수밖에 없다. 그런 점에서 이 즉시 성과의 효과성 평가 기준을 너무 높게 설정하는 것은 적절하지 못하다고 할 수 있다. 앞으로 제4차 라운드 상호평가의 후속조치 논의 과정에서 즉시성과 4의 이행 어려움이 주요한 이슈 중 하나로 부각될 것으로 예상된다.

권고사항 9. 금융기관의 비밀유지 법률

FATF 역사는 각국의 금융·비밀 유지와의 싸움이라고 해도 과언이 아니다. 1990년 최초로 FATF 40개 권고사항을 채택하였을 때 금융기관 등의 의심거래 보고는 의무가 아닌 각국의 선택사항이었다. 선택사항으로 한 것은 금융비밀 유지 법률을 위배하지 않도록 하기 위함이었다. 그러나 1995년 FATF 권고사항 의 제1차 개정 때 의심거래보고가 의무화된 데 이어, 그동안 고객확인제도, 실 소유자 확인 의무 등을 통해 금융비밀 영역이 꾸준하게 완화되어 왔다.

2015년 11월 파리 테러를 계기로 국내 기관들 간, 또는 국제적으로 관련 정보를 적절히 공유하지 못한 것이 테러발생을 사전에 차단하지 못한 가장 중 요한 이유로 지적되면서 테러자금과 테러리스트에 관한 정보공유 강화가 다시 중요한 쟁점으로 부각되었다. 여기서 정보교환 강화 범위는 국내 기관들 간(정 보기관과 수사기관, FIU 등), 국가와 국가 간, 또는 여러 국가들 간 합동 등을 포 함한다. 이 권고사항 관련 금융비밀 영역에 대한 논의는 앞으로도 지속될 것으 로 보인다.

권고사항 10. 고객확인

고객확인을 규정한 권고사항 10은 가장 중요한 권고사항이면서 이행이 가장 어렵고 가장 많은 내용을 담고 있는 권고사항이다. 핵심(Core) 권고사항 이어서 이행하지 않으면 제3차 라운드 후속조치를 종료할 수 없었고, 미국, 우리나라 등 많은 국가들이 이 권고사항의 이행등급을 획득하는데 어려움을 겪은바 있다. 그런 이유로 제3차 라운드 상호평가 과정에서 가장 많은 논란을 일으켰던 권고사항이다.

2007년부터 분야별 위험기반접근법(RBA: Risk – Based Approach) 지침서가 도입되기 시작한 것도 이 권고사항의 이행에 따른 부담을 고려하여 이행 부담을 덜어주기 위한 것이 그 배경이었다. 물론 위험기반접근법 지침서는 해당 분야의 AML/CFT 이행영역 전반을 다루고 있지만 고객확인 이행방안이 그 중심을 이룬다. FATF는 은행 등 업종별로 위험기반접근법 지침서(Guidance)를 제정하여 출간하였다. 지침서는 반드시 따라야 하는 강행규정은 아니면서 각국에게 이행을 위한 세부적인 방안을 제시한다.

이 권고사항의 내용 중 가장 많은 논란이 제기된 분야는 실소유자를 어떻게 어디까지 확인할 것인가에 관한 것이었다. 특히 서구에서는 법인을 설립하거나 신탁 등 법률관계를 설정하여 실소유자를 숨긴 채 각종 불법거래를 하는 것이 가장 보편화된 자금세탁 수단으로 됨에 따라 법인과 법률관계의 실소유자 확인을 사회의 투명성 확보를 위한 기본장치로 간주한다. 실소유자 확인과 관련하여 법인의 경우 그 법인을 통제하는 자연인, 25% 이상의 지분을 소유한 대주주 등 확인의 범위와 방식을 일정하게 정립해 가고 있다. 개인의 경우 계좌의 명의인을 실소유자로 간주한다. 다만 별도로 실소유자가 있는 경우 거래자로 하여금 이를 밝히도록 하고 있다. 이 때 금융기관 직원이 궁극적 실소유자 확인을 위해 자금출처 등을 조사해야 하는 것은 아니며, 고객의 진술을 토대로 합리적 판단을 하면 된다. 일부 국가는 금융기관 임직원에게 실소유자를 은닉하거나 금융기관을 속인 경우 금융기관의 고객확인 업무를 방해한 범죄로 규정하여 해당 고객에 대한 형사처벌(최고 1~2년 징역)을 부과하는 경우도 있다.

이 권고사항을 중요시 하는 또 다른 이유는 금융기관 등이 최초 고객관계 수립 단계의 업무를 규정하는 권고사항이기 때문이다. 이러한 중요성을 반영하여 권고사항의 본문과 주석서는 금융기관 등이 이행할 내용을 구체적이고 상세하게, 그리고 포괄적으로 기술하고 있다. 이는 이 권고사항이 범죄자금의 차단 가능성이 가장 높은 최초의 유입단계에서, 즉 고객관계를 수립하는 단계에서, 범죄자금을 차단하는 조치이기 때문이다.

제3차 라운드 당시의 권고사항과 비교하면 본문은 크게 달라진 것은 없으나, 주석은 매우 상세하고 길어졌다. 본문에서 수정된 것은 두 가지인데, 먼저 고객확인을 위해 이행해야 할 항목 중 "거래관계의 목적과 유형(의도된 본질)에 관한 정보1)를 확보할 것"이었던 것을 "거래관계의 목적과 유형(의도된 본질)을 이해하고, 적절한 경우 이에 관한 정보를 확보할 것"으로 그 수준을 다소 완화하였다. '거래관계의 목적과 유형에 관한 정보 확보' 의무를 '거래관계의 목적과 유형에 관한 이해'로 완화한 것은 민간부문의 강력한 요청을 반영한 것이다.

두 번째는 실소유자 확인 대상에 '개인'을 명시적으로 포함시킨 것이다. 종전 권고사항에서는 실소유자 확인 대상으로 법인과 법률관계로 국한하였고 개인에 대한 언급은 없었다. 그러나 제4차 라운드 권고사항에서는 주석서에 '고객을 대신하여 행동하는 자'를 신설하고, 고객의 신원을 확인하는 이외에 고객을 대신하여 거래하는 자의 적법한 권한부여 여부 검증, 그 자의 신원 확인·검증을 포함시켰다.

권고사항 11. 기록보관

권고사항 11 기록보관 규정은 5개 핵심 권고사항 중 하나로서 향후의 범죄수사 등을 위해 매우 중요한 권고사항이다. 금융기관에 대한 거래기록 및 고객확인 과정에서 취득한 정보를 보관해야 한다는 원칙은 법률로 규정되어야 한다. 이 권고사항의 목적은 과거의 거래와 고객확인을 완전하게 재생할 수 있도록 하는 것이다.

권고사항 12. 정치적 주요인물(PEPs)

권고사항 12는 2012년 채택 당시에 많은 논란이 있었던 권고사항이다. 제3차 라운드 권고사항의 적용대상인 '외국의 정치적 주요인물'에서 '국내 정치적 주요인물'과 '국제기구의 정치적 주요인물'을 추가하였기 때문인데, 일부

---

1) '거래관계의 목적과 유형'에 관한 정보 파악은 고객이 향후 금융거래 과정에서 추구할 '거래의 종류와 행동'을 예측할 수 있다는 점에서 매우 중요하다.

국가의 경우는 개정 단계부터 이행의 어려움을 제기하기도 하였다. 이런 점 때문에 2012년 FATF 국제기준 개정 이후 즉각 이 권고사항의 이행 방안을 안내하는 지침서 발행에 착수하였고, 2013년 6월 동 지침서를 발행하였다. 그러나 당초 예상과 달리 실제 상호평가에서는 대체로 무난하게 이행하고 있는 것으로 나타났다. 지금까지 상호평가를 받은 6개국 중 4개국이 합격등급을 받았는데 이것은 당국의 의지에 따라 충분히 이행가능한 기준임을 나타내는 것이라 하겠다.

이 권고사항에서 주의할 사항은 이행 방식이 다르다는 점이다. 즉 외국의 정치적 주요인물은 예외 없이 모두 강화된 고객확인 등의 조치를 해야 하는 대상이지만, 국내/국제기구 정치적 주요인물의 경우는 먼저 정치적 주요인물인지 여부를 점검하고, 정치적 주요인물인 고객 중 거래 또는 사업관계가 고위험인 경우에 한하여 강화된 고객확인 등의 조치를 하도록 되어 있다.

일부에서는 외국의 정치적 주요인물에 대해서도 위험기반접근법을 통해 적용대상을 결정할 수 있도록 해 줄 것을 요청하였으나 외국의 정치적 주요인물의 경우 부패 등과 연관된 경우가 많고 국내 기관들이 외국인을 평가하기가 쉽지 않은 점 때문에 채택되지 못하였다.

또한 이 권고사항의 특이사항은 정치적 주요인물로 분류된 본인의 가족과 측근들도 정치적 주요인물로 분류하여 관리할 것을 요구한다는 점이다. 이는 정치적 주요인물이 관련된 많은 부패 사건 등에서 가족과 측근들이 본인을 대리하여 거래하는 경우가 많았던 경험을 반영한 조치이다.

권고사항 13. 환거래은행

환거래은행이 위험도가 높은 거래인 이유는 상대은행의 고객을 알 수가 없기 때문이다. 이런 점 때문에 상대은행의 고객정보를 확인하거나 사업관계의 본질을 검토하는 데 근본적으로 취약할 수밖에 없다.

지난 수년간 글로벌 은행들이 이란, 아프리카 수단 등에 불법 송금을 한 사실이 적발되어 거액의 벌금이나 과징금을 부과 받는 사유가 이 권고사항의 이행과 관련되어 있다. BNP 파리바 은행의 경우 2005년부터 약 7~8년간 수수료 수익을 위해 수단, 이란, 쿠바 등과 환거래관계를 맺고 송금 업무를 하면서 의도적으로 우회하거나 명의인을 숨기는 등 불법거래를 한 사실이 드러나 미국 당국으로부터 89억달러(약 9조 5천억원)의 벌금을 부과 받았다.

이 권고사항의 이행과 관련하여 쟁점 부분은 '고객의 고객'까지 고객확인을 해야 하는가의 문제였다. 일부에서는 FATF에서 '고객의 고객'까지 확인을 할 필요가 없다는 점을 천명할 것을 주장하기도 했으나, 일부 국가에서 특히 위험이 높은 경우 '고객의 고객'까지 확인해야 할 경우가 있을 수 있다는 점을 들어 채택을 반대하였다. 따라서 환거래계약 관계에서 특히 위험이 높다고 판단된 경우에는 '고객의 고객'까지 단계적 접근을 통해 신원을 확인해야 할 때가 있는 점을 유념할 필요가 있다.

한편 웨스턴유니온, 머니그램 등 자금/가치 이전 서비스업자(MVTS: Money Value Transfer Services)의 경우도 해외송금을 위해 환거래 관계를 맺는 경우 이 권고사항을 준수하도록 의무화 하고 있다.

이 권고사항은 글로벌 대형은행들이 위험회피(De-risking) 현상을 논의할 때 그 중심이 되는 권고사항이다. 왜냐하면 이들 대형은행들이 향후 발생할지도 모를 불법거래 가능성을 우려하여 고위험 지역 소재 은행들, 자금/가치 이전 서비스업자들과의 환거래은행 관계를 중단하고 있기 때문이다. 이에 FATF는 이러한 현상과 이 권고사항의 이행 어려움을 고려하여 환거래은행 관련 국제기준 이행에 관한 별도의 지침서 발행을 추진하고 있다.

권고사항 14. 자금 또는 가치 이전 서비스(MVTS)

자금 또는 가치 이전 서비스업은 중동, 인도, 중국 등에서 전통적으로 이행되어 온 송금 서비스의 일종이다. 주로 이슬람지역에서는 이러한 서비스를 '하왈라'라고 부르는데 이는 아랍어로 '신뢰'를 의미한다. 국경 간 직접적인 자금이동이 없이 저렴한 수수료로 신속하고 편리하게 송금할 수 있는 점 때문에 아랍지역에서는 널리 이용되어 왔다. 그러나 미인가·미등록 업체들에 의해 행해질 경우 자금세탁과 테러자금조달의 수단으로 악용될 위험이 매우 높다.

이러한 위험 때문에 FATF는 각국에게 자금/가치 이전 서비스를 제공하는

업자를 인가·등록하여 관리하고 이들의 자금세탁/테러자금조달 위험을 완화하는 조치를 취할 것을 요구하는 것이다.

우리나라는 모든 국외송금은 은행을 통하도록 하는 '은행주의'를 채택함에 따라 해외송금이 가능한 MVTS는 아직 없다. 그러나 외국환 업무 규제완화 등으로 조만간 해외송금이 가능한 MVTS 업자가 설립되고 해외송금 업무를 담당할 것으로 예상되므로 이들의 자금세탁/테러자금조달 악용 위험을 관리할 대책을 마련해야 할 것이다.

권고사항 15. 새로운 금융 기법

이 권고사항은 금융기관 등이 새로운 상품이나 서비스, 또는 기법을 도입할 때 관련된 자금세탁 또는 테러자금조달 위험을 확인하고 평가하는 의무에 관한 것으로 이행에 따른 어려움이나 논란이 제기된 적이 거의 없는 기준이다. 따라서 가장 잘 지켜지는 권고사항 중 하나이고, 지금까지의 상호평가에서도 수검국들이 무난하게 이행등급을 받고 있는 권고사항이다.

권고사항 16. 전신송금

인터넷, 전자기기 등을 이용한 금융서비스가 발달함에 따라 전신송금은 범죄수익 또는 테러자금의 거래에서 가장 빈번하게 사용되는 수단이 되었다. 금융기관 등은 송금서비스 때 송금인, 수취인 등 상세한 정보를 제공하는 것이 비용을 높이는 요인이 되므로 최소한의 정보만을 제공하려는 경향이 있다. 이러한 점을 고려하여 도입된 국제기준이 권고사항 16이라고 할 수 있다. 예를 들면 권고사항 16의 규제대상에 새롭게 포함된 '보호 지급(Cover Payment)'의 경우 송금 금융기관이 지급 전언(payment message)을 수취 금융기관에게 직접 전달함에 따라 중계 금융기관은 송금인나 수취인 정보를 알지 못하므로 불법 자금 여부를 알 수가 없다. 이에 따라 보호 지급을 권고사항 16의 규제대상에 포함시킬 것을 명시적으로 요구하고 있는 것이다.

이 권고사항은 권고사항 13(환거래은행)과 같이 금융기관 등이 이행해야 할 사항을 매우 상세하게 기술하고 있다. 송금 시 실소유자 정보를 포함하여 송금인 정보와 수취인 정보를 제공하여야 하고, 상대방 송금은행의 송금인 정보 등이 미비된 경우 서비스 제공을 거부하거나 보완을 요구하여야 한다.

또한 금융기관들은 전신송금을 처리하는 과정에서 유엔안보리결의 등에 따른 정밀금융제재 대상자 관련 자금임을 발견한 경우에는 관련 자산을 동결하고 관련자와의 거래를 금지하여야 한다.

권고사항 17. 제3자 의존

이 권고사항은 고객확인 업무를 제3자에게 위탁할 수 있도록 한 규정이다. 이 때 제3자란 고객과 거래관계를 맺고 자체 내부절차에 따라 고객확인을 하며, 권고사항 10과 11에 따라 의무가 부과되고 규제/감독/점검을 받는 금융기관 또는 DNFBPs를 말한다. 그러므로 계약에 의한 외주업체나 대리관계의 대행기관은 이에 해당하지 않는다.

일정한 조건을 충족하는 경우 이 권고사항 중 일부를 이행한 것으로 간주하는 두 가지의 면제규정을 도입하였다. 이는 FATF와 민간의 협력포럼에서 제기된 민간부문의 제안을 반영한 것이다. 그 중 하나는 위탁받는 제3자가 위탁하는 금융기관과 같은 금융그룹 계열사이고 국제기준에 따른 자금세탁방지/테러자금조달금지 프로그램을 실시하며 전체 금융그룹이 각종 의무의 효과적 이행에 관해 감독을 받고 있다면 감독기관은 해당 금융기관이 이 권고사항의 이행의무 (b)와 (c)를 충족하고 있다고 볼 수 있다는 것이다. 또 다른 하나는 고위험 국가의 위험이 금융그룹의 자금세탁방지/테러자금조달금지 정책에 의해 적절하게 경감되는 경우 당국은 이 권고사항의 (d)를 위탁을 위한 필수 전제조건이 아닌 것으로 판단할 수 있다는 것이다.

권고사항 18. 내부통제, 해외지점/자회사

이 권고사항은 종전 제3차 라운드 국제기준의 2개 권고사항을 일부 변경하여 합친 것이다. 종전에는 금융기관에 대해 의무를 부과한 반면, 새 기준에서는 금융그룹의 실체를 인정하고 금융그룹에게 의무를 부과하고 있는 점이 특징이다. 금융그룹이 자체 자금세탁방지/테러자금조달금지에 관한 정책을 수립하고 내부통제 절차 등을 통해 이를 운영할 것을 명확히 하고 있다.

해외지점과 자회사에 대한 통제에 있어서도 종전 권고사항에서는 일반적으로 적용되어야 할 국제기준이 해당 국가에서 적절하게 이행되지 못할 경우의 조치사항을 규정한 반면, 새로운 권고사항에서는 금융그룹의 자금세탁방지/테러자금조달금지 정책과 프로그램을 해외지점과 자회사에 대해 적용할 것을 명확히 하고 있는 점이 특징이다.

권고사항 19. 고위험국가

이 권고사항은 국제기준을 이행하지 않는 국가 등에 대해 FATF의 요구에 따라 강화된 고객확인 조치를 적용하거나 대응조치를 실시할 것을 요구하고 있다. 이 때 고위험국가에 대한 조치는 강화된 고객확인 적용과 대응조치 적용의 두 가지로 구분된다는 점을 명확히 할 필요가 있다.

그 동안 FATF가 성명서 등을 통해 지정한 국제기준 미이행 국가 등에 대한 각국의 조치사항에 국가간 편차가 크고 실효성이 떨어진다는 지적이 제기되기도 하였다. 이에 권고사항 19의 주석에서는 대응조치 대상에 대해 조치할 9개의 예시를 구체적으로 제시하고 있는데 이것들은 종전에 평가방법론에 있던 조치방안의 예시들을 주석으로 올린 것이다.

권고사항 20. 의심거래보고

권고사항 20은 5개 핵심(Core) 권고사항 중 하나로 당국의 정보획득 측면에서는 가장 중요한 권고사항이다. 의심거래를 보고해야 할 때는 자금세탁 전제범죄와 관련된 범죄활동의 수익이라고 의심되거나 테러자금조달과 관련이 있다고 의심되는 경우 또는 의심할 만한 합당한 근거(reasonable ground to suspect)가 있는 경우이다. 그러나 금융기관 임직원은 고객이 수행하는 금융거래의 배경을 정확히 알 수가 없고 전제범죄에 대해서도 알 수는 없으므로 의심거래보고에서 전제범죄를 특정할 것을 요구하지는 않는다.

의심거래보고는 FATF 설립 초창기 제1차 라운드 상호평가 시기(1990~1995년)에는 의무가 아닌 국가의 선택 사항이었다. 이 점은 자금세탁방지제도 도입의 역사가 금융비밀과의 싸움이었다고 하는 논증을 뒷받침하는 예시이기도 하다.

의심거래보고 의무는 거래가 완성되지 않은 거래를 포함하여 금액에 관계없이 모든 금융거래가 포함된다. 또한 법률로 직접 의무를 규정하지 않은 경우는 동 의무를 이행한 것으로 보지 않는다.

권고사항 21. 정보누설과 비밀유지

이 권고사항의 목적은 보고기관 임직원이 의심거래보고를 함에 따라 파생될 수 있는 각종 부작용을 방지하고 선의로 의심거래보고를 수행한 보고기관의 임직원을 보호하기 위함이다. 임직원이 선의로 의심거래보고를 한 경우 그가 범죄 유무를 알지 못하였고, 실제 보고 내용대로 불법거래를 하지 않았다고 하더라도, 그 결과 계약/법률/규정/행정적 조치 등에 의해 부과된 정보누설 금지의무 위배를 이유로 그 보고에 따른 형사상 또는 민사상 책임을 지지 않는다는 내용이다.

또한 범죄자가 의심거래로 보고된 사실을 알게 될 경우 발생할 수 있는 부작용(자산도피, 수사방해 등)을 고려하여 의심거래보고 사실을 공개하거나 누설하지 못하도록 엄격하게 금지하고 있다.

우리나라의 경우는 의심거래보고로 인한 부작용에 대비하여 정보누설 금지와 함께 정보보호를 위한 장치를 추가로 마련하였다. 먼저 관련 정보를 목적(심사분석과 정보제공) 외로 사용하거나 누설하는 것을 금지하고 이를 위반하는 경우 엄격히 처벌(5년 이하 징역 또는 5천만원 이하 벌금)토록 하는 한편, 이에 추가하여 거짓으로 의심거래보고 또는 고액현금거래보고를 한 경우에도 처벌(1년 이하 징역 또는 1천만원 이하 벌금)하는 규정을 두었다.

권고사항 22. DNFBPs: 고객확인

이 권고사항은 지정 비금융사업자와 전문직에 대해서도 자금세탁방지/테러자금조달금지 의무를 부과하여야 한다는 규정이다. 금융기관에게 적용되는 권고사항들 중 고객확인과 기록보관에 관련된 5개의 권고사항을 통합하여 이들에게 적용되는 하나의 권고사항으로 기술하고 있다.

FATF가 6개 직군을 특별히 자금세탁방지/테러자금조달 의무부과 대상으로 지정한 것은 2003년 제3차 라운드 상호평가를 위해 국제기준을 개정한 때인데, 당시 10여년의 경험과 유형론 연구를 통해 6개 직군이 금융기관 이외에 자금세탁과 테러자금조달에 빈번하게 관여되는 업종 또는 전문직임을 파악하였기 때문이다.

다만 각 업종/전문직의 업무 중 자금세탁/테러자금조달에 특별히 취약한 업무 영역을 지정하여 그 업무를 수행할 때에만 고객확인과 기록보관 등의 의무가 부과되도록 하였다. 이에 따라 다음 업무가 부과대상에 해당된다:

(a) 카지노 사업자의 경우는 3천달러/유로 이상의 금융거래;

(b) 부동산 중개인은 고객을 위해 부동산 매매와 관련된 거래에 참여하는 경우;

(c) 귀금속상/보석상은 1만 5천달러/유로 이상의 현금거래를 하는 경우;

(d) 변호사/공증인/기타 법률전문직/회계사는 고객을 위하여 부동산 매매/고객의 자금·증권 또는 기타 자산의 관리/예금·적금·증권계좌의 관리/회사의 설립·경영·관리/법인·법률관계의 설립·운영·관리 및 사업체의 매매 등을 준비하거나 수행하는 경우;

(e) 신탁 및 회사설립전문가는 법인의 설립 대리인 역할 수행/기업의 이사 역할 수행/영업장의 주소 등 제공/명의신탁 관리인 역할 수행 등이 경우.

여기서 거래에 관여하거나 참여하는 경우를 어떻게 정의할 것인가가 논란이 된다. 일반적으로 거래에 관여하는 경우는 자금거래를 수반하는 경우를 상정하나 직종과 업무의 종류에 따라 범위를 정의하는 것이 바람직하며, 국제사회에서 아직 그 범위에 대한 정확한 합의는 없다. 다만, 부동산 중개인의 경우는 부동산의 가치와 거래 금액을 가장 정확하게 알 수 있는 위치에 있다는 점 때문에 FATF 사무국은 부동산 중개인이 자금거래에 직접 관여하지 않더라도 매매를 중개하는 경우는 모두 고객확인 등의 의무가 발생하는 것으로 해석하였다.

권고사항 23. DNFBPs: 기타 수단

이 권고사항은 지정 비금융사업자와 전문직에 대해 금융기관 등이 이행하는 의심거래보고 의무 등 4개 권고사항을 통합하여 하나의 권고사항으로 규정하고 있다. 권고사항 22에서와 마찬가지로 업무의 범위를 한정하고 있다. 다만 변호사, 공증인, 기타 독립 법률전문직 및 회계사에 대해 권고사항 22에서 규정한 업무와 관계된 '거래'로 한정한 것이 아니라 '금융거래'로 한정하였다. 여기서 '거래'와 '금융거래'의 차이에 대해 논란이 있으나 아직 명확한 구분은 제시되지는 않았다.

회계사의 직무활동과 관련하여 '회계감사업무'를 권고사항 22에서는 고객확인 등의 의무대상 업무로 분류하지 않았으나 이 권고사항에서는 의심거래보고 의무를 이 업무로 확대할 것을 강력하게 권고하고 있다. '권고'이므로 상호평가에서 필수적인 평가사항은 아니나 향후 의무업무 영역으로 포함될 가능성이 있다. 이렇게 될 경우 회계사는 부동산 중개인과 마찬가지로 사실상 모든 업무에 대해 자금세탁방지/테러자금조달금지 의무가 부과되는 셈이다.

제 4 절 예방조치에 관한 상호평가 결과

1. 상호평가 결과표

	주요내용	스페인	노르웨이	벨기에	호주	말레이시아	이탈리아	평균
	(상호평가 토의)	(14.10.)	(14.10.)	(15.2.)	(15.2.)	(15.6.)	(15.10.)	
IO. 4	예방조치	2	2	2	2	2	2	2.0
R. 9	금융기관의 비밀유지 법률	5	4	5	5	4	5	4.67
R.10	고객확인	4	2	4	2	5	4	3.50
R.11	기록보관	5	4	5	4	4	5	4.5
R.12	정치적 주요인물	5	2	2	4	4	4	3.50
R.13	환거래은행	5	2	2	1	4	2	2.67
R.14	자금 또는 가치 이전 서비스	5	4	4	4	5	5	4.50
R.15	새로운 금융 기법	5	2	4	4	5	4	4.00
R.16	전신송금	2	2	2	2	5	2	2.50
R.17	제3자 의존	4	2	2	2	4	4	3.00
R.18	내부통제, 해외지점/자회사	5	2	2	2	5	4	3.33
R.19	고위험국가	5	4	4	2	5	5	4.17
R.20	의심거래보고	5	5	5	5	5	4	4.83
R.21	정보누설과비밀유지	5	4	5	5	5	4	4.67
R.22	DNFBPs: 고객확인	4	2	4	1	4	4	3.17
R.23	DNFBPs: 기타수단	5	2	4	1	4	4	3.33

※ 상호평가 평점의 점수화
- 효과성 평가: High level of effectiveness: 5점, Substantial level of effectiveness: 4점, Moderate level of effectiveness: 2점, Low level of effectiveness: 1점
- 기술적 평가: Compliant: 5점, Largely Compliant: 4점, Partially Compliant: 2점, Non-Compliant: 1점

2. 시사점

효과성 측면에서 예방조치는 상호평가 실적이 가장 저조한 즉시성과이다. 즉 가장 이행하기 어려운 영역인 것이다. 지금까지 6개국 상호평가에서 모두 보통(moderate) 수준의 효과성 등급을 받았다. 그 원인은 크게 세 가지로 볼 수 있다.

먼저 이행해야 할 영역이 매우 넓기 때문이다. 예를 들어 고객확인 등은 충실히 이행하였더라도 국내 정치적 주요인물에 대한 의무를 이행하지 않거나 환거래은행, 고위험국가, 전신송금 등에서 규정한 사항을 충분히 이행하지 않는 등의 문제점이 나타났기 때문이다.

둘째는 금융기관과 DNFBPs 등 이행주체의 분포와 범위가 매우 넓기 때문이다. 은행 등은 양호하게 이행한다고 하더라도 제2금융권이나 상호금융기관 등이 위험에 대한 인식과 대응이 부족하거나 위험도에 맞게 검사/감독을 하지 않는 국가들이 많다. 또한 DNFBPs가 자금세탁방지/테러자금조달금지의 기본적인 사항은 준수하고 있더라도 실제 이행해야 사항을 제대로 이행하지 못하는 경우이다. 이 경우 위험에 대한 이해가 부족하고 대응 수준도 전반적으로 미달하므로 좋은 평가를 받은 수가 없다.

셋째는 금융기관뿐만 아니라 MVTS, DNFBPs 등이 위험기반 접근법을 제대로 이해하고 이행하는 것이 확립되지 않았기 때문이다. 현재 많은 국가들이 국가 전체의 자금세탁/테러자금조달 위험도를 인식하고 평가하는 단계에 있어, 이러한 노력들의 축적으로 ML/TF 위험에 대한 인식이 깊어지고 각 금융업종별, DNFBPs의 분야별 위험에 대한 이해가 깊어지면 이 즉시성과에서도 만족할 만한 효과성 등급을 받는 국가들이 나올 것으로 보인다.

15개 권고사항의 기술평가에서는 국가에 따라 다소 차이는 있으나 상호평가 수검국들이 대체적으로 무난하게 이행하고 있는 것으로 나타났다. 특히 제3차 라운드 상호평가에서 이행이 가장 어려운 것으로 평가되었던 고객확인 권고사항도 대체적으로 무난하게 이행(6개국 중 4개국이 합격 등급)하고 있는 것으로 나타난 것은 매우 고무적인 현상이라고 하겠다. 그 외 핵심권고사항인 기록보관과 의심거래보고는 6개국 모두 합격등급을 받았다.

제6장

감　독

제6장 감 독

개 관

　감독 모듈은 감독기관이 금융기관과 DNFBPs의 이행을 감독하는 것에 관하여 평가한다. 감독 부문의 효과성을 어떻게 평가할 것인가와 관련하여 논란이 있다. 예를 들면 제재 실적이 많은 경우 그것이 감독이 효과적이어서인지 아니면 금융기관 등의 이행이 부진하기 때문인지 구분하기 쉽지 않다는 것이다. 감독 과제와 법집행 과제를 어떻게 조화할 것인가도 해결해야 할 영역으로 제기되었다. 이러한 쟁점은 향후 상호평가와 후속조치가 진행되면서 논의가 더욱 발전될 것으로 보인다.

　그러므로 감독 모듈의 효과성 영역은 아직 개발 중에 있다고 보는 것이 적절할 것 같다. FATF는 감독 부문이 이와 같이 충분히 개발되지 않은 영역인 점을 고려하여 2015년 10월 지침서[1]를 발간하였다. 다만 전문가들은 그 지침서가 충분히 발전되지 못하고 단순히 기본 원칙을 서술하는 수준에 그친 것에 불과하다는 평가를 내렸다. 이러한 평가는 지침서에 풍부한 내용을 담을 수 없을 만큼 감독 부문이 아직 개발되지 않았음을 입증하는 사례라고 하겠다.

　각국에서 금융기관과 DNFBPs의 범위가 넓고 종류가 다양하므로 이 모듈의 이행 정도도 매우 넓게 분포된다. 또한, AML/CFT 감독의 주체와 방식도 국가에 따라 다양하게 나타난다. 따라서 감독 부문의 효과성 평가에서 이행등급

---

1) 「위험기반접근법 지침서: 금융분야 AML/CFT 감독자와 법집행기관에 의한 효과적 감독과 법집행(Guidance for a Risk—Based Approach: Effective Supervision and Enforcement by AML/CFT Supervisors of Financial Sector and Law Enforcement)」(FATF 발행, 2015.10.).

을 받는 것이 쉽지는 않다. 실제로 FATF 상호평가를 받은 6개국 중 2개국만 합격 등급을 받았다. 무엇보다도 금융기관들, 은행에서 소규모 금융기관들까지, 더 나아가 DNFBPs 부문까지 그들의 위험을 이해하고 그 위험도에 맞춰 수준별 감독/검사 감독체계를 구축하고 이를 수행하는 것은 쉬운 일이 아니다. 특히 효과적이고 비례적이며 억제적인 제재를 통해 효과가 있었음을 입증해야 하는 점 등으로 인해 효과성을 인정받기는 더욱 어렵다.

제1절　즉시성과 3

즉시성과 3	감독자들이 금융기관과 DNFBPs 등의 AML/CFT 조치사항의 준수 여부에 대해 위험에 상응하여 적절하게 감독하고, 점검하며, 규제한다.

효과적 이행제제의 특성

다음의 감독과 점검 수행이 금융과 다른 분야에서의 자금세탁/테러자금조달 위험에 대응(address)토록 하고 이를 완화시킨다:

- 범죄자와 관련자들이 금융기관 또는 DNFBPs를 소유하거나, 또는 실소유자, 중요 또는 통제적 지분(interest) 보유자 또는 경영자가 되는 것을 방지; 그리고
- AML/CFT 규정 위반 또는 자금세탁과 테러자금조달 위험관리 실패를 즉각적으로 확인하고 치유하며 제재.

감독자들[1]은 금융기관과 DNFBPs에게 적절한 피드백과 AML/CFT 규정에 관한 지침서(guidance)를 제공한다. 시간이 경과함에 따라 감독과 점검이 AML/CFT 이행 수준을 향상시키며, 금융과 DNFBPs 분야, 특히 자금세탁과 테러자금조달 위험에 가장 많이 노출된 분야들을 악용하려는 범죄자들의 시도를 좌절시킨다.

이 즉시성과는 주로 권고사항 14, 26, 27, 28, 34, 35와 관련되며, 또한 권고사항 1, 40의 요소들도 관련된다.

평가자 참조:

평가자는 이 IO를 평가할 때에 감독기관들이 참여하는 국제협력의 수준에 관한 적절한 조사결과(금융그룹 수준의 협력도 포함하여)도 고려하여야 한다.

---

[1] 효과성 평가에서 "감독자들(Supervisors)"이라고 하면 자율규제기구들(SRBs)을 포함한다.

효과성 달성여부 판단을 위해 고려되어야 할 핵심 쟁점

3.1. 감독기관이나 다른 당국들이 허가, 등록, 또는 다른 통제들을 통해, 범죄 자와 그들 측근이 금융기관이나 DNFBPs를 소유하거나, 또는 그것들의 중요한/통제하는 지분의 실소유자가 되거나, 또는 그것들을 경영하는 역할을 맡는 것을 얼마나 잘 방지하는가? 이러한 허가 또는 등록 규정 위반을 얼마나 잘 발견하는가?

3.2. 감독기관들이 금융 및 다른 부문들 전체에 대해, 서로 다른 부문들과 금융기관 유형들에 대해, 그리고 개별 회사들에 대해 ML/TF 위험을 얼마나 잘 확인하고 그 이해를 계속 유지하는가?

3.3. 감독기관들이 금융기관들과 DNFBPs의 AML/CFT 규정준수 정도를, 위험 완화라는 관점에서, 위험의 정도에 기초하여(on a risk-sensitive basis), 얼마나 잘 감독하고 점검하는가?

3.4. 실제로 어느 정도로 시정조치가 이뤄지며, 그리고/또는 효과적이고, 비례적이며 억제력 있는 제재가 적용되는가?

3.5. 감독기관들이 그들의 조치가 금융기관들과 DNFBPs의 규정 준수에 효과가 있었음을 어느 정도로 입증(demonstrate)할 수 있는가?

3.6 감독기관들이 금융기관과 DNFBPs로 하여금 그들의 AML/CFT 의무사항과 ML/TF 위험에 대한 명확한 인식을 얼마나 잘 촉진(promote)할 수 있는가?

a) 핵심 쟁점의 결론을 뒷받침하는 정보의 예시

1. 금융 및 DNFBPs 부문과 비공식적이거나 규제되지 않는 부문의 규모, 구성, 구조와 관련된 상황적 요소(contextual factors)*(예, 각기 범주에 따라 허가되었거나 등록된 금융기관(MVTS를 포함하여)와 DNFBPs의 수와 유형; (해외를 포함한) 금융 활동의 유형; 각 부문의 상대적 규모 및 중요도).*

2. 감독기관의 AML/CFT에 관한 위험 모델들, 매뉴얼 및 지침*(예, 감독담당 직원의 업무 매뉴얼; AML/CFT 감독/점검 방안에 관한 간행물; 감독 회람, 모범/부적절 사례집, 주제 연구; 연차보고서).*

3. 산업, FIU, 다른 권한당국의 AML/CFT 과제에 관한 감독업무(supervisory engagement) 관련 정보*(예, 지침 및 훈련의 제공, 금융기관 및 DNFBPs와의 회의의 조직 및 상호교류 도모).*

4. 감독에 관한 정보*(예, 점검과 (현장/비현장) 검사의 빈도, 범위, 성격; 발견된 위반의 본질(nature); 적용된 제재 및 기타 개선조치(예, 시정조치, 견책, 벌금), 제재와 기타 개선조치로 인해 AML/CFT 준수가 개선된 사례).*

b) 핵심 쟁점의 결론을 뒷받침하는 특정 요소(specific factors)의 예시

5. 위장은행의 설립 또는 운영을 방지하기 위해 시행된 조치들은 무엇인가?

6. 금융기관 및 DNFBPs에 대한 경영권을 행사하거나 중대한 영향력을 미칠 수 있는 지분을 소유하거나 공인 전문가에 대해 적격성 심사(fit and proper test) 또는 유사한 조치가 어느 정도로 이루어지고 있는가?

7. 감독기관들이 그들의 감독/점검 대상 분야와 기관들의 ML/TF 위험 평가를 위해 취하는 조치는 무엇인가? 위험도 기록(risk profiles)을 얼마나 자주 검토하며, 검토하는 계기는 무엇인가(예, 관리 및 경영활동의 변화)?

8. (금융그룹을 포함한) 금융기관과 DNFBPs가 규제되고 (테러 관련 정밀금융제재와 FATF가 요구하는 대응조치 등을 포함한) AML/CFT 의무사항을 명확히 이행토록 하기 위해 어떤 조치와 감독적 도구가 사용되는가(employed)? 이것이 공식적인 금융 체제의 이용을 얼마나 장려하는가?

9. 현장 및 비현장 검사의 빈도·강도·범위와 (금융그룹을 포함한) 금융기관들과 DNFBPs의 위험 분석표는 어느 정도로 상호 관련되는가?

10. (금융그룹 ML/TF 리스크 관리 등) 자금세탁방지 및 테러자금조달금지 문제와 관련하여 감독기관과 다른 권한당국의 협력 수준은 어떠한가? AML/CFT 문제(시장 진입 등)와 관련하여 감독당국이 다른 권한당국과 정보를 공유하거나 요청하는 경우는 언제인가?

11. MVTS 제공자에 대한 인식, 면허/등록, 모니터, 제재를 위한 조치는 무엇인가?

12. 감독당국은 감독/점검 대상 부문의 규모, 위험도 기록(risk profiles), 복잡성을 고려하여 AML/CFT 목적의 감독 및 점검 업무를 수행하기 위한 적

절한 자원을 보유하고 있는가?

13. AML/CFT 사안에 대해 부당한 영향력을 받지 않고 금융 감독기관의 운영상 독립성을 보장하기 위해 이행된 조치는 무엇인가?

제 2 절 권고사항 26, 27, 28, 34, 35와 그 주석, 평가방법론

권고사항 26. 금융기관에 대한 규제와 감독*

가. 권고사항 26 본문

각국은 금융기관이 적절한 규제와 감독의 대상이 되도록 해야 하며 FATF 권고사항을 효과적으로 이행하도록 하여야 한다. 권한당국 또는 금융감독 당국은 범죄자나 그 관련자(associate)가 금융기관의 중대한 또는 지배적 지분(a significant or controlling interest)의 소유자가 되거나 이에 대한 실소유자가 되는 것 또는 금융기관의 경영권을 가지는 등의 방법으로 금융기관을 소유하는 것을 방지하기 위해 필요한 법적·규제적 조치를 하여야 한다. 각국은 위장은행의 설립 혹은 운영을 허용하여서는 아니 된다.

건전성 규제 관련 바젤위원회의 핵심원칙을 적용 받는 금융기관들에 대해서는, 건전성 목적으로 적용되고 자금세탁 및 테러자금조달과도 관련 있는 규제와 감독조치들이 AML/CFT 목적을 위해서도 유사한 방법으로 적용되도록 하여야 한다. 이것은 AML/CFT 목적을 위한 통합적 그룹 감독에도 적용되는 것을 포함하여야 한다.

핵심원칙을 적용 받지 않는 그 외의 금융기관은 허가나 등록을 받아야 하고, 관련 분야의 자금세탁 및 테러자금조달의 위험을 고려하여 AML/CFT를 위한 적절한 규제와 감독을 받도록 해야 한다. 최소한 자금 또는 가치 이전 서비스를 제공하거나 환전업(money or currency changing)을 영위하는 기업들은 허가나 등록을 해야 하고, 국가적 AML/CFT 의무사항의 준수 여부를 점검하며 확실히 이행토록 하는 효과적인 이행체제의 대상이 되어야 한다.

나. 권고사항 26 주석

감독에 대한 위험기반접근법

1. 감독에 대한 위험기반접근법이란, (a) 감독기관이 위험에 대한 그들의 이해를 바탕으로 AML/CFT 감독에 자원을 할당하는 일반적 과정과 (b) 감독기관이 AML/CFT 위험기반접근법을 적용하는 금융기관들을 감독하는 구체적인 과정을 말한다.

2. 금융기관의 AML/CFT 이행체제와 통제를 감독하는데 위험기반접근법을 적용함으로써 감독기관은 고위험을 나타내는 부문으로 자원을 이동할 수 있다. 그 결과, 감독기관은 자원을 더욱 효율적으로 사용할 수 있을 것이다. 이를 위해 감독기관은 (a) 국가의 자금세탁 및 테러자금조달 위험에 대한 명확한 이해를 가져야 하며 (b) 금융기관 또는 그룹의 준법감시기능의 수준을 포함한 감독대상 기관의 고객, 재화 및 서비스와 관련된 구체적인 국내 및 국제 위험에 대한 모든 관련 정보에 임점(on-site) 접근과 비임점(off-site) 접근을 할 수 있어야 한다. 금융기관/그룹에 대한 AML/CFT 임점(on-site) 감독과 비임점(off-site) 감독의 빈도와 강도는 금융기관/그룹의 위험도 기록(risk profile)에 대한 감독기관의 평가에 의해 확인된 금융기관/그룹의 자금세탁 및 테러자금조달 위험도, 그 정책, 내부통제와 절차, 그리고 국가에 현존하는 자금세탁 및 테러자금조달 위험을 토대로 결정한다.

3. 미이행 위험을 포함하여, 금융기관/그룹의 자금세탁 및 테러자금조달 위험도에 대한 평가는, 지속적 감독을 위한 국내 관습에 따라, 금융기관/그룹의 관리 및 운영 관련 주요 사안의 발생 또는 발전이 있을 때, 또는 정기적으로 검토되어야 한다. 이러한 평가는 상황이 발전하고 위험이 진화하는데 따라 변화하기 때문에 고정된 것이어서는 안 된다.

4. 위험기반접근법을 적용하는 금융기관들/그룹들에 대한 AML/CFT 감독은 위험기반접근법에 따라 금융기관/그룹에게 허용된 재량의 수준을 고려해야 하며, 그 재량 아래에서 수행된 위험평가와 그 정책, 내부통제 및 절차의 적절성과 그 이행에 대해서도 적절한 방식으로 검토해야 한다.

5. 이러한 원칙들은 모든 금융기관들과 그룹들에 적용되어야 한다. 효과적인 AML/CFT 감독을 보장하기 위하여, 감독기관은 금융기관들/그룹들의 특성, 특히 금융기관들의 다양성과 개수, 그리고 위험기반접근법에 따라 그들에게 허용된 재량의 수준을 고려하여야 한다.

감독기관의 자원

6. 각국은 금융 감독기관이 적절한 재정적, 인적, 기술적 자원을 갖도록 해야 한다. 감독기관은 부당한 영향력 또는 개입으로부터 자유롭기 위해 운용의 독립성 및 자주성을 확보해야 한다. 각국은 이러한 기관의 직원이 (비밀유지를 포함하여) 높은 전문성을 갖추고, 도덕적이고 적절히 숙련되었음을 보장하는 절차를 갖추어야 한다.

다. 권고사항 26 평가방법론

26.1 각국은 금융기관의 AML/CFT 의무 준수를 규제하고 감독할 (또는 점검할) 책임을 가진 감독기관을 하나 이상 지정하여야 한다.

시장 진입

26.2 핵심원칙이 적용되는 금융기관은 인·허가 대상이 되어야 한다. 자금 또는 가치이전 서비스 제공자 및 환전 서비스 제공자 등 기타 금융기관은 인·허가를 받거나 등록해야 한다. 각국은 위장은행의 설립 또는 운영을 허용하여서는 안 된다.

26.3 권한당국 또는 금융감독자는 범죄자나 그 관련자가 금융기관에 중대한 영향력을 미칠 수 있는 지분 또는 지배지분을 보유하거나 (또는 그것들의 실소유자가 되는 것을) 또는 금융기관의 경영권을 가지는 것을 방지하기 위해 필요한 법적, 규제적 장치를 마련하여야 한다.

감독 및 점검에 대한 위험기반 접근법(RBA)

26.4 금융기관에 다음의 조치를 적용해야 한다:

(a) *핵심원칙 적용 금융기관* - 그룹 전체 차원의 AML/CFT 통합 감독을 포함하여, 핵심원칙2)에 부합하는 AML/CFT 관련 규제 및 감독.

(b) *그 밖의 금융기관* - 각 부문의 ML/TF 위험에 상응하는 규제 및 감독 또는 점검. *MVTS 제공자나, 환전 서비스 제공자* - 최소한, 국가적 AML/CFT 의무 준수를 명확히 하고 점검하는 이행체제 마련.

26.5 금융기관 및 그룹에 대한 임점 및 상시 감독 주기·강도는 다음을 고려하여 결정해야 한다:

(a) 감독기관이 각 금융기관 또는 그룹의 위험 특성에 대한 평가를 통해 파악한 해당 기관 또는 그룹의 자금세탁/테러자금조달 위험, 관련 정책, 내부통제 및 절차;

(b) 각국에 존재하는 자금세탁/테러자금조달 리스크;

(c) 금융기관 및 그룹의 특성. 특히 금융기관의 다양성, 수 및 위험기반 접근법(RBA)에 따라 각 회사에 허용된 재량의 수준.

26.6 감독기관은 금융기관 또는 그룹의 자금세탁/테러자금조달 위험 특성(미준수 위험 포함)에 대한 평가를 주기적으로, 그리고 경영 또는 운영 관련 중요한 사안이 발생했을 때 수시로 점검하여야 한다.

---

2) AML/CFT에 관련되는 핵심원칙은 다음과 같다: 은행감독에 관한 바젤위원회(BCBS) 원칙 1-3, 5-9, 11-15, 26, 29; 국제증권감독자협회(IAIS) 원칙 1, 3-11, 18, 21-23, 25; 국제증권감독기구(IOSCO) 원칙 24, 28, 29, 31; 중앙은행의 책임 A, B, C, D (A. 중앙은행은 지급결제시스템의 목표를 명확히 설정하고 중요 지급결제시스템에 대한 중앙은행의 역할 및 주요 정책을 공표해야 한다. B. 중앙은행은 자신이 운영하는 지급결제시스템이 핵심원칙을 준수하도록 해야 한다. C. 중앙은행은 자신이 운영하지 않는 지급결제시스템도 핵심원칙을 준수하도록 감시(oversee)해야 하며 감시기능을 수행할 능력을 보유해야 한다. D. 중앙은행은 핵심원칙 적용을 통한 지급결제시스템의 안전성 및 효율성을 제고하기 위해 다른 중앙은행 및 기타 국내외 관련 정책당국과 협조해야 한다. Responsibilities of the central bank in applying the Core Principles: A. The central bank should define clearly its payment system objectives and should disclose publicly its role and major policies with respect to systemically important payment systems. B. The central bank should ensure that systems it operates comply with the Core Principles. C. The central bank should oversee compliance with the Core Principles by systems it does not operate and it should have the ability to carry out this oversight. D. The central bank, in promoting payment system safety and efficiency through the Core Principles, should cooperate with other central banks and with any other relevant domestic or foreign authorities.). 평가자들은 가능한 경우 국가의 핵심원칙 준수 여부를 현행 평가에 참고할 수 있다.

권고사항 27. 감독기관의 권한

가. 권고사항 27 본문

감독기관은 검사를 수행하는 권한을 포함하여 자금세탁 및 테러자금조달 방지에 관한 금융기관의 의무 이행 여부를 감독 또는 점검하고 이를 확인할 수 있는 적절한 권한을 가져야 한다. 감독기관은 금융기관의 이행 여부를 점검하기 위해 어떤 관련 정보의 생산을 금융기관에게 요구할 수 있고, 이러한 요구사항을 준수하지 못하는 경우 권고사항 35에 의거하여 제재를 부과할 수 있는 권한을 가져야 한다. 감독기관은 상황에 따라 금융기관의 사업허가를 취소, 제한 또는 정지시킬 수 있는 권한을 포함하여 일정한 범위의 징계처분과 금융제재를 부과할 수 있는 권한을 가지고 있어야 한다.

나. 권고사항 27 평가방법론

27.1 감독기관은 금융기관의 AML/CFT 의무 이행을 감독 또는 점검하고 이를 준수토록 하기 위한 권한을 가져야 한다.

27.2 감독기관은 금융기관에 대한 검사를 실시할 수 있는 권한을 가져야 한다.

27.3 감독기관은 AML/CFT 의무 이행 여부를 점검하는 데 필요한 정보의 생산을 강제[3]할 수 있어야 한다.

27.4 감독기관은 AML/CFT 의무 미준수에 대해서 권고사항 35에 부합하는 제재를 부과할 수 있어야 한다. 이는 인·허가의 취소·제한·정지, 다양한 징계 및 금융제재 조치를 할 수 있는 권한을 포함한다.

---

[3] 감독 목적으로 정보의 생산을 강제하거나 정보에 접근하는 감독기관의 권한이 법원 명령을 필요로 하는 것이어서는 안 된다.

권고사항 28. 지정 비금융사업자·전문직에 대한 규제와 감독*

가. 권고사항 28 본문

지정 비금융사업자·전문직은 다음과 같이 규제와 감독 조치를 적용받아야 한다.

(a) 카지노는 필수적인 AML/CFT 조치의 효과적 이행을 보장하는 종합적인 규제 및 감독의 대상이 되어야 한다. 최소한:

• 카지노는 허가를 받아야 한다;

• 권한당국은 범죄자나 그 관련자(associate)가 카지노의 중대한 또는 지배적 지분(a significant or controlling interest)을 소유하거나 또는 이의 실소유자가 되는 것, 카지노의 경영권을 가지는 것, 또는 이의 운영자가 되는 것을 방지하기 위하여 필요한 법적 또는 규제적 조치를 하여야 한다; 그리고

• 권한당국은 카지노의 AML/CFT 의무사항 준수 여부를 효과적으로 감독하여야 한다.

(b) 각국은 기타 지정 비금융사업자·전문직(other categories of DNFBPs)의 AML/CFT 의무사항 준수 여부를 점검하고 확인하기 위한 효과적인 이행체제를 갖춰야 한다. 이는 위험기반으로 행해져야 한다. 또한 이는 (a) 권한당국이나 (b) 적절한 자율규제기구(SRB: self-regulatory body)에 의하여 수행될 수 있다. 다만, 그 회원들이 자금세탁과 테러자금조달을 방지하는 의무를 준수하는 것을 명확히 할 수 있어야 한다.

감독기관이나 SRB는 또한 (a) 일례로, 적격성 심사(a "fit and proper" test)를 토대로 한 인물들 평가 실시 등을 통하여, 범죄자나 그들의 측근들이 전문적으로 소유한 것으로 되거나, 또는 중요한/지배적 지분을 소유하거나 그 실소유자가 되는 것, 또는 경영권을 소유하는 것을 방지하기 위한 필요한 조치를 하여야 하며; 그리고 (b) AML/CFT 의무를 준수하지 못한 경우에는 권고사항 35에서 규정한대로 효과적

이고, 비례적이며, 억제적인 제재를 부과하여야 한다.

나. 권고사항 28 주석

1. 감독에 대한 위험기반 접근이란, 감독기관 또는 SRB가 (a) 위험에 대한 그들의 이해를 바탕으로 AML/CFT 감독에 자원을 할당하는 일반적 과정과 (b) AML/CFT 위험기반 접근법을 적용하고 있는 DNFBPs을 감독 또는 점검 하는 구체적인 과정을 말한다.

2. 감독기관 또는 SRB는 효과적인 AML/CFT 감독/점검을 위해 자금세탁 및 테러자금조달에 대한 이해를 바탕으로, 각 DNFBPs의 특성, 특히 다양한 종류와 개수를 고려하여, DNFBPs에 대한 감독 및 점검의 빈도와 강도를 정해야 한다. 이는 (a) 국내에 존재하고 있는, (b) DNFBPs와 그 고객, 상품 및 서비스와 관련 있는, 자금세탁 및 테러자금조달 위험에 대해 명확한 이해를 갖는 것을 의미한다.

3. DNFBPs의 AML/CFT 내부통제, 정책 및 절차의 적절성을 평가하는 감독기관 또는 SRB는 해당 DNFBPs의 자금세탁 및 테러자금조달 위험도 기록(risk profile)과 위험기반접근법에 따라 어느 정도의 재량권이 부여되었는지를 적절히 고려해야 한다.

4. 감독기관 또는 SRB는 (감시 및 제재 권한을 포함하는) 임무를 수행하기 위해 충분한 능력/권한과 충분한 재정적, 인적, 기술적 자원을 가져야 한다. 각국은 이러한 기관의 직원이 (비밀유지 포함하여) 높은 전문성을 갖추고, 도덕적이고 적절히 숙련되었음을 보장하는 절차를 갖추어야 한다.

다. 권고사항 28 평가방법론

카지노

28.1 각국은 카지노가 AML/CFT 규제 및 감독 대상이 되도록 해야 하며, 최소한 다음 사항을 요구해야 한다:

(a) 각국은 카지노를 인허가 업종으로 운영하여야 한다.

(b) 권한당국은 범죄자 또는 그 관련자가 카지노에 중대한 영향력을 행사할 수 있는 지분 또는 지배지분을 보유하거나 실소유자가 되는

것, 또는 경영권을 행사하거나 운영하는 것을 방지하기 위한 법적, 규제적 장치를 마련하여야 한다.

(c) 카지노는 AML/CFT 의무 이행 여부에 대한 감독을 받아야 한다.

카지노 이외의 DNFBPs

28.2 DNFBPs의 AML/CFT 의무 이행 여부를 감독하기 위한 권한당국 또는 자율규제기구(SRB)를 지정해야 한다.

28.3 각국은 카지노 이외의 DNFBPs의 AML/CFT 의무 이행 여부를 감독하기 위한 이행체제를 갖춰야 한다.

28.4 지정된 권한당국 또는 자율규제기관은 다음 사항을 충족해야 한다:

(a) 의무 이행 여부 감독 등 업무를 수행하기 위한 충분한 권한 보유;

(b) 범죄자 또는 관련자가 전문자격증을 공인받거나, DNFBPs에 중대한 영향력을 행사할 수 있는 지분 또는 지배지분을 보유하거나 실소유자가 되는 것, 또는 경영권을 갖는 것을 방지하기 위해 필요한 조치 마련; 그리고

(c) AML/CFT 의무를 미이행에 대비하여, 권고사항 35에 부합하는 제재조치 마련.

모든 DNFBPs

28.5 DNFBPs에 대한 감독은 위험에 상응하여 이루어져야 한다. 이는 다음을 포함한다:

(a) DNFBPs의 특성, 특히, 다양성 및 수를 고려한 자금세탁/테러자금조달 위험 수준에 따른 AML/CFT 감독 주기·강도 결정; 그리고

(b) DNFBPs의 자금세탁/테러자금조달 위험 특성, 위험기반접근법(RBA)에 따라 각 DNFBPs에 허용된 재량의 정도를 고려하여, DNFBPs의 AML/CFT 관련 내부통제, 정책 및 절차의 적정성 평가.

권고사항 34. 지침과 피드백

가. 권고사항 34 본문

권한당국과 감독기관, 자율규제기구(SRB)는 금융기관과 지정 비금융사업자·전문직이 자금세탁과 테러자금조달을 방지하도록 하기 위한 국가의 조치를 이행하고, 특히 의심스러운 거래를 적발하고 보고할 수 있도록 지원하는 지침을 확립하고 피드백을 제공해야 한다.

나. 권고사항 34 평가방법론

34.1 권한당국, 감독기관 및 자율규제기관은 금융기관 및 DNFBPs가 국가의 AML/CFT 조치를 적용하는 것을, 특히 의심거래를 적발하고 보고하는 것을 지원하는 가이드라인과 피드백을 제공해야 한다.

권고사항 35. 제재

가. 권고사항 35 본문

각국은 개인이나 법인의 권고사항 6과 8 내지 23에서 명시된 자금세탁방지 및 테러자금조달금지 의무사항 준수 실패에 대해 다수의 효과적, 비례적, 억제적 형사, 민사 또는 행정 제재조치를 할 수 있어야 한다. 제재조치는 금융기관과 지정 비금융사업자·전문직에게만 적용될 뿐 아니라 이들의 이사급과 고위관리급 인사에게도 부과될 수 있어야 한다.

나. 권고사항 35 평가방법론

35.1 각국은 권고사항 6과 8 내지 23 관련 AML/CFT 의무를 이행하지 못한 법인 및 자연인에 대한 비례적이고 억제적인 민·형사 또는 행정적 제재 조치를 마련해야 한다.[4]

---

4) 이행 실패에 대해 제재는 직접적으로든 간접적으로든 적용될 수 있어야 한다. 제재 규정이 의무사항을 강제하거나 지지하는 문서에 같이 있을 필요는 없다. 만약 의무사항과 적용 가능한 제재 사이에 분명한 연결이 있다면, 서로 다른 문서에 있을 수 있다.

35.2 제재조치는 금융기관과 DNFBPs뿐만 아니라 이사와 경영진에게도 부과
     될 수 있어야 한다.

제 3 절　해　설

즉시성과 3. 감독

효과적인 감독의 목적은 금융기관과 DNFBPs이 자금세탁과 테러자금조달에 악용되지 않도록 하는데 있다. 범죄자들과 그 관련자들이 금융기관 또는 DNFBPs를 소유하거나 지분을 보유하거나 통제 또는 경영하는 자가 되는 것을 방지하고, 금융기관 또는 DNFBPs의 AML/CFT 규정 위반과 ML/TF 위험관리 실패를 제재 등을 통해 즉각적으로 치유함으로써 금융기관과 DNFBPs가 자금 세탁과 테러자금조달에 악용되는 위험을 완화시키는 것이다.

자금세탁과 테러자금조달 악용 위험과 관련하여 감독기관들에게 부여된 의무사항은 크게 두 가지이다. 먼저 감독대상 금융기관 또는 DNFBPs 영역의 자금세탁과 테러자금조달 위험을 파악하고 감독정책을 수립한 후 그 위험도에 맞춰 감독을 수행하는 것이다. 상호평가 결과에 대한 FATF 총회 토의 과정에서 일부 국가는 소형 금융기관 등의 경우 위험기반(risk-based)접근법보다 규칙기반(rule-based)접근법이 보다 효과적일 수 있음을 주장하기도 하였으나 총회는 이를 수용하지 않았다. 철저하게 위험기반접근법을 적용할 것을 요구하고 있는 것이다.

둘째는 금융기관 또는 DNFBPs로 하여금 스스로의 위험을 평가하고 그 평가결과에 기초하여 내부통제 등 자금세탁방지/테러자금조달금지 정책을 수립하고 집행하도록 하는 것이다. 이를 위해서는 금융기관 또는 DNFBPs가 자신의 위험을 이해해야 하며, 이러한 위험 이해를 지원하기 위해 국가적 자금세탁/테러자금조달 위험평가 결과를 금융기관 또는 DNFBPs와 적극 공유할 필요가 있다.

감독의 효과성을 입증하는 가장 중요한 요소는 제재이다. 감독기관들은 그들의 조치가 금융기관 또는 DNFBPs가 규정을 준수하도록 하는데 효과가 있었음을 입증해야 하는바, 제재 실적을 통해 효과성을 입증하는 것이 가장 확실한 입증방법이기 때문이다. 또한 이러한 실적을 제시하는 것은 감독기관이 감독 그 자체를 매우 적극적/효과적으로 수행한 것으로 인정받을 수 있는 길이기도 하다.

권고사항 26. 금융기관에 대한 규제 및 감독

이 권고사항은 금융기관이 적절한 규제와 감독의 대상이 되도록 하고, 이러한 감독을 통해 FATF 권고사항을 효과적으로 이행하도록 하는데 목적이 있다. 제3차 라운드에서는 단독 권고사항(종전 권고사항 18)이었던 위장은행 설립금지 규정을 이 권고사항의 일부로 포함시켰다.

이 권고사항의 개정에서 두 가지 이행사항을 명시적 의무사항으로 명확히 하였는데, 그 중 하나는 건전성 규제 관련 핵심원칙이 적용되는 기관(은행, 증권, 보험)에 대해서는 건전성 규제 목적으로 적용되는 규제와 감독 조치들이 AML/CFT를 위해서도 적용되도록 할 것을 의무화 한 것이다.

두 번째는 감독업무에 위험기반접근법 도입을 의무화 한 것이다. 이것은 2003년 채택한 권고사항에는 없던 규정인데 권고사항 26의 주석을 통해 명확히 규정하였다. 이는 감독기관이 감독 대상 금융기관에 대한 이해를 바탕으로 AML/CFT 감독에 자원을 효율적으로 배분·할당하는 과정과 감독 대상 금융기관들에 대한 구체적인 감독을 통하여 그들로 하여금 위험기반접근법을 적용하도록 하는 과정을 포함한다.

권고사항 27. 감독기관의 권한

이 권고사항은 감독기관과 검사자의 AML/CFT 감독을 위한 권한을 규정한다. 이러한 권한은 금융기관의 국제기준 이행 여부를 감독하고 점검하며, 이를 준수토록 하기 위한 권한이다. 이 권한은 (1) 언제든지 AML/CFT 검사를 실시할 수 있는 권한, (2) 법원의 명령 등이 없이 금융기관에게 정보를 요구하고, 필요한 정보의 생산을 강제할 수 있는 권한, (3) 의무사항을 준수하지 아니한 금융기관에 대해 제재를 가할 수 있는 권한이다.

제재 권한은 권고사항 35에 의거하여 제재를 부과할 수 있는 권한인데, 금융기관의 사업허가를 취소, 제한 또는 정지시킬 수 있는 권한을 포함하여 일정한 범위의 징계처분과 금융제재를 부과할 수 있는 권한을 가지고 있어야 한다는 것이다.

권고사항 28. DNFBPs에 대한 규제 및 감독

이 권고사항은 DNFBPs에 대한 AML/CFT 규제와 감독을 규정한다. 금융기관에 대한 AML/CFT 규제와 감독에 관한 권고사항 26과 27의 내용을 묶어 DNFBPs와 그 감독기관 및 자율규제기구(SRB)들에게 적용하는 단일 권고사항으로 규정하고 있다.

지정된 비금융사업자와 전문직 중 카지노에 대해서는 필수적인 AML/CFT 조치의 효과적 이행을 보장하기 위한 종합적인 규제와 감독을 이행할 것을 요구하고 있다. 이는 그 동안의 경험에서 DNFBPs 중 카지노 사업자가 자금세탁과 테러자금조달에 가장 취약한 것으로 나타났기 때문이다.

감독방식으로 위험기반접근법(RBA) 적용을 의무화 하고, 법률 규정 등으로 감독기관의 지위를 갖춘 경우에는 자율규제기구를 통한 감독 수행이 가능함을 명시하고 있다. 또한 범죄자나 그 측근들이 DNFBPs의 소유자 또는 경영권자가 되는 것을 방지하기 위한 조치의 이행을 의무화 하고 있다.

끝으로 법규를 위반한 DNFBPs에 대해 감독기관이 효과적이고 비례적이며 억제적인 제재를 가할 수 있는 권한을 가질 것을 요구하고 있다.

권고사항 34. 지침과 피드백

이 권고사항은 각국의 권한당국, 감독기관, 자율규제기구가 금융기관과 DNFBPs에게 국가적 AML/CFT 조치를 이행하고, 특히 STR 거래를 적발하고 보고하는데 도움이 되도록 지침서와 피드백을 제공할 것을 규정하고 있다. 대부분의 국가가 이 권고사항은 잘 이행하고 있는 것으로 나타났다.

권고사항 35. 제재

　제재에 관한 권고사항의 요구내용은 매우 간단하다. 권고사항 6과 8~23, 즉 17개 권고사항의 이행과 관련하여 의무사항을 준수하지 않는 경우 제재를 가하도록 하는 것이며, 그 제재는 효과적이고, 비례적이며, 억제적이어야 한다는 것이다. 또한 제재조치는 금융기관과 DNFBPs 자체뿐만 아니라 이사와 고위 경영진에게도 부과될 수 있도록 할 것을 규정하고 있다.

<h2>제 4 절 감독에 관한 상호평가 결과</h2>

<h3>1. 상호평가 결과표</h3>

	주요내용	스페인	노르웨이	벨기에	호주	말레이시아	이탈리아	평균
	(상호평가 토의)	(14.10.)	(14.10.)	(15.2.)	(15.2.)	(15.6.)	(15.10.)	
IO. 3	감독	4	2	2	2	4	2	2.7
R.26	금융기관 규제 및 감독	4	2	2	2	5	4	3.2
R.27	감독기관의 권한	5	4	2	2	5	4	3.7
R.28	DNFBPs 규제와 감독	4	2	2	1	4	4	2.8
R.34	지침과 피드백	5	4	2	4	4	4	3.8
R.35	제재	5	2	4	2	4	2	3.2

※ 상호평가 평점의 점수화
- 효과성 평가: High level of effectiveness: 5점, Substantial level of effectiveness: 4점, Moderate level of effectiveness: 2점, Low level of effectiveness: 1점
- 기술적 평가: Compliant: 5점, Largely Compliant: 4점, Partially Compliant: 2점, Non-Compliant: 1점

<h3>2. 시사점</h3>

AML/CFT 분야에 대한 감독은 아직 발전 중에 있는 영역임이 상호평가를 통해서도 확인되었다. FATF 6개 회원국에 대한 상호평가에서 4개국이 효과성 평가에서 미이행 등급을 받았다. 효과성뿐만 아니라 기술평가에서도 6개국이 총 30개 권고사항(국가별 5개 권고사항)에서 12개(40%)를 미이행하는 등 결과가 상당히 저조하였는 바, 이는 많은 국가들에서 이 분야의 이행방식 등이 아직 정립되지 않았음을 나타낸다고 할 수 있다.

저조한 평가를 받은 이유를 세부적으로 살펴보면, 먼저 감독기관들이 감독대상 기관들의 자금세탁/테러자금조달 위험을 적절히 이해하고 있음을 입증

하는 데 실패하였기 때문이다. 둘째는 금융기관이 대형 은행 등이 아닌 MVTB 등인 경우 외국에 본점을 둔 금융기관에 대해 감독이 매우 소홀하고 이를 보완하기 위한 국제협력도 부족하였기 때문이다. 셋째는 DNFBPs에 대한 감독이 소홀한 점이 전체감독의 효과성에 영향을 미쳤다. 넷째는 금융기관들과 DNFBPs에게 국가적 자금세탁/테러자금조달 위험평가 결과 등에 대한 피드백을 제공하지 않음으로써 상호 소통이 이루어지지 않은 것으로 나타났기 때문이다. 끝으로 감독기관이 임점검사를 위해 수검기관의 사전 동의를 받는 등 감독기관의 권한이 충분하지 못한 경우에도 감독의 효과성을 인정받지 못했다.

　그러므로 이 분야에서 좋은 평가를 받기 위해서는 검사수탁기관 등 감독기관들, 이 대상기관의 위험을 명확히 이해하고 있어야 하고, 대형은행 등 뿐만 아니라 소형 금융기관, 외국계 지점과 자회사 등에 대해서도 적절한 감독이 이뤄져야 하며, DNFBPs에 대한 규제와 감독체계를 갖춰야 하고, 감독기관과 감독대상기관들 간에 원활한 피드백이 이뤄져야 하는 것이다.

제 7 장

법인과 신탁등 법률관계

법인과 신탁등 법률관계

개 관

법인과 신탁등 법률관계 모듈은 이행이 가장 어려운 FATF 국제기준이다. 이를 고려하여 영국[1] 등 G8 국가들은 이 기준을 제4차라운드 기간 중 이행해야 할 주요한 기준으로 설정하고 각국이 이행토록 하는데 정책의 우선순위를 두고 추진하고 있다. 그 이유는 런던, 뉴욕 등 금융중심지에서의 금융거래를 통해 발생하는 대형 자금세탁 또는 범죄자금 사건은 항상 법인 또는 신탁등 법률관계의 형성이 매개되어 있기 때문이다. 이 점은 우리나라에서 발생하는 자금세탁 거래 유형과는 다소 차이가 있는 점이다.[2]

이 모듈의 권고사항은 제3차 라운드 상호평가 시기에는 세계적으로 각국의 이행이 가장 부진하였으나, 제4차 라운드에서는 유럽 국가를 중심으로 상호평가에서 합격등급을 받는 국가들이 등장하고 있다. FATF 상호평가 수검 6개국 중 스페인과 이탈리아는 기술평가와 효과성 평가 모두에서 합격 등급을 받았다. 벨기에의 경우 효과성 평가는 미흡했으나, 기술평가는 두 개의 권고사항 모두에서 합격 등급을 받았다.

---

1) 영국은 2016년 5월 「반부패정상회의(Anti-Corruption Summit)」를 개최하고 법인과 신탁등 법률관계의 실소유자 확인 등을 핵심적인 반부패 장치임을 재확인하였다.
2) 우리나라는 어떤 목적을 위해 법인을 형성하거나 신탁계약을 활용하는 것이 문화적으로 익숙하지 못하고, 차명거래를 통한 명의 은닉이 비교적 용이하였으므로 법인이나 신탁계약을 활용할 유인도 크지 않았다. 그러나 2014년 11월부터 불법 목적의 차명거래가 엄격히 금지됨에 따라 자금세탁 등을 위해 법인 또는 신탁계약을 활용할 가능성이 높아졌다. 실제로 2011년 부산저축은행 사태에서 보듯이 저축은행의 소유주가 특수목적법인(SPC)을 활용하여 고객예금을 횡령하였는바 이는 전형적인 '법인을 이용한 횡령 또는 배임 사건'이라고 할 수 있다.

이행해야 할 주요 내용은 법인과 신탁등 법률관계의 소유관계를 투명하게 하는 것이다. 이를 위해 각국은 ⅰ) 먼저 국내 법인의 종류, 형태, 설립절차, 기본/실소유자 정보의 입수·기록 과정 등에 관한 정보를 관리하고 공개하는 것, ⅱ) 법인/신탁등 법률관계의 최신의 실소유자 정보를 관리하고 권한당국이 즉시에 활용할 수 있도록 하는 것, ⅲ) 의무사항을 위반한 법인/신탁등 법률관계에 대해 비례적/억제적/효과적 제재를 가하는 것, ⅳ) 법인/신탁등 법률관계의 정보(실소유자 정보 포함)에 대한 외국의 요구가 있을 경우 적절한 시간 내에 응하는 것 등의 조치를 하여야 한다.

제 1 절   즉시성과 5

즉시성과 5	법인과 신탁등 법률관계가 자금세탁/테러자금조달에 악용되는 것이 방지되며, 관련 실소유자 정보가 권한당국에 의해 방해 없이 활용된다.

효과적 이행제제의 특성

실행되어 있는 조치들은:

- 법인과 신탁등 법률관계들이 범죄 목적으로 이용되는 것이 방지되고;
- 법인과 신탁등 법률관계들이 충분히 투명하며;
- 정확하며 최신인 기본 및 실소유자 정보를 적시에 확실하게 활용할 수 있도록 되어 있다.

기본 정보는 공개되어(publicly available) 있으며, 실소유자 정보는 권한당국이 활용할 수 있다. 이러한 조치들을 위반한 자들은 효과적, 비례적, 억제적으로 제재받는다. 그 결과 범죄자가 자금세탁과 테러자금조달을 위해 법인이나 신탁등 법률관계를 악용하는 것이 어렵게(unattractive) 된다.

이 즉시성과는 주로 권고사항 24, 25에 관련되며, 또한 권고사항 1, 10, 37, 40의 요소들도 관련된다.

평가자 참조:

평가자는 IO.5를 평가할 때 권한당국의 국제협력 수준에 관련된 조사 결과도 고려하여야 한다. 이는 권한당국이 법인 및 신탁등 법률관계에 관한 정보(실소유자 정보를 포함하여)를 확인하고 공유하는 것과 관련하여 적절한 지원을 요청하고 제공하는 정도를 고려하는 것을 포함한다.

효과성 달성여부 판단을 위해 고려되어야 할 핵심 쟁점

5.1. 국내 법인과 신탁등 법률관계의 창설과 종류에 관한 정보가 일반에게 얼마나 잘 공개되고 있는가?

5.2. 관련 권한당국이 국내에 설립된 법인의 ML/TF 취약성과 악용 범위 및 가능성을 얼마나 잘 인지하고 평가하며 이해하는가?

5.3 해당국이 법인과 신탁등 법률관계의 악용 방지를 위한 조치를 얼마나 잘 이행하는가?

5.4. 관련 권한당국이 자국에 설립된 모든 유형의 법인에 관한 적절·정확·최신의 기본/실소유자 정보를 적시에 취득할 수 있는 정도는?

5.5. 관련 권한당국이 신탁등 법률관계에 관한 적절·정확·최신의 기본/실소유자 정보를 적시에 취득할 수 있는 정도는?

5.6 정보 관련 요구사항을 이행하지 않는 자에 대해 어느 정도로 효과적이고 비례적이며 억제력 있는 제재조치를 가하고 있는가?

a) 핵심 쟁점의 결론을 뒷받침하는 정보의 예시

1. 법인 및 신탁등 법률관계의 유형, 형태 및 기본 특성에 관한 상황적 정보.

2. 법집행기관 및 관련 권한당국의 경험(예, 정보 관련 요구사항 위반 시 적용되는 제재조치의 수준; 소유주 및 실소유자 정보를 어디서 어떻게 취득하는지 (신탁의 위탁자, 수탁자, 보호자 및 수익자에 관한 정보 포함); 수사를 지원하기 위해 사용된 정보).

3. 법인 및 신탁등 법률관계의 악용에 관한 유형 및 사례(예, 범죄수사에서 자국의 법인 및 신탁등 법률관계가 ML/TF 목적으로 사용된 증거를 발견하는 빈도; 불법행위에 악용된 법인이 해체되거나 제명된 사례).

4. 소유주 및 실소유자 정보의 출처(예, 금융기관 및 DNFBPs가 접근할 수 있는 공개된 정보 유형; 회사 등기 또는 회사가 보유한 정보 유형).

5. 법인과 신탁등 법률관계의 설립/운영단계에서의 문지기(gatekeepers)(예, 회사설립 서비스 제공자, 회계사, 법률전문가 등)의 역할에 관한 정보

6. 기타 정보(예, 신탁등 법률관계 존재여부에 관한 정보; 다른 국가로부터 받은

소유주 및 실소유자 정보 요청에 대한 (긍정적/부정적) 반응; 공조의 질을 점검한 정보).

b) 핵심 쟁점의 결론을 뒷받침하는 특정 요소(specific factors)의 예시

7.   (무기명 주식, 전액납입 주권, 차명주주 및 이사 등을 포함하여) 법인의 투명성을 강화하고 신탁 등 법률관계의 투명성을 증대시키기 위한 조치는 무엇인가?

8.   관계당국은 법인의 소유주 및 실소유자 정보가 정확하고 최신상태로 유지되는 것을 어떻게 보장하는가? 정보의 유무 및 정확성을 점검, 시험/인증, 확인하는가?

9.   법인이 기본정보 및 실소유자 정보를 정확하고 최신으로 유지하기 위해 변경사항을 등록하는데 소요되는 시간은 얼마인가? 신탁등 법률관계도 유사한 변경사항이 있을 때 적시에 등록이 이루어지는가?

10.   금융기관 및 DNFBPs가 법인과 신탁등 법률관계의 정확하고 최신의 기본정보와 실소유자를 어느 정도로 취득할 수 있는가? 신탁의 수탁자가 금융기관 및 DNFBPs에게 어느 정도까지 정보를 공개하는가?

11.   관계당국은 조치사항을 충분히 이행할 수 있는 적절한 자원을 보유하는가?

제 2 절 **권고사항 24, 25와 그 주석, 평가방법론**

권고사항 24. 법인의 투명성과 실소유자*

가. 권고사항 24 본문

각국은 법인이 자금세탁이나 테러자금조달 목적으로 악용되는 것을 방지하기 위한 조치를 하여야 한다. 각국은 법인의 실소유자 및 지배구조에 대한 적절하고, 정확하며, 시의 적절한 정보를 권한당국이 시의 적절하게 입수하거나 접근할 수 있도록 하여야 한다. 특히, 법인이 무기명 주식 또는 무기명 주식증서를 발행할 수 있도록 허용하거나, 또는 명목주주나 명목이사를 허용하는 국가인 경우에는 해당 법인들이 자금세탁 또는 테러자금조달에 악용되지 않도록 하는 효과적인 조치를 강구하여야 한다. 각국은 권고사항 10과 22의 의무사항을 수행하는 금융기관과 DNFBPs도 실소유자 및 지배구조 정보에 접근을 가능하게 하는 조치를 고려하여야 한다.

나. 권고사항 24 주석

1. 권한당국은 국내에 설립[1])된 기업(companies)과 기타 법인의 실소유자와 지배구조(실소유자 정보[2]))에 대한 적절하고 정확한 현재 정보를 적시에 입수하거나 이에 접근할 수 있어야 한다. 각국은 이 목표를 달성하기 위해 어떤 장치를 사용할지에 대해 결정할 수 있지만 아래에 제시된 최소한의 의무사항은 준수하여야 한다. 각국은 목표 달성을 위해 여러 장치를 복합적으로 사용해야 할 가능성이 높다.

---

1) 법인을 창설한다고 할 때에는 기업의 합병 또는 사용된 다른 운영체계(mechanism)를 포함한다.
2) 법인을 위한 실소유자 정보는 권고사항 10의 주석 5(b)(ⅰ)에서 언급한 정보를 말한나. 권고사항 10의 주석 5(b)(ⅰ)에서 말하는 지배주주란 지분의 상한을 설정할 수 있다. 예를 들면 회사의 일정 지분(예: 25%)보다 더 많이 소유한 사람 등이다.

2.   법인의 적절한 투명성을 보장하는 절차의 일환으로 각국은 아래의 운영
     체계(mechanism)들을 갖춰야 한다.
     (a) 국내 법인의 여러 종류, 형태, 및 기본 특성을 확인하고 설명하는
         체계.
     (b) 다음을 위한 절차를 확인하고 설명하는 체계: (ⅰ) 이들 법인의 설립;
         및 (ⅱ) 기본정보와 실소유자 정보의 입수와 기록;
     (c) 위 정보를 공개하는 체계; 그리고
     (d) 국내에 설립된 각종 법인과 연관된 자금세탁 및 테러자금조달 위험
         을 평가하는 체계.

   A. 기본 정보
3.   권한당국은 기업의 실소유자가 누군지 알아내기 위해 기업에 관한 특정
     기본 정보를 필요로 할 것이며 이는 기업의 법적 소유권과 지배구조를
     포함한 최소한의 정보를 포함할 것이다. 이는 기업의 현황과 권한, 주주
     와 이사에 관한 정보를 포함할 것이다.
4.   국가 내에 설립된 모든 기업은 등기소3)에 등기되어야 한다. 실소유자 정
     보 입수 및 기록을 위해 어떤 조합의 장치가 사용되었든 ('B. 실소유자 정
     보' 참조), 필수 전제조건으로 기업4)이 입수하고 기록해야 할 기본정보가
     있다. 기업이 입수 및 기록해야 할 최소 기본정보는 아래와 같다:
     (a) 기업명, 기업설립 증명, 법적 형태 및 자격, 등록된 사무실의 주소,
         기본 지배구조(예, 회사정관 및 부속정관), 이사명단; 그리고
     (b) 주주와 회원들의 이름과 각 주주5)의 보유지분과 (해당 의결권의 성격
         을 포함한) 주식의 수, 주식 및 지분의 유형이 기록된 명부.
5.   국가등기소는 위 4(a)항에 명시되어 있는 모든 기본정보를 기록하여야
     한다.
6.   기업은 위 4(b)항에 명시된 기본정보를 국내에 등록된 사무실 또는 등기

---

3) "기업 등기소"란 국가 내에서 법인으로 조직되었거나 허가받은, 그리고 통상적으로 합병 당
    국에 의해서 또는 그 당국을 위해서 유지되는, 국가 내에 있는 기업들의 등기소를 말한다.
    그것은 기업 자체에 의해서 또는 그를 위해서 보유되고 있는 정보를 말하는 것이 아니다.
4) 그 정보는 기업 그 자체에 의해 또는 기업의 책임 아래 있는 제3자에 의해 기록될 수 있다.
5) 이것은 모든 등록된 주식의 명목상의 소유자에게 적용될 수 있다.

소에 통지한 다른 장소에 보관하여야 한다. 단, 기업 또는 등기소가 실소
유자 정보를 국내에 보관하는 경우, 주주명부가 국내에 있을 필요는 없
으나, 기업이 요청받았을 때에는 그 정보를 지체 없이 제공할 수 있어야
한다.

B. 실소유자 정보

7. 각국은 (a) 기업이 자사의 실소유자 정보를 입수 및 국내 특정 장소에 보
   관하고; 또는 (b) 권한당국이 기업의 실소유자 정보를 적시에 파악할 수
   있게 하는 운영체계(mechanism)를 갖춰야 한다.

8. 위 7.의 요구사항을 이행하기 위해, 각국은 다음의 운영체제 중 하나 또
   는 그 이상을 사용하여야 한다:

   (a) 기업 또는 국가등기소가 최신의 실소유자 정보를 입수 및 보관하도
       록 요구;

   (b) 최신의 실소유자 정보를 입수 및 보관하기 위해 기업이 합리적인 조
       치6)를 취할 것을 요구;

   (c) 다음을 포함한 기 보유중인 정보를 이용: (ⅰ) 권고사항 10과 227)에
       따라 금융기관 및/또는 DNFBPs가 입수한 정보; (ⅱ) 다른 권한당국
       이 보유한 기업의 법률상 소유자 및 실소유자에 관한 정보(예, 국가등
       기소, 조세당국, 금융 또는 기타 규제당국); (ⅲ) 위 'A. 기본정보'에서 요
       구된 기업 보유 정보; (ⅳ) (증권거래소의 규정 또는 법률 또는 기타 집행
       력 있는 수단의) 공시 의무에 의해 실소유자에 대한 적절한 투명성이
       요구되는 경우, 증권거래소에 상장된 기업에 대한 가용정보.

9. 위 이행체제 중 어느 것을 이용하였는가와 관계없이, 각국은 기업이 실
   소유자를 알아내는 일에 있어서 권한당국과 가능한 한 최대한 협력하도
   록 하여야 한다. 이러한 협력은 다음을 포함한다:

   (a) 국내에 거주하는 개인 한 명 이상이 기업8)으로부터 권한을 부여받

---

6) 조치는 기업의 소유구조 또는 지배주주의 특성(nature) 때문에 야기된 위험과 복잡성의 정도
   에 따라 비례적이어야 한다.
7) 각국은 어떤 기업이 국가 내에 있는 금융기관에 계좌를 가지고 있는지를 적시에 판정할 수
   있어야 한다.
8) 기업의 이사 또는 고위 경영진은 기업에 의한 특정의 권한 부여가 요구되지 않을 수도 있다.

고, 권한당국에게 책임을 지고, 기본정보와 가용한 실소유자 정보를 제공하며 정부당국에게 추가적인 지원을 제공하도록 하거나; 그리고/또는

(b) 국내 DNFBP가 기업으로부터 권한을 부여받고, 기본정보와 가용한 실소유자 정보를 제공하며 정부당국에게 추가적인 지원을 제공하도록 하도록 요구; 그리고/또는

(c) 국가가 협력을 효과적으로 보장하기 위해 특별히 정한 기타 유사한 조치.

10. 위에 언급된 자와 정부당국, 기관들, 및 기업 자체(또는 그 관리자, 청산인 또는 기업의 해산에 관련된 자)는 모두 기업이 해산되거나 더 이상 존재하지 않은 날로부터 최소 5년간 또는 기업이 전문 중개인 또는 금융기관의 고객관계를 중단하는 날로부터 5년간 앞서 말한 정보와 기록을 보관하여야 한다.

C. 정확한 최신 정보의 적시 접근

11. 각국은 기업등기소에 제공한 정보를 포함한 기본정보가 정확하며 주기적으로 갱신되도록 하는 운영체계(mechanism)를 갖춰야 한다. 각국은 문단 7에 언급된 정보가 정확하며 가능한 한 최신상태로 유지하도록 해야 하고 변경 후 합리적 기간 내에 정보가 갱신되도록 해야 한다.

12. 권한당국, 그리고 특히 법집행기관은, 관련자(the relevant parties)가 보유한 기본정보 및 실소유자 정보에 대한 적시 접근을 얻기 위해 필요한 모든 권한을 가져야 한다.

13. 각국은 등기소가 보유한 공공정보 및 최소한 위 4(a)항에 따른 정보에 대해 금융기관 및 DNFBPs, 기타 외국 권한당국이 시의적절한 접근성을 갖도록 할 것을 요구하여야 한다. 각국은 위 4(b)항에 따른 정보에 대해 금융기관 및 DNFBPs가 시의적절한 접근성을 갖도록 하는 것도 또한 고려하여야 한다.

D. 투명성 저해요인

14. 각국은 무기명주식 및 무기명주식 매입권의 악용을 방지하기 위해 다음

의 조치 중 하나 또는 그 이상을 적용하여야 한다: (a) 무기명주식 금지; (b) (무권화 등을 통해) 기명주식 혹은 주식매입권으로 전환; (c) 무기명주식 및 무기명주식 매입권의 소유를 규제 대상 금융기관 또는 전문중개인만 허용함으로써 유통정지; 또는 (d) 무기명주식 및 무기명주식 매입권을 소유한 지배주주가 해당 기업에 신고할 의무 부과 및 신고를 받은 기업은 해당 주주의 신원 기록을 의무화.

15. 각국은 명목상 주주 및 명목상 이사를 악용하는 것을 방지하기 위하여 다음 방법 중 하나 또는 그 이상의 조치를 하여야 한다: (a) 명목상 주주 및 명목상 이사에게 실제소유자 및 실제이사의 신원을 기업 및 관련 등기소에 공개할 것을 요구하고 그 정보가 관련 명부에 포함될 것을 요구; 또는 (b) 명목상 주주 또는 명목상 이사가 되려는 자에게 허가를 받도록 하고, 명목상 주주 또는 이사임을 국가등기소에 등록하도록 하고 국가등기소로 하여금 실제소유자 및 실제이사의 신원정보 기록을 보유하여 당국의 요청 시 제공하도록 하여야 한다.

E. 기타 법인

16. 재단, 기관(Anstalt), 유한책임사업조합에 대해 각국은 이들의 유형과 구조를 고려하여 기업과 유사한 조치와 의무사항을 부과하여야 한다.

17. 기타 종류의 법인과 관련하여 각국은 적절한 수준의 투명성을 달성하기 위하여 각 법인의 유형과 구조를 고려하여야 하며, 각 종류의 법인과 연계된 자금세탁 및 테러자금조달 위험도를 고려하여야 한다. 각국은 최소한 비슷한 종류의 기본정보가 해당 법인에 의해 기록되어 정확하고 최신의 상태로 유지되며, 권한당국이 해당 정보를 적시 접근할 수 있도록 하여야 한다. 각국은 이와 같은 기타 법인과 연관된 자금세탁 및 테러자금조달 위험을 검토하고 위험도에 따라 권한당국이 해당 법인에 대한 적합, 정확한 최신의 실소유자 정보에 적시 접근성을 가질 수 있도록 하는 조치사항을 정하여야 한다.

F. 법적 책임과 제재

18. 본 주석의 사항을 준수해야 한다는 의무가 분명하게 명시되어 있어야

하며, 의무사항을 제대로 이행하지 않은 법인이나 개인에 대한 적절한 법적 책임과 효과적, 비례적, 억제적 제재조치도 명백하게 기재되어야 한다.

G. 국제협력

19. 각국은 권고사항 37 및 40에 따라 기본정보 및 실소유자 정보와 관련하여 신속하고 건설적, 효과적인 국제협력을 제공하여야 한다. 이는 (a) 국가등기소가 보유한 기본정보에 대한 외국 관련기관의 접근을 용이하게 하는 것과 (b) 주주에 대한 정보 교환, 그리고 (c) 각국이, 국내법에 따라, 외국 기관을 대신해 실소유자 정보를 취득할 수 있는 권한을 포함한다. 각국은 기본정보 및 실소유자 정보에 관한 요청 또는 해외거주 실소유자의 위치 추적 지원 요청에 대응하여 다른 국가들이 제공한 도움의 품질을 점검하여야 한다.

다. 권고사항 24 평가방법론: 법인[9]의 투명성과 실소유자

24.1 각국은 다음의 정보를 확보하고 기록하기 위한 운영체계(mechanism)를 갖춰야 한다:

(a) 자국내 법인의 종류, 형태 및 특징;

(b) 법인의 설립 절차, 기본정보 및 실소유자 정보를 확보하고 기록하는 절차를 파악하고 설명할 수 있는 수단.

상기 정보는 공개되어야 한다.

24.2 각국은 자국 내 설립된 모든 종류의 법인과 관련된 자금세탁/테러자금조달 위험을 평가하여야 한다.

---

9) 평가자들은 관련된 모든 유형의 법인에 관한 모든 기준을 적용하는 것을 고려하여야 한다. 이러한 요구사항을 처리하는 방식은 관련된 법인의 유형에 따라 다양할 수 있다:
기업들 - 기업들에 대해 조치할 사항들은 권고사항 24에서 상세하게 서술되어 있다.
재단, 기관(Anstalt), 유한책임사업조합 - 각국은 그들의 다양한 형태와 구조를 고려하여 기업들에게 요구되는 것과 같은 유사한 조치들을 취하고 유사한 의무사항들을 부과하여야 한다.
다른 형태의 법인들 - 각국은 적절한 수준의 투명성을 달성하기 위하여 각 법인의 유형과 구조를 고려하여야 하며, 각 종류의 법인과 연계된 자금세탁/테러자금조달 위험도를 고려하여야 한다. 최소한 모든 종류의 법인들의 유사한 형태의 기본정보는 기록되어지도록 하는 것을 명확히 해야 한다.

기본 정보

24.3 각국은 자국 내 설립된 모든 기업이 기업등기소에 등록되도록 하여야 한다. 이 때 기록되어야 하는 정보는 기업명, 설립증빙, 법적 형태 및 지위, 등록된 사무실의 주소, 기본 지배구조 및 이사 명단이다. 동 정보는 공개되어야 한다.

24.4 기업은 24.3에서 요구되는 정보를 보관하여야 하며, 각 주주별로 보유한 주식의 수 및 주식의 종류(의결권의 성격 포함)가 포함된 주주 또는 사원[10] 명부를 보관해야 한다. 동 정보는 기업등기소에 통지한 자국 내 특정 장소[11]에 보관하여야 한다.

24.5 각국은 평가방법론 24.3, 24.4의 정보에 대해 그 정확성과 주기적인 갱신을 담보할 수 있는 운영체계(mechanisms)를 갖춰야 한다.

실소유자 정보

24.6 각국은 다음 중 하나 이상의 운영체계(mechanism)를 활용하여, 기업의 실소유자 정보를 기업이 입수하고 이를 자국 내 지정된 장소에 보관하거나, 권한당국이 이를 적시에 파악할 수 있도록 해야 한다:

(a) 기업 또는 기업등기소가 최신의 실소유자 정보를 입수하고 보관할 것을 요구;

(b) 기업으로 하여금 기업의 실소유자에 대한 최신 정보를 입수하고 보관할 수 있도록 합리적인 조치를 취할 것을 요구;

(c) 다음의 기존 정보 활용:

  (ⅰ) 금융기관 및 DNFBPs가 R.10, R.22에 따라, 입수한 정보;

  (ⅱ) 다른 권한당국이 기업의 법적 소유자 및 실소유자에 대해 보유하고 있는 정보;

  (ⅲ) 상기 평가방법론 24.3에서 요구하는 바에 따라 기업이 보유하고 있는 정보;

---

10) 주주 또는 사원의 명부는 기업 그 자체에 의해 또는 기업의 책임 아래 있는 제3자에 의해 기록될 수 있다.

11) 기업 또는 등기소가 실소유자 정보를 국내에 보관하는 경우, 주주 명부가 국내에 있을 필요는 없다. 그러나 이러한 경우는 기업이 정보를 요청 받았을 때 이를 지체 없이 제공할 수 있는 경우에 한해서이다.

(ⅳ) 주식시장 상장기업에 대한 공시정보(공시규제가 실소유자에 대한 공시의무를 부과하고 있는 경우).

24.7 각국은 실소유자 정보가 가능한 한 정확하고 최신일 것을 요구하여야 한다.

24.8 각국은 다음의 방법을 통해, 기업이 실소유자 파악을 위해 권한당국과 최대한 협력하도록 하여야 한다:

(a) 기업[12])이 승인한 국내에 거주하는 1인 이상의 개인이 권한당국에 대해 책임을 지고, 권한당국에 모든 기본정보와 가능한 실소유자 정보를 제공하고 추가적인 협력을 제공; 그리고/또는

(b) 기업이 승인한 국내에 거주하는 DNFBPs가 권한당국에 대한 책임을 지고, 권한당국에 모든 기본정보와 가능한 실소유자 정보를 제공하고, 추가적인 협력을 제공; 그리고/또는

(c) 각국이 특별히 정한 유사한 조치.

24.9 각국은 위의 개인·당국·주체 및 기업(관리자, 청산인 또는 기타 기업에 관련된 자를 포함)이 해산되거나 더 이상 존속하지 않게 된 날 이후 최소 5년간, 또는 해당 기업이 전문 중개인 또는 금융기관의 고객관계가 종료된 날로부터 최소 5년간 상기 정보를 보존할 것을 요구해야 한다.

기타 의무사항

24.10 권한당국, 특히 법집행당국은 관련자가 보유한 기본정보 및 실소유자 정보에 대한 적시 접근을 위해 필요한 모든 권한을 가져야 한다.

24.11 법인이 무기명주식 또는 무기명주식인수권을 발행할 수 있는 국가는 무기명주식 또는 무기명주식인수권이 자금세탁이나 테러자금조달에 악용되지 않도록 다음 중 하나 이상의 수단을 사용해야 한다:

(a) 무기명주식 및 무기명주식인수권 전면 금지; 또는

(b) 기명주식 또는 기명주식인수권으로 전환(무권화 등); 또는

(c) 규제를 받는 금융기관 또는 전문 중개인이 보유토록 함으로써 무기명 주식과 무기명주식인수권의 유통을 제한; 또는

---

12) 기업의 이사 또는 고위 경영진은 기업에 의해 특정의 권한이 부여되는 것이 요구되지 않을 수도 있다.

(d) 지배 지분을 가진 주주는 기업에게 통지할 의무를 부여하고, 기업에게는 그들의 신원을 기록할 의무를 부여; 또는

(e) 각국이 정한 다른 조치.

24.12 법인이 명목주주 및 명목이사를 설정하는 것이 가능한 국가는, 명목주주 및 명목이사의 악용을 방지하기 위해 다음 중 하나 이상의 운영체계를 적용해야 한다:

(a) 명목주주 및 명목이사로 하여금 실질주주 및 실질이사의 신원을 기업 및 관련 등기소에 공개하도록 요구하고, 동 정보가 관련 명부에 포함되도록 요구;

(b) 명목주주 및 명목이사가 허가를 받고, 명목주주 및 명목이사 신분을 기업등기소에 기록하도록 하며, 실질주주 및 실질이사의 신원을 확인할 수 있는 정보를 보존하여 권한당국 요청 시 제공할 것을 요구; 또는

(c) 각국이 정한 다른 운영체계들(mechanisms)을 이용.

24.13 의무를 이행하지 않은 법인 및 개인에 대한 법적 책임 및 비례적, 억제적 제재조치를 부과할 수 있어야 한다.

24.14 각국은 권고사항 37 및 40에 따라 기본정보 및 실소유자 정보와 관련하여 신속하게 국제협력을 제공해야 한다. 이는 다음을 포함한다:

(a) 기업등기소가 보유한 기본정보에 대하여 외국 권한당국의 접근을 용이하게 함;

(b) 주주에 대한 정보의 교환; 그리고

(c) 외국 당국을 위해 실소유자 정보를 얻기 위하여, 국내법에 따라 자국 권한당국의 조사권한을 이용.

24.15 각국은 기본정보 및 실소유자 정보에 대한 요청 또는 해외에 거주하는 실소유자 위치 추적 지원 요청에 대해 다른 국가로부터 받은 협력의 품질을 점검하여야 한다.

권고사항 25. 신탁등 법률관계의 투명성과 실소유자*

가. 권고사항 25 본문

각국은 신탁등 법률관계가 자금세탁이나 테러자금조달 목적으로 악용되는 것을 방지하기 위한 조치를 하여야 한다. 특히, 각국은 위탁자, 수탁자, 수익자에 대한 정보를 포함하여 명시신탁에 대한 적절하고, 정확하며 시의 적절한 정보를 권한당국이 시의 적절하게 입수하거나 접근할 수 있도록 하여야 한다. 각국은 권고사항 10과 22에서 명시된 의무사항을 수행하는 금융기관과 DNFBPs도 실소유자 및 지배구조 정보에 접근을 가능하게 하는 조치를 고려하여야 한다.

나. 권고사항 25 주석

1. 신탁의 준거법 국가는 명시신탁에 대하여 수탁자로 하여금 신탁과 관련된 적합하고, 정확하고, 최신의 실소유자 정보를 입수하고 보유하도록 요구하여야 한다. 이 실소유자 정보에는 위탁자, 다른 수탁자, (만약 있다면) 보호인, 수익자 및 수익자 집단의 정보가 포함되어야 한다. 또한 각국은 수탁자로 하여금 투자자문사, 회계사, 세무사 등을 포함한 신탁서비스 제공자 및 신탁 관련 대리인에 관한 정보를 보유하도록 요구하여야 한다.

2. 각국은 수탁자로 하여금 수탁자로서 거래관계를 수립하거나 금액한도를 넘는 일회성 거래를 수행할 때 자신의 지위를 금융기관과 DNFBPs에 공개하도록 하는 조치를 하여야 한다. 수탁자가 신탁과 관련된 정보를 권한당국[13])에 제공하는 것, 또는 금융기관과 DNFBPs의 요청에 따라 실소유자 정보 및 거래관계의 조건 하에 관리되는 신탁자산 정보를 제공하는 것이, 법률 또는 집행력 있는 수단으로 금지되어서는 아니 된다.

3. 각국은 신탁과 관련된 다른 관계당국, 개인, 단체가 신탁 정보를 보유하도록 하는 것도 장려된다. 신탁 및 수탁자, 신탁 자산에 관한 정보의 잠

---

13) 국내 권한당국 또는 적절한 국제협력 요청에 따라 추구된 다른 국가의 관련 권한당국.

재적 출처(제공자)는 다음과 같다:

(a) 국가등기소(예, 중앙 신탁등기소, 신탁자산등기소) 또는 토지, 자동차, 주식 등 자산등기소.

(b) 신탁 및 수탁자에 대한 정보를 보유한 기타 권한 있는 당국(예, 신탁과 관련된 자산과 소득 정보를 수집하는 조세 당국).

(c) 투자자문사, 자산운용사, 변호사, TCSP(신탁/회사 설립 서비스업자) 등을 포함한 기타 신탁서비스 제공자.

4. 권한당국, 특히 법집행당국은 수탁자가 보유한 정보, 특히 금융기관과 DNFBPs가 보유한 (a) 실소유자 정보, (b) 수탁자 거주 정보, 그리고 (c) (수탁자와 거래관계가 있거나 일회성 거래를 수행할 경우) 금융기관 또는 DNFBPs가 보유하거나 관리하는 자산에 관한 정보에 적시에 접근할 수 있는 권한을 가져야 한다.

5. 신탁을 업으로 하는 수탁자에게는 위 1.에 명시되어 있는 정보를 임무 종료 후 최소한 5년 동안 보관하도록 요구하여야 한다. 각국은 신탁을 업으로 하지 않는 수탁자 및 위 3.에 언급된 개인, 단체 및 정부기관에게도 최소한 5년 동안 동 정보를 보관하도록 하는 것이 장려된다.

6. 각국은 위 1.에 따라 보유한 정보를 최대한 정확하고 최신상태로 유지하고 변경이 있을 시 합리적인 시일 내에 정보를 갱신하도록 요구하여야 한다.

7. 각국은 권고사항 10항 및 22항의 의무를 수행하는 금융기관과 DNFBPs가 위 3.에 언급된 개인, 단체 및 정부기관이 보유한 신탁정보를 쉽게 접근할 수 있도록 하는 방안을 고려하여야 한다.

8. 각국은, 본 권고의 맥락에서, 신탁을 법적으로 승인하도록 요구되지 않는다. 각국은, (관습법 또는 판례법 등에 의해) 위 1., 2., 6.과 같은 효력을 지닌 적절한 의무사항이 존재할 경우, 위 1., 2., 6의 사항을 법령에 포함하지 않아도 된다.

기타 신탁등 법률관계

9. 각국은 신탁과 구조나 기능이 유사한 형태의 신탁등 법률관계에 대하여

는, 비슷한 수준의 투명성을 이루는 것을 목적으로, 신탁과 비슷한 조치가 이루어지도록 하여야 한다. 각국은 최소한 위에 언급된 것과 유사한 신탁 정보가 기록되며, 정확하고, 최신으로 유지되도록 하며, 권한당국이 동 정보를 적시에 접근할 수 있도록 하여야 한다.

국제협력

10. 각국은 권고사항 37 및 40에 따라 실소유자 정보를 포함한 신탁 및 기타 신탁등 법률관계 정보와 관련된 국제적 협력을 신속하고 건설적, 효과적으로 제공해야 한다. 이는 (a) 외국 권한 당국이 등기소 또는 국내 기타 당국이 보유한 정보를 접근할 수 있도록 하고, (b) 국내에 있는 신탁 및 다른 신탁등 법률관계에 관한 정보 교환, 그리고 (c) 국내법에 따라 당국의 권한을 통해 외국 당국을 위해 실소유자 정보를 취득하는 것을 포함한다.

법적책임 및 제재

11. 각국은 이 주석에서 규정된 요구사항들을 준수할 명확한 의무가 있고; 수탁자는 위의 1., 2., 6. 그리고 (적용될 경우) 5.의 의무를 불이행한 경우에는 법적 책임을 지며; 불이행에 대해서는 그것이 형사적이든, 민사적이든, 또는 행정적이든 효과적, 비례적, 억제적 제재를 하여야 한다.[14] 각국은 위 1.과 5.에 언급된 신탁 관련 정보에 대한 권한당국의 적시 접근을 제공하는 것에 실패한 경우에는, 그것이 형사적이든, 민사적이든, 또는 행정적이든 효과적, 비례적, 억제적 제재를 하여야 한다.

다. 권고사항 25 평가방법론: 법률관계의 투명성과 실소유자[15]

25.1 각국은 다음 사항을 이행하여야 한다:

---

14) 이것은 다른 권고사항들에서 의무사항을 준수하지 못해 효과적, 비례적, 억제적 제재를 받아야 하는 의무에 영향을 미치지 않는다.

15) 권고사항 25에서 요구하는 조치들은 신탁에 관한 구체적인 사항들을 규정하고 있다. 이것은 (용어해설에서 정의된 바와 같이) 명시신탁(express trusts)에 관련된 것으로 이해되어야 한다. 유사한 구조와 기능을 가진 다른 종류의 법적관계에 대해서는 유사한 수준의 투명성을 확보하는 관점에서 신탁에 대해 요구되는 것과 유사한 조치를 시행해야 한다. 각국은 최소한 신탁에 대해 특화된 것과 유사한 수준의 정확하고 최신의 정보가 기록되고 유지되도록 해야 하며, 권한당국이 그러한 정보에 시의적절하게 접근할 수 있도록 해야 한다.

(a) 자국법16)의 규제를 받는 명시신탁의 수탁자로 하여금 위탁자, 수탁자, 보호자(존재시), 수익자 또는 수익자 종류 및 신탁에 대해 최종적인 지배력을 행사하는 기타 자연인의 신원에 대한 충분하고 정확하며 최신의 정보를 입수하고 보관하도록 하는 조치;

(b) 자국법의 규제를 받는 신탁의 수탁자로 하여금 투자자문사, 회계사, 세무사 등 신탁과 관련하여 규제를 받는 대리인 또는 서비스 제공자에 대한 기본 정보를 보유하도록 하는 조치; 그리고

(c) 전문 수탁자로 하여금 신탁에 관여하지 않게 된 후에도 최소 5년간 동 정보를 보유하도록 하는 조치.

25.2 각국은 동 권고사항에 의거하여 수집된 모든 정보가 가능한 한 정확하고 최신이며 시의 적절하게 갱신되도록 하여야 한다.

25.3 모든 국가는 수탁자가 금융기관 및 DNFBPs와 거래관계를 수립하거나 일정 한도금액 이상의 일회성 거래를 할 때에는 금융기관 및 DNFBPs에게 자신의 지위를 공개하도록 하는 조치를 취해야 한다.

25.4 수탁자가 신탁에 관련된 정보를 권한당국에게 제공하거나, 사업관계의 조건에 따라 보유하거나 관리하는 신탁의 자산과 그 실소유자 정보를, 요청에 따라, 금융기관 또는 DNFBPs에게 제공하는 것이 법률 또는 강제수단으로 금지되어서는 안 된다.

25.5 권한당국, 특히 법집행당국은 수탁자 및 다른 기관들(특히, 금융기관 및 DNFBPs가 보유하는 정보)이 보유한 신탁의 실소유자 및 통제 관련 정보에 시의적절하게 접근할 수 있는 권한을 가져야 한다. 동 정보는 (a) 실소유자 정보 (b) 수탁자의 거주정보 및 (c) 금융기관 또는 DNFBPs가 지속적 또는 일회성 거래 관계에 있는 수탁자와 관련하여 보유 또는 관리하고 있는 자산에 대한 정보를 포함한다.

25.6 각국은 신탁 및 기타 신탁등 법률관계에 대한 실소유자 정보 등을 포함하여 권고사항 37과 40에 따른 정보와 관련된 국제협력 요청에 대해 신

---

16) 각국이 신탁에 대해 법률적 인식(legal recognition)을 제공할 것을 요구하지 않는다. 각국은 그러한 효과를 내는 적절한 의무가 (예, 일반법 또는 판례법을 통해) 수탁자에게 있다면, 25.1~25.4의 요구사항을 법률로 포함시킬 필요는 없다.

속하게 정보를 제공하여야 한다. 이는 다음을 포함한다:

(a) 외국 권한당국이 등기소 및 기타 국내 당국이 가지고 있는 정보에 접근할 수 있도록 지원;

(b) 신탁 및 기타 법률관계에 관한 국내소재 정보를 교환; 그리고

(c) 외국 당국을 위해 실소유자 정보를 얻기 위하여 국내법에 따라 자국 권한당국의 조사권한을 이용.

25.7 각국은 수탁자가 (a) 의무사항을 충족하기 위하여 관련된 의무를 이행하는데 실패하였을 경우 법적 책임을 지도록 하거나, (b) 의무사항을 준수하지 못한 것에 대해 그것이 형사적이든, 민사적이든, 또는 행정적이든 비례적이고 억제적인 제재를 부과하여야 한다.[17]

25.8 각국은 평가방법론 25.1에 명시된 신탁 관련 정보에 대해 권한당국이 적시에 접근하도록 하는 데 실패한 경우에는 그것이 형사적이든, 민사적이든, 또는 행정적이든, 비례적이고 억제적인 제재를 부과하여야 한다.

---

17) 이것은 다른 권고사항들에서 의무사항을 준수하지 못해 효과적, 비례적, 억제적 제재를 받아야 하는 의무에 영향을 미치지 않는다.

제3절 해 설

즉시성과 5. 법인/신탁등 법률관계

법인과 신탁등 법률관계는 제3차 라운드 상호평가에서 이행이 가장 저조한 영역이었다. 그러나 2013년 2월 FATF 국제기준에 의한 평가방법론을 채택할 때 이 분야를 하나의 독립된 즉시성과로 분리하여 독립적인 효과성 평가단위로 만듦으로써 새로운 의미를 갖게 되었다. 특히 영국이 2013년 G8 정상회담의 의장국을 맡으면서 '법인/신탁등 법률관계의 투명성'을 G8과 G20가 선도적으로 이행해야 할 국제기준으로 제안함으로써 주요한 국제적 이행과제로 부각되었다. 그 결과, 유럽 등 일부 선진국들은 이행체제를 완비해 가고 있는 것으로 확인되고 있으며, 특히 스페인, 이탈리아 등은 상호평가에서도 우수하게 이행하고 있는 것으로 평가되었다.

서방국가들이 이 영역을 사회투명성의 척도로 보고 그 이행을 강조하는 데는 타당한 이유가 있다. 그 동안 대부분의 대형 자금세탁 사건들이 법률전문가 등의 지원 아래 설립된 법인 또는 신탁등 법률관계를 통해 이루어져 왔기 때문이다. 즉 법인과 신탁등 법률관계들이 실소유자의 명의를 은닉하는 수단으로 활용되어 온 것이다. 그러므로 이 국제기준은 '법인과 신탁등 법률관계의 실명확인제도' 또는 '실소유자 확인제도'라고 할 수 있다.

국제기준이 요구하는 내용은 (1) 법인/신탁등 법률관계의 창설과 종류에 관한 정보를 정리하여 일반에 공개해야 하고, (2) 법인/신탁등 법률관계의 자금세탁/테러자금조달 취약성과 악용 가능성을 파악하고 이에 대한 방지대책을 수립/시행해야 하며, (3) 권한당국이 필요한 경우 법인/신탁등 법률관계의 실소유자 정보를 즉시 취득할 수 있어야 하고, (4) 의무사항을 위반한 법인/신탁등 법률관계에 대해 위반에 상응하는 제재를 가할 수 있어야 한다.

이 기준을 이행하기가 어려운 것은 이행요구사항이 복잡해서라기보다는, 이행을 위해 단순 법률개정에서 더 나아가 새로운 자원을 투입하여 새로운 이

행체제를 만들어야 하는 부담 때문이다. 그러므로 이 기준의 이행 전략을 수립
함에 있어서는 자원을 가장 적게 투입하고도 효과적으로 이행할 수 있는 방안
을 마련하는 것이 가장 중요한 과제라고 할 것이다.

권고사항 24. 법인의 투명성과 실소유자

이 권고사항의 도입 목적은 법인이 자금세탁이나 테러자금조달 목적으로
악용되는 것을 방지하는 것이다. 자금세탁 등과 관련하여 가장 큰 위험은 법인
을 이용하여 실소유자를 은닉하는 것이므로 실소유자와 법인의 지배구조에 관
한 정보를 확보토록 하는 것이 제도의 핵심이다.

권고사항은 이행방법을 세 가지로 제시하고 그 이행방법 중 하나 또는 복
합적 활용을 통해 실소유자 정보를 확보하는 이행체제를 갖출 것을 요구하고
있다. 그 세 가지는 (1) 실소유자 정보를 등기하는 회사 또는 회사 등기소를
두고 여기에 실소유자 정보를 일괄 등기토록 한 후 법집행기관이 요구하는 경
우 즉시 제공토록 하는 것, (2) 기업 자체가 실소유자 정보를 보관하도록 의무
화하고 법집행기관이 요구하는 경우 즉시 제공토록 하는 것, (3) 금융기관/
DBNBPs가 입수한 정보, 국가등기소/조세당국 등이 입수한 정보, 증권거래소
등의 상장기업에 관한 정보 등 기존의 정보를 활용하는 것이다.

이 중 세 번째 방법은 가장 이행하기 용이할 것 같으나 실제로는 실질적
인 효과를 얻기가 매우 어려운 방안이다. 예외 없이 법인의 실소유자 정보를
확보할 수 있어야 하는데 이 방법은 여러 기관이 분리되어 있고 영역이 달라
법집행기관이 실제 필요한 정보를 얻기까지 매우 복잡한 과정을 거쳐야 한다.
다만 이미 국가등기소, 금융기관 등이 실소유자 정보를 확보하고 있는 경우는
등기소가 실소유자 정보를 보유한 곳을 즉시 알려주는 체제를 구축[1]할 경우
유용한 방법이 될 수 있다.

첫 번째 방법[2]은 가장 효율적인 방법이긴 하나 새로운 기관을 창설해야
하고 모든 법인이 정기적으로 실소유자 정보를 제출하거나 등재해야 하므로

---

1) 이탈리아는 세 번째 방식으로 이 국제기준을 이행하고 있다.
2) 스페인, 프랑스 등은 첫 번째 방식을 채택하고 있다.

매우 부담스럽고 번거로운 과정을 요구한다. 그러므로 처음 제도를 도입하는 입장에서는 기업으로 하여금 실소유자 정보를 보유토록 하고 정기적으로 갱신하도록 한 후 법집행기관이 요청하는 경우 즉시 제공토록 하는 두 번째 방법이 자원을 가장 적게 사용하는 방안이 될 것으로 보인다.

이 권고사항은 법인의 실소유자 정보 확보를 방해하는 투명성 저해요인도 관리할 것을 요구하고 있다. 저해요인으로는 무기명 주식과 무기명 주식 매입권, 그리고 명목주주와 명목이사 제도 등이다. 또한 국제기준은 법인으로 분류하기는 어려우나 법인과 같은 역할을 하는 유사법인에 대해서도 유사한 조치를 부과할 것을 요구하고 있다.

권고사항 25. 신탁등 법률관계의 투명성과 실소유자

신탁등 법률관계에 대해서도 법인에 준하여 투명성 보장 장치를 도입할 것을 요구하고 있다. 다만 신탁 등은 별도의 등기소를 둘 수도 있으나 등기소를 두는 것이 일반화 되어 있지 않으므로 정보를 보유하고 제공하는 의무를 수탁자에게 부여한다. 특히 수탁자가 금융기관 또는 DNFBPs와 수탁자로서 거래관계를 수립하거나 금액한도를 넘는 일회성 거래를 수행할 때에는 자신의 지위를 공개하도록 해야 한다.

다만 이 권고사항의 이행을 위해서는 신탁등 법률관계의 존재 여부와 수탁자를 확인할 수 있도록 하는 것이 가능해야 하고 이를 위해서는 법률관계의 기본정보를 등기하거나 등재하는 중앙사무소를 두는 것이 필요할 것으로 보인다. 그리고 중앙사무소를 둘 경우 법집행기관은 기본정보와 수탁자 정보는 중앙사무소에서 취득하고, 필요한 실소유자 정보는 수탁자를 통해 취득할 수 있도록 하는 것이 이행에 따른 부담을 가장 적게 한다는 측면에서 가장 바람직한 이행 방안인 것으로 판단된다.

제 4 절 법인 및 신탁등 법률관계에 관한 상호평가 결과

1. 상호평가 결과표

주요내용	스페인	노르웨이	벨기에	호주	말레이시아	이탈리아	평균
(상호평가 토의)	(14.10.)	(14.10.)	(15.2.)	(15.2.)	(15.6.)	(15.10.)	
IO. 5 법인/신탁등 법률관계	4	2	2	2	2	4	2.7
R.24 법인의 투명성과 실소유자	4	2	4	2	2	4	3.0
R.25 신탁등 법률관계의 투명성과 실소유자	4	2	4	1	2	4	2.8

※ 상호평가 평점의 점수화
- 효과성 평가: High level of effectiveness: 5점, Substantial level of effectiveness: 4점, Moderate level of effectiveness: 2점, Low level of effectiveness: 1점
- 기술적 평가: Compliant: 5점, Largely Compliant: 4점, Partially Compliant: 2점, Non-Compliant: 1점

2. 시사점

'법인과 신탁등 법률관계'는 상호평가에서 이행이 가장 부진하였던 분야이다. 그러나 앞서 언급한 바와 같이 영국을 비롯한 G8 국가들이 앞장서고, G20와 OECD의 글로벌 포럼[3] 등이 지원하면서 유럽 등 일부 국가를 중심으로 이행등급을 획득하는 국가들이 나타나고 있다.

---

3) (역자주) The Global Forum on Transparency and Exchange of Information for Tax Purposes, OECD 국가와 비 OECD 국가들이 참여하여 탈세(tax evasion), 조세피난처(tax havens), 역외금융중심지(offshore financial centres), 조세정보교환(tax information exchange agreements), 이중과제협정(Double Taxation Conventions), 자금세탁 등을 다루며, FATF 법인/신탁등 법률관계의 실소유자 정보 확보 국제기준을 국제적 탈세방지의 핵심장치로 수용하였다.

　　이 분야의 이행은 상호평가를 받는 국가에 따라 등급이 극명하게 갈리고 있다. 법인과 신탁등 법률관계의 투명성 확보 장치를 마련한 스웨덴과 이탈리아는 효과성과 기술평가 모두에서 이행 등급을 받았고, 반면 노르웨이, 호주, 이탈리아 등은 두 분야 모두에서 미이행 등급을 받는데 그쳤다.

　　벨기에는 기술평가에서는 이행 등급을 받았으나 효과성 평가에서는 미이행 등급을 받았는데 그 이유는 법률로는 제도를 마련하였으나 실제 이행에서는 많은 문제점을 가지고 있었기 때문이다. 벨기에 상호평가에서 지적된 이 분야의 이행 관련 문제점을 살펴보면, 법인의 자금세탁/테러자금조달 위험에 대한 이해가 포괄적이지 못하고, 제시한 정책대안도 이를 충분히 치유하지 못하였으며, 법인의 실소유자 정보를 파악하는데 효과적인 이행체제를 갖추고 있지 못할 뿐만 아니라 정보공개 의무에 응하지 않거나 이를 위반한 개인과 법인에 대해 효과적인 제재를 가할 수 없다고 지적되었다.

제8장

국제협력

국제협력

개 관

　대부분의 대형 자금세탁과 테러자금조달은 국경간 거래를 통해 발생하고 있다. 그러므로 적절한 국제협력이 없이는 이러한 범죄에 효과적으로 대응하거나 근절하는 것이 어렵다. 과거의 경우 범죄를 저지르고 외국으로 도피하거나 재산을 해외에 은닉하면 처벌과 범죄수익 환수를 대부분 포기하여 범죄 목적을 쉽게 달성하는 경우가 많았다. 그러나 국제협력이 강화되면서 이러한 해외 도피와 은닉[1]은 점점 어려워지고 있다.

　국제협력 모듈은 자금세탁방지/테러자금조달금지 이행체제에서는 매우 중요한 모듈이다. FATF 제4차 상호평가에서는 국제협력이 독립적인 모듈을 형성하면서 그 중요성이 더욱 주목받게 되었다. 특히 지난 2015년 11월 파리 테러를 계기로 테러자금조달금지와 관련하여 국가 간 협력과 국경 간 정보교환의 문제점과 한계가 확인되면서 적절한 국제협력의 중요성과 그 필요성이 다시 강조된 바 있다.

　국제협력의 기초는 UN협약이다. 1989년 FATF를 설립하고 FATF 국제기준을 제정하는 출발점이기도 한 「마약 및 향정신성 물질의 불법거래 방지를 위한 UN협약(비엔나협약, 1988)」에서는 금융조치를 이행하기 위한 국제협력을 중요한 부분으로 다루고 있다. 그 이후 팔레르모협약 등 여러 협약이 FATF 관

---

1) 특히 미국이 자국의 조세기반 확보를 위해 2014년 7월부터 외국 거주 미국 시민·영주권자를 대상으로 해외계좌신고제도(FATCA, 해외계좌납세순응법)를 도입한 것을 계기로 자국민의 해외재산에 대한 투명성 확보가 세계적 이슈로 부각되고 있다.

할 범위로 포함되면서 FATF 국제기준이 포괄하는 국제협력의 영역도 그 범위가 점점 확대되어 왔다.

국제협력에서 이행해야 할 사항은 (ⅰ) 범죄정보 또는 금융정보 등 정보 관련 협력, (ⅱ) 범죄자산의 동결/몰수 등 범죄자산 관련 협력, (ⅲ) 범죄인 송환 관련 협력, 즉 정보, 범죄자산, 범죄인 관련 협력이다. 이러한 국제협력은 통상 법률에 근거한 국제사법공조 절차를 통해 이뤄지고 있으나, 국제협력의 필요성이 점점 더 커짐에 따라 FIU – 외국 FIU, 국내 – 외국 법집행기관 간 협력, 국내 FIU-외국 법집행기관 간 협력 등 비공식적 국제협력의 중요성도 강조되고 있다.

각국의 상호평가 결과 측면에서는 국제협력 관련 즉시성과(IO.2)는 즉시성과 1(IO.1)의 '국가적 AML/CFT 정책과 조정'과 함께 11개 즉시성과 중 이행이 가장 양호한 즉시성과이다.

제 1 절 **즉시성과 2**

즉시성과 2	국제협력을 통해 적절한 정보, 금융정보, 증거 등이 전달되고, 범죄자와 불법재산에 대한 조치가 촉진된다.

효과적 이행제제의 특성

다른 국가들의 요청이 있을 때에 각국은 건설적이고 적시의 정보 또는 지원을 제공한다. 외국의 요청에 대해 권한당국이 지원해야 할 사항은:

- 범인의 소재를 확인하고 그를 인도(extradite)하는 것; 그리고
- 자산을 확인하고, 동결하며, 압류하고, 몰수하며, 공유하는 것과 자금세탁, 테러자금 또는 관련 전제범죄에 관련된 정보(증거, 금융정보, 감독과 실소유자 정보 등을 포함한다)를 제공하는 것

권한당국은 또한 범죄자와 범죄수익을 추적하기 위하여 국제적인 협력을 추구한다. 시간이 경과함에 따라 국가가 범죄자(테러리스트를 포함)들이 활동을 조직하기에, 그리고 불법자산을 지속적으로 유지하는데, 또는 안전한 피난처로 활용하는데 있어서 매력적이지 못한 곳으로 만들어진다.

이 즉시성과는 주로 권고사항 36−40과 관련되며, 또한 권고사항 9, 24, 25, 32의 요소들도 관련된다.

평가자 참조:

평가자들은 이 IO 아래 국제협력을 추구하고 제공하는데 있어서 권한당국의 구체적인 역할에 관한 그들의 발견들이, 각국이 국내사건에 대해 필요한 국제협력을 어떻게 추구하는지를 포함하여 다른 IO들(특히 IO.3, IO.5, IO.6에서 IO.10)에게 어떠한 영향을 미칠 것인지를 고려하여야 한다.

효과성 달성여부 판단을 위해 고려되어야 할 핵심 쟁점

2.1. 외국의 국제공조 요청이 있는 경우, 국제사법공조와 범죄인 송환을 얼마나 적극적이고 시의 적절하게 제공하는가? 제공된 협력의 질(quality)은 어떠한가?

2.2. 각국은 국내에서 발생했지만 범국가적 요소를 갖는 자금세탁, 관련 전제범죄, 테러자금조달 사건을 추적하기 위해, 적절한 그리고 적시의 국제적 협력을 통한 사법공조를 어느 정도로 모색해 왔는가?

2.3. 다른 권한당국들은 자금세탁방지/테러자금조달금지를 목적으로 하는 외국 권한당국들과 금융 정보, 감독 및 법집행 등 관련 정보의 교환을 위해 필요한 다른 형태의 국제협력을 얼마나 적극적이고 시의 적절하게 추구하는가?

2.4. 다른 권한당국들은 자금세탁방지/테러자금조달금지를 목적으로 하는 외국 권한당국들과 금융 정보, 감독 및 법집행 등 관련 정보의 교환을 위해 (자발적인 협력을 포함하여) 필요한 다른 형태의 국제협력을 얼마나 건설적이고 시의 적절하게 제공하는가?

2.5. 권한당국이 법인과 신탁등 법률관계의 기본정보와 실소유자 정보를 확인하고 교환하기 위한 외국의 공조 요청에 대해 얼마나 잘 정보를 제공하고 대응하는가?

a) 핵심 쟁점의 결론을 뒷받침하는 정보의 예시

1. 범죄인 송환, 국제사법공조, 다른 형태의 국제공조 등과 관련하여 국제협력을 진행하고 요청하였다는 증거(예, 다른 권한당국(중앙당국, FIU, 감독기관, 법집행기관 등)과 관련하여 요청을 보내거나, 받은, 처리하거나, 수락한, 거절한 건수, 요청의 종류; 요청에 대한 대응 우선순위 부여 등 대응의 적시성; 자발적 제공/교환에 의한 제공 사례 등).

2. 외국과의 공조 관계 유형 및 통계(양자/다자간 MOU, 조약, 호혜협력 등 기타 협력 운영체제를 포함하여).

3. 국제공조를 (a) 요청하거나 (b) 성공적으로 제공한 사례(예, 제공하거나

제공받은 금융정보/증거를 이용한 사례; 외국의 대응당국을 대신하여 혹은 공동으로 조사를 진행한 사례; ML/TF 혐의자/범죄인을 송환한 사례 등).

4. 조사, 기소, 몰수 및 자산의 반환/공유 정보*(예, ML/TF 조사/기소 건수, 국제공조에 의한 자산의 동결 및 몰수 건수와 가치(기소전 몰수 포함); 반환 혹은 공유된 자산의 가치).*

   b) 핵심 쟁점의 결론을 뒷받침하는 특정 요소(specific factors)의 예시

5. 적절한 안전장치가 사용되는지, 요청을 다룰 때 (수사, 조사 등) 절차의 진실성을 보호하기 위해 비밀이 엄수되는지, 교환 정보가 허가받은 목적으로 사용되는 것 등을 보장하기 위해 취해지는 운영 조치가 있는가?

6. 각 권한당국 간에 공조 요청을 주고받고, 평가하고, 우선순위를 매기고, 응답할 때 사용되는 운영체계들(사건 관리 체계 등)은 무엇인가?

7. 공조 요청에 응하지 않거나 할 수 없는 경우의 거절 사유는 무엇인가?

8. 공조에 대한 선택, 우선순위 결정, 요청 시 권한당국 간에 사용되는 운영체계들(사건 관리 체계 등)은 무엇인가?

9. 요청을 받은 국가가 그 요청을 이해하고 평가할 수 있게끔 적절하고 정확한 정보가 제공되도록 하는 권한당국의 방안은 무엇인가?

10. 관할권 문제 혹은 제공 정보의 품질이 낮아서 발생하는 문제를 예방하거나 해결하기 위해 상대국과 잘 협업하는가?

11. 공조를 요청하는 국가가 관련 담당자에 관한 정보와 국제공조요청을 위한 요건을 명확하고 쉽게 입수할 수 있도록 하는 권한당국의 조치는 무엇인가?

12. 자국민을 법으로 인도할 수 없을 경우 지체 없이 기소할 수 있는가?

13. 외국의 요청으로 몰수한 자산을 관리하고 본국으로 송환하기 위해 마련된 조치와 방편은 무엇인가?

14. 국제협력을 방해하거나 저해하는 법적, 운영적 또는 사법적 절차(예, 엄격한 쌍방가벌성 요건 등)가 존재하는가?

15. 권한당국이 대응기관이 아닌 당국(non–counterparts)과도 정보를, 간접적으로, 어느 정도로 교환하는가?

16. (a) 공조 요청을 접수, 관리, 조정, 대응하기 위한; 그리고 (b) 공조 요청을 적시에 보내고 관리하기 위한 자원이 적절히 제공되는가?

제 2 절 **권고사항 36, 37, 38, 39, 40과 그 주석, 평가방법론**

권고사항 36. 국제 협정서

가. 권고사항 36 본문

각국은 비엔나협약(1988); 팔레르모협약(2000); 국제연합 부패방지 협약 (2003); 테러자금조달금지 협약(1999)에 가입하고 이를 완전하게 이행하기 위한 즉각적인 조치를 취하여야 한다. 또한, 해당되는 국가들인 경우 사이버범죄에 관한 유럽 협약(2001); 테러방지에 관한 미주협약(2002); 범죄수익의 자금세탁·수색·압수·몰수와 테러자금조달에 관한 유럽 협약 (2005) 등 다른 국제협약들도 비준하고 이행하는 것이 권장된다.

나. 권고사항 36 평가방법론

36.1 각국은 비엔나협약, 팔레르모협약, 국제연합 반부패협약(메리다협약), 테러자금조달억제협약을 비준해야 한다.[1]

36.2 각국은 비엔나협약, 팔레르모협약, 국제연합 반부패협약(메리다협약), 테러자금조달억제협약을 완전하게 이행[2]해야 한다.

---

1) (역자 주) ① 비엔나협약: 마약 및 향정신성 물질의 불법거래 방지를 위한 UN협약, ② 팔레르모협약: 국제인신매매, 불법이민, 납치 등 중대 국제조직범죄에 대응하기 위한 UN협약, ③ 메리다협약: 부패방지의 중요성을 강조하며 각국이 광범위한 부패행위를 범죄화할 것을 규정하는 UN협약, ④ 테러자금조달금지 협약: 테러자금세탁행위를 범죄화하고 관련 자금의 몰수 등을 규정한 UN협약.

2) 이행해야 할 관련 조항들은 다음과 같다: 비엔나협약(3조 내지 11조, 15조, 17조, 19조), 팔레르모협약(5조 내지 7조, 10조 내지 16조, 18조 내지 20조, 24조 내지 27조, 29조 내지 31조, 34조), 메리다협약(14조 내지 17조, 23조, 24조, 26조 내지 31조, 38조, 40조, 43조, 44조, 46조, 48조, 50조 내지 55조, 57조, 58조), 테러자금조달금지 협약(2조 내지 18조).

권고사항 37. 국제사법공조

가. 권고사항 37 본문

각국은 자금세탁, 연관된(associated) 전제범죄와 테러자금조달의 수사, 기소 및 관련 사법절차(proceedings)에 관한 최대한 폭넓은 사법공조를 신속하고, 건설적이며, 효과적으로 제공하여야 한다. 각국은 사법공조를 제공하기 위한 적합한 법적 근거를 갖추어야 하며, 필요시 공조강화를 위한 조약, 협정, 또는 기타 운영체계를 마련하여야 한다. 특히, 각국은:

(a) 사법공조를 금지하거나 비합리적인 또는 부당한 제한조건을 두어서는 아니 된다.

(b) 사법공조 요청에 대해 시의 적절하게 우선적 순위로 이를 이행하기 위한 명확하고 효율적인 절차를 가지고 있어야 한다. 각국은 요청의 효과적인 전달과 이행을 위하여 중앙당국 또는 기타 준비된 공식적 운영체계를 사용하여야 한다. 요청에 대한 진행상황을 점검(monitoring)하기 위하여 사례관리 이행체제(case management system)를 운용하여야 한다.

(c) 범죄가 재정문제(fiscal matters)와 관련 있는 것으로 생각된다는 이유 하나만으로 사법공조 요청을 거부하여서는 아니 된다.

(d) 금융기관 또는 지정 비금융사업자·전문직이 비밀 혹은 기밀유지의 법적의무가 있다는 이유로 사법공조 요청을 거부하여서는 아니 된다(다만, 변호사 특권 또는 비밀엄수가 적용되는 경우는 제외한다.).

(e) 수사 또는 조사의 순수성(integrity)을 보호하기 위하여, 의뢰받은 사법공조 요청과 해당 내용에 대한 기밀을 자국법의 근본적인 원칙에 의거하여 유지하여야 한다. 공조를 요청받은 국가가 기밀유지 의무를 지킬 수 없는 경우, 공조를 요청한 국가에 이를 즉시 알려야 한다.

각국은 쌍방가벌성 요건이 부재하더라도 공조요청에 강압적 행위가 수반되어 있지 않다면 사법공조를 제공하여야 한다. 각국은 쌍방가벌성 요건이 부재한 경우에도 필요한 경우에는 폭넓은 사법공조를 제공할 수 있도록 하는 조치를 채택할 것을 고려하여야 한다.

사법공조를 위하여 쌍방가벌성이 요구되는 경우, 양국 모두 해당 범죄에 전제되는 행위를 불법화하고 있다면, 양국이 해당 범죄행위를 같은 유형 의 범죄로 분류하는지 여부 및 해당 범죄행위를 동일한 용어로 지칭하는 지 여부와 관계없이 사법공조를 위한 쌍방가벌성의 요건이 충족된 것으 로 간주되어야 한다.

각국은 권고사항 31에서 규정한 권한과 수사기법 및 자국의 권한당국에 주어진 권한과 수사기법 중:

(a) 금융기관이나 그 외의 개인·법인으로부터 정보, 문서 혹은 증거(재무 기록 포함)를 생산, 수색, 압수하는 것과 관련된 모든 것들과 증언의 채증(the taking of witness statements)이; 그리고

(b) 광범한 범위의 다른 권한들과 수사 기법들이;

사법공조 요청에 따라 사용될 수 있도록 하고, 국내 체제와 일관성이 있 다면 해외 사법당국 또는 법집행당국이 국내 관련기관(counterparts)에 직 접 공조를 요청하는 경우에도 사용될 수 있어야 한다.

2개 이상의 국가에서 기소 대상이 되는 사건의 관할권 충돌을 피하기 위 하여, 공정성(interests of justice)의 관점에서 피고인 기소를 위한 최적의 장소를 결정하기 위한 운영체계를 기획하고 적용하는 방안을 검토하여 야 한다.

각국은 사법공조 요청 시, 요청사항이 적시에 효율적으로 시행되도록 하 기 위하여, 긴급 여부 등 요청사항의 완전한 사실적·법률적 정보를 제공 하는 최선의 노력을 기울여야 하며, 신속한 수단으로 요청사항을 전달하 여야 한다. 각국은 사법공조 요청에 앞서 이를 위한 법적 요건과 절차를 확인하기 위하여 최선의 노력을 기울여야 한다.

사법공조의 책임을 지고 있는 당국(예: 중앙당국)은 적절한 재정적, 인적, 기술적 자원을 제공받아야 한다. 각국은 당국 임직원들이 비밀보장 등과 같은 높은 전문성을 유지하고, 높은 성실도(integrity)와 능력을 갖추도록 하기 위한 관련 절차를 마련하여야 한다.

나. 권고사항 37 평가방법론

37.1 각국은 자금세탁, 관련 전제범죄, 테러자금조달과 관련된 수사, 기소 및 관련 사법절차 등에 대한 폭넓은 사법공조를 신속하게 제공할 수 있는 법적 기반을 갖추어야 한다.

37.2 각국은 사법공조요청을 전달하고, 이를 수행하기 위한 권한당국 또는 공식 운영체계를 마련해야 한다. 시의 적절하게 사법공조 요청들 간의 우선순위를 설정하고, 사법공조요청을 수행하기 위한 분명한 절차를 마련해야 한다. 또한, 공조 요청의 진행상황을 점검하기 위해, 사례관리 이행체제(case management system)를 운영해야 한다.

37.3 국제사법공조가 금지되어서는 안 되고, 부당하거나 지나치게 제한적인 조건이 부과되어도 안 된다.

37.4 각국은 다음의 이유로 외국의 사법공조 요청을 거부해서는 안 된다:

(a) 문제의 범죄가 재정문제와 관련되어 있다고 생각된다는 점이 요청에 대한 거부의 유일한 이유일 경우; 또는

(b) 금융기관 또는 DNFBPs가 비밀 혹은 기밀유지에 대한 법적의무를 부담한다는 이유(다만, 공조 요청된 정보에 대해 변호사 특권이나 변호사 비밀유지의무가 적용되는 경우는 제외).

37.5 각국은 수사 또는 조사의 순수성(integrity)을 보호하기 위하여, 의뢰받은 사법공조 요청과 해당 내용에 대한 기밀을, 자국법의 근본적인 원칙에 의거하여 유지하여야 한다.

37.6 외국의 사법공조 요청 내용에 강압적 행위가 수반되어 있지 않다면, 쌍방가벌성 요건이 충족되지 않더라도 사법공조를 제공해야 한다.

37.7 사법공조를 제공하기 위해 쌍방가벌성이 요구되는 경우, 양국 모두 해당 범죄에 전제되어 있는 행위를 불법으로 규정하고 있다면 쌍방가벌성 요건이 충족된 것으로 간주해야 한다. 이러한 간주는 양국이 해당 범죄에 전제되어 있는 행위를 동일한 범죄 유형으로 분류하고 있는지, 혹은 같은 용어로 명명하고 있는지 여부와 무관하다.

37.8 각국은 권고사항 31에서 규정한 권한과 수사기법, 자국의 권한당국에 주

어진 권한과 수사기법을 사법공조 요청에 대응하는데 사용할 수 있어야 한다. 또한, 국내법과 상충하지 않는 한, 외국의 사법당국 및 법집행당국이 직접 공조를 요청하는 경우에도 이러한 권한 및 수사기법이 사용될 수 있어야 한다. 이러한 권한·수사기법들은 다음과 같다:

(a) 금융기관, 또는 기타 개인·법인, 증인의 진술로부터 확보한 정보·문서·증거(재무기록 포함)의 제출·수색·압수와 관련하여 권고사항 31에서 규정하는 모든 권한;

(b) 기타 다양한 권한 및 수사기법

권고사항 38. 국제사법공조: 동결과 몰수*

가. 권고사항 38 본문

각국은 세탁된 재산, 자금세탁·전제범죄 및 테러자금조달의 수익, 이러한 범죄행위에 사용되었거나 사용될 의도가 있는 수단, 또는 이에 상응하는 가치의 재산에 대하여 외국의 확인, 동결, 압수 및 몰수 요청이 있는 경우, 이에 대하여 신속히 대응할 수 있는 당국을 가지고 있어야 한다. 이 당국은 유죄판결 없는 몰수제도(non-conviction based confiscation) 기반의 법적 절차와 관련 잠정조치에 기초하여 이루어진 외국의 요청에 대해서도 자국법의 기본원칙과 일관되지 않는 경우를 제외하고는 응할 수 있어야 한다. 각국은 또한 이러한 재산, 수단 또는 이에 상응하는 가치의 재산을 관리하는 효과적인 운영체계를 가지고 있어야 하고, 몰수된 재산의 상호 배분(sharing of confiscated assets)을 포함한 압수 및 몰수 소송절차를 조정하기 위한 장치(arrangements for coordinating seizure and confiscation proceedings)도 마련하여야 한다.

나. 권고사항 38 주석

1. 각국은 몰수된 자산의 전부 또는 일부가 법집행, 건강, 교육 및 기타 적합한 목적을 위해 보관될 수 있도록 몰수자산기금을 설립하는 것을 고려

하여야 한다. 각국은 몰수된 자산을 다른 나라들과 배분할 수 있도록 하는 조치를 마련해야 한다. 특히 몰수가 직접적으로나 간접적으로 공동협력의 법집행 결과인 경우에는 더욱 그러하다.

2. 유죄판결 없는 몰수(non-conviction based confiscation) 기반 법적 절차 관련 공조요청인 경우, 각국은 이러한 모든 공조요청에 대해 조치를 취할 권한을 가질 필요는 없으나, 최소한 범인의 사망, 도주, 부재로 가용하지 않거나, 범인이 불명인 경우에는 공조를 제공할 수 있어야 한다.

다. 권고사항 38 평가방법론

38.1 각국은 외국이 다음 (a)~(e)와 관련하여 확인·동결·압수·몰수를 요청해올 경우, 이에 신속하게 대응할 수 있는 권한당국을 보유해야 한다: 자금세탁, 전제범죄 또는 테러자금조달

(a) 로부터 세탁된 재산;

(b) 로부터의 수익;

(c) 에 사용된 범죄수단; 또는

(d) 에 사용하기 위해 의도된 범죄수단; 또는

(e) 이에 상응하는 가치의 재산.

38.2 각국은 자국법의 근본 원칙에 위배되지 않는 한, 최소한 사망·도피·부재 등의 이유로 범죄인이 법정 출소 요구에 응할 수 없거나, 범죄인의 신원을 확인할 수 없는 경우, 유죄판결 없는 몰수제도(non-conviction based confiscation) 기반의 법적 절차 및 관련 잠정조치에 관련된 협력 요청에 대해 공조를 제공할 수 있는 권한을 가지고 있어야 한다.

38.3 각국은 다음을 마련해야 한다: (a) 압류 및 몰수 관련 외국과의 협력 추진 방식; (b) 동결·압류·몰수된 자산을 관리하고, 필요할 경우, 동 자산을 처분하기 위한 운영체계.

38.4 각국은 동결된 자산을 다른 국가와 배분할 수 있어야 한다. 특히 동결처분이 직간접적으로 국가 간 법집행 협조의 결과로 이루어진 경우.

권고사항 39. 범죄인 송환

가. 권고사항 39 본문

각국은 자금세탁 및 테러자금 조달 관련 범죄인 송환 요청에 대해 과도한 지체(undue delay) 없이 건설적이고 효과적으로 이행하여야 한다. 각국은 또한 테러리즘, 테러행위나 테러단체에 대한 자금조달 혐의를 받고 있는 개인에게 피난처를 제공하지 않도록 가능한 한 모든 조치를 하여야 한다. 특히, 각국은:

(a) 자금세탁 및 테러자금조달을 범죄인 송환이 가능한 범죄로 규정하여야 한다;

(b) 필요시 우선적으로 처리하는 것을 포함하여 범죄인 송환 요청을 시의 적절하게 이행하기 위한 명확하고 효율적인 절차를 두어야 한다. 요청의 진행을 점검하기 위하여 사례관리 이행체제(case management system)를 운용하여야 한다;

(c) 요청의 이행에 대해 비합리적이거나 부당한 제한조건을 두어서는 아니 된다; 그리고

(d) 범죄인 송환을 위한 적합한 법률체제를 두어야 한다.

각국은 자국민을 송환하거나, 국적만을 근거로 범죄인 송환을 하지 않는 국가의 경우, 타국의 범죄인 송환요청을 받은 후 요청사항에 명시된 범죄를 기소하는 목적으로 해당 사건을 자국의 권한당국에 송치하여야 한다. 권한당국은 자국법상으로 중죄(offence of a serious nature)를 처리하는 방식과 마찬가지로 해당 범죄에 대한 판결과 사법절차를 행하여야 한다. 관련 국가들은 기소절차의 효율성을 위하여 절차와 증거 측면에서 특히 서로 협력하여야 한다.

범죄인 송환을 위하여 쌍방가벌성이 요구되는 경우, 양국 모두 해당 범죄에 전제되는 행위를 불법화하고 있다면, 양국이 해당 범죄행위를 같은 유형의 범죄로 분류하는지 여부 및 해당 범죄행위를 동일한 용어로 지칭하는지 여부와 관계없이 사법공조를 위한 쌍방가벌성의 요건이 충족된

것으로 간주해야 한다.

각국은 자국법의 기본원칙과 일관성을 유지하면서, 해당 당국(appropriate authorities) 간 긴급인도구속(provisional arrests) 요청서의 직접전달 허용, 구속 또는 재판 영장에 의한 범죄인 송환, 공식 범죄인 송환 절차 포기에 동의한 개인에게 간소화된 범죄인 송환 절차 적용 등 간소화된 범죄인 송환절차를 마련하여야 한다. 범죄인 송환의 책임을 지고 있는 당국은 적절한 재정적, 인적, 기술적 재원을 제공 받아야 한다. 각국은 관련 당국 임직원들이 비밀보장 등과 같은 높은 전문성을 유지하고, 높은 성실도(integrity)와 능력을 갖추도록 하기 위한 관련 절차를 마련하여야 한다.

나. 권고사항 39 평가방법론

39.1 각국은 자금세탁, 테러자금조달과 관련하여 외국의 범죄인 송환 요청이 있는 경우, 이를 과도한 지체 없이 이행해야 한다. 특히, 각국은 다음을 이행해야 한다:

(a) 자금세탁/테러자금조달을 범죄인 송환 대상 범죄로 규정;

(b) 사례관리 이행체제(case management system)를 운영하고, 송환 요청 처리의 우선순위를 설정하는 등 범죄인을 적시에 송환하기 위한 명확한 절차 확보; 그리고

(c) 송환 요청을 이행하는 데 있어 비합리적이거나 부당한 제한조건 설정 금지.

39.2 각국은 다음 중 한 가지를 이행해야 한다:

(a) 자국민을 인도하거나;

(b) 국적만을 근거로 외국의 범죄인 송환 요청에 응하지 않을 경우, 범죄인 송환을 요청한 국가의 요구대로, 그 요청 사항에 명시된 죄목으로 기소하기 위해 해당 사건을 자국의 권한당국에 지체 없이 송치.

39.3 범죄인 송환을 위해 쌍방가벌성 요건이 충족되어야 하는 경우, 요청국·피요청국 모두가 해당 범죄에 전제되는 행위를 불법으로 규정하고 있다면, 쌍방가벌성 요건이 충족된 것으로 간주해야 한다. 이는 양국이 해당 범죄에 전제되는 행위를 동일 범죄 유형으로 분류하고 있는지, 혹은 같

은 용어로 명명하는지 여부와는 무관하다.

39.4 국내법의 기본원칙에 부합하는 범위 내에서, 각국은 간소화된 범죄인 송환 운영체계[3]를 마련해야 한다.

권고사항 40. 기타 국제협력*

가. 권고사항 40 본문

각국은 자국의 권한당국이 자금세탁, 연관된(associated) 전제범죄 및 테러자금조달과 관련된 폭넓은 국제협력을 신속하고, 건설적이며 효과적으로 제공할 수 있도록 하여야 한다. 각국은 이를 자발적(spontaneously)으로 또는 상대의 요청에 의하여 행하여야 하고, 국제협력을 제공하기 위한 법적근거가 있어야 한다. 각국은 권한당국이 국제협력을 위하여 가장 효율적인 수단을 사용하도록 권한을 부여하여야 한다. 권한당국이 양해각서와 같은 양자간 또는 다자간 협정(들)을 필요로 한다면, 이들은 가장 넓은 범위의 외국 대응기관(foreign counterparts)들과 시의 적절하게 협의되고 서명되어야 한다.

권한당국은 정보 요청 또는 다른 종류의 지원 요청을 효과적으로 전달하고 이행하기 위하여 명확한 경로(channel)나 운영체계(mechanism)를 사용하여야 한다. 권한당국은 공조요청을 우선적으로 시의 적절하게 이행할 수 있고, 받은 정보를 보호할 수 있는 명확하고 효율적인 절차를 가져야 한다.

나. 권고사항 40 주석

A. 모든 형태의 국제협력에 적용되는 원칙

공조요청 기관의 의무

1. 공조 요청 시 권한당국은 요청사항이 적시에 효율적으로 이행되고 예상된 목적으로 활용될 수 있도록, 긴급 필요 표시를 포함하여, 완벽한 사실

---

3) 해당 당국(appropriate authorities) 간 긴급인도구속(provisional arrests) 요청서의 직접전달 허용, 구속 또는 재판 영장에 의한 범죄인 송환, 공식 범죄인 송환 절차 포기에 동의한 개인에게 간소화된 범죄인 송환 절차 적용 등 간소화된 범죄인 송환절차의 마련.

정보를 제공하고 필요한 경우 법적정보를 제공하기 위해 최선의 노력을 하여야 한다. 공조를 요청한 당국('요청당국')은 공조를 요청받은 당국('피요청당국')에게 입수한 정보의 활용과 유용성에 대해 피드백을 제공하여야 한다.

부당한 제한조치

2. 각국은 정보교환 혹은 지원 제공을 금지하거나 이와 관련하여 비합리적이거나 부당한 제한조건을 두어서는 아니 된다. 특히, 권한당국은 다음을 이유로 지원요청을 거부하여서는 아니 된다:

    (a) 요청사항이 재정과 관련된 사안을 포함한다고 여겨지는 경우; 및/또는

    (b) 금융기관 또는 DNFBPs가 비밀 혹은 기밀 유지에 대한 법적의무를 지는 경우(요청된 정보에 대해 변호사 특권이나 변호사 비밀유지의무가 적용되는 경우는 제외); 및/또는

    (c) 피요청국에서 조사, 수사 또는 소송이 진행 중인 경우(단, 요청된 지원이 관련 사안들을 지연시키는 영향이 있는 경우 제외); 및/또는

    (d) 요청당국의 형태 및 성격이 (민사, 행정, 법집행 등) 외국의 해당 당국과 상이할 경우.

교환된 정보에 대한 보호장치

3. 교환된 정보는 요청 또는 제공 시 의도된 목적으로만 사용되어야 한다. 다른 당국 또는 제3자에게 정보를 제공할 경우, 또는 해당 정보를 본래 승인받은 목적 외의 행정적, 수사, 기소 또는 사법적 목적으로 사용하고자 하는 경우에는 피요청 권한당국의 사전승인을 받아야 한다.

4. 권한당국은 양측 당사자의 사생활보호 및 정보보호 의무에 따라 수사 또는 조사의 진실성을 보전하기 위해 공조 요청과 정보교환에 대한 적절한 비밀보장을 유지4)해야 한다.

정보 탐색 권한

5. 권한당국은 외국 대응기관을 대신하여 조사를 할 수 있어야 하며, 이러

---

4) 그러한 공개(제공)가 공조요청을 수행하기 위해 요구되는 것이라면 정보는 공개(제공)될 수도 있다.

한 조사가 국내에서 수행되었을 경우 입수가 가능했을 모든 정보를 해외 대응기관과 교환할 수 있어야 한다.

B. 특정 형태의 국제협력에 적용되는 원칙

6. 상기 일반원칙은, 아래 문단의 조건하에, 해당기관들 간(between comterparts) 또는 비해당 기관들 간(non-comterparts) 모든 유형의 정보교환에 적용 되어야 한다.

FIU 간의 정보교환

7. FIU는 외국 FIU와 행정적, 법집행적, 사법적 혹은 기타 성격의 지위와 상관없이 정보를 교환하여야 한다. 이를 위해 FIU는 자금세탁·전제범죄· 테러자금조달에 대한 공조 제공에 적합한 법률적 기초를 가지고 있어야 한다.

8. 공조 요청시 FIU는 분석하고 있는 사건에 대한 설명, 피요청국과의 잠재 적 연관성 등 완벽한 사실정보와, 적절할 경우, 법적정보를 제공하기 위 해 최선의 노력을 하여야 한다. 요청하자마자 그리고 가능한 때 언제든, FIU는 제공된 정보의 활용과 제공된 정보를 기반으로 이루어진 분석 결 과에 대한 피드백을 외국 대응기관에게 제공하여야 한다.

9. FIU는 다음을 교환할 수 있는 권한을 가져야 한다:
    (a) FATF 권고사항, 특히 권고사항 29에 따라, FIU가 직간접적으로 접근 또는 입수할 수 있어야 하는 모든 정보; 그리고
    (b) 상호주의 원칙하에 국내수준에서 직간접적으로 입수 또는 접근할 수 있는 그 외의 정보.

금융 감독기관[5] 간의 정보교환

10. 금융감독기관은 그 성격 또는 지위와 상관없이 외국 대응기관과 공조하 여야 한다. 금융감독기관 간의 효율적인 공조는 금융기관에 대한 효과적 인 AML/CFT 감독을 목표로 한다. 이를 위해 금융감독기관은 해당 국제 기준과 일관되는 공조 제공, 특히 AML/CFT 목적과 연계되었거나 관련된

---

5) 이는 권한당국인 금융감독자를 말한다.

감독 정보 교환을 위한 적절한 법률적 근거를 갖고 있어야 한다.

11. 금융감독기관은 금융기관이 보유한 정보를 비롯한 국내에서 입수할 수 있는 정보를 서로의 필요에 비례하는 방식으로 외국 대응기관과 교환할 수 있어야 한다. 금융감독기관, 특히 동 그룹 소속 금융기관의 감독기관 간에는 AML/CFT 목적과 관련이 있을 때 다음과 같은 정보 유형을 교환할 수 있어야 한다.

    (a) 국내 규제체계에 대한 정보와 같은 규제정보와 금융부문에 대한 전반적인 정보.

    (b) 건전성 정보, 특히 핵심 원칙 감독자들(Core Principle Supervisors)을 위한 것; 예를 들어, 금융기관의 경영활동, 실소유자, 경영진, 적격성 등에 관한 정보.

    (c) 금융기관의 내부 AML/CFT 절차 및 정책, CDD 정보, 고객 파일, 계좌와 거래 정보 샘플 등과 같은 AML/CFT 정보.

12. 금융감독기관은 외국 대응기관을 대신하여 조사를 실시할 수 있어야 하며, 효과적인 그룹 감독을 도모하기 위하여 외국 대응기관이 직접 관할권 내에서 조사를 실시할 수 있도록 적절히 승인하거나 용이하게 할 수 있도록 해야 한다.

13. 교환된 정보의 제공 또는 사용은 감독을 목적으로 한 경우 및 감독 목적이 아닌 경우 모두 요청기관이 해당 정보를 공개하거나 보고해야 할 법적 의무가 없는 한 피요청 금융감독기관의 사전 승인을 필요로 한다. 이런 경우, 요청 금융감독기관은 최소한 피요청 당국에게 해당 의무사항에 대해 즉시 알려야 한다. 사전승인은 MOU 또는 다자간 MOU 하에 교환된 정보에 해당되는 MOU 또는 다자간 MOU 상의 사전승인 간주 조항을 포함한다.

법집행기관 간의 정보교환

14. 법집행기관은 외국 대응기관과, 범죄수익과 범죄수단의 확인과 추적을 포함하여, 자금세탁과 관련 전제범죄 또는 테러자금조달과 관련된 정보 또는 수사적 목적을 위하여 국내에서 입수 가능한 정보를 교환할 수 있

어야 한다.

15. 법집행기관들은 또한 그들의 권한을 외국의 대응기관을 대신하여 조사를 실시하고 정보를 입수하기 위해, 국내법에 따라 수사기법 등을 활용하는 것을 포함하여, 사용할 수 있어야 한다. 또한, 피요청 법집행기관이 자신이 제공하는 정보의 활용을 제한할 때, 이러한 제한은 법집행 공조에 적용되는 제도와 관례들(예, 각국과 국제경찰(Interpol), 유럽연합 경찰(Europol) 또는 유럽사법기구(Eurojust)와의 협정)을 따라야 한다.

16. 법집행기관은 합동 수사를 수행하기 위해 공동수사팀을 편성할 수 있어야 하며, 필요한 경우 각국은 이러한 합동 수사를 가능하게 하기 위한 양자 또는 다자간 협정을 맺어야 한다. 각국은 현행 AML/CFT 법집행 국제 네트워크에 가입하고 이를 지원하는 것과, 신속·원활한 공조를 위해 연락담당자를 해외에 배치하는 등의 외국 법집행기관과의 양자 간 연락관계를 구축하는 것이 권장된다.

기타 기관 간의 정보교환

17. 각국은 앞의 원칙을 적용하여 권한당국이 다른 기관과 간접적으로 정보를 교환할 수 있도록 허용하여야 한다. 간접적 정보교환이란 요청된 정보가 요청당국으로부터 피요청당국에 도달하기까지 국내외 당국을 하나 이상을 통해 전달되는 것을 의미한다. 이런 정보교환과 정보의 사용은 피요청국의 권한당국 하나 이상의 승인을 필요로 한다. 정보를 요청하는 권한당국은 어떤 목적과 누구를 대신하여 요청이 이루어지는지를 항상 명확하게 하여야 한다.

18. 각국은 또한 대응기관이 아닌 기관들(non-counterparts)과도 직접 신속하고 건설적인 정보교환을 할 수 있도록 허용하는 것이 권장된다.

다. 권고사항 40 평가방법론

일반 원칙

40.1 각국은 자국의 권한당국이 자금세탁, 관련 전제범죄 및 테러자금조달과 관련된 폭넓은 국제협력을 신속하게 제공할 수 있도록 해야 한다. 이러

한 국제협력은 자발적인 정보 교환과 상대방의 요청에 의한 정보 교환 모두를 포함한다.

40.2 권한당국은:

　(a) 국제협력을 제공하기 위한 법적근거를 마련한다;

　(b) 국제협력을 위해 가장 효율적인 수단을 사용한다;

　(c) 국제협력 요청의 원활한 전달·이행을 위한 명확하고 안전한 운영체계·경로를 마련한다;

　(d) 국제협력 요청들 간의 우선순위를 설정하고, 동 요청을 신속하게 이행하기 위한 명확한 절차를 마련한다; 그리고

　(e) 국제협력을 통해 외국으로부터 수취한 정보를 보호하기 위한 명확한 보안 절차를 마련한다.

40.3 권한당국이 국제협력을 수행하기 위해 양자·다자 협정 체결이 필요한 경우, 가능한 한 다수의 해외 권한 당국과 시의적절하게 이러한 협정에 대해 협의하고 서명해야 한다.

40.4 외국 당국의 피드백 요청이 있을 때, 권한당국은 외국으로부터 수취한 정보를 활용한 내역과 정보의 유용성에 대한 피드백을 시의적절하게 제공해야 한다.

40.5 각국은 외국과의 정보교환이나 협력을 금지해서는 안 된다. 또한, 정보교환·국제협력에 대하여 부당하거나 지나치게 제한적인 조건을 부과해서는 안 된다. 특히, 권한당국은 다음의 이유로 외국의 협조 요청을 거절하면 안 된다:

　(a) 협조 요청이 재정문제를 수반하는 것으로 간주; 그리고/또는

　(b) 금융기관 또는 DNFBPs가 비밀 혹은 기밀유지에 대한 법적의무 부담 (단, 요청 정보가 변호사 특권이나 변호사 비밀유지의무 적용 대상인 경우 제외); 그리고/또는

　(c) 자국에서 해당사건에 대한 조사, 수사 또는 소송이 진행 중(단, 협조 요청으로 진행 중인 조사, 수사, 소송이 지연될 경우 제외); 그리고/또는

　(d) 협조를 요청한 외국의 민사, 행정, 법집행 등의 성격 등이 자국과 상이하다는 이유.

40.6 각국은 교환된 정보를 정보 교환 시에 의도한 목적으로만 사용해야 한다. 본래 승인받은 목적 이외의 목적으로 정보를 사용할 경우에는 정보를 제공한 외국 당국의 사전 동의를 받을 수 있도록 통제 장치를 마련해야 한다.

40.7 권한당국은 외국의 협조 요청 사실과 외국과 교환한 정보에 대해 적절한 기밀 수준을 유지해야 한다. 이러한 기밀 유지는 정보교환의 쌍방 국가가 운영 중인 사생활 및 정보 보호 관련 제도와 일관성을 확보해야 한다. 권한당국은 최소한 국내 기관으로부터 수취한 정보에 대해 제공하는 보호와 유사한 수준의 보호를 외국 당국과 교환한 정보에도 제공해야 한다. 또한, 권한당국은 외국 당국이 정보를 효과적으로 보호하지 못할 경우 정보제공을 거절할 수 있어야 한다.

40.8 권한당국은 외국 당국을 대신하여 조사할 수 있어야 하고, 외국 당국이 국내에서 직접 조사를 했다면 입수할 수 있었을 모든 정보를 외국 당국과 교환해야 한다.

FIU 간 정보 교환

40.9 FIU는 자금세탁, 연관된 전제범죄, 테러자금조달에 대한 국제협력을 제공할 수 있는 적절한 법적 기반을 갖춰야 한다.[6]

40.10 FIU는 외국 FIU의 요청이 있거나 피드백 제공이 가능한 경우, 외국이 제공한 정보의 활용 내역, 정보 분석 결과에 대한 피드백을 외국 FIU에 제공한다.

40.11 FIU는 다음의 정보를 교환할 수 있는 권한을 보유해야 한다:

   (a) 권고사항 29에 따라 FIU가 직간접적으로 접근할 수 있거나 입수할 수 있는 모든 정보; 그리고

   (b) 상호주의 원칙에 기반하여, 국내에서 직간접적으로 입수하거나 접근할 수 있는 기타 정보.

---

6) FIU들은 그들의 대응 FIU가 행정적, 법집행적, 사법적 혹은 기타 성격의 지위와 관계없이 협력을 제공할 수 있어야 한다.

금융감독당국[7] 간 정보 교환

40.12 금융감독기관은 외국의 권한당국(그 성격 또는 지위와 관계없이)에 협조를 제공할 수 있는 법적 근거를 갖춰야 한다. 이러한 법적 근거는 적용 가능한 감독 관련 국제기준에 부합하는 것이어야 한다. 특히, 자금세탁방지/테러자금조달금지 목적과 연계되어 있거나 관련성이 있는 감독 정보를 교환할 때에는 반드시 적절한 법적 근거가 있어야 한다.

40.13 금융감독기관은 국내에서 입수할 수 있는 정보를 서로의 필요에 상응할 수 있는 방법으로 외국 당국과 교환할 수 있어야 한다. 이러한 정보는 금융기관이 보유하고 있는 정보를 포함한다.

40.14 금융감독기관은 자금세탁방지/테러자금조달금지 목적과 관련된 경우 외국당국과 다음의 정보를 교환할 수 있어야 한다. 특히, 동일한 금융그룹에 대한 감독 책임을 공유하고 있는 외국감독당국과 이러한 정보교환이 가능해야 한다:

   (a) 규제 관련 정보(국내 규제 이행체제 정보 등), 금융 부문에 대한 전반적 정보;

   (b) 건전성 정보(금융기관의 경영활동, 실소유자, 경영진, 적격성 등 핵심원칙 감독기관(Core Principle Supervisors)을 위한 정보 등); 그리고

   (c) 자금세탁방지/테러자금조달금지 관련 정보(금융기관 내부의 자금세탁방지/테러자금조달금지 절차 및 정책, CDD 정보, 고객 목록, 계좌와 거래 정보에 대한 샘플 등).

40.15 금융감독기관은 외국 당국을 대신하여 조사를 실시할 수 있어야 한다. 또한 금융그룹에 대한 효과적인 감독을 위해 외국 당국이 직접 자국의 관할권 내에서 조사를 수행할 수 있도록 적절히 승인해야 한다.

40.16 금융감독기관이 외국으로부터 수취한 정보를 공개하거나 보고해야 할 의무를 갖고 있다고 하더라도, 외국으로부터 수취한 정보를 배포하거나 감독·비감독의 목적으로 활용하기 위해선, 외국 금융감독당국의 사전승인을 받아야 한다. 최소한, 금융감독기관은 외국으로부터 받은 정보를

---

7) 여기서는 권한당국인 금융감독당국을 말하며, 자율규제기구(SRBs)인 금융감독당국은 포함하지 않는다.

공개하거나 보고해야 할 의무가 있다는 사실을 외국 권한당국에 신속하게 통지해야 한다.

법집행기관 간 정보 교환

40.17 법집행기관은, 자금세탁, 전제범죄 또는 테러자금조달과 관련된 정보 수집 또는 수사(범죄수익·수단의 식별 및 추적 등)를 위해, 국내에서 입수할 수 있는 정보를 외국 당국과 교환할 수 있어야 한다.

40.18 법집행기관들은 또한 외국의 대응기관을 대신하여 조사를 실시하고 정보를 입수하기 위해 그들의 권한을, 국내법에 따라 수사기법 등을 활용하는 것을 포함하여, 사용할 수 있어야 한다. 피요청 법집행기관이 자신이 제공하는 정보의 활용을 제한할 때, 이러한 제한은 법집행 공조에 적용되는 제도와 관례들(예, 각국과 국제경찰(Interpol), 유럽연합 경찰(Europol) 또는 유럽사법기구(Eurojust)와의 협정)을 따라야 한다.

40.19 법집행기관은 공조수사를 위해 공동수사팀을 편성할 수 있어야 한다. 또한, 필요한 경우, 공조수사를 가능하게 하는 양자·다자 협정을 체결해야 한다.

대응기관이 아닌 다른 기관 간의 정보 교환

40.20 각국은 상기의 원칙들을 적용하여, 권한당국이 다른 기관들과 간접적으로[8] 정보를 교환할 수 있도록 해야 한다. 정보를 요청하는 권한당국은 어떤 목적과 누구를 대신하여 요청이 이루어지는지 항상 명확하게 하여야 한다.

---

8) 간접적 정보교환이란 요청된 정보가 요청당국으로부터 피요청당국에 도달하기까지 국내외 당국 하나 이상을 통해 전달되는 것을 의미한다. 이런 정보교환과 사용은 피요청국의 권한당국 하나 이상의 승인을 필요로 할 수 있다.

제3절 해   설

즉시성과 2. 국제협력

AML/CFT 분야에서 국제협력은 하나의 즉시성과를 형성하면서 진정한 빛을 발하게 되었다. 범죄와 금융거래가 국제화된 오늘날 국제협력은 AML/CFT의 목적을 달성하기 위해 반드시 필요한 절차라는 사실과 그 가치를 국제사회가 새롭게 확인한 것이다. 여기서 국제협력의 목적물은 언제나 (1) 정보, (2) 범죄수익, (3) 범죄인의 교환, 제공 또는 송환이다.

국제사회는 상호평가에 앞서 평가대상국의 국제협력의 실태를 정확히 파악하기 위해 전 세계 국가들로부터 상호평가 대상국의 국제협력에 대한 사례를 제출받는다. FATF 사무국 등에 의하면 과거 제3차 라운드에서는 국제협력 자료 제출 호응이 좋지 않았으나 제4차 라운드에서는 점점 더 많은 국가들이 의미 있는 사례를 제출하고 있다고 한다. 각국이 제출한 국제협력 사례는 상호평가 대상국에게도 그대로 제공하기로 하였다. 이는 상호평가 수검국도 어떤 지적이 있었는지를 확인하고 교정할 기회를 가질 수 있도록 하려는 목적이다.

국제협력은 최근 들어서는 국제사법공조, 범죄자산 몰수·동결, 범죄인송환 등 공식적인 부문 이외에도 비공식적 부문에서도 강조되고 있는 추세이다. 양자간 MOU, 협정, 협력 등에 의해 이뤄지는 비공식 국제협력은 때로는 보다 신속하고 더 효율적으로 추진될 수 있기 때문이다.

권고사항 36. 국제 협정서

각국이 4대 UN협약(비엔나협약, 팔레르모협약, 반부패협약, 테러자금조달 억제 협약)을 비준하고 이행할 것을 규정한 권고사항이다.

권고사항 37. 국제사법공조

이 권고사항은 공식적 국제협력 중 정보교환에 관한 것이다. 국제사법공조의 효율성을 결정하는 가장 중요한 요소는 정부의 이행하려는 의지라고 할 수 있다. 이런 점 때문에 정부가 국제협력에 대해 각종 제한을 두지 않도록 하는데 점검의 중점을 두고 있다.

그 내용은 (1) 정부가 국제사법공조를 금지하거나 제한하는 조건을 두지 말아야 하고, (2) 국제사법공조를 위한 명확한 절차를 규정해야 하며, (3) 재정적 이유나 기밀을 이유로 거부하여서는 안 되고, (4) 쌍방가벌성 요건을 엄격하게 운영하지 않을 것을 요구하고 있다.

권고사항 38. 국제사법공조: 동결과 몰수

이 권고사항은 공식적 국제협력 중 범죄자산에 관한 것이다. 특히 미국 등을 중심으로 국제협력을 통한 범죄자산 몰수를 크게 강조하고 있으며, 앞으로 국제적 범죄자산 몰수가 중요한 과제로 부각될 가능성이 있다. 국제적 범죄자산 몰수를 활성화하기 위해서는 몰수자산을 분배하고 관리하는 체계를 갖춰야 하며, FATF 국제기준도 이를 요구하고 있다.

범죄자산 몰수 관련 국제협력에서 우리나라가 아직 이행하지 못하는 사항은 유죄판결 없는 몰수제도(Non-conviction based confiscation, '독립몰수제도'로 번역하기도 함)이다. 국제기준은 범인이 사망, 도주, 부재로 가용하지 않거나 범인이 불명인 경우도 외국의 요청이 있는 경우 몰수공조에 응할 것을 요구하고 있으나 우리나라는 이를 이행하지 못하고 있다. 대륙법계 국가로서 유죄판결이 전제되지 않는 범죄자산 몰수제도를 두고 있지 않기 때문이다.

실제로 2010년 경 어떤 국가가 한국인이 범죄수익을 은닉한 것으로 추정되는 거액의 자산을 발견하고 몰수공조 제공의사를 밝혀 왔으나 우리나라가 공소 요건을 유지할 수 없어 제안을 받아들일 수 없었던 사례도 있었다. 따라서 앞으로 유죄판결 없이도 범죄수익인 경우 몰수할 수 있는 제도를 검토하여 도입할 필요가 있다고 할 것이다.

권고사항 39. 범죄인 송환

이 권고사항은 공식적 국제협력 중 범죄인 송환에 관한 것이다. 해외로 도피한 범죄인에 대한 사법절차를 진행하기 위하여 국제적으로 적극 활용되고 있는 사법공조 수단이다. 범죄인 인도를 결정하는 데는 역시 정부의 의지가 크게 작용한다.

권고사항 40. 기타 국제협력

AML/CFT 국제협력을 위해서는 공식적 국제협력 이외 기관 간 이뤄지는 비공식 국제협력도 매우 중요하다. FATF는 특히 각국 FIU 간의 정보교환과 국제협력, 검찰과 경찰 등의 국제협력, 감독기관 간 국제협력, 국세청 간 또는 관세청 간 협력 등으로 나타난다. 형식은 양자 간 협정이나 MOU 체결, 기타 협력 등을 통해 이뤄진다.

기타 국제협력의 장점은 비공식이므로 절차가 간단하고 신속하게 협력할 수 있다는 점이다. 2012년 개정 FATF 국제기준 금융정보분석원 부분(R.29)에서 외국이 대상자와 금융기관을 특정하여 정보요구를 해 올 경우 금융정보분석원이 정보를 갖고 있지 않더라도 해당 금융기관에 정보를 요구하여 제공하도록 기준을 개정하였으므로 외국으로부터의 정보제공 요구가 매년 큰 폭으로 증가할 것으로 예상된다. 따라서 FIU 간 국제협력은 앞으로 더욱 중요한 권고사항을 부각될 가능성이 크다.

그러나 기타 국제협력에서는 법률로 정한 사항이 아닐 경우에는 정부의 재량이 많이 작용하므로 역시 정부의 협력 의지가 중요하다. 때로는 협력을 요청받은 내용에 대해 협력을 제공하는 것이 가능함에도 불구하고 소관 분야 관련 영역이 아니라는 이유로 정보의 제공을 거부하기도 한다. 그러나 이러한 행위는 국제협력에 응하지 않으려는 소극적 태도의 대표적 유형이다. 이러한 점을 가려내 지적하고 개선함으로써 국제협력을 원활하게 하려는 것이 이 권고사항의 궁극적 목적이다.

제 4 절 **국제협력에 관한 상호평가 결과**

1. 상호평가 결과표

	주요내용	스페인	노르웨이	벨기에	호주	말레이시아	이탈리아	평균
	(상호평가 토의)	(14.10.)	(14.10.)	(15.2.)	(15.2.)	(15.6.)	(15.10.)	
IO. 2	국제협력	4	4	4	5	2	4	3.8
R.36	국제협약의 이행	5	5	5	4	4	5	4.7
R.37	국제사법공조	5	4	4	5	4	4	4.3
R.38	국제사법공조: 동결과 몰수	5	4	4	5	4	4	4.3
R.39	범죄인 송환	4	4	4	5	4	5	4.3
R.40	기타 국제협력	5	4	4	5	4	4	4.3

※ 상호평가 평점의 점수화
– 효과성 평가: High level of effectiveness: 5점, Substantial level of effectiveness: 4점, Moderate level of effectiveness: 2점, Low level of effectiveness: 1점
– 기술적 평가: Compliant: 5점, Largely Compliant: 4점, Partially Compliant: 2점, Non-Compliant: 1점

2. 시사점

국제협력 부문의 즉시성과 2는 즉시성과 1(위험, 정책 및 협조), 즉시성과 6(금융정보의 ML/TF 조사 활용), 즉시성과 9(TF의 수사, 기소, 제재)와 함께 가장 양호한 이행을 보이고 있는 즉시성과이다. 6개국 중 유일하게 말레이시아가 불합격 등급을 받았는데 이는 범죄수사와 기소를 위해 국제사법공조를 활용한 실적이 없었기 때문이다.

국제협력 부문 기술평가에서는 6개국 모두가 5개 관련 권고사항 모두에서 합격 등급을 받았다. 이것은 FATF 회원국들이 국제협력을 위한 토대가 굳

건히 갖춰져 있음을 의미한다.

다만 현재 FATF과 Egmont Group을 중심으로 테러 및 테러자금조달 관련 국경 간 정보공유 또는 교환을 활성화 하는 방안을 검토하고 있다. 향후 검토결과 국제기준 개정이 필요한 것으로 결론 날 경우 FATF 국제기준 관련 부분이 개정될 가능성이 있다.

(참고) 2014년~2015년 수검 국가의 상호평가 결과

1. 국가별 상호평가 결과 개요

새로운 FATF 국제기준에 의한 상호평가는 스페인과 노르웨이에 대해 2014년 10월 총회에서 최초로 실시되었다. 이를 위한 현지실사는 2014년 3월~4월 중에 있었다. 2014년~2015년 중 실시된 12개국의 상호평가 결과는 다음과 같다.

스페인(FATF):

스페인 상호평가 보고서는 2014년 10월 FATF 총회에서 채택되었다. 기술 평가에서는 이행(C)등급 25개, 대부분 이행(LC)등급 12개, 부분이행(PC)등급 3개, 미이행(NC)등급은 없다. 효과성 평가에서는 높은(High) 수준의 효과성 1개, 상당한(Substantial) 수준의 효과성 7개, 보통(Moderate) 수준의 효과성 3개, 낮은(Low) 수준의 효과성은 없다. 스페인은 지금까지 상호평가를 받은 국가 중 가장 우수한 등급을 얻었고 정규 후속조치로 분류되었다.

〈스페인의 상호평가 결과표〉

40개 권고사항 (기술) 평가					11개 즉시성과 (효과성) 평가					평가결과
C(5)	LC(4)	PC(2)	NC(1)	평점/5	High(5)	Sub.(4)	Mod.(2)	Low(1)	평점/5	
25개	12개	3개	–	4.47	1개	7개	3개	–	3.55	(FU)정규 (ICRG) ×

339

노르웨이(FATF):

노르웨이 상호평가 보고서는 2014년 10월 FATF 총회에서 채택되었다. 기술평가에서는 이행(C)등급 5개, 대부분 이행(LC)등급 17개, 부분이행(PC)등급 18개, 미이행(NC)등급은 없다. 효과성 평가에서는 높은(High) 수준의 효과성은 없고, 상당한(Substantial) 수준의 효과성 2개, 보통(Moderate) 수준의 효과성이 9개, 낮은(Low) 수준의 효과성은 없다. 노르웨이는 반부패지수가 가장 높은 청정국가임에도 불구하고 상호평가 결과는 좋지 않았고, 기술평가와 효과성 평가 기준 모두에서 강화된 후속조치로 분류되었다.

〈노르웨이의 상호평가 결과표〉

40개 권고사항 (기술) 평가					11개 즉시성과 (효과성) 평가					평가결과
C(5)	LC(4)	PC(2)	NC(1)	평점/5	High(5)	Sub.(4)	Mod.(2)	Low(1)	평점/5	
5개	17개	18개	–	3.23	–	2개	9개	–	2.36	(FU)강화 (ICRG) ×

벨기에(FATF):

벨기에 상호평가 보고서는 2015년 2월 FATF 총회에서 채택되었다. 기술평가에서는 이행(C)등급 11개, 대부분 이행(LC)등급 18개, 부분이행(PC)등급 11개, 미이행(NC)등급은 없다. 효과성 평가에서는 높은(High) 수준의 효과성은 없고, 상당한(Substantial) 수준의 효과성 4개, 보통(Moderate) 수준의 효과성이 7개, 낮은(Low) 수준의 효과성은 없다. 벨기에도 역시 기술평가와 효과성 평가 모두에서 강화된 후속조치로 분류되었다.

〈벨기에의 상호평가 결과표〉

40개 권고사항 (기술) 평가					11개 즉시성과 (효과성) 평가					평가결과
C(5)	LC(4)	PC(2)	NC(1)	평점/5	High(5)	Sub.(4)	Mod.(2)	Low(1)	평점/5	
11개	18개	11개	–	3.73	–	4개	7개	–	2.73	(FU)강화 (ICRG) ×

호주(FATF):

호주 상호평가 보고서는 2015년 2월 FATF 총회에서 채택되었다. 기술평가에서는 이행(C)등급 12개, 대부분 이행(LC)등급 12개, 부분이행(PC)등급 10개, 미이행(NC)등급은 6개였다. 효과성 평가에서는 높은(High) 수준의 효과성은 1개, 상당한(Substantial) 수준의 효과성 4개, 보통(Moderate) 수준의 효과성이 6개, 낮은(Low) 수준의 효과성은 없다. 호주는 효과성 평가에서는 강화된 후속조치를 면하였으나, 기술평가에서 미이행 등급이 16개나 되어 강화된 후속조치로 분류되었다.

〈호주의 상호평가 결과표〉

40개 권고사항 (기술) 평가					11개 즉시성과 (효과성) 평가					평가결과
C(5)	LC(4)	PC(2)	NC(1)	평점/5	High(5)	Sub.(4)	Mod.(2)	Low(1)	평점/5	
12개	12개	10개	–	3.35	1개	4개	6개	–	3.00	(FU)강화 (ICRG) ×

말레이시아(FATF):

말레이시아는 FATF 정회원 가입 과정 중 하나로 2015년 6월 FATF 총회에서 상호평가 결과를 논의하고 보고서를 채택하였다. 기술평가에서는 이행(C)등급 16개, 대부분 이행(LC)등급 19개, 부분이행(PC)등급 3개, 미이행(NC)등급은 없다. 효과성 평가에서는 높은(High) 수준의 효과성은 없고, 상당한(Substantial) 수준의 효과성 4개, 보통(Moderate) 수준의 효과성이 7개, 낮은(Low) 수준의 효과성은 없다. 말레이시아는 기술평가에서는 강화된 후속조치 분류를 면하였으나, 효과성 평가에서 미이행 등급이 7개로 강화된 후속조치로 분류되었다.

〈말레이시아의 상호평가 결과표〉

40개 권고사항 (기술) 평가					11개 즉시성과 (효과성) 평가					평가결과
C(5)	LC(4)	PC(2)	NC(1)	평점/5	High(5)	Sub.(4)	Mod.(2)	Low(1)	평점/5	
16개	19개	3개	–	4.25	–	4개	7개	–	2.73	(FU)강화 (ICRG) ×

이탈리아(FATF):

이탈리아 상호평가는 IMF가 주도한 최초의 제4차 라운드 평가였다. 상호평가 보고서는 2015년 10월 FATF 총회에서 채택되었다. 기술평가에서는 이행(C)등급 13개, 대부분 이행(LC)등급 26개, 부분이행(PC)등급 4개, 미이행(NC)등급은 없다. 효과성 평가에서는 높은(High) 수준의 효과성은 없고, 상당한(Substantial) 수준의 효과성 8개, 보통(Moderate) 수준의 효과성은 3개, 낮은(Low) 수준의 효과성은 없다. 이탈리아는 정규 후속조치로 분류되었다.

〈이탈리아의 상호평가 결과표〉

40개 권고사항 (기술) 평가					11개 즉시성과 (효과성) 평가					평가결과
C(5)	LC(4)	PC(2)	NC(1)	평점/5	High(5)	Sub.(4)	Mod.(2)	Low(1)	평점/5	
10개	26개	4개	–	4.05	–	8개	3개	–	3.45	(FU)정규 (ICRG) ×

에티오피아(ESAAMLG):

에티오피아는 세계은행이 주도한 최초의 제4차 라운드 상호평가였다. 상호평가 보고서는 2015년 5월 ESAAMLG(동남아프리카지역기구) 총회에서 채택되었다. 기술평가에서는 이행(C)등급 8개, 대부분 이행(LC)등급 18개, 부분이행(PC)등급 10개, 미이행(NC)등급은 4개, 효과성 평가에서는 높은(High) 수준 또는 상당한(Substantial) 수준의 효과성을 받은 것은 없고, 보통(Moderate) 수준의 효과성이 2개, 낮은(Low) 수준의 효과성이 9개였다.

에티오피아는 기술평가와 효과성 평가 모두에서 강화된 후속조치로 분류되고 ICRG 회부 해당 국가로 분류되었다.

〈에티오피아의 상호평가 결과표〉

40개 권고사항 (기술) 평가					11개 즉시성과 (효과성) 평가					평가결과
C(5)	LC(4)	PC(2)	NC(1)	평점/5	High(5)	Sub.(4)	Mod.(2)	Low(1)	평점/5	
8개	18개	10개	4개	3.38	–	–	2개	9개	1.18	(FU)강화 (ICRG) ○

사모아(APG):

사모아의 상호평가 보고서는 2015년 7월 APG(아시아태평양지역기구) 총회에서 채택되었다. 기술평가에서는 이행(C)등급 5개, 대부분 이행(LC)등급 11개, 부분이행(PC)등급 22개, 미이행(NC)등급 2개였고, 효과성 평가에서는 높은(High) 수준의 효과성은 없고, 상당한(Substantial) 수준의 효과성은 1개, 보통(Moderate) 수준의 효과성은 6개, 낮은(Low) 수준의 효과성이 4개였다. 사모아는 기술평가와 효과성 평가 모두에서 강화된 후속조치와 ICRG 회부로 분류되었다.

〈사모아의 상호평가 결과표〉

40개 권고사항 (기술) 평가					11개 즉시성과 (효과성) 평가					평가결과
C(5)	LC(4)	PC(2)	NC(1)	평점/5	High(5)	Sub.(4)	Mod.(2)	Low(1)	평점/5	
5개	11개	22개	2개	2.88	–	1개	6개	4개	1.82	(FU)강화 (ICRG) ○

스리랑카(APG):

스리랑카의 상호평가 보고서는 2015년 7월 APG(아시아태평양지역기구) 총회에서 채택되었다. 기술평가에서는 이행(C)등급 5개, 대부분 이행(LC)등급 7개, 부분이행(PC)등급 16개, 미이행(NC)등급은 12개였고, 효과성 평가

에서는 높은(High) 수준의 효과성은 없고, 상당한(Substantial) 수준의 효과
성은 1개, 보통(Moderate) 수준의 효과성도 1개, 낮은(Low) 수준의 효과성
은 9개였다. 스리랑카는 기술평가와 효과성 평가 모두에서 강화된 후속조
치와 ICRG 회부로 분류되었다.

〈스리랑카의 상호평가 결과표〉

40개 권고사항 (기술) 평가					11개 즉시성과 (효과성) 평가					평가결과
C(5)	LC(4)	PC(2)	NC(1)	평점/5	High(5)	Sub.(4)	Mod.(2)	Low(1)	평점/5	
5개	7개	16개	16개	2.42	–	1개	1개	9개	1.36	(FU)강화 (ICRG) ○

바누아투(APG):

바누아투의 상호평가 보고서는 2015년 7월 APG(아시아태평양지역기구) 총
회에서 채택되었다. 기술평가에서는 이행(C)등급 1개, 대부분 이행(LC)등
급 9개, 부분이행(PC)등급 17개, 미이행(NC)등급은 13개였고, 효과성 평가
에서는 높은(High) 수준의 효과성과 상당한(Substantial) 수준의 효과성 및
보통(Moderate) 수준의 효과성은 없고, 11개 모두 낮은(Low) 수준의 효과
성이었다. 바누아투는 기술평가와 효과성 평가 모두에서 강화된 후속조치
와 ICRG 회부로 분류되었다. 상호평가의 결과뿐만 아니라 상호평가 수검
자체를 성실하게 임하지 않은 사실 때문에 APG의 제안으로 2015년 10월
부터 ICRG 프로세스에 회부되었다.

〈바누아투의 상호평가 결과표〉

40개 권고사항 (기술) 평가					11개 즉시성과 (효과성) 평가					평가결과
C(5)	LC(4)	PC(2)	NC(1)	평점/5	High(5)	Sub.(4)	Mod.(2)	Low(1)	평점/5	
1개	9개	17개	13개	2.20	–	–	–	11개	1.00	(FU)강화 (ICRG) ○

코스타리카(GAFILAT):

코스타리카의 상호평가 보고서는 2015년 7월 GAFILAT(남미지역기구) 총회에서 채택되었다. 기술평가에서는 이행(C)등급 8개, 대부분 이행(LC)등급 14개, 부분이행(PC)등급 13개, 미이행(NC)등급은 5개였고, 효과성 평가에서는 높은(High) 수준의 효과성은 없고, 상당한(Substantial) 수준의 효과성은 1개, 보통(Moderate) 수준의 효과성은 7개, 낮은(Low) 수준의 효과성이 3개였다. 코스타리카는 기술평가와 효과성 평가 모두에서 강화된 후속조치와 ICRG 회부로 분류되었다.

〈코스타리카의 상호평가 결과표〉

40개 권고사항 (기술) 평가					11개 즉시성과 (효과성) 평가					평가결과
C(5)	LC(4)	PC(2)	NC(1)	평점/5	High(5)	Sub.(4)	Mod.(2)	Low(1)	평점/5	
8개	14개	13개	5개	3.18	–	1개	7개	3개	1.91	(FU)강화 (ICRG) ○

쿠바(GAFILAT):

쿠바의 상호평가 보고서는 2015년 7월 GAFILAT(남미지역기구) 총회에서 채택되었다. 기술평가에서는 이행(C)등급 16개, 대부분 이행(LC)등급 20개, 부분이행(PC)등급 4개, 미이행(NC)등급은 없다. 효과성 평가에서는 높은(High) 수준의 효과성은 없고, 상당한(Substantial) 수준의 효과성 5개, 보통(Moderate) 수준의 효과성 6개, 낮은(Low) 수준의 효과성은 없다. 쿠바는 FSRBs 평가수검국가 최초로 기술평가와 효과성 평가 모두에서 정규 후속조치로 분류된 국가이다.

〈쿠바의 상호평가 결과표〉

40개 권고사항 (기술) 평가					11개 즉시성과 (효과성) 평가					평가결과
C(5)	LC(4)	PC(2)	NC(1)	평점/5	High(5)	Sub.(4)	Mod.(2)	Low(1)	평점/5	
16개	20개	4개	–	4.20	–	5개	6개	–	2.91	(FU)정규 (ICRG) ×

※ 상호평가 결과 강화된 후속조치 및 ICRG 절차 회부기준

각국은 상호평가 결과 미이행한 권고사항이나 효과성 사항은 후속조치를 통해 이행하도록 하고 있다. 후속조치는 정규 후속조치와 강화된 후속조치로 구분되며, 강화된 후속조치 대상국 중 상호평가 결과 특히 나쁜 경우는 ICRG 절차로 회부되며, 이러한 국가들은 특별 관리되거나 또는 제재의 대상이 된다.

〈상호평가 결과 강화된 후속조치 및 ICRG 회부 기준〉

		강화된 후속조치	ICRG 회부
1	40개 권고사항 중 부분이행(PC), 미이행(NC) 등급의 개수	8개 또는 그 이상	20개 또는 그 이상
2	5개 또는 6개 핵심권고사항* 중 부분이행(PC), 미이행(NC) 등급의 개수	5개 중 1개 또는 그 이상	6개 중 3개 또는 그 이상
3	11개 즉시성과 중 보통(Moderate)수준 또는 낮은(Low)수준 등급의 개수	7개 또는 그 이상	Low 2개이면서 9개
4	11개 즉시성과 중 낮은(Low)수준 등급의 개수	4개 또는 그 이상	6개 또는 그 이상

※ 위 4개 기준 중 어느 하나라도 해당되면 강화된 후속조치로 분류되거나 ICRG로 회부된다.
* 핵심권고사항의 개수에서 '강화된 후속조치'와 'ICRG 회부'간에 그 기준이 다르다. 강화된 후속조치에서는 핵심권고사항이 5개(R.3, 5, 10, 11, 20)이나, ICRG 회부기준에서는 R.6을 추가하여 6개이다.

2. 상호평가 결과 종합표

□ FATF 국가

	40개 권고사항 (기술) 평가					11개 즉시성과 (효과성) 평가					평가결과
	C(5)	LC(4)	PC(2)	NC(1)	평점/5	High(5)	Sub.(4)	Mod.(2)	Low(1)	평점/5	
스페인 (14.10.)	25개	12개	3개	–	4.47	1개	7개	3개	–	3.55	(FU)정규 (ICRG) ×
노르웨이 (14.10.)	5개	17개	18개	–	3.23	–	2개	9개	–	2.36	(FU)강화 (ICRG) ×
벨기에 (15.2.)	11개	18개	11개	–	3.73	–	4개	7개	–	2.73	(FU)강화 (ICRG) ×
호주 (15.2.)	12개	12개	10개	6개	3.35	1개	4개	6개	–	3.00	(FU)강화 (ICRG) ×
말레이시아 (15.6.)	16개	19개	3개	–	4.25	–	4개	7개	–	2.73	(FU)강화 (ICRG) ×
이탈리아 (15.10.)	10개	26개	4개	–	4.05	–	8개	3개	–	3.45	(FU)정규 (ICRG) ×
(평균 개수)	13개	18개	8개	1개	3.85	0.3개	4.8개	5.8개	–	2.97	

□ FSRBs 국가

	40개 권고사항 (기술) 평가					11개 즉시성과 (효과성) 평가					평가결과
	C(5)	LC(4)	PC(2)	NC(1)	평점/5	High(5)	Sub.(4)	Mod.(2)	Low(1)	평점/5	
에티오피아 (15.5.)	8개	18개	10개	4개	3.38	−	−	2개	9개	1.18	(FU)강화 (ICRG) ○
사모아 (15.7.)	5개	11개	22개	2개	2.88	−	1개	6개	4개	1.82	(FU)강화 (ICRG) ○
스리랑카 (15.7.)	5개	7개	16개	12개	2.42	−	1개	1개	9개	1.36	(FU)강화 (ICRG) ○
바누아투 (15.7.)	1개	9개	17개	13개	2.20	−	−	−	11개	1.00	(FU)강화 (ICRG) ○
코스타리카 (15.7.)	8개	14개	13개	5개	3.18	−	1개	7개	3개	1.91	(FU)강화 (ICRG) ○
쿠바 (15.7.)	16개	20개	4개	−	4.20	−	5	6	−	2.91	(FU)정규 (ICRG) ×
(평균 개수)	5개	11개	16개	8개	3.04	−	0.5개	2.3개	8.3개	1.70	

2. 모듈별 평가등급 비교

(1) National AML/CFT Policies and Coordination(국가 정책과 조정)

	주요내용	스페	노르	벨기	호주	말레	이탈	평균	에티	사모	스리	바누	코스	쿠바	평균
IO. 1	위험, 정책과 공조	4	2	4	4	4	4	3.6	1	2	2	1	2	2	1.7
R. 1	위험평가와 RBA 적용	5	2	4	2	4	4	3.4	1	2	2	1	2	4	2.0
R. 2	국가적 협력과 조정	4	2	4	4	5	4	3.8	2	2	2	1	2	5	2.3
R.33	통계	5	2	2	4	5	4	3.6	2	4	2	1	4	4	2.8

(2) Legal System and Operational Issues(법률체계와 운영)

	주요내용	스페	노르	벨기	호주	말레	이탈	평균	에티	사모	스리	바누	코스	쿠바	평균
IO. 6	금융정보	5	2	4	4	4	4	3.8	1	1	1	1	2	2	1.3
IO. 7	자금세탁의 수사와 기소	4	2	2	2	2	4	2.4	1	1	1	1	2	2	1.3

IO. 8	몰수	4	2	2	2	2	4	2.4	1	2	1	1	2	4	1.8
R. 3	자금세탁범죄*	4	5	5	5	4	4	4.6	4	2	4	1	4	4	3.2
R. 4	몰수와 잠정조치	5	4	5	5	4	5	4.6	4	4	2	2	4	4	3.3
R.29	금융정보분석원	5	4	5	5	5	4	4.8	4	4	2	4	2	4	3.3
R.30	법집행기관/조사당국의 책임	5	5	5	4	5	5	4.8	4	5	5	5	4	4	4.5
R.31	법집행기관/조사당국의 권한	5	4	5	4	5	5	4.6	4	4	4	2	4	2	3.3
R.32	현금휴대 반출입 관리	5	5	5	4	4	4	4.6	2	4	2	4	5	5	3.7

* 붉은색은 5개 핵심권고사항

(3) Terrorist Financing and Financing of Proliferation(TF와 PF)

	주요내용	스페	노르	벨기	호주	말레	이탈	평균	에티	사모	스리	바누	코스	쿠바	평균
IO. 9	TF의 수사와 기소	4	4	4	4	2	4	3.6	1	2	4	1	2	4	2.3
IO.10	TF 예방조치와 금융제재	2	2	2	2	4	2	2.4	1	2	1	1	1	4	1.7
IO.11	확산금융의 금융제재	2	2	2	4	2	4	2.4	1	1	1	1	1	2	1.2
R. 5	테러자금조달범죄	4	4	4	4	4	5	4.0	4	2	5	2	2	5	3.3
R. 6	TF 정밀금융제재	2	2	2	5	5	4	3.2	1	2	4	2	2	5	2.7
R. 7	PF 정밀금융제재	2	2	2	5	2	2	2.6	1	1	1	1	1	4	1.5
R. 8	비영리조직(NPO)	4	4	2	1	4	4	3.0	2	2	2	1	1	2	1.7

(4) Preventive Measures(예방조치)

	주요내용	스페	노르	벨기	호주	말레	이탈	평균	에티	사모	스리	바누	코스	쿠바	평균
IO. 4	예방조치	2	2	2	2	2	2	2.0	1	2	1	1	2	2	1.5
R. 9	금융기관의 비밀유지법률	5	4	5	5	4	5	4.7	5	5	4	4	5	5	4.7
R.10	고객확인	4	2	4	2	5	4	3.5	4	2	1	2	4	4	2.8
R.11	기록보관	5	4	5	4	4	5	4.5	5	5	4	4	5	5	4.7
R.12	정치적 주요인물	5	2	2	4	4	4	3.5	5	2	1	4	4	5	3.5
R.13	환거래은행	5	2	2	1	4	2	2.7	5	2	1	4	4	5	3.5
R.14	자금/가치 이전 서비스	5	4	4	4	5	5	4.5	2	5	1	2	5	4	3.2
R.15	새로운 금융 기법	5	2	4	4	5	4	4.0	4	2	2	4	1	5	3.0

								평균						평균
R.16	전신송금	2	2	2	2	5	2	2.5	5	2	1	1	2	5	2.7
R.17	제3자 의존	4	2	2	2	4	4	3.0	5	2	1	1	2	5	2.7
R.18	내부통제, 해외지점/자회사	5	2	2	2	5	4	3.3	4	4	2	1	4	5	3.3
R.19	고위험국가	5	4	4	2	5	5	4.2	2	1	1	2	4	5	2.5
R.20	의심거래보고	5	5	5	5	4	4	4.8	5	4	5	4	4	5	4.2
R.21	정보누설과 비밀유지	5	4	5	5	5	4	4.7	4	5	5	4	4	5	4.5
R.22	DNFBPs: 고객확인	4	2	4	1	4	4	3.2	4	2	1	2	2	4	2.5
R.23	DNFBPs: 기타수단	5	2	4	1	4	4	3.3	4	2	2	2	2	4	2.7

(5) Supervision(감독)

	주요내용	스페	노르	벨기	호주	말레	이탈	평균	에티	사모	스리	바누	코스	쿠바	평균
IO. 3	감독	4	2	2	2	4	2	2.8	1	1	1	1	2	4	1.7
R.26	금융기관 규제 및 감독	4	2	2	2	5	4	3.0	4	2	2	2	4	4	3.0
R.27	감독기관의 권한	5	4	2	2	5	4	3.6	5	2	5	2	4	4	3.7
R.28	DNFBPs 규제와 감독	4	2	2	1	4	4	2.6	2	2	1	2	1	2	1.7
R.34	지침과 피드백	5	4	2	4	4	4	3.8	2	2	2	2	4	4	2.7
R.35	제재	5	2	4	2	4	2	3.4	4	2	2	2	2	2	2.3

(6) Legal Persons and Arrangements(법인과 법률관계)

	주요내용	스페	노르	벨기	호주	말레	이탈	평균	에티	사모	스리	바누	코스	쿠바	평균
IO. 5	법인과 신탁등 법률관계	4	2	2	2	2	4	2.4	2	2	1	1	2	2	1.7
R.24	법인의 투명성과 실소유자	4	2	4	2	2	4	2.8	2	2	1	1	2	4	2.0
R.25	법률관계 투명성과 실소유자	4	2	4	1	2	4	2.6	NA	2	1	1	2	5	2.2

(7) International Cooperation(국제협력)

	주요내용	스페	노르	벨기	호주	말레	이탈	평균	에티	사모	스리	바누	코스	쿠바	평균
IO. 2	국제협력	4	4	4	5	2	4	3.8	2	4	1	1	4	2	2.3
R.36	국제협약의 이행	5	5	5	4	4	5	4.6	2	2	4	2	5	4	3.2
R.37	국제사법공조	5	4	4	5	4	4	4.4	4	4	2	2	5	4	3.5
R.38	국제사법공조: 동결과 몰수	5	4	4	5	4	4	4.4	4	4	2	1	4	4	3.2
R.39	범죄인 송환	4	4	4	5	4	5	4.2	4	4	4	2	5	4	3.8
R.40	기타 국제협력	5	4	4	5	4	4	4.4	1	4	2	1	5	4	2.8

3. FATF 40 권고사항의 등급 비교

* C(이행): 5점, LC(대부분이행): 4점, PC(부분이행): 2점, NC(미이행): 1점

	스페인	노르웨이	벨기에	호주	말레이시아	이탈리아	평균	에티오피아	사모아	스리랑카	바누아투	코스타리카	쿠바	평균
MER	14.10.	14.10.	15.02.	15.02.	15.06.	15.10.		15.05.	15.07.	15.07.	15.07.	15.07.	15.07.	
R1 (新)	5	2	4	2	4	4	3.5	1	2	2	1	2	4	2.0
R2	4	2	4	4	5	4	3.8	2	2	2	1	2	5	2.3
R3	4	5	5	5	4	4	4.5	4	2	4	1	4	4	3.2
R4	5	4	5	5	4	5	4.7	4	4	2	2	4	4	3.3
R5	4	4	4	4	4	5	4.2	4	2	5	2	2	5	3.3
R6	2	2	2	5	5	4	3.3	1	2	4	2	2	5	2.7
R7 (新)	2	2	2	5	2	2	2.5	1	1	1	1	1	4	1.5
R8	4	4	2	1	4	4	3.2	2	2	2	1	1	2	1.7
R9	5	4	5	5	4	5	4.7	5	5	4	4	5	5	4.7
R10	4	2	4	2	5	4	3.5	4	2	1	2	4	4	2.8
R11	5	4	5	4	4	5	4.5	5	5	4	4	5	5	4.7
R12	5	2	2	4	4	4	3.5	5	2	1	4	4	5	3.5
R13	5	2	2	1	4	2	2.7	5	2	1	4	4	5	3.5

R14	5	4	4	4	5	5	4.5	2	5	1	2	5	4	3.2
R15	5	2	4	4	5	4	4.0	4	2	2	4	1	5	3.0
R16	2	2	2	2	5	2	2.5	5	2	1	1	2	5	2.7
R17	4	2	2	2	4	4	3.0	5	2	1	1	1	5	2.5
R18	5	2	2	2	5	4	3.3	4	4	2	1	4	5	3.3
R19	5	4	4	2	5	5	4.2	2	1	1	2	2	5	2.2
R20	5	5	5	5	5	4	4.8	5	4	5	4	2	5	4.2
R21	5	4	5	5	5	4	4.7	4	5	5	4	4	5	4.5
R22	4	2	4	1	4	4	3.2	4	2	1	2	2	4	2.5
R23	5	4	4	1	4	4	3.7	4	2	2	2	2	4	2.7
R24	4	2	4	2	2	4	3.0	2	2	1	1	2	4	2.2
R25	4	2	4	1	2	4	2.8	NA	2	1	1	2	5	2.2
R26	4	2	2	2	5	4	3.2	4	2	2	2	4	4	3.0
R27	5	4	4	2	5	4	4.0	5	2	5	2	4	4	3.7
R28	4	2	2	1	4	4	2.8	2	2	1	2	1	2	1.7
R29	5	4	5	5	5	4	4.7	4	4	2	4	2	4	3.3
R30	5	5	5	4	5	5	4.8	4	5	5	5	4	4	4.5
R31	5	4	5	4	5	5	4.7	4	4	4	2	4	2	3.3
R32	5	5	5	4	4	4	4.5	2	4	2	4	5	5	3.7
R33	5	2	2	4	5	4	3.7	2	4	2	1	4	4	2.8
R34	5	4	4	4	4	4	4.2	2	2	2	2	4	4	2.7
R35	5	2	4	2	4	2	3.2	4	2	2	2	2	2	2.3
R36	5	5	5	4	4	5	4.7	2	2	4	2	5	4	3.2
R37	5	4	4	5	4	4	4.3	4	4	2	2	5	4	3.5
R38	5	4	4	5	4	4	4.3	4	4	2	1	4	4	3.2
R39	4	4	4	5	4	5	4.3	4	4	4	2	5	4	3.8
R40	5	4	4	5	4	4	4.3	1	4	2	1	5	4	2.8
평균	4.5	3.2	3.3	3.4	4.3	4.1	3.8	3.4	2.9	2.4	2.2	3.2	4.2	3.1

4. 효과성 평가 등급 비교

* High: 5점, Substantial: 4점, Moderate: 2점, Low: 1점

	스페인	노르웨이	벨기에	호주	말레이시아	이탈리아	평균	에티오피아	사모아	스리랑카	바누아투	코스타리카	쿠바	평균
MER	14.10.	14.10.	15.02.	15.02.	15.06.	15.10.		15.05.	15.07.	15.07.	15.07.	15.07.	15.07.	
IO.1	4	2	4	4	4	4	3.7	1	2	2	1	2	2	1.7
IO.2	4	4	4	5	2	4	3.8	2	4	1	1	4	2	2.3
IO.3	4	2	2	2	4	2	2.7	1	1	1	1	2	4	1.7
IO.4	2	2	2	2	2	2	2.0	1	2	1	1	2	2	1.5
IO.5	4	2	2	2	2	4	2.7	2	2	1	1	1	4	1.8
IO.6	5	2	4	4	4	4	3.8	1	1	1	1	2	2	1.3
IO.7	4	2	2	2	2	4	2.7	1	1	1	1	2	2	1.3
IO.8	4	2	2	2	2	4	2.7	1	2	1	1	2	4	1.8
IO.9	4	4	4	4	2	4	3.7	1	2	4	1	2	4	2.3
IO.10	2	2	2	2	4	2	2.3	1	2	1	1	1	4	1.7
IO.11	2	2	2	4	2	4	2.7	1	1	1	1	1	2	1.2
평균	3.6	2.4	2.7	3.0	2.7	3.5	3.0	1.2	1.8	1.4	1.0	1.9	2.9	1.7

참고문헌

FATF (2012). *The FATF Recommendations, International Standards on Combating Money Laundering and the Financing of Terrorism & Proliferation.* FATF, Paris.

FATF (2013). *Methodology for Assessing Technical Compliance with the FATF Recommendations and the Effectiveness of AML/CFT System.* FATF, Paris.

Sutton, Gary W. (2013). "The New FATF Standards." The *George Mason Journal of International Commercial Law* [Vol. 4:1] : 68－138.

FATF (2014). *Anti-money laundering and counter-terrorist financing measures - Spain, Fourth Round Mutual Evaluation Report.* FATF, Paris.
www.fatf－gafi.org/topics/mutualevaluations/documents/mer－spain－2014.html

FATF (2014). *Anti-money laundering and counter-terrorist financing measures - Norway, Fourth Round Mutual Evaluation Report.* FATF, Paris.
www.fatf－gafi.org/topics/mutualevaluations/documents/mer－norway－2014.html

FATF (2015). *Anti-money laundering and counter-terrorist financing measures - Belgium, Fourth Round Mutual Evaluation Report.* FATF, Paris.
www.fatf－gafi.org/topics/mutualevaluations/documents/mer－belgium－2015.html

FATF and APG (2015). *Anti-money laundering and counter-terrorist financing measures - Australia, Fourth Round Mutual Evaluation Report.* FATF, Paris and APG, Sydney.
www.fatf－gafi.org/topics/mutualevaluations/documents/mer－australia－2015.html

FATF and APG (2015). *Anti-money laundering and counter-terrorist financing measures - Malaysia, Fourth Round Mutual Evaluation Report.* FATF, Paris and APG, Sydney.
www.fatf－gafi.org/publications/mutualevaluations/documents/mer－malaysia－2015.html

FATF (2016). *Anti-money laundering and counter-terrorist financing measures - Italy, Fourth Round Mutual Evaluation Report.* FATF, Paris.
www.fatf－gafi.org/publications/mutualevaluations/documents/mer－italy－2016.html

찾아보기

국문색인

ㄱ

감독자(supervisor)   41, 46, 47, 48, 71, 72, 76, 175, 176, 178, 261, 263, 269, 327, 328

강제수단(enforceable means)   15, 16, 17, 19, 20, 22, 34, 40, 56, 57, 162, 212

강화된 고객확인(enhanced due diligence)   69, 204, 206, 209, 213, 214, 235−237, 249, 253

거래관계(business relation)   197, 199−201, 205, 206, 208−211, 213−218, 231, 235, 236, 248, 250, 252, 299, 300, 302

계좌(account)   36, 38, 105, 121, 133, 137, 162, 166, 173, 177, 199, 200, 205, 209, 210, 214, 215, 218, 219, 223, 226−229, 235, 292, 311, 332

고객수용조치(customer acceptence measures)   69

고객확인(customer due diligence)   49, 67, 69, 173, 182, 184, 193, 195−202, 204−206, 208−219, 230−237, 239−241, 245−258, 348, 349

고유 거래조회번호(unique transaction reference number)   223, 224, 227, 228

공모(association with or conspiracy to commit)   93, 94, 140, 141, 183

관계당국(relevant authorities)   62, 63, 64, 76, 83, 84, 87, 89, 107, 108, 129, 134, 136, 177, 178, 289, 299

구속력이 없는 지침(non−binding guidance)   16

구조적 요소들(structural elements)   12, 13

국경간 물리적 수송(physical cross−border transportation)   44, 110

국경간 전신송금(cross−border wire transfer)   38, 226

국내법의 기본원칙(fundamental principles of domestic law)   42, 325

국제기구(international organisations)   13, 43, 44, 46, 50, 75, 114, 217, 248, 249

국제사법공조(mutual legal assistance)   73, 312, 314, 318, 320, 321, 334, 335, 337, 350

권한당국(competent authorities)   5, 9, 19, 34, 35, 37, 41, 42, 45, 46, 62−72, 82−90, 94−98, 100−109, 111, 120, 121, 131−138, 144−156, 159−161, 164, 165, 174, 178, 183, 197, 199, 214, 215, 219, 220, 224, 229−234, 265, 267, 269, 272−275, 279, 287, 288, 290−304, 313−315, 319, 320, 322−327, 329−333

금융그룹(fincial group)   41, 45, 195, 197, 231−236, 252, 253, 263, 265, 332

금융소외(fincial exclusion)   12, 208

금융정보(financial intelligence)   64, 81, 82, 83, 84, 86, 113, 119, 122, 131, 201, 312, 313, 315, 337, 347

금융정보분석기구(금융정보분석원)(FIU: Financial Intelligence Unit)   37, 41, 49, 96, 113, 119, 120, 122, 201, 225, 230, 336, 348

기술적 이행 평가(technical compliance assessment)   9−11, 17, 20, 25

기준식접근법(threshold approach of predicate offence)   91, 93, 117

기준점(benchmark)   27

ㄴ

나열식접근법(list approach of predicate offences)   91, 93, 117

ㄷ

대리인(agent)   36, 45, 48, 211, 219, 220, 225, 230, 231, 241, 255, 299, 302

대리지불계좌(payable−through account)   38, 44, 218, 219

독립적(인) 범죄(autonomous offence)   85, 87, 114

동결(freeze/freezing)   37, 41, 42, 45, 46, 72, 73, 76, 89, 94−96, 102−104, 118, 120, 127, 133, 134, 137, 143, 144, 146−151, 154−158, 160−167, 169, 173, 174, 177, 178, 181−184, 221, 222, 230, 252, 312−315, 321, 322, 334, 335, 337, 350

동결 해제(unfreezing)   133, 137, 150, 151, 156, 157, 162, 163, 166, 167

동등가치 재산(property of equivalent value)   88, 89, 90

ㅁ

명시신탁(express trust)   39, 40, 43, 240, 241, 299, 301, 302
모든 것에 한 가지로(one-size-fit-all)   172
모범규준(best practive paper)   7
몰수(confiscation)   37, 41, 43, 72, 76, 81, 88-90, 94-96, 102-106, 109, 112, 115-118, 120-122, 133, 144, 193, 312-315, 317, 321, 322, 334, 335, 337, 348, 350
무기명주(bearer shares)   36, 206, 293, 294, 297
무기명지급수단(BNIs: bearer negotiable instruments)   36, 37, 82, 83, 89, 90, 106-108, 110, 116, 121

ㅂ

반환(repatriation)   88, 89, 315
방조(aiding and abetting)   92, 94, 118, 140, 141
범죄수익(proceeds)   30, 44, 81, 83, 85, 88, 89, 91, 93-95, 97, 100, 102, 103, 104, 106, 113-118, 120, 180, 193, 196, 251, 311, 313, 328, 333-335
범죄수익창출 범죄(proceeds-generating offences/crimes)   11, 85, 113
범죄인 송환(extradition)   314, 323-325, 336, 337, 350
법률적, 규제적, 운영적(legal, regulatory and operational)   5
법집행(law enforcement)   5, 22, 82, 83, 96, 98, 100, 103, 119, 123, 127, 137, 222, 261, 314, 321, 322, 326, 327, 329, 330, 333
법집행기관/당국(law enforcement agencies/authorities)   71, 72, 83, 101-104, 113, 114, 118, 120, 122, 129, 131, 171, 175, 176, 178, 229, 261, 288, 293, 297, 300, 302, 305, 306, 312, 314, 321, 328, 329, 332, 333, 348
병행 금융수사(parallel financial investigation)   85, 102, 103, 115, 120
보호 지급(cover payment)   38, 222, 251
비엔나협약(Vienna Convention)   50, 91, 92, 94, 114, 116, 144, 311, 317, 334
비영리조직(NPO: non-profit organinzation)   6, 36, 43, 49, 82, 128, 132-134, 167-178, 180, 181, 186-188, 348

ㅅ

사건 발표서(statement of case)   147, 153

사례관리 이행체제(case management system)   318, 323, 324

사명서(mandate)   7, 51, 52

사전적 조치의 병행 금융수사(pro−active parallel financial investigation)   102, 120

상호평가보고서(MER: mutual evaluation report)   11, 50, 53

상황적 요인(contextual factors)   10, 12, 13, 20, 26, 27, 69

서술적(descriptive)   31

선의의 제3자의 권리(권한)(rights of bona fide third parties)   94, 96, 144, 149, 156, 160, 161, 165

송금 금융기관(odering financial institution)   226, 227, 251

수익자(beneficiary)   36, 37, 47, 48, 202−205, 212, 213, 216, 217, 288, 299, 302

수취 금융기관(beneficiary financial institution)   37, 224−230, 251

수탁자(trustee)   39, 45, 47, 48, 202, 203, 212, 241, 288, 299−303, 306

신원확인 자료(identification data)   201, 204

신탁등 법률관계(legal arrangements)   5, 43, 200, 202, 203, 206, 211, 212, 226, 239−241, 283, 285−289, 291, 293, 295, 297, 299−304, 306−308, 314, 349

신탁유증(fideicomiso)   43

실소유자(beneficial owner)   36, 47, 137, 195, 196, 200−204, 207, 211−213, 216, 217, 245, 247, 248, 252, 263, 264, 267, 269, 272, 273, 285−308, 313, 314, 328, 332, 349

쌍방가벌성(dual criminality)   315, 318−320, 323, 324, 335

ㅇ

압류/압수(seize/seizing/seizure)   37, 45, 72, 73, 87−90, 94, 95, 96, 102−105, 118, 120, 121, 133, 134, 137, 144, 313, 317, 319, 321, 322

에그몽 그룹(Egmont Group)   99, 101

연속 지급(serial payment)   45, 222, 226

예방조치(preventive measures)   5, 6, 144, 158, 175, 178, 180, 181, 188, 193, 245, 246, 257, 258, 348

외국 대응기관(foreign counterparts)   41, 85, 88, 325−328

요청 금융기관(respondent institution)   218, 219, 226

운영 분석(operational analysis)   82, 84, 97, 100, 119

운영체계(mechanism)   14, 34, 35, 45, 64, 65, 67, 69, 71, 72, 75, 76, 84, 95, 96, 105, 118, 121, 134, 137, 144−146, 149−151, 153−157, 159−163, 165, 166, 171, 175, 178,

221, 290−293, 295, 296, 298, 315, 318−322, 325

위장 수사(undercover operation)   103−105, 121

위장은행(shell bank)   45, 218, 219, 265, 267, 269, 278

위탁자(settlor)   40, 45, 47, 48, 203, 212, 288, 299, 302

위험경감(risk mitigation)   69, 71, 75

위험과 맥락(risk and context)   10, 53

위험기반접근법(RBA: risk−based approach)   6, 15, 51, 61, 65, 66, 69, 75, 132, 134,
    167, 169, 170, 172, 176, 187, 193, 200, 247, 249, 268, 269, 273, 274, 277−279

위험기반 정밀 접근법(risk−based targeted approach)   169, 187

위험도 기록(risk profile)   21, 68, 130, 133, 198, 200, 211, 265, 268

위협(threats)   5−7, 22, 23, 39, 51, 64, 85, 97, 131, 134, 145, 149, 150, 152, 155, 161,
    165, 169, 171, 176

유엔 고충처리담당 사무소(United Nations Office of the Ombudsperson)   151, 156

유엔안보리결의(UNSCR: United Nations Security Council resolution)   132−134, 136−138,
    143, 144, 151, 153−158, 163−167, 184, 221, 230, 252

유죄판결(conviction)   37, 72, 73, 81, 85, 86, 93, 114, 115, 117, 118, 130

유죄판결 없는 몰수제도(독립몰수제도)(non−conviction based confiscation)   43, 89, 95,
    118, 321, 322, 335

의심거래보고(suspicious transactions report)   49, 56, 76, 83, 100, 119, 182, 193, 195,
    201, 204, 237, 238, 242−246, 253, 254, 256−258, 349

이행체제(system)   3, 4, 8−10, 12, 13, 17, 20−23, 25−28, 32, 54−56, 61, 76, 78, 85,
    87, 93, 110, 115, 116, 134, 137, 181, 183−185, 189, 195, 217, 219, 233, 234, 267,
    268, 270, 272, 274, 292, 304, 305, 308, 311, 318, 323, 324, 332

일괄 이체(batch transfer)   36, 226

일방적으로(Ex Parte)   40, 96, 148, 160

일회성 거래(occasional transactions)   199−201, 210, 213, 215, 299, 300, 302, 306

ㅈ

자격을 요하는 전신송금(qualifying wire transfers)   226

자금 또는 가치 이전 서비스(MVTS: money or value transfer service)   36, 41, 43, 49,
    196, 219, 220, 225, 230, 250, 251, 257, 258, 264, 265, 267, 270

자금 또는 기타 자산(funds or other assets)   42, 148−150, 155, 157, 160, 161, 165, 166

자금세탁범죄(money laundering offence)   43, 81, 85, 86, 91-94, 113-117, 122, 123, 179, 180, 184, 189, 245, 348

자문제공(counselling the commission)   92, 94, 118

자발적 행동 규준(voluntary codes of conduct)   15

자원과 기술(resources and skills)   82, 113

자율규제기구(SRB: self-regulatory body)   37, 45, 49, 63, 67-71, 172, 175, 177, 178, 243, 263, 272, 275, 279

잠정조치(provisional measures)   41, 90, 94, 95, 118, 122, 134, 144, 321, 322, 348

전략 분석(strategic analysis)   97, 100, 119

전신송금(wire transfer)   38, 40, 97, 100, 196, 197, 210, 221-230, 245, 251, 252, 257, 258, 349

전자적 송금 처리(straight-through processing)   45, 225, 227, 229

전제범죄(predicate offences)   37-39, 82, 83, 85-88, 90-93, 95, 97, 100, 102-106, 110, 112-114, 116, 117, 120-123, 139, 142, 185, 237, 238, 253, 313, 318, 320-322, 325, 327-329, 331, 332

정밀금융제재(targeted financial sanctions)   6, 7, 16, 40, 42, 46, 75, 127, 128, 132, 133, 136, 137, 143, 148, 151, 154, 157-160, 164, 166, 180-185, 188, 189, 196, 245, 252, 348

정밀 위험기반 감독(targeted risk-based supervision)   177, 187

정보누설(tipping-off)   83, 196, 201, 238, 244, 254, 257, 349

정치적 주요인물(PEPs: politically exposed persons)   44, 49, 196, 215-217, 245, 248, 249, 258

중계 금융기관(intermediary financial institution)   42, 224-227, 229, 251

중기성과(intermediate outcomes)   23, 53, 55

중심담당자(Focal Point)   156, 162, 166

중앙행정기관(national centre)   96, 119

중요도(materiality)   10-13, 15, 19, 20, 27, 31, 53, 86, 196, 201, 205, 313, 264

즉시성과(immediate outcomes)   4, 9, 11, 12, 14, 16, 17, 23, 25-32, 53, 55, 56, 179, 194, 245, 334, 339, 346

지시 금융기관(originator)   44, 224, 226, 228, 229

지역기구(FSRBs)   6, 7

지정 비금융사업자 및 전문직(DNFBPs: designated non-financial businesses and professions)   11, 14, 39, 65, 193, 239, 242, 255, 256, 272, 275, 318

지정 해제(de-listing)   150, 151, 156, 162, 166

지정된 (범주의) 범죄(designated (categories of) offences)   38, 91, 93

지정된 개인 또는 단체(designated person or entity)   39, 42, 46, 132, 136, 137, 144, 148-152, 155-157, 160-167, 221, 222

지체 없이(without delay)   47, 127, 133, 136, 137, 143, 148, 149, 154, 155, 157, 158, 161, 164, 165, 180, 184, 189, 231, 232, 292, 296, 315, 324

지침서(guidance)   7, 18, 61, 64, 76, 84, 133, 137, 158, 163, 247, 249, 250, 261, 279

ㅊ

처분(disposal)   41, 42, 45, 48, 94-96, 118, 322

초국가적(supera-national)   16, 69, 110, 132, 144, 154

최소금액한도(de minimis threshold)   228

ㅌ

테러리스트(terrorist)   6, 11, 46, 47, 106, 110, 120, 127, 130, 132, 133, 134, 139, 141, 142, 168-178, 180, 183, 222, 237, 246, 313

테러자금조달(TF: terrorist financing)   3-6, 10, 11, 15, 22, 23, 37, 38, 44-46, 50, 51, 62, 65, 66, 69-75, 78, 95-97, 99, 100-108, 111-115, 119-122, 127-135, 139, 140-144, 151, 167-189, 195, 196, 199-203, 206-209, 211, 214, 218, 221, 223, 228, 233-238, 250-255, 263, 267, 268, 270, 273, 275, 277, 279, 281, 282, 287, 290, 291, 294, 295, 297, 299, 304, 311, 314, 318, 321-324, 327, 329, 332, 338

테러자금조달금지(억제) 협약(Terrorist Financing Convention)   94, 139, 141, 317, 334

테러자금조달범죄(terrorist financing offence)   46, 102-104, 129, 139, 140-142, 179, 183, 184, 188, 189, 348

테러조직(terrorist organisation)   6, 46, 47, 94, 110, 127, 130, 132, 133, 134, 139, 141, 142, 167-170, 173-175, 177, 178, 183, 186, 207, 237

테러행위(terrorist act)   38, 46, 47, 94, 128, 132, 139-142, 152, 155, 179, 180, 207, 230, 323

통제배달(controlled delivery)   103-105, 121

특별 권고사항(special recommendations)   6, 21, 49, 51, 54, 127

ㅍ

팔레르모협약(Palermo Convention)　91-94, 311, 317, 334

ㅎ

하위 국가적(sub-national)　16

합당한 근거(reasonable ground)　127, 146, 154, 174, 178, 237, 253

합리적 조치(reansonable measures)　44, 173, 174, 203

해당 당국(appropriate authorities)　36, 172-175, 178, 224, 228, 324-326

핵심 쟁점(core issues)　16, 26-28, 30, 31, 56

핵심원칙(core principles)　37, 41, 48, 267, 269, 270, 278, 332

현금통화(currency)　38

협력 NPOs(associate NPOs)　36, 175, 178

혼합식접근법(combined approach of predicate offences)　91, 93, 117

확산금융(대량살상무기 확산금융)(proliferation financing)　3, 5, 7, 8, 10, 16, 22, 23, 40, 47, 50, 62-64, 71, 72, 75, 76, 125, 128, 136-138, 157, 158, 164, 182, 183, 185, 188, 348

환거래은행(correspondent banking)　37, 38, 196, 217-219, 226, 249, 250, 251, 257, 258, 348

회복(recovery)　88, 89, 95, 96

효과성 평가(effectiveness assessment)　4, 9, 11, 12, 16, 17, 21, 22, 23, 25, 26, 28, 52-56, 61, 74, 76, 77, 78, 81, 89, 115, 116, 123, 189, 246, 261, 263, 281, 285, 304, 308

효과적, 비례적, 억제적(effective, proportionate, and dissuasive)　17, 34, 35, 85, 86, 89, 92, 94, 118, 129, 130, 140, 170, 173, 262, 279, 280, 287, 288, 295, 301, 303

영문색인

A

account(계좌)   36, 38, 105, 121, 133, 137, 162, 166, 173, 177, 199, 200, 205, 209, 210, 214, 215, 218, 219, 223, 226－229, 235, 292, 311, 332

agent(대리인)   36, 45, 48, 211, 219, 220, 225, 230, 231, 241, 255, 299, 302

aiding and abetting(방조)   92, 94, 118, 140, 141

appropriate authorities(해당 당국)   36, 172－175, 178, 224, 228, 324－326

associate NPOs(협력 NPOs)   36, 175, 178

association with or conspiracy to commit(공모)   93, 94, 140, 141, 183

autonomous offence(독립적(인) 범죄)   85, 87, 114

B

batch transfer(일괄 이체)   36, 226

bearer negotiable instruments(BNIs)(무기명지급수단)   36, 37, 82, 83, 89, 90, 106－108, 110, 116, 121

bearer shares(무기명주)   36, 206, 293, 294, 297

benchmark(기준점)   27

beneficial owner(실소유자)   36, 47, 137, 195, 196, 200－204, 207, 211－213, 216, 217, 245, 247, 248, 252, 263, 264, 267, 269, 272, 273, 285－308, 313, 314, 328, 332, 349

beneficiary(수익자)   36, 37, 47, 48, 202－205, 212, 213, 216, 217, 288, 299, 302

beneficiary financial institution(수취 금융기관)   37, 224－230, 251

best practive paper(모범규준)   7

business relation(거래관계)   197, 199－201, 205, 206, 208－211, 213－218, 231, 235, 236, 248, 250, 252, 299, 300, 302

C

case management system(사례관리 이행체제)   318, 323, 324

combined approach of predicate offences(혼합식접근법)   91, 93, 117

competent authorities(권한당국)   5, 9, 19, 34, 35, 37, 41, 42, 45, 46, 62－72, 82－90, 94－98, 100－109, 111, 120, 121, 131－138, 144－156, 159－161, 164, 165, 174, 178,

183, 197, 199, 214, 215, 219, 220, 224, 229−234, 265, 267, 269, 272−275, 279, 287, 288, 290−304, 313−315, 319, 320, 322−327, 329−333

confiscation(몰수)   37, 41, 43, 72, 76, 81, 88−90, 94−96, 102−106, 109, 112, 115−118, 120−122, 133, 144, 193, 312−315, 317, 321, 322, 334, 335, 337, 348, 350

contextual factors(상황적 요인)   10, 12, 13, 20, 26, 27, 69

controlled delivery(통제배달)   103−105, 121

conviction(유죄판결)   37, 72, 73, 81, 85, 86, 93, 114, 115, 117, 118, 130

core issues(핵심 쟁점)   16, 26−28, 30, 31, 56

core principles(핵심원칙)   37, 41, 48, 267, 269, 270, 278, 332

correspondent banking(환거래은행)   37, 38, 196, 217−219, 226, 249, 250, 251, 257, 258, 348

counselling the commission(자문제공)   92, 94, 118

cover payment(보호 지급)   38, 222, 251

cross−border wire transfer(국경간 전신송금)   38, 226

currency(현금통화)   38

customer acceptence measures(고객수용조치)   69

customer due diligence(고객확인)   49, 67, 69, 173, 182, 184, 193, 195−202, 204−206, 208−219, 230−237, 239−241, 245−258, 348, 349

D

de minimis threshold(최소금액한도)   228

de−listing(지정 해제)   150, 151, 156, 162, 166

descriptive(서술적)   31

designated (categories of) offences(지정된 (범주의) 범죄)   38, 91, 93

designated non−financial businesses and professions(DNFBPs)(지정 비금융사업자 및 전문직)   11, 14, 39, 65, 193, 239, 242, 255, 256, 272, 275, 318

designated person or entity(지정된 개인 또는 단체)   39, 42, 46, 132, 136, 137, 144, 148−152, 155−157, 160−167, 221, 222

disposal(처분)   41, 42, 45, 48, 94−96, 118, 322

dual criminality(쌍방가벌성)   315, 318−320, 323, 324, 335

E

effective, proportionate, and dissuasive(효과적, 비례적, 억제적)   17, 34, 35, 85, 86, 89, 92, 94, 118, 129, 130, 140, 170, 173, 262, 279, 280, 287, 288, 295, 301, 303

effectiveness assessment(효과성 평가)   4, 9, 11, 12, 16, 17, 21, 22, 23, 25, 26, 28, 52−56, 61, 74, 76, 77, 78, 81, 89, 115, 116, 123, 189, 246, 261, 263, 281, 285, 304, 308

Egmont Group(에그몽 그룹)   99, 101

enforceable means(강제수단)   15, 16, 17, 19, 20, 22, 34, 40, 56, 57, 162, 212

enhanced due diligence(강화된 고객확인)   69, 204, 206, 209, 213, 214, 235−237, 249, 253

Ex Parte(일방적으로)   40, 96, 148, 160

express trust(명시신탁)   39, 40, 43, 240, 241, 299, 301, 302

extradition(범죄인 송환)   314, 323−325, 336, 337, 350

F

fideicomiso(신탁유증)   43

financial intelligence(금융정보)   64, 81, 82, 83, 84, 86, 113, 119, 122, 131, 201, 312, 313, 315, 337, 347

fincial exclusion(금융소외)   12, 208

fincial group(금융그룹)   41, 45, 195, 197, 231−236, 252, 253, 263, 265, 332

FIU(Financial Intelligence Unit)(금융정보분석기구(금융정보분석원))   37, 41, 49, 96, 113, 119, 120, 122, 201, 225, 230, 336, 348

Focal Point(중심담당자)   156, 162, 166

foreign counterparts(외국 대응기관)   41, 85, 88, 325−328

freeze/freezing(동결)   37, 41, 42, 45, 46, 72, 73, 76, 89, 94−96, 102−104, 118, 120, 127, 133, 134, 137, 143, 144, 146−151, 154−158, 160−167, 169, 173, 174, 177, 178, 181−184, 221, 222, 230, 252, 312−315, 321, 322, 334, 335, 337, 350

FSRBs(지역기구)   6, 7

fundamental principles of domestic law(국내법의 기본원칙)   42, 325

funds or other assets(자금 또는 기타 자산)   42, 148−150, 155, 157, 160, 161, 165, 166

G

guidance(지침서)   7, 18, 61, 64, 76, 84, 133, 137, 158, 163, 247, 249, 250, 261, 279

I

identification data(신원확인 자료)   201, 204

immediate outcomes(즉시성과)   4, 9, 11, 12, 14, 16, 17, 23, 25-32, 53, 55, 56, 179, 194, 245, 334, 339, 346

intermediary financial institution(중계 금융기관)   42, 224-227, 229, 251

intermediate outcomes(중기성과)   23, 53, 55

international organisations(국제기구)   13, 43, 44, 46, 50, 75, 114, 217, 248, 249

L

law enforcement(법집행)   5, 22, 82, 83, 96, 98, 100, 103, 119, 123, 127, 137, 222, 261, 314, 321, 322, 326, 327, 329, 330, 333

law enforcement agencies/authorities(법집행기관/당국)   71, 72, 83, 101-104, 113, 114, 118, 120, 122, 129, 131, 171, 175, 176, 178, 229, 261, 288, 293, 297, 300, 302, 305, 306, 312, 314, 321, 328, 329, 332, 333, 348

legal arrangements(신탁등 법률관계)   5, 43, 200, 202, 203, 206, 211, 212, 226, 239-241, 283, 285-289, 291, 293, 295, 297, 299-304, 306-308, 314, 349

legal, regulatory and operational(법률적, 규제적, 운영적)   5

list approach of predicate offences(나열식접근법)   91, 93, 117

M

mandate(사명서)   7, 51, 52

materiality(중요도)   10-13, 15, 19, 20, 27, 31, 53, 86, 196, 201, 205, 313, 264

mechanism(운영체계)   14, 34, 35, 45, 64, 65, 67, 69, 71, 72, 75, 76, 84, 95, 96, 105, 118, 121, 134, 137, 144-146, 149-151, 153-157, 159-163, 165, 166, 171, 175, 178, 221, 290-293, 295, 296, 298, 315, 318-322, 325

money laundering offence(자금세탁범죄)   43, 81, 85, 86, 91-94, 113-117, 122, 123, 179, 180, 184, 189, 245, 348

money or value transfer service (MVTS)(자금 또는 가치 이전 서비스)   36, 41, 43, 49, 196, 219, 220, 225, 230, 250, 251, 257, 258, 264, 265, 267, 270

mutual evaluation report (MER)(상호평가보고서)   11, 50, 53

mutual legal assistance(국제사법공조)   73, 312, 314, 318, 320, 321, 334, 335, 337, 350

N

national centre(중앙행정기관)　96, 119

non−binding guidance(구속력이 없는 지침)　16

non−conviction based confiscation(유죄판결 없는 몰수제도(독립몰수제도))　43, 89, 95, 118, 321, 322, 335

non−profit organinzation(NPO)(비영리조직)　6, 36, 43, 49, 82, 128, 132−134, 167−178, 180, 181, 186−188, 348

O

occasional transactions(일회성 거래)　199−201, 210, 213, 215, 299, 300, 302, 306

odering financial institution(송금 금융기관)　226, 227, 251

one−size−fit−all(모든 것에 한 가지로)　172

operational analysis(운영 분석)　82, 84, 97, 100, 119

originator(지시 금융기관)　44, 224, 226, 228, 229

P

Palermo Convention(팔레르모협약)　91−94, 311, 317, 334

parallel financial investigation(병행 금융수사)　85, 102, 103, 115, 120

payable−through account(대리지불계좌)　38, 44, 218, 219

physical cross−border transportation(국경간 물리적 수송)　44, 110

politically exposed persons(PEPs)(정치적 주요인물)　44, 49, 196, 215−217, 245, 248, 249, 258

predicate offences(전제범죄)　37−39, 82, 83, 85−88, 90−93, 95, 97, 100, 102−106, 110, 112−114, 116, 117, 120−123, 139, 142, 185, 237, 238, 253, 313, 318, 320−322, 325, 327−329, 331, 332

preventive measures(예방조치)　5, 6, 144, 158, 175, 178, 180, 181, 188, 193, 245, 246, 257, 258, 348

pro−active parallel financial investigation(사전적 조치의 병행 금융수사)　102, 120

proceeds(범죄수익)　30, 44, 81, 83, 85, 88, 89, 91, 93−95, 97, 100, 102, 103, 104, 106, 113−118, 120, 180, 193, 196, 251, 311, 313, 328, 333−335

proceeds−generating offences/crimes(범죄수익창출 범죄)　11, 85, 113

proliferation financing(확산금융 (대량살상무기 확산금융))   3, 5, 7, 8, 10, 16, 22, 23, 40, 47, 50, 62−64, 71, 72, 75, 76, 125, 128, 136−138, 157, 158, 164, 182, 183, 185, 188, 348

property of equivalent value(동등가치 재산)   88, 89, 90

provisional measures(잠정조치)   41, 90, 94, 95, 118, 122, 134, 144, 321, 322, 348

Q

qualifying wire transfers(자격을 요하는 전신송금)   226

R

reansonable measures(합리적 조치)   44, 173, 174, 203

reasonable ground(합당한 근거)   127, 146, 154, 174, 178, 237, 253

recovery(회복)   88, 89, 95, 96

relevant authorities(관계당국)   62, 63, 64, 76, 83, 84, 87, 89, 107, 108, 129, 134, 136, 177, 178, 289, 299

repatriation(반환)   88, 89, 315

resources and skills(자원과 기술)   82, 113

respondent institution(요청 금융기관)   218, 219, 226

rights of bona fide third parties(선의의 제3자의 권리(권한))   94, 96, 144, 149, 156, 160, 161, 165

risk and context(위험과 맥락)   10, 53

risk mitigation(위험경감)   69, 71, 75

risk profile(위험도 기록)   21, 68, 130, 133, 198, 200, 211, 265, 268

risk−based approach(RBA)(위험기반접근법)   6, 15, 51, 61, 65, 66, 69, 75, 132, 134, 167, 169, 170, 172, 176, 187, 193, 200, 247, 249, 268, 269, 273, 274, 277−279

risk−based targeted approach(위험기반 정밀 접근법)   169, 187

S

seize/seizing/seizure(압류/압수)   37, 45, 72, 73, 87−90, 94, 95, 96, 102−105, 118, 120, 121, 133, 134, 137, 144, 313, 317, 319, 321, 322

self−regulatory body(SRB)(자율규제기구)   37, 45, 49, 63, 67−71, 172, 175, 177, 178,

243, 263, 272, 275, 279

serial payment(연속 지급)   45, 222, 226

settlor(위탁자)   40, 45, 47, 48, 203, 212, 288, 299, 302

shell bank(위장은행)   45, 218, 219, 265, 267, 269, 278

special recommendations(특별 권고사항)   6, 21, 49, 51, 54, 127

statement of case(사건 발표서)   147, 153

straight−through processing(전자적 송금 처리)   45, 225, 227, 229

strategic analysis(전략 분석)   97, 100, 119

structural elements(구조적 요소들)   12, 13

sub−national(하위 국가적)   16

supera−national(초국가적)   16, 69, 110, 132, 144, 154

supervisor(감독자)   41, 46, 47, 48, 71, 72, 76, 175, 176, 178, 261, 263, 269, 327, 328

suspicious transactions report(의심거래보고)   49, 56, 76, 83, 100, 119, 182, 193, 195, 201, 204, 237, 238, 242−246, 253, 254, 256−258, 349

system(이행체제)   3, 4, 8−10, 12, 13, 17, 20−23, 25−28, 32, 54−56, 61, 76, 78, 85, 87, 93, 110, 115, 116, 134, 137, 181, 183−185, 189, 195, 217, 219, 233, 234, 267, 268, 270, 272, 274, 292, 304, 305, 308, 311, 318, 323, 324, 332

T

targeted financial sanctions(정밀금융제재)   6, 7, 16, 40, 42, 46, 75, 127, 128, 132, 133, 136, 137, 143, 148, 151, 154, 157−160, 164, 166, 180−185, 188, 189, 196, 245, 252, 348

targeted risk−based supervision(정밀 위험기반 감독)   177, 187

technical compliance assessment(기술적 이행 평가)   9−11, 17, 20, 25

terrorist(테러리스트)   6, 11, 46, 47, 106, 110, 120, 127, 130, 132, 133, 134, 139, 141, 142, 168−178, 180, 183, 222, 237, 246, 313

terrorist act(테러행위)   38, 46, 47, 94, 128, 132, 139−142, 152, 155, 179, 180, 207, 230, 323

terrorist financing(TF)(테러자금조달)   3−6, 10, 11, 15, 22, 23, 37, 38, 44−46, 50, 51, 62, 65, 66, 69−75, 78, 95−97, 99, 100−108, 111−115, 119−122, 127−135, 139, 140−144, 151, 167−189, 195, 196, 199−203, 206−209, 211, 214, 218, 221, 223, 228, 233−238, 250−255, 263, 267, 268, 270, 273, 275, 277, 279, 281, 282, 287, 290, 291,

294, 295, 297, 299, 304, 311, 314, 318, 321-324, 327, 329, 332, 338

Terrorist Financing Convention(테러자금조달금지(억제) 협약)　94, 139, 141, 317, 334

terrorist financing offence(테러자금조달범죄)　46, 102-104, 129, 139, 140-142, 179, 183, 184, 188, 189, 348

terrorist organisation(테러조직)　6, 46, 47, 94, 110, 127, 130, 132, 133, 134, 139, 141, 142, 167-170, 173-175, 177, 178, 183, 186, 207, 237

threats(위협)　5-7, 22, 23, 39, 51, 64, 85, 97, 131, 134, 145, 149, 150, 152, 155, 161, 165, 169, 171, 176

threshold approach of predicate offences(기준식접근법)　91, 93, 117

tipping-off(정보누설)　83, 196, 201, 238, 244, 254, 257, 349

trustee(수탁자)　39, 45, 47, 48, 202, 203, 212, 241, 288, 299-303, 306

U

undercover operation(위장 수사)　103-105, 121

unfreezing(동결 해제)　133, 137, 150, 151, 156, 157, 162, 163, 166, 167

unique transaction reference number(고유 거래조회번호)　223, 224, 227, 228

United Nations Office of the Ombudsperson(유엔 고충처리담당 사무소)　151, 156

UNSCR (United Nations Security Council resolution)(유엔안보리결의)　132-134, 136-138, 143, 144, 151, 153-158, 163-167, 184, 221, 230, 252

V

Vienna Convention(비엔나협약)　50, 91, 92, 94, 114, 116, 144, 311, 317, 334

voluntary codes of conduct(자발적 행동 규준)　15

W

wire transfer(전신송금)　38, 40, 97, 100, 196, 197, 210, 221-230, 245, 251, 252, 257, 258, 349

without delay(지체 없이)　47, 127, 133, 136, 137, 143, 148, 149, 154, 155, 157, 158, 161, 164, 165, 180, 184, 189, 231, 232, 292, 296, 315, 324

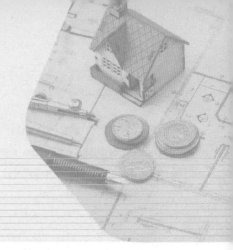

감사의 글

이 책이 감히 출간되기까지에는 많은 분들의 도움이 있었습니다.

이 책을 집필할 수 있는 기초는 FATF 의장을 위한 학습과정에서 마련되었습니다. 신제윤 의장께서는 당시 현직으로 바쁜 일정에도 불구하고 시간을 할애하여 FATF 국제기준을 겸손한 자세로 기초부터 학습하셨습니다. 이를 통해 FATF 국제기준에 대한 이해를 공고히 하셨고, 그 학습을 바탕으로 FATF 총회 논의에서 제기된 어떠한 쟁점에 대해서도 어려움 없이 논의를 이끄셨습니다. FATF 의제팀(이진수 과장, 이영우/고철수/윤우근 사무관, 신희림 산업은행 차장, 김수현/류한서 금감원 선임, 강민지 보좌역, 이윤석 금융연구원 박사 등)에게도 감사를 표하지 않을 수 없습니다. 특히 강민지 보좌역은 권고사항과 주석의 상당부분을 번역하였고, 윤우근 사무관은 의장의 학습자료 작성을 위해 평가방법론을 번역/해설하는 자료를 만들었습니다. 이러한 노력들은 본 책자를 구성하기 위한 기초가 되어 주었습니다.

필자는 2007년 12월부터 금융정보분석원에 근무하면서 훌륭한 원장님들을 모시고 많은 배움을 얻었습니다. 정보제공을 위한 검토의 기초를 닦으신 이철환 원장님, 원만한 인품으로 우리나라의 FATF 정회원 가입을 이끄신 김영과 원장님, 항상 공직자로서 원칙에 충실해야 함을 가르쳐 주신 최수현 원장님, 짧은 재임 기간이 너무나 아쉬웠고 좀 더 계셨으면 큰 발전과 변화를 이루셨을 김광수 원장님, 연합국 조직인 FIU의 기관들의 화합을 이끄신 박재식 원장님, 크신 리더십으로 지하경제 양성화 논의를 이끄셨던 진웅섭 원장님, 우리나라 FATF 의장국 수임을 위한 기틀을 마련하신 이해선 원장님, 우리나라의 의장국 기간 동안 교육연구기구 유치 등 각종 의장국 의제를 큰 성공으로 이끄신 이병래 원장님 등 모든 분들께 충심으로 감사드립니다.

또한 FIU에서 업무를 계속할 수 있었던 것은 탁월하신 기획행정실장님들 덕분입니다. 필자의 FIU 근무 인연을 만들어 주신 양돈선 실장님, 상호평가 토의에서 12개 권고의 평점상향을 이끄신 김근익 실장님, 온화한 인품의 정완규 실장님, 세계은행의 자금세탁방지업무를 이끄셨던 유재수 실장님, 업무규정 제정 등 후속조치를 설계하고 추진하신 이호형 실장님, 지하경제 양성화를 위한 특금법 개정을 한 치의 오차 없이 성공적으로 이끄신 이명순 실장님, FATF 의장국 업무와 의제팀의 토대를 마련하신 변영한 실장님, 우리나라의 제4차 라운드 FATF 상호평가 합동대응반을 진두지휘 하여 성공적 수검 바탕을 만드신 박광 실장님 등 이분들의 지휘가 없었다면 우리나라 FIU가 오늘날과 같은 국제적 명성을 얻지 못했을 것입니다.

이 책의 집필을 위해 주말을 반납하고 번역과 해설 작업을 할 수 있도록 묵묵히 도와준 아내와 두 아이들에게 감사합니다.

끝으로 시장성이 보장되지 않는 주제임에도 출간을 흔쾌히 받아주신 박영사 안종만 사장님과 관계자분들, 더딘 진전에도 인내심을 갖고 멋진 편집을 해 주신 한두희 편집자님께도 깊은 감사를 드립니다.

저자에 대하여

이귀웅은 현재 금융위원회 FIU의 대외협력팀장이다. 1991년 재무부 은행과에서 7급
으로 공무원을 시작하여 1994년 재무부 감사관실, 1998년 재정경제부 경제협력국 등
에서 근무했다. 1997년 IMF 외환위기를 계기로 '시장원리'에 관심을 갖고 2000년 험
프리 프로그램으로 미국 보스턴대 경영대학(MBA)에서 공부하였다. 2002년 FIU 제도
운영과에서 자금세탁방지 업무와 첫 인연을 맺었고, 2004년부터 3년간 경제협력국
(개발협력과, 경협총괄과)에서 근무한 후 2007년말 FIU 기획행정실로 옮겨 현재까지
근무하고 있다. 그는 2008년 시작된 우리나라의 FATF 정회원 가입을 위한 상호평가
수검 실무, 후속 이행계획(Action Plan)의 작성·제출·보고 실무를 담당하였고, 이를
위해 연 3회 개최되는 FATF 총회에 8년간 참석한다. 현재 신제윤 FATF 부의장
(2014.7.~2015.6.)/의장(2015.7.~2016.6.)의 의제검토를 보좌하며, 우리나라의 제4차
라운드 FATF 상호평가 수검준비 실무를 총괄하고 있다. 또한 스웨덴 상호평가자(우
리나라 최초 FATF 제4차 라운드 상호평가자)로 2016년 5~6월 3주간 현지실사를 다
녀오는 등 상호평가자로도 활동하고 있다.

FATF 국제기준해설

초판 인쇄	2017년 3월 15일
초판 발행	2017년 3월 30일
지은이	이귀웅
펴낸이	안종만
편 집	한두희
기획/마케팅	김한유
표지디자인	권효진
제 작	우인도 · 고철민

펴낸곳　　　(주) **박영사**
　　　　　　서울특별시 종로구 새문안로3길 36, 1601
　　　　　　등록 1959. 3. 11. 제300-1959-1호(倫)

전 화	02)733-6771
f a x	02)736-4818
e-mail	pys@pybook.co.kr
homepage	www.pybook.co.kr
ISBN	979-11-303-0331-4　93320

정 가　　24,000원